온프레미스 환경에서
도커 & 쿠버네티스 기초편

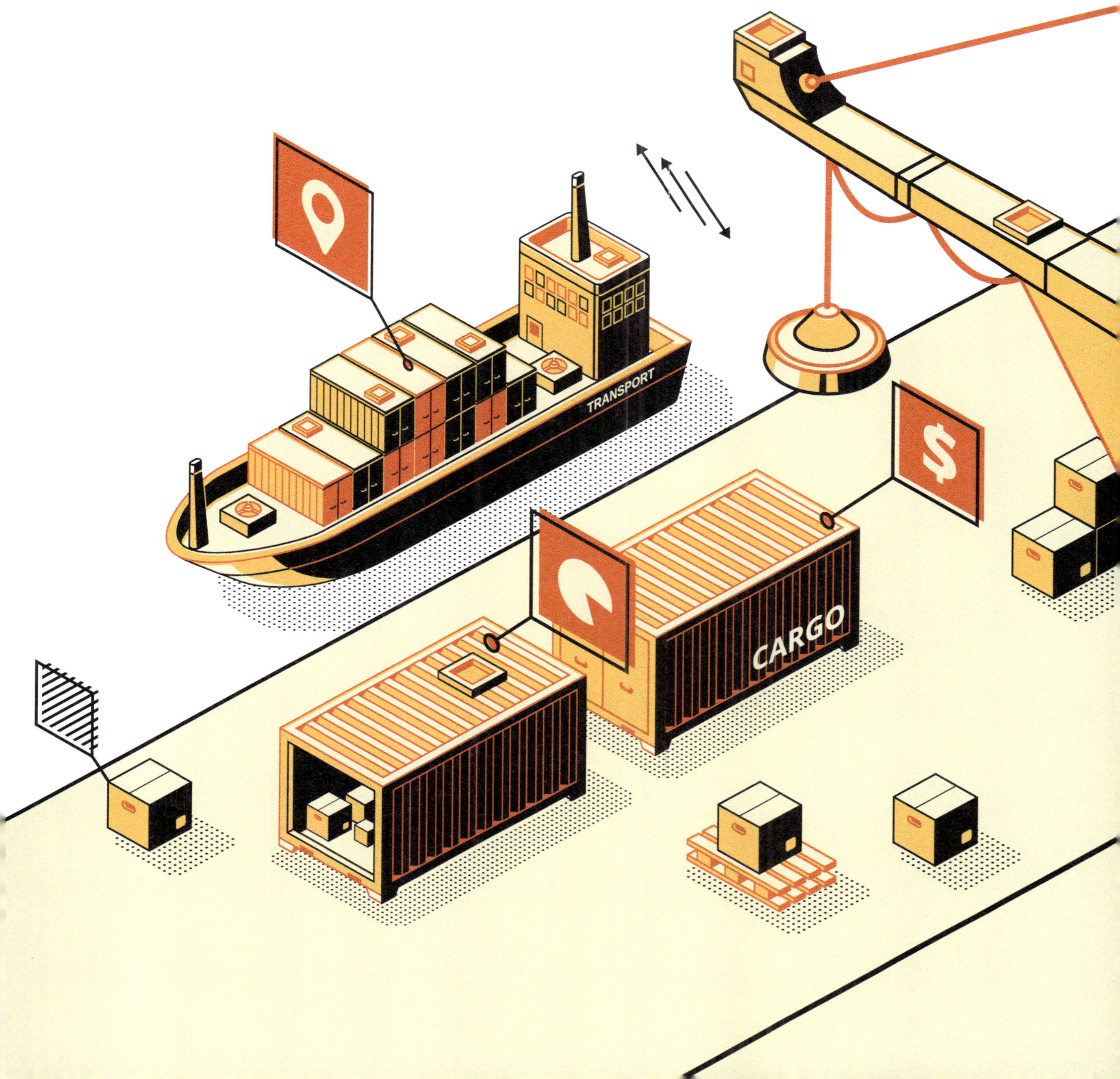

머리말

안녕하세요!

본 교재는 온프레미스 환경에 최신 버전의 도커와 쿠버네티스를 구축하여 개발과 배포를 학습할 수 있도록 준비하였습니다. 도커는 컨테이너 기반의 가상화 기술로서, 개발과 배포 간의 일관성 있는 환경을 가능하게 합니다. 쿠버네티스는 컨테이너들을 효율적으로 관리하고 배포할 수 있는 도구입니다. 클라우드 네이티브 환경에서 확장 가능한 애플리케이션 배포를 가능하게 하여, 사용자가 규모에 맞는 유연한 인프라를 구축할 수 있게 합니다.

윈도우 10 호스트 시스템의 온프레미스 환경은 도커 및 쿠버네티스의 시스템 요구사항을 고려하여 메모리 16GB, CPU 8코어, 디스크 200GB 이상 등을 사용하여 구축합니다. VirtualBox의 가상환경에서 Ubuntu 24.04 LTS 기반 가상머신에 도커 및 쿠버네티스를 설치합니다. 가상머신의 원격관리를 위해 호스트에 Xshell을 사용합니다.

이 책에서 도커 환경은 윈도우즈 10에서 WSL 기반으로 우분투 24.04 LTS와 도커 데스크탑을 설치하여 구축하였습니다. 특징적으로 도커를 비주얼 스튜디오 코드에 연동하여 이미지 빌드, 컨테이너 실행, 도커 컴포즈 등 도커 관련 작업을 비주얼 스튜디오 코드 환경에서 진행하였습니다. 또한 도커 데스크 탑에서 쿠버네티스(미니큐브)를 활성화하여 간단하게 도커에서 앱 개발하고 쿠버네티스에 앱 배포도 진행하였습니다.

쿠버네티스 환경은 클러스터는 마스터 1개, 워커 노드 2개로 구성합니다. 마스터는 도커 시스템을 복제하여 생성합니다. 생성된 마스터로 노드 2개를 복제합니다. 쿠버네티스 설치는 모든 노드에서 도커를 삭제 후 시작합니다. 노드 스왑 해제, 오버레이 및 브릿지 커널 모듈 등록, IPv4 패킷 전달 활성화, iptables 브릿지 트래픽 검사 활성화, 방화벽 해제, containerd 설치, runc 설치, CNI 설치, containerd 설정, 쿠버네티스 설치(kubelet, kubeadm, kubectl), 쿠버네티스 클러스터 초기화, Calico 설치, 쿠버네티스 클러스터 구성 등 사이트 등 인내하여 완료합니다. 이번 판에 헬름, 젠킨스, 아르고 CD를 추가하여 간단한 앱 개발 자동화 및 앱 배포 자동화를 다루었습니다.

도커는 이미지 빌드 중심으로 다룹니다. 쿠버네티스는 최신 버전을 사용하여 배포 중심으로 다룹니다. 쿠버네티스의 컨테이너 런타임 환경으로 도커 대신 containerd를 사용합니다.

이 책은 도커와 쿠버네티스의 개념부터 시작하여, 온프레스 실습 환경을 구축해보고, 다양한 실습을 통해 이 기술들의 기본을 다룹니다. 여러분이 이 책을 통해 배운 내용을 토대로, 클라우드 네이티브 환경에서 도커와 쿠버네티스를 사용하여 소프트웨어를 개발하고 운영할 수 있기를 기대합니다.

감사합니다.

저자 올림

CONTENTS

01 도커 개념

1.1 도커란?

Chapter 01. 도커 개념

1.1.1 도커 기능

- **운영체제 독립 애플리케이션(앱) 개발**
  - 도커 설치 시 앱 실행 가능
  - Windows, Linux 등 운영체제에 무관
- **앱 패키지화(이미지화)**
  - 앱 및 실행 환경을 이미지에 패키지화
  - 앱: 앱 소스
  - 실행 환경: 운영체제, 웹 서버, 런타임 환경, 라이브러리 및 종속성 등
- **앱 가상화(파일화): 앱 이미지의 내용을 파일에 작성**
  - 리눅스 컨테이너 기술 기반
  - 리눅스 커널 기반 가상화 기술: 컨테이너 격리(독립)
  - 윈도우즈에서 도커를 사용하려면 Hyper-V와 WSL 2 가상화 사용 필요

1.1.2 도커 구성

- **도커 엔진**
  - 도커 실행 환경: 컨테이너(앱) 실행
  - 클라이언트(CLI)-서버(Demon) 구조로 동작
- **도커 이미지**
  - 컨테이너 원판

- 도커 파일(Dockerfile)을 통해 생성
- 이미지: 베이스 이미지와 다층 레이어로 구성
- 베이스 이미지: 운영체제
- 레이어: 웹 서버, 런타임 환경, 필수 라이브러리 및 종속성, 앱 소스 등

- **도커 컨테이너**
  - 이미지 인스턴스(실행판)
  - 호스트 시스템과 환경 격리: 컨테이너별 자체적으로 파일시스템, 프로세스, 네트워크, 자원(CPU, 메모리, 디스크 등) 운영
- **도커 레지스트리**
  - 도커 이미지 저장 및 관리
  - 공식 도커 허브, 사설 레지스트리
- **도커 컴포즈**
  - 여러 컨테이너들(서비스들)로 구성된 앱 정의 및 실행
  - 한 번에 여러 컨테이너 실행 및 관리
  - YAML 파일 사용

1.1.3 도커 클라이언트

- **기능**
  - 컨테이너 런타임 환경 자체 완비
  - 컨테이너 실행 중 발생 상황에 대응
  - 사용자에게 CLI 인터페이스 제공
  - 도커 엔진과 상호 작용
- **위치**

```
csw@DESKTOP-DKQ3788:/mnt/d/Docker$ which docker
/usr/bin/docker
csw@DESKTOP-DKQ3788:/mnt/d/Docker$ ls -l /usr/bin/docker
lrwxrwxrwx 1 root root 48 Dec 30 11:02 /usr/bin/docker -> /mnt/wsl/docker-desktop/cli-tools/usr/bin/docker
csw@DESKTOP-DKQ3788:/mnt/d/Docker$ echo $PATH
/usr/local/sbin:/usr/local/bin:/usr/sbin:/usr/bin:/sbin:/bin:/usr/games:/usr/local/games:/usr/lib/wsl/lib:/m
nt/c/Windows:/mnt/c/Windows/System32/Wbem:/mnt/c/Windows/System32/WindowsPowerShell/v1.0/:/mnt/c/Windows/Sys
ogram Files/dotnet/:/Docker/host/bin:/mnt/c/Users/csw/AppData/Local/Microsoft/WindowsApps:/mnt/c/Users/csw/A
crosoft VS Code/bin:/snap/bin
csw@DESKTOP-DKQ3788:/mnt/d/Docker$ cat /etc/environment
PATH="/usr/local/sbin:/usr/local/bin:/usr/sbin:/usr/bin:/sbin:/bin:/usr/games:/usr/local/games:/snap/bin"
csw@DESKTOP-DKQ3788:/mnt/d/Docker$
```

- which docker: 도커 클라이언트 실행 명령어(docker) 경로 표시
- /usr/bin/: docker 명령어 위치
- echo $PATH: 현재 사용자의 PATH 환경 변수 값 표시
- cat /ect/environment: 시스템 전역 PATH 환경변수 값 표시

• **docker 명령어**

```
csw@DESKTOP-DKQ3788:/mnt/d/Docker$ docker

Usage:  docker [OPTIONS] COMMAND

A self-sufficient runtime for containers

Common Commands:
  run         Create and run a new container from an image
  exec        Execute a command in a running container
  ps          List containers
  build       Build an image from a Dockerfile
  pull        Download an image from a registry
  push        Upload an image to a registry
  images      List images
  login       Authenticate to a registry
  logout      Log out from a registry
  search      Search Docker Hub for images
  version     Show the Docker version information
  info        Display system-wide information
```

- docker: 도커 클라이언트 호출 명령어
- docker [options] command: 도커야 옵션을 고려해서 command 수행해줘
- 도커 데몬에 컨테이너 생성/실행, 이미지 빌드/다운로드/업로드 등 작업 요청

1.2 도커 이미지

Chapter 01. 도커 개념

1.2.1 기능

- **컨테이너 템플릿**
- **파일 시스템과 실행 환경으로 구성**
  - 파일 시스템: 파일, 디렉토리
  - 실행 환경: 실행 파일, 런타임 환경, 네트워크 설정 등
- **계층 구조**
  - 베이스 이미지(하위): 우분투 베이스 이미지
  - 레이어(상위): 웹 서버, DB 서버, 프로그래밍 언어 및 해당 언어 런타임 환경 추가

1.2.2 구성

- **베이스 이미지**
  - 기본적인 파일 시스템과 실행 환경 제공
  - 기본적인 운영체제: 우분투
  - 기본적인 런타임 환경: 특정 프로그래밍 언어 런타임 환경, 웹 서버, DB 서버 등
  - 기본적인 도구 및 유틸리티: 파일 시스템 관리 도구 등
  - 도커 허브에서 공식적 이미지 제공
- **레이어**
  - 파일 시스템의 새로운 변경 사항만 추가
  - 이전 레이어 변경 사항 상속

1.3 도커 컨테이너

Chapter 01. 도커 개념

1.3.1 기능

- **애플리케이션 실행**
  - 도커 이미지 기반 컨테이너 인스턴스 생성
  - 애플리케이션을 독립적으로 실행
- **애플리케이션 격리**
  - 호스트 시스템으로부터 격리된 환경에서 실행
  - 각 컨테이너는 자체 파일 시스템, 네트워크, 프로세스 공간에서 독립적 실행
- **다양한 환경에서 애플리케이션 실행 및 관리**
  - 호스트 운영체제에 종속되지 않음
  - 도커 설치 우분투에서 빌드한 이미지는 도커 설치 Windows에서도 실행 가능

1.3.2 구성

- **파일 시스템**
  - 도커 이미지의 파일 시스템을 기반으로 함
  - 애플리케이션 실행에 필요한 파일들 포함
- **프로세스**
  - 실행된 애플리케이션
- **네트워크**
  - 호스트에 독립된 네트워크 인터페이스 보유

- 컨테이너 간 및 외부 서비스와 통신
- **환경변수**
  - 실행 환경 구성 및 앱 설정 제공
- **컨테이너 설정**
  - 도커 이미지에서 컨테이너 생성을 위해 정의된 설정
  - 컨테이너 실행 방식, 리소스 제한, 네트워크 구성 등 결정

1.4 도커 레지스트리(Registry)

Chapter 01. 도커 개념

- **도커 이미지 저장 및 관리 저장소**
  - 이미지 저장, 공유, 배포
  - Docker Hub 공식 레지스트리
  - 개인이나 조직 자체 사설 레지스트리

1.5 도커 컴포즈(Compose)

Chapter 01. 도커 개념

- **다중 컨테이너 기반 앱 관리**
  - 여러 컨테이너 기반의 하나의 종합적인 앱 서비스 개발 가능
  - 웹 앱: 웹 서버, 데이터베이스, 백엔드 서비스 등 다중 컨테이너 결합

02

도커 환경구축

2.1 WSL 및 우분투 설치

Chapter 02. 도커 환경구축

2.1.1 WSL 기능 및 가상 머신 플랫폼 기능 활성화

①. **참고 사이트**

- https://learn.microsoft.com/ko-kr/windows/wsl/install-manual

②. **WSL(Windows Subsystem for Linux) 기능 활성화**

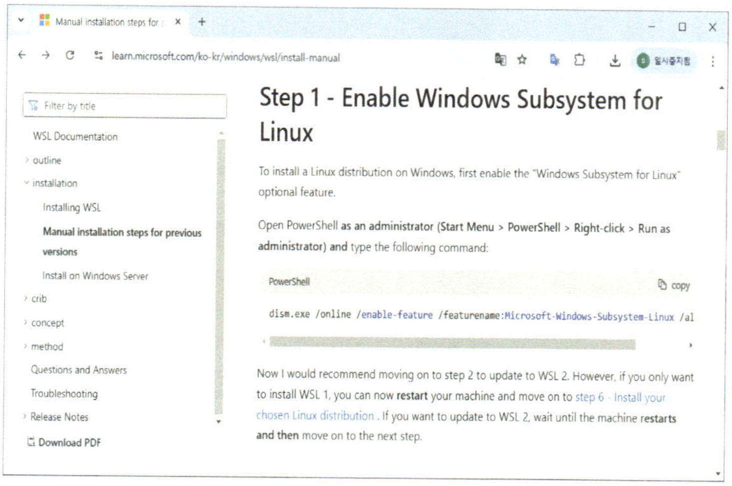

③. **윈도우즈 파워셸을 관리자 권한으로 실행**

- 시작 〉 PowerShell 〉 우클릭 〉 관리자 권한으로 실행

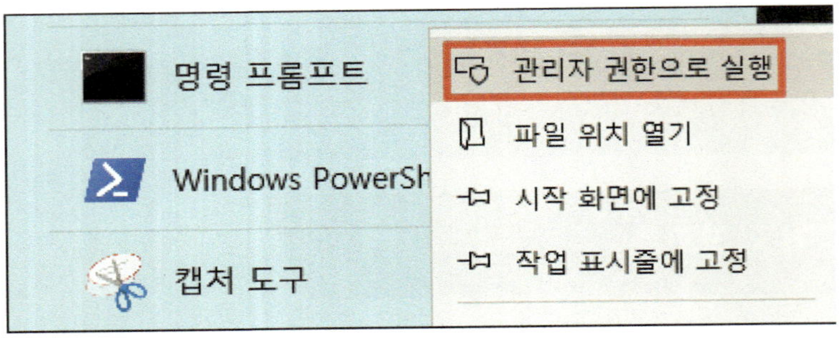

- dism.exe /online /enable-feature /featurename:Microsoft-Windows-Subsystem-Linux /all /norestart

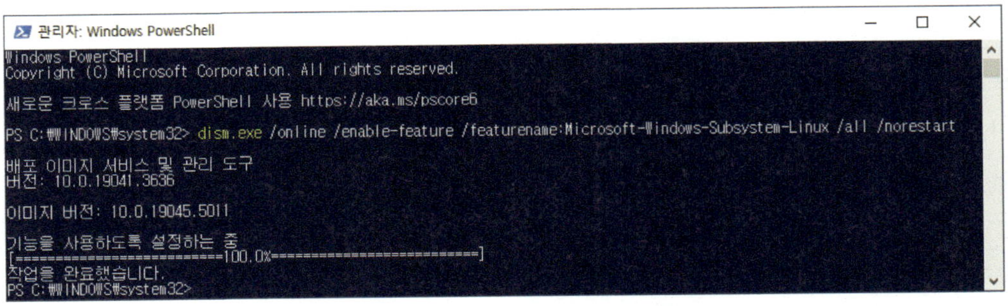

④. **가상 머신 플랫폼(가상화) 기능 활성화**

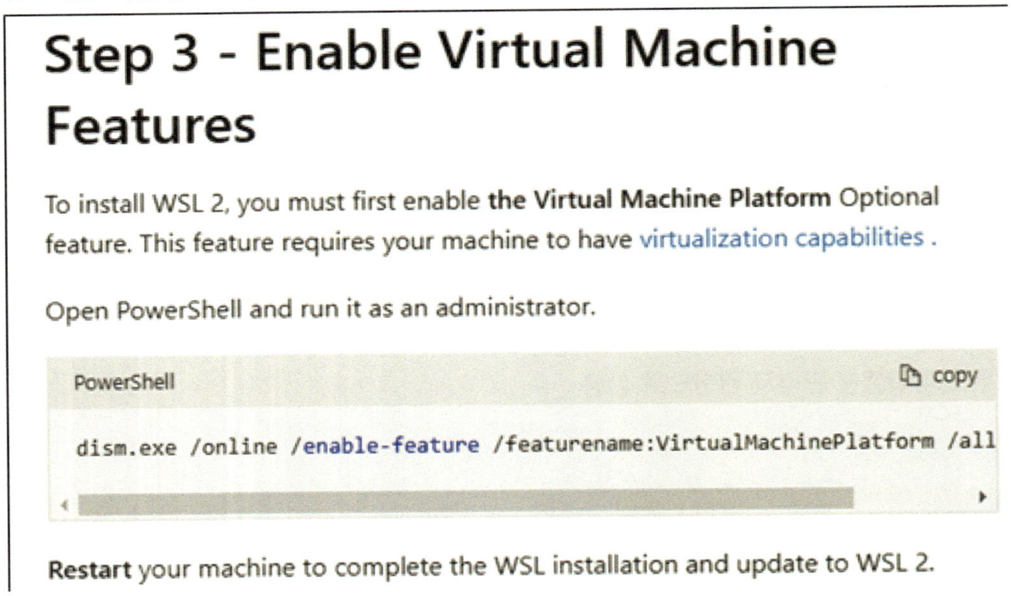

Step 3 - Enable Virtual Machine Features

To install WSL 2, you must first enable **the Virtual Machine Platform** Optional feature. This feature requires your machine to have virtualization capabilities .

Open PowerShell and run it as an administrator.

PowerShell copy

```
dism.exe /online /enable-feature /featurename:VirtualMachinePlatform /all
```

Restart your machine to complete the WSL installation and update to WSL 2.

- dism.exe /online /enable-feature /featurename:VirtualMachinePlatform /all /norestart

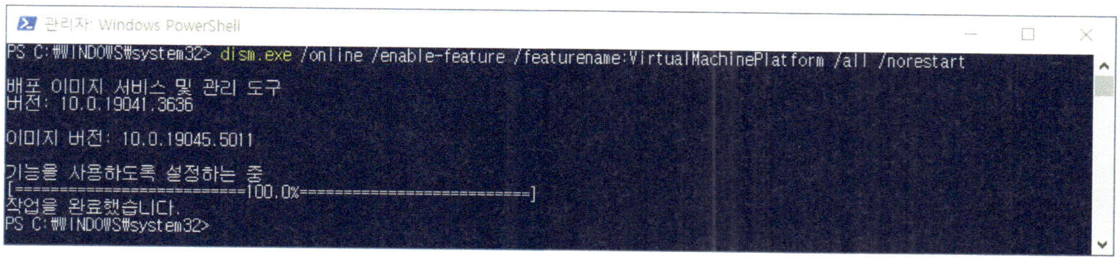

- 재부팅

2.1.2 리눅스 커널 업데트 패키지 설치(wsl 1을 wsl 2로 갱신)

①. **리눅스 커널 업데이트 패키지 다운로드:** wsl_update_x64.msi

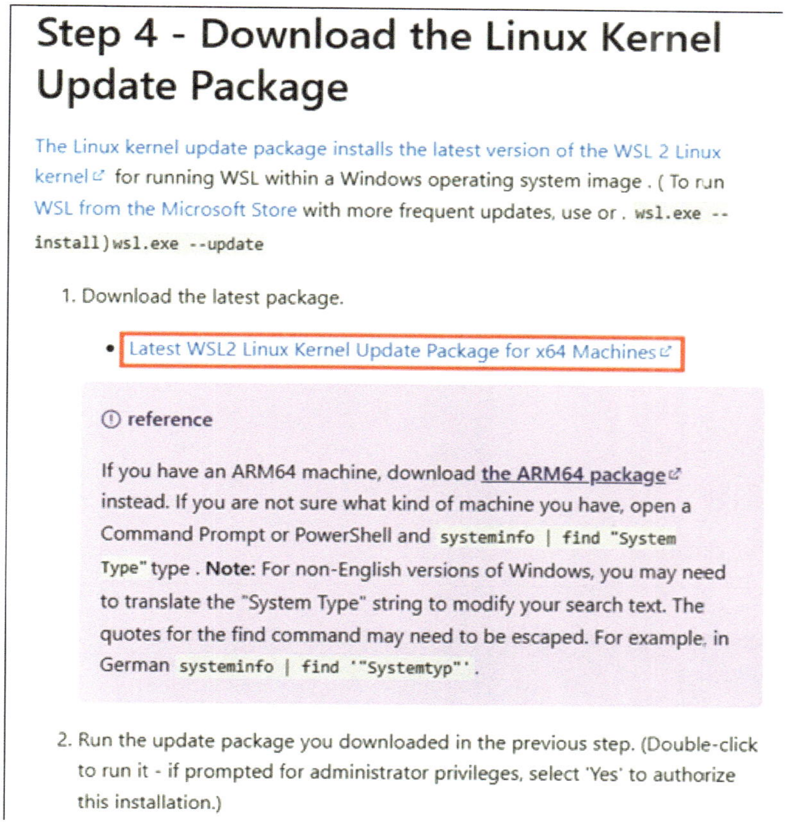

Step 4 - Download the Linux Kernel Update Package

The Linux kernel update package installs the latest version of the WSL 2 Linux kernel for running WSL within a Windows operating system image . (To run WSL from the Microsoft Store with more frequent updates, use or . `wsl.exe --install`) `wsl.exe --update`

1. Download the latest package.
   - Latest WSL2 Linux Kernel Update Package for x64 Machines

ⓘ **reference**

If you have an ARM64 machine, download the ARM64 package instead. If you are not sure what kind of machine you have, open a Command Prompt or PowerShell and `systeminfo | find "System Type"` type . **Note:** For non-English versions of Windows, you may need to translate the "System Type" string to modify your search text. The quotes for the find command may need to be escaped. For example, in German `systeminfo | find '"Systemtyp"'`.

2. Run the update package you downloaded in the previous step. (Double-click to run it - if prompted for administrator privileges, select 'Yes' to authorize this installation.)

- 다운받은 패키지 실행

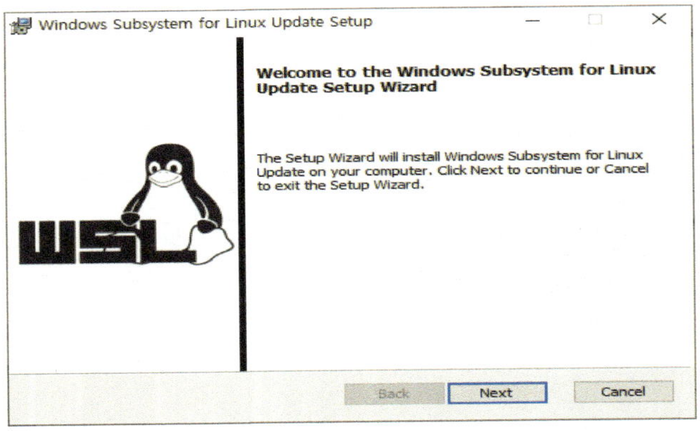

- Next 선택

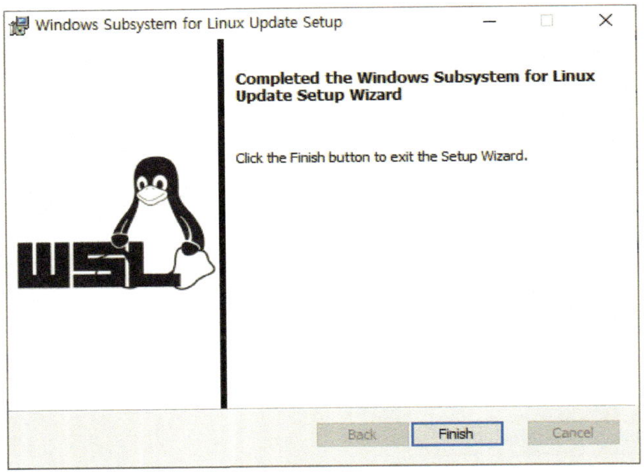

- Finish 선택

②. WSL 2를 기본 버전으로 설정

- wsl --set-default-version 2

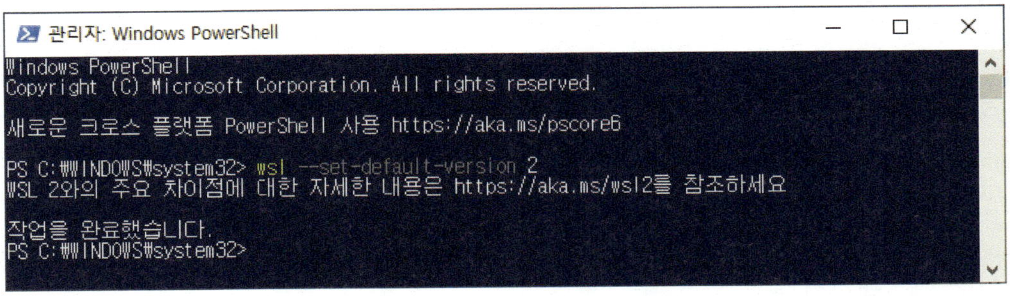

2.1.3 Ubuntu 24.04 LTS 설치

①. 설치 가능한 유효 배포 목록 조회

- wsl -l -o

```
관리자: Windows PowerShell
PS C:\Windows\system32> wsl -l -o
다음은 설치할 수 있는 유효한 배포 목록입니다.
'wsl --install -d <배포>'를 사용하여 설치하세요.

NAME                                   FRIENDLY NAME
Ubuntu                                 Ubuntu
Debian                                 Debian GNU/Linux
kali-linux                             Kali Linux Rolling
Ubuntu-18.04                           Ubuntu 18.04 LTS
Ubuntu-20.04                           Ubuntu 20.04 LTS
Ubuntu-22.04                           Ubuntu 22.04 LTS
Ubuntu-24.04                           Ubuntu 24.04 LTS
OracleLinux_7_9                        Oracle Linux 7.9
OracleLinux_8_7                        Oracle Linux 8.7
OracleLinux_9_1                        Oracle Linux 9.1
openSUSE-Leap-15.6                     openSUSE Leap 15.6
SUSE-Linux-Enterprise-15-SP5           SUSE Linux Enterprise 15 SP5
SUSE-Linux-Enterprise-15-SP6           SUSE Linux Enterprise 15 SP6
openSUSE-Tumbleweed                    openSUSE Tumbleweed
PS C:\Windows\system32>
```

②. 설치 진행

- wsl --install -d Ubuntu-24.04

```
관리자: Windows PowerShell
PS C:\Windows\system32> wsl --install -d Ubuntu-24.04
설치 중: Ubuntu 24.04 LTS
Ubuntu 24.04 LTS이(가) 설치되었습니다.
Ubuntu 24.04 LTS 실행 중...
PS C:\Windows\system32>
```

③. 우분투 최신 버전 표시되지 않는 경우

- 인터넷 마이크로소프트 스토어에서 우분투 24.04 버전 다운로드 후 설치

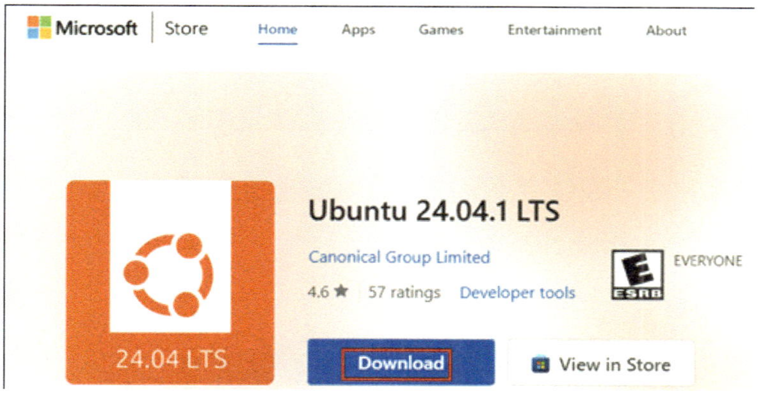

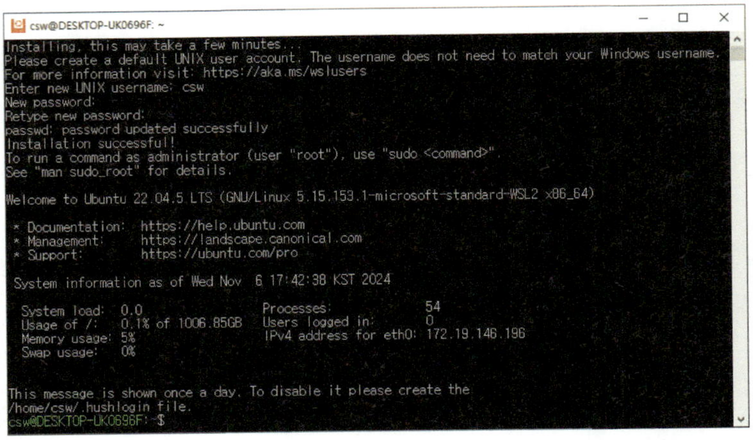

- 설치 창 실행됨
- 새 사용자 계정 생성
- username: csw
- password: csw1234
- 우분투 설치 성공
- wsl -l -v, 윈도우즈에 설치된 wsl 배포판 목록 표시

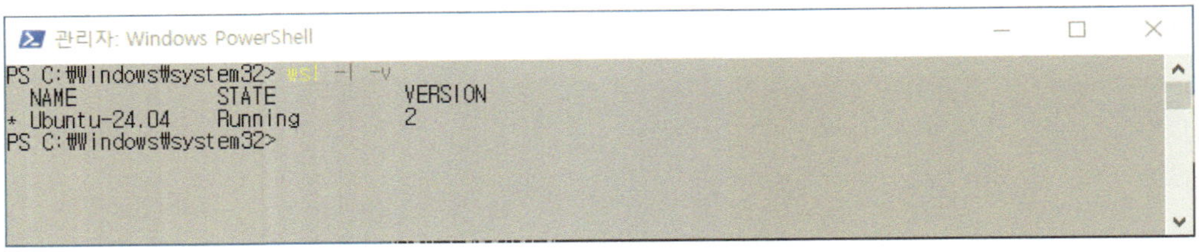

- 우분투 24.04 배포판이 디폴트(*)로 설정되어 있고 현재 실행 중(Running)

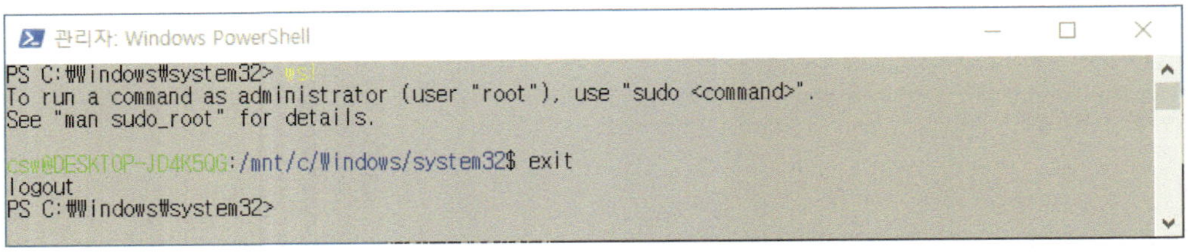

- wsl: PowerShell에서 WSL로 전환(우분투 실행), 리눅스 셸 명령 실행 가능
- exit: 리눅스 셸 종료하고 PowerShell로 복귀

2.2 도커 설치

Chapter 02. 도커 환경구축

2.2.1 시스템 요구사항

- https://docs.docker.com/desktop/install/windows-install/#system-requirements

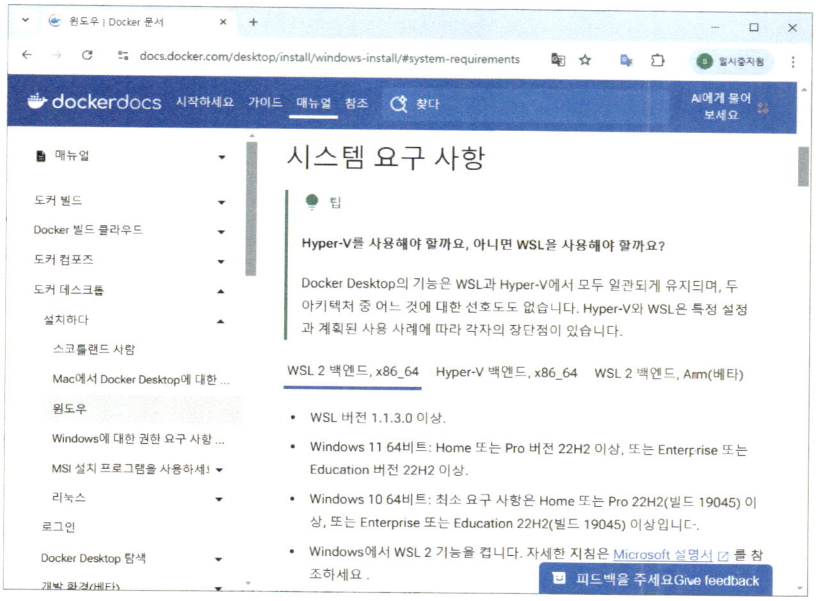

  - 운영 체제: Windows 10 Pro, Enterprise, Education (64-bit) 버전 이상
  - 버전 : Windows 10 Pro 22H2 이상 (빌드 19045 이상)
  - CPU: 64-bit CPU, 하드웨어 가상화(Intel VT-x, AMD-V) 지원 필요
  - 메모리: 최소 4 GB RAM (권장 8 GB 이상)
  - 디스크 공간: 최소 4 GB 이상 디스크 공간

- 필수 기능: Hyper-V 또는 WSL 2가 활성화되어야 함
- 기타: 도커 허브에서 컨테이너 이미지 다운로드 위해 인터넷 연결 필요

①. 시스템 정보 확인

```
명령 프롬프트
C:₩Users₩rybre>systeminfo

호스트 이름:               DESKTOP-JD4K5QG
OS 이름:                   Microsoft Windows 10 Home
OS 버전:                   10.0.19045 N/A 빌드 19045
OS 제조업체:               Microsoft Corporation
OS 구성:                   독립 실행형 워크스테이션
OS 빌드 종류:              Multiprocessor Free
```

- 운영체제: Window 10 Pro
- 빌드: 19045

```
명령 프롬프트
시스템 종류:               x64-based PC
프로세서:                  프로세서 1개 설치됨
                           [01]: Intel64 Family 6 Model 158 Stepping 10 GenuineIntel ~3000
Mhz
BIOS 버전:                 American Megatrends Inc. Ver. DW200414, 2020-04-14
Windows 디렉터리:          C:₩Windows
시스템 디렉터리:           C:₩Windows₩system32
부팅 장치:                 ₩Device₩HarddiskVolume1
```

- CPU: Intel64

```
명령 프롬프트
총 실제 메모리:             16,036MB
사용 가능한 실제 메모리:    11,411MB
가상 메모리: 최대 크기:     18,980MB
가상 메모리: 사용 가능:     14,435MB
가상 메모리: 사용 중:       4,545MB
페이지 파일 위치:           C:₩pagefile.sys
도메인:                     WORKGROUP
로그온 서버:                ₩₩DESKTOP-JD4K5QG
```

- 메모리: 16 GB

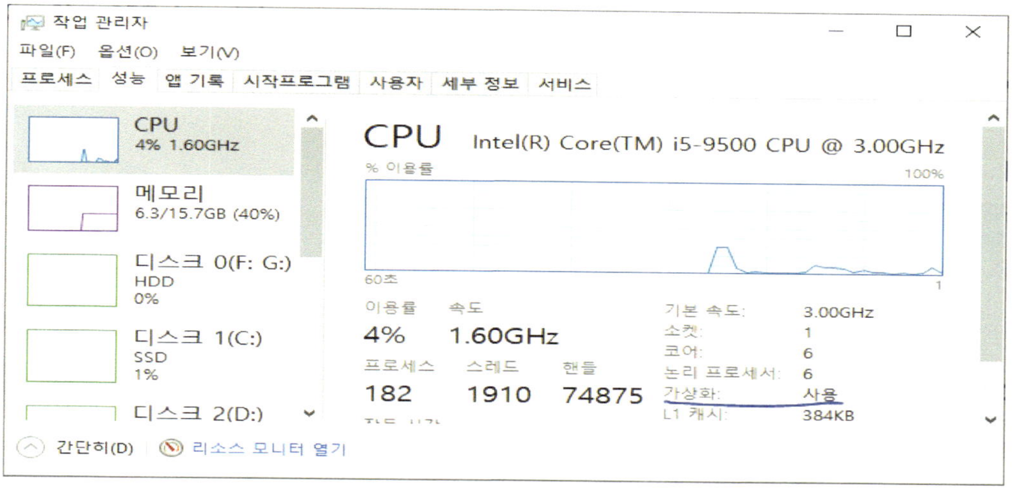

- 하드웨어 가상화 할성화 됨

②. **WSL 2 기능 켜기**

- WSL 2: 가상 머신에 리눅스 커널 실행
- 도커 데스크톱은 리눅스 기반에서 컨테이너 실행, 따라서 WSL 2 사용 필수
- 제어판 〉 프로그램 〉 프로그램 및 기능 〉 Windows 기능 켜기/끄기
- 재부팅

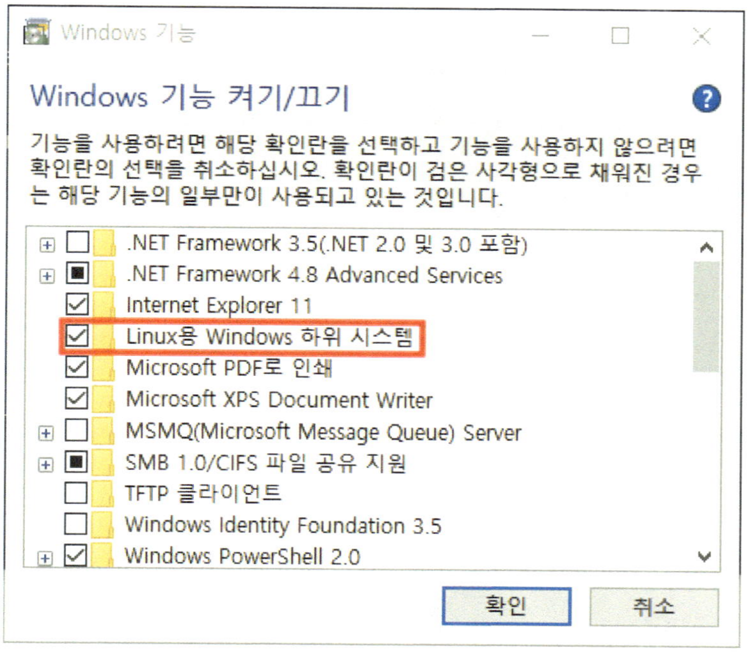

2.2.2 윈도우즈에 도커 데스크탑 설치

- https://docs.docker.com/desktop/install/windows-install/

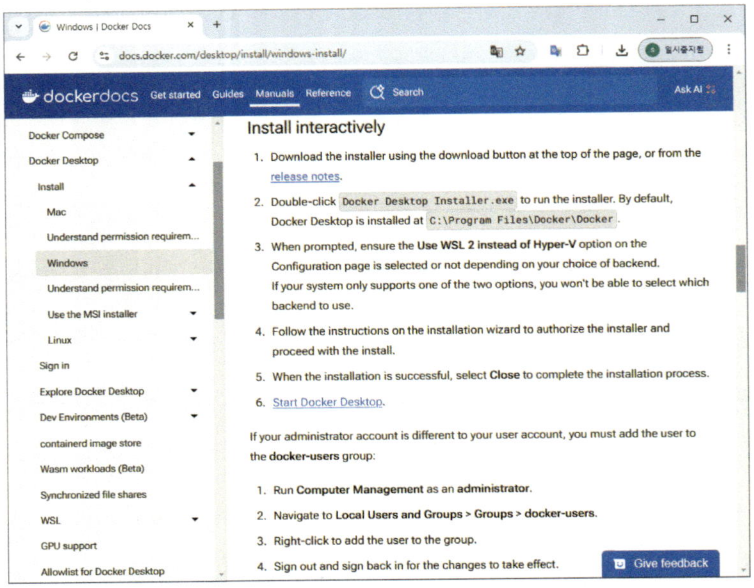

①. 도커 데스크탑 설치 파일 다운로드

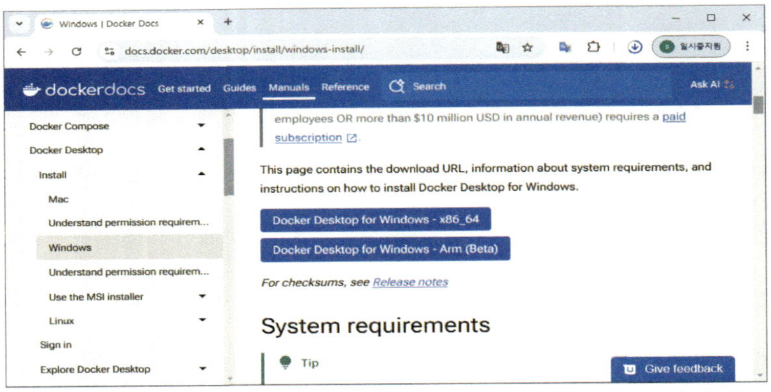

- Docker Desktop for Windows-x86_64 클릭하여 다운로드

②. **설치 파일 실행**

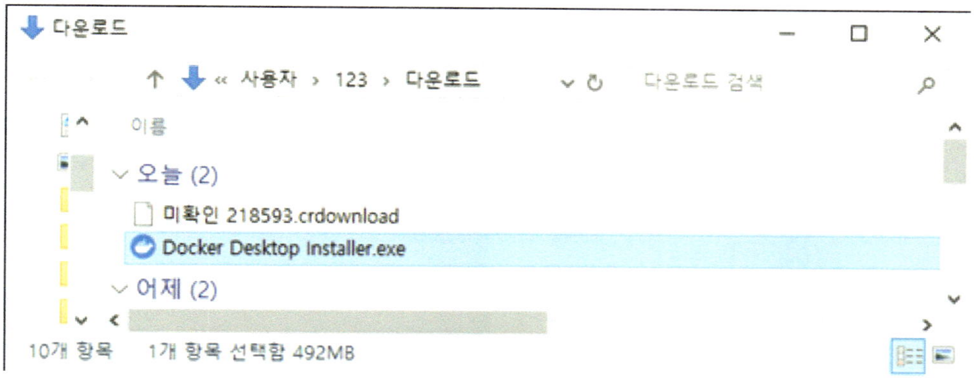

- Docker Desktop installer.exe 더블 클릭

- Configuration: OK

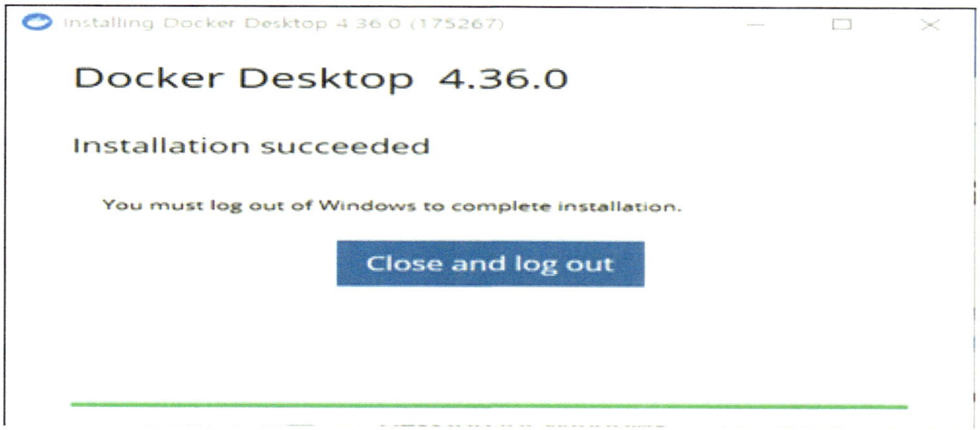

- 설치 성공: 편집 파일 저장 후 Close and log out 선택

2.2.3 도커 데스크탑 시작하기

- https://docs.docker.com/desktop/install/windows-install/#start-docker-desktop

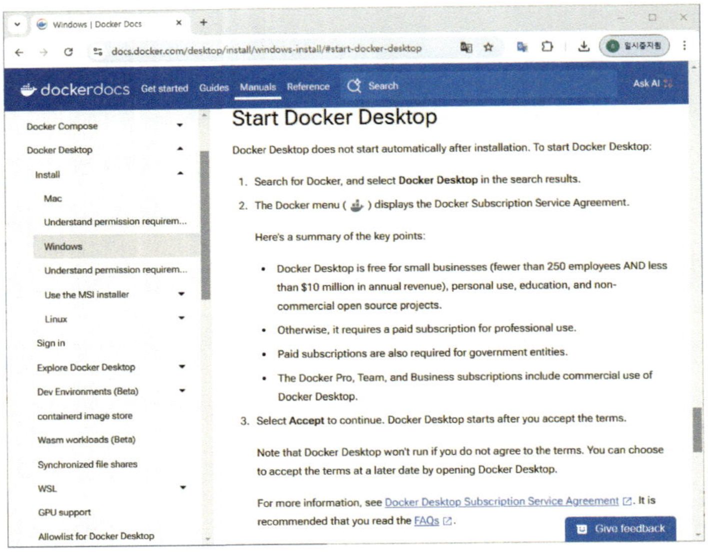

- 도커 데스크탑 무료: 소규모 업체, 개인용, 교육용 등

①. **도커 시작**

- 시작 〉 Docker Desktop 선택

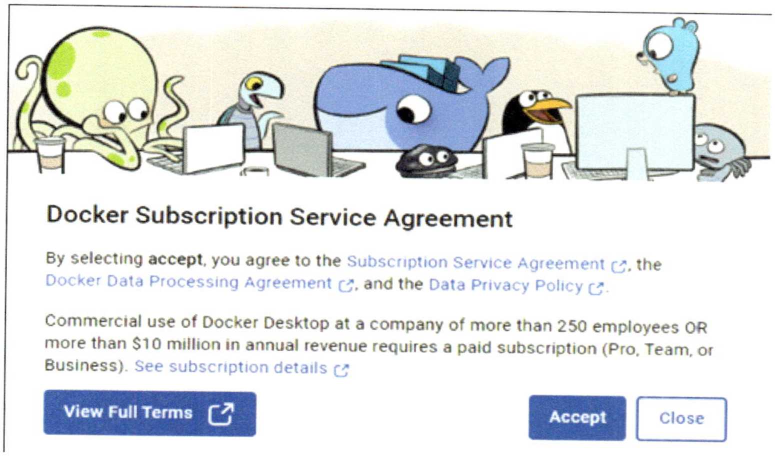

- 도커 구독 서비스 계약: Accept 선택

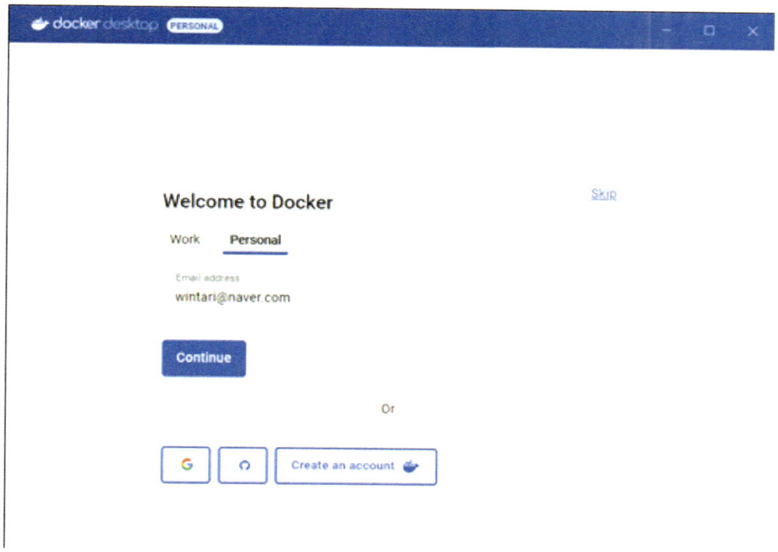

- 무료 Persoal 선택: 이메일 입력 후 Continue 선택
- 사전에 도커 허브(Docker Hub) 사이트에서 계정 가입 필요

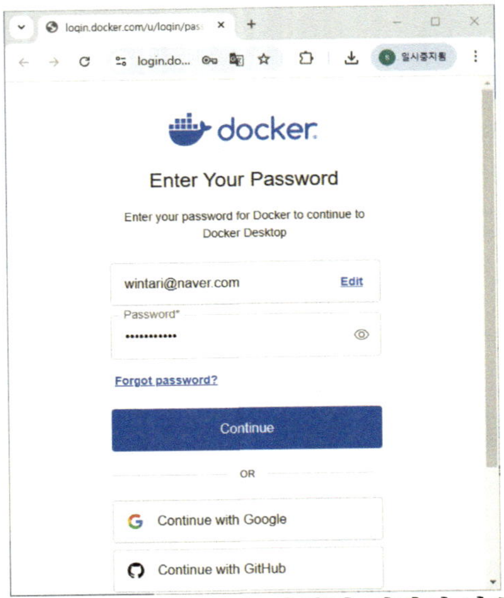

- Password: 가입된 계정의 암호 입력 후 Continue 선택

- 열기 선택

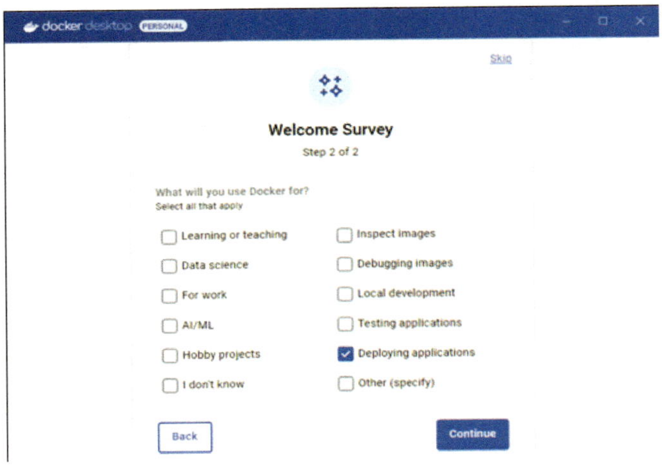

- 설문조사(Survey) 후 Continue 선택

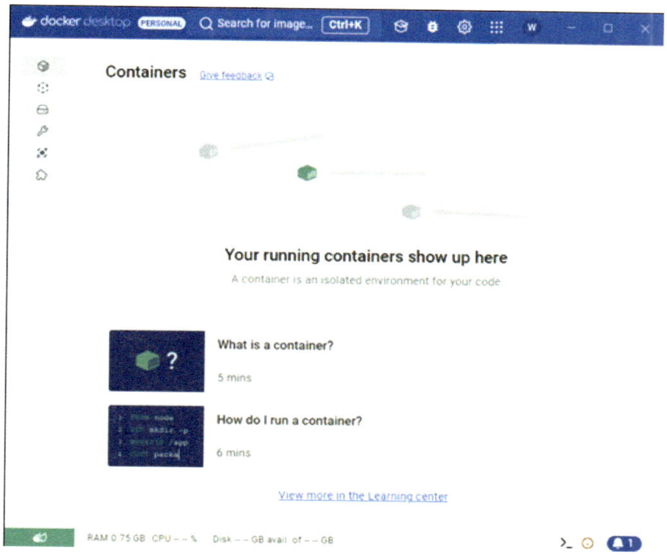

- 도커 데스크탑 실행됨

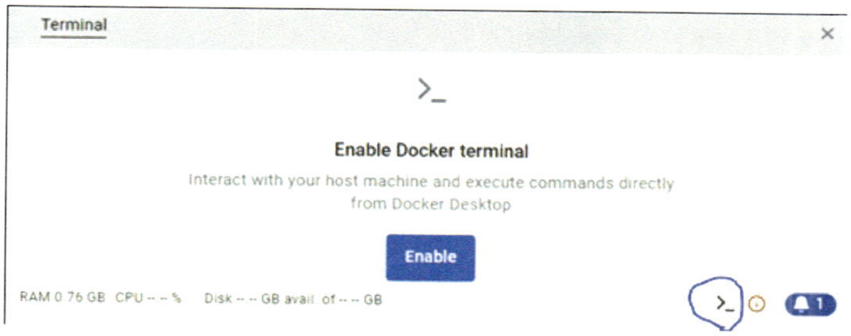

- 우측 하단부 >_ 클릭 후 Enable 선택하여 도커 터미널 활성화

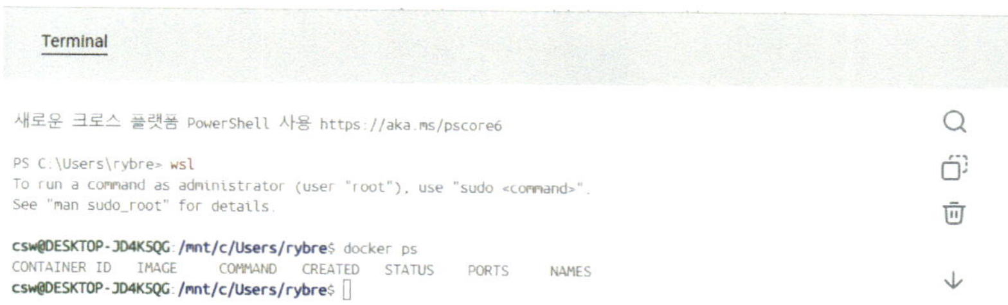

- docker ps: 현재 실행 중인 컨테이너 목록 표시, 현재 0 개 실행 중임

②. wsl 배포 목록 조회

```
관리자: Windows PowerShell
csw@DESKTOP-JD4K50G:/mnt/c/₩indows/system32$ exit
logout
PS C:₩Windows₩system32> wsl -l -v
  NAME            STATE      VERSION
* Ubuntu-24.04    Running    2
  docker-desktop  Running    2
PS C:₩Windows₩system32>
```

- 우분투 및 도커 배포됨

2.2.4 WSL 2에 도커 데스크탑 연동하기

- https://learn.microsoft.com/ko-kr/windows/wsl/tutorials/wsl-containers

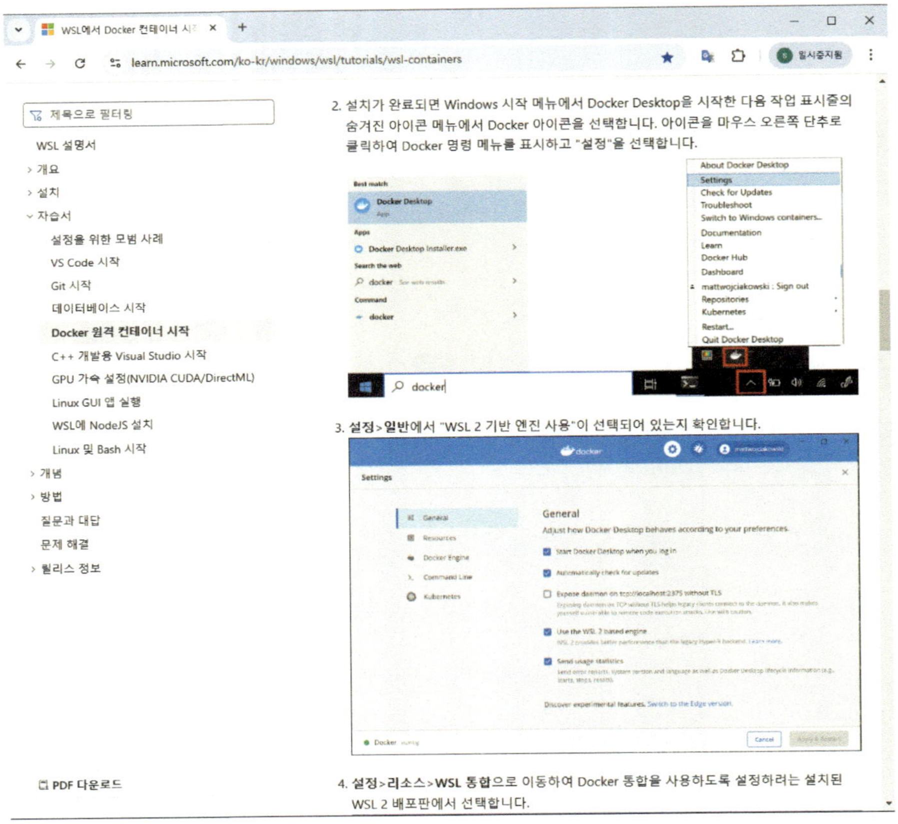

①. 설정 버튼 선택

- 설정 〉 일반에서 "WSL 2 기반 엔진 사용" 선택 확인

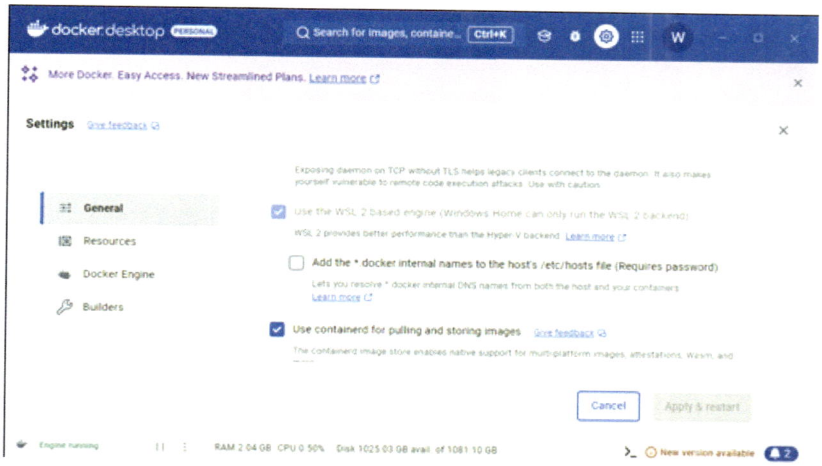

- 설정 〉 리소스 〉 WSL 통합에서 설치된 WSL 2 배포판 선택 후 적용 및 재시작

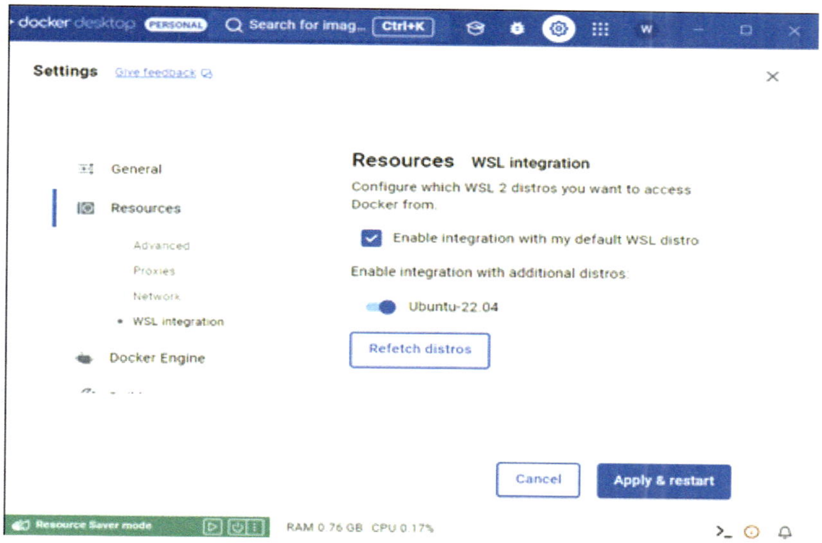

②. **Ubuntu 실행**

- docker ps 실행

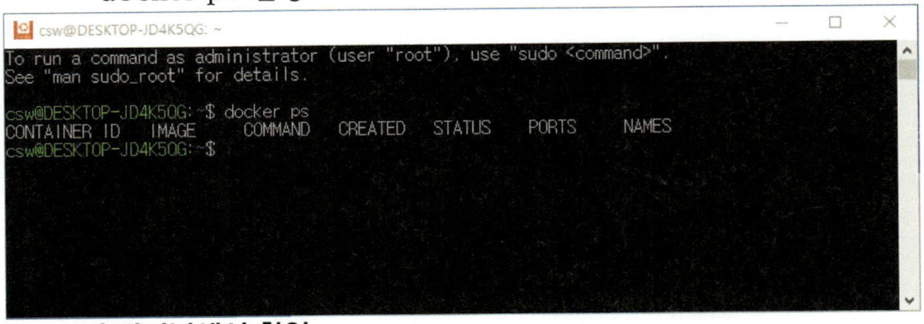

③. **도커 터미널에서 확인**

- 도커에서 파워셸 터미널 열기: 우측 하단에서 >_ 클릭

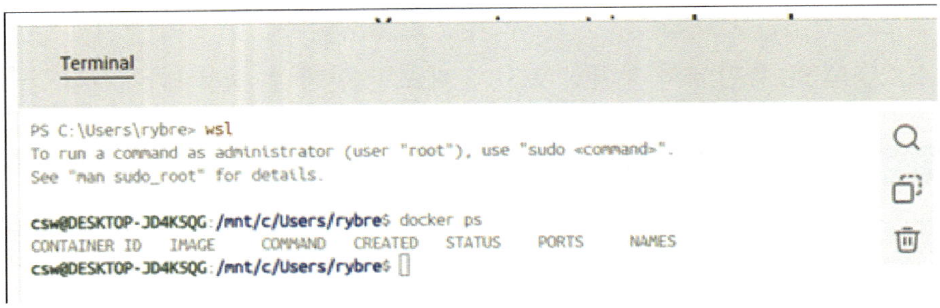

- 파워셸에서 wsl 입력
- 우분투 셸로 전환됨
- docker -ps 명령 실행됨

2.3 VSC에 도커 연동

Chapter 02. 도커 환경구축

- **참고 사이트**
  - https://learn.microsoft.com/ko-kr/visualstudio/docker/tutorials/docker-tutorial

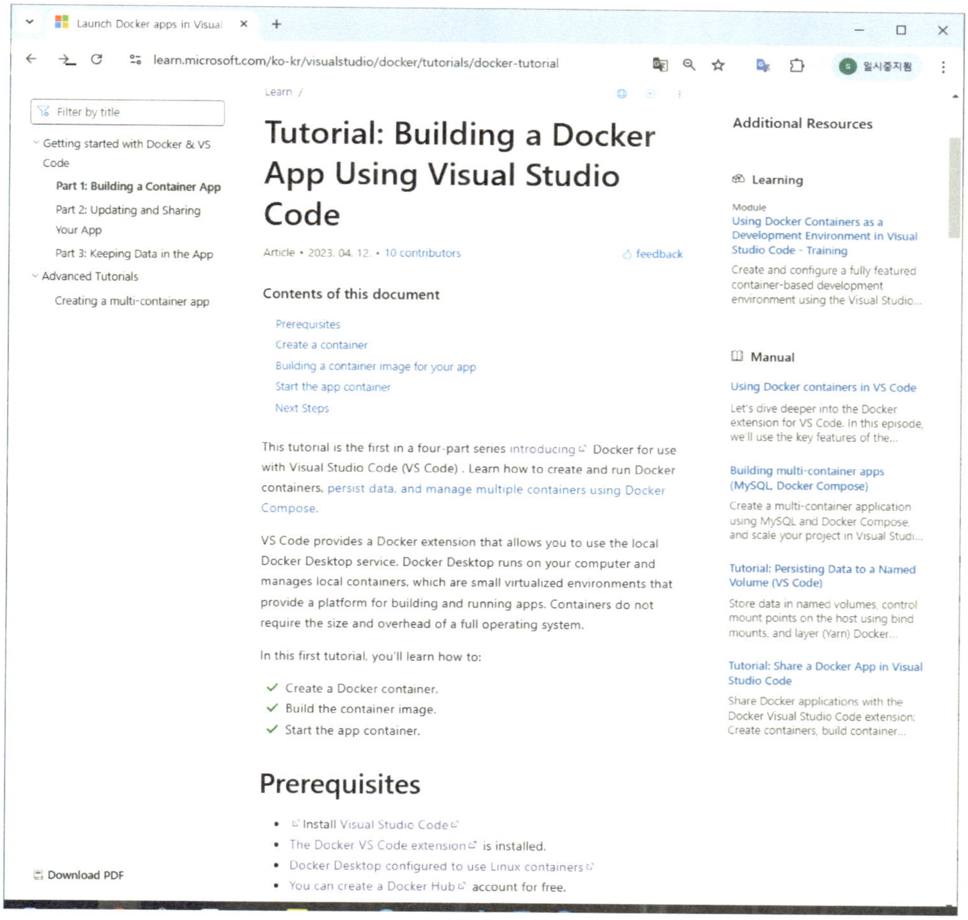

- **필수 조건**
  - 비주얼 스튜디오 코드 설치
  - 도커 VSC 확장 설치
  - 리눅스 컨테이너를 사용하도록 도커 데스크탑 설정
  - 도커 허브 계정 생성

2.3.1 비주얼 스튜디오 코드 설치

①. VSC 사용자 셋업 파일 다운로드

- https://code.visualstudio.com/download
- Windows 선택

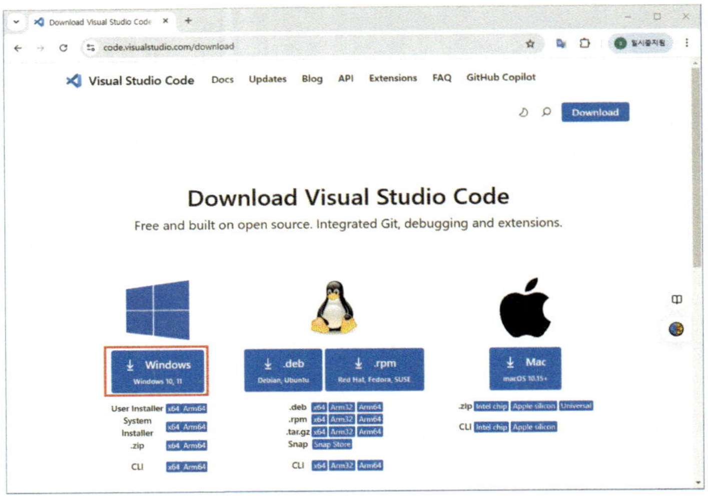

②. 셋업 파일 확인

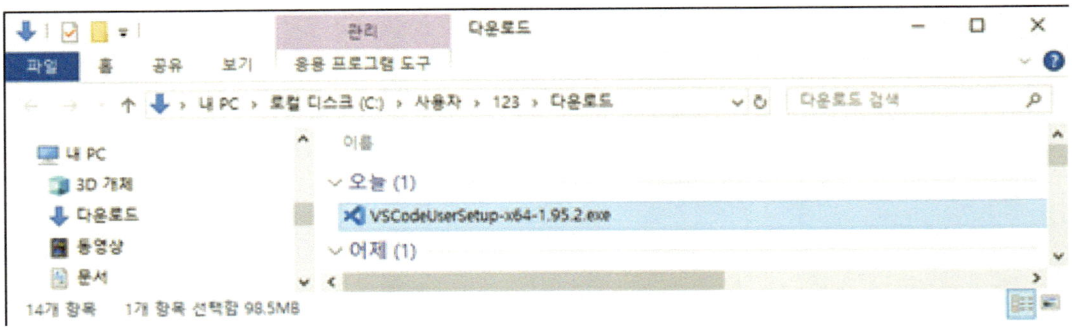

- VSCodeUserSetup-x64-~~~.exe

③. 셋업 파일 실행

- 사용권 계약에 동의 후 진행

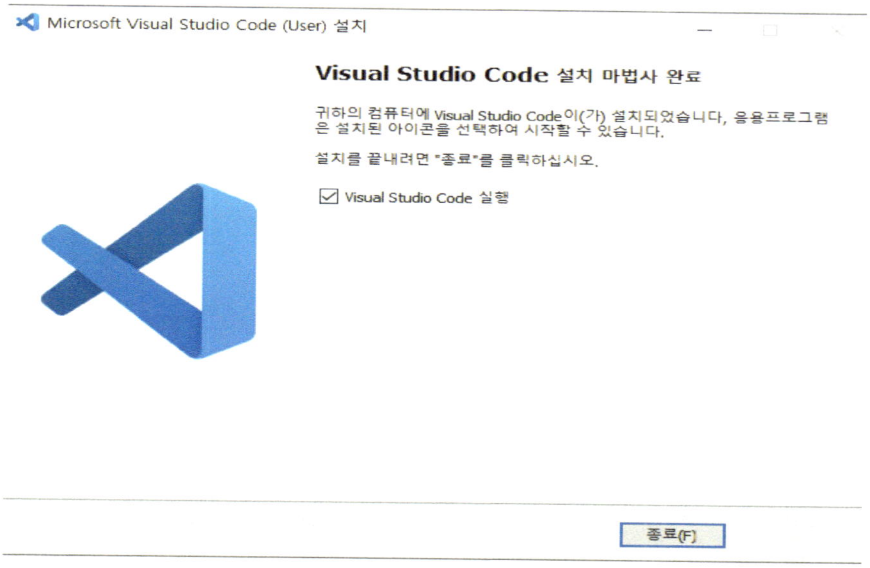

2.3.2 WSL 확장 설치

①. VSC 설치 후 시작하면 WSL 확장 설치 추천

②. 설치(install) 선택

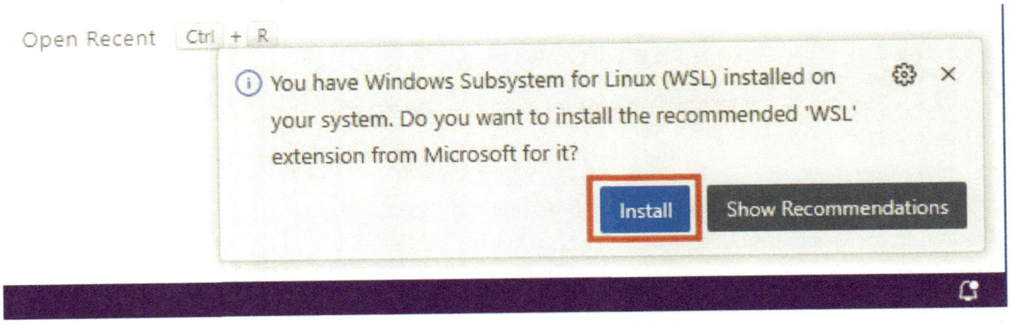

- WSL 확장 설치로 Remote Explorer 확장 설치됨

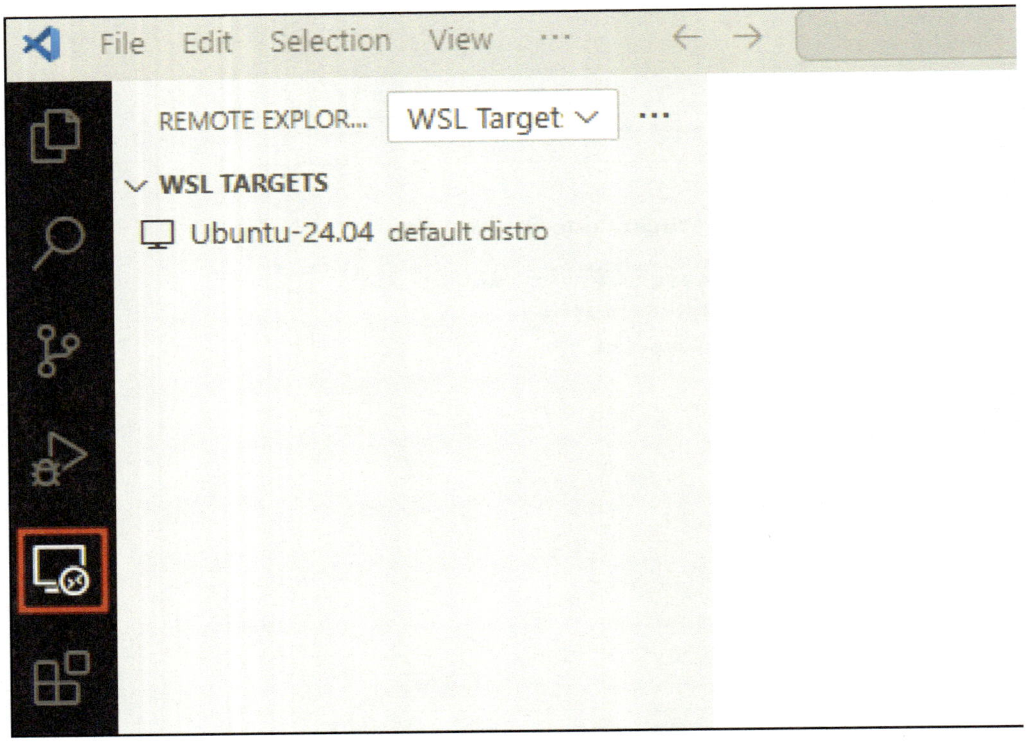

2.3.3 도커 확장 설치

①. 확장 뷰에서 docker 검색하여 설치

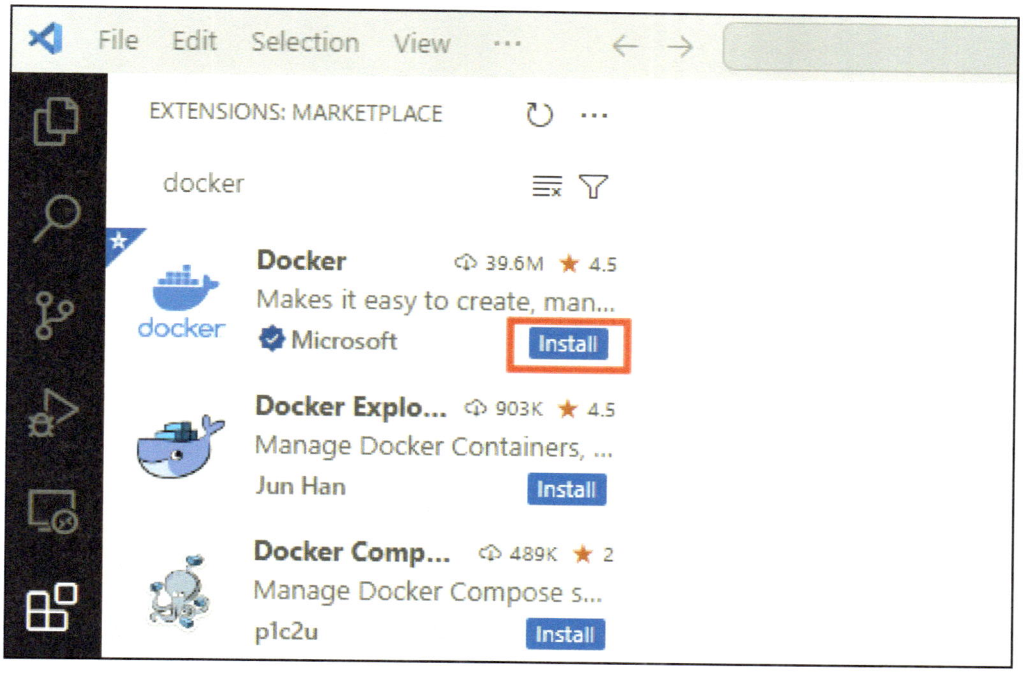

- 도커 확장  설치됨

2.4 앱 빌드

Chapter 02. 도커 환경구축

- **참고 사이트**
  - https://learn.microsoft.com/ko-kr/visualstudio/docker/tutorials/docker-tutorial

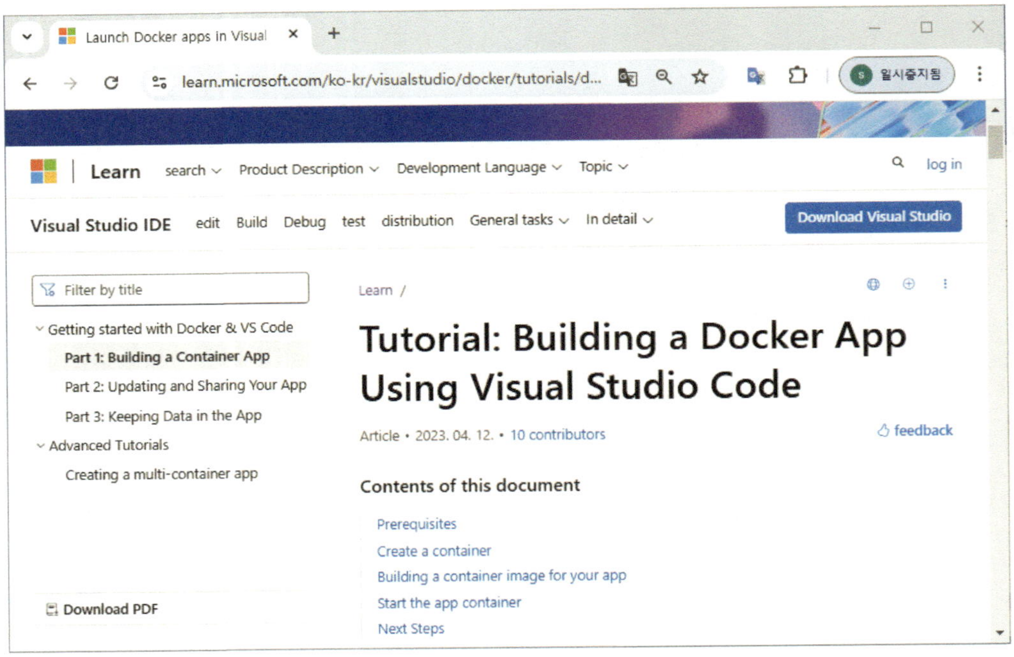

2.4.1 컨테이너 생성하기

①. **VSC 새 터미널에서 도커 버전 확인**

- 파워셸 모드에서 WSL 기본 배포판 상태 확인: wsl -l -v
- wsl 셸 모드에서 도커 버전 확인: docker -v

```
PROBLEMS    OUTPUT    DEBUG CONSOLE    TERMINAL    PORTS

PS C:\Users\rybre> wsl -l -v
  NAME              STATE           VERSION
* Ubuntu-24.04      Running         2
  docker-desktop    Running         2
PS C:\Users\rybre> wsl
To run a command as administrator (user "root"), use "sudo <command>".
See "man sudo_root" for details.

csw@DESKTOP-JD4K5QG:/mnt/c/Users/rybre$ docker -v
Docker version 27.3.1, build ce12230
csw@DESKTOP-JD4K5QG:/mnt/c/Users/rybre$ 
```

- WSL 배포판 우분투, 도커 데스크탑 실행중임: 기본은 우분투
- wsl 셸 모드로 진입하여 도커 버전 확인

②. **컨테이너 실행**

- docker run -d -p 80:80 docker/getting-started

```
csw@DESKTOP-JD4K5QG:/mnt/c/Users/rybre$ docker run -d -p 80:80 docker/getting-started
Unable to find image 'docker/getting-started:latest' locally
latest: Pulling from docker/getting-started
4f7e34c2de10: Download complete
b6334b6ace34: Download complete
9b6f639ec6ea: Download complete
f1d1c9928c82: Download complete
c158987b0551: Download complete
ee68d3549ec8: Download complete
33e0cbbb4673: Download complete
cb9626c74200: Download complete
1e35f6679fab: Download complete
Digest: sha256:d79336f4812b6547a53e735480dde67f8f8f7071b414fbd9297609ffb989abc1
Status: Downloaded newer image for docker/getting-started:latest
efe21bb15fda5dbd22954ad7c20f94f4a3be15d5f150c2538f9a3c01fe5ea621
csw@DESKTOP-JD4K5QG:/mnt/c/Users/rybre$ 
```

- 도커 허브 docker/getting-started 이미지 기반의 컨테이너 실행

③. **도커 아이콘에서 도커 컨테이너 실행 확인**

- VSC 좌측의 도커 아이콘 선택

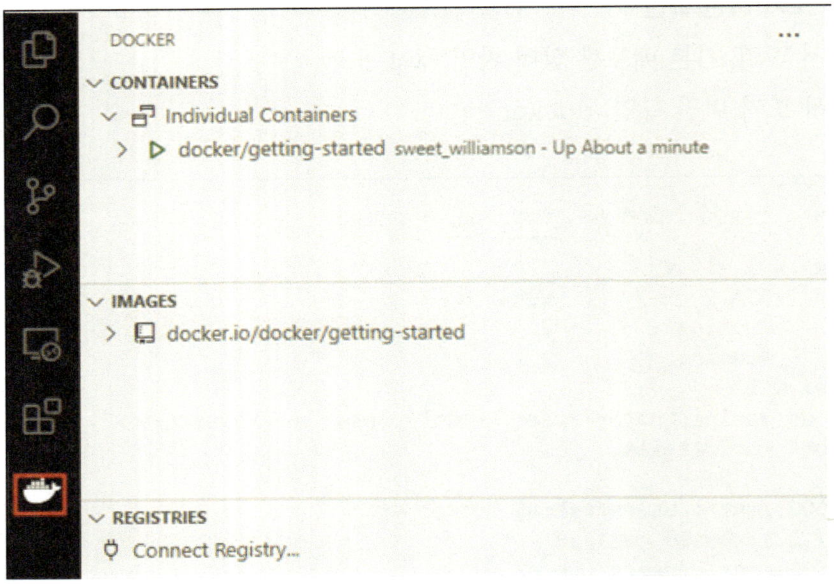

- 컨테이너 상태, 기반 이미지, 레지스터 등 표시

④. **터미널 wsl 셸에서 도커 컨테이너 실행 확인**

- docker ps

```
csw@DESKTOP-JD4K5QG:/mnt/c/Users/rybre$ docker ps
CONTAINER ID   IMAGE                    COMMAND
efe21bb15fda   docker/getting-started   "/docker-entrypoint.…"
csw@DESKTOP-JD4K5QG:/mnt/c/Users/rybre$ 
```

- 컨테이너(명) 임의로 생성됨

⑤. **브라우저에서 컨테이너 실행 확인**

- 도커 확장에서 docker/gettingstarted 컨테이너 마우스 우측 클릭
- 브라우저에서 열기 선택

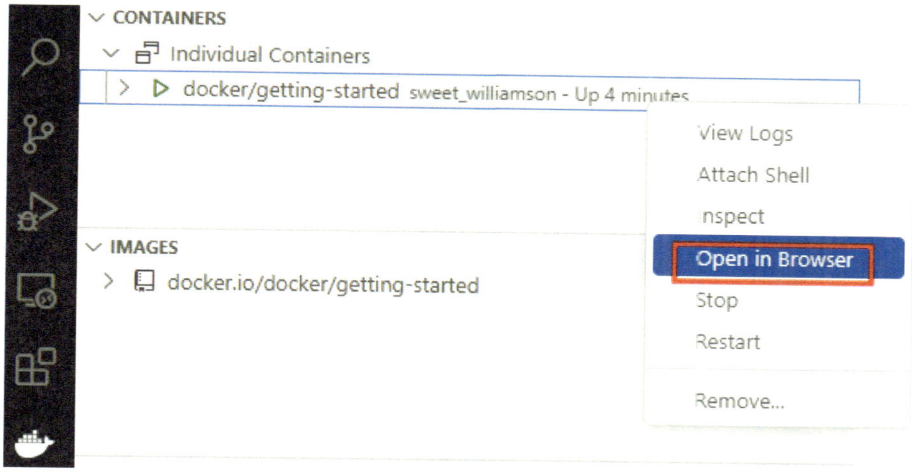

- 실행된 컨테이너의 결과 페이지를 브라우저에 출력함

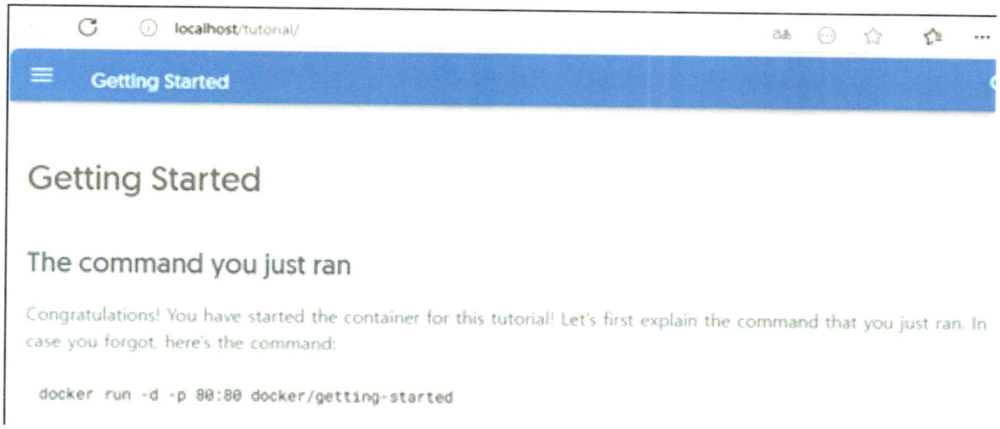

⑥. **컨테이너 삭제하기**

- 컨테이너 중지: docker stop container-id
- 컨테이너 삭제: docker rm container-id

```
csw@DESKTOP-JD4K5QG:/mnt/c/Users/rybre$ docker ps
CONTAINER ID   IMAGE                     COMMAND                   CREATEI
efe21bb15fda   docker/getting-started    "/docker-entrypoint.…"    14 min
csw@DESKTOP-JD4K5QG:/mnt/c/Users/rybre$ docker stop efe21bb15fda
efe21bb15fda
csw@DESKTOP-JD4K5QG:/mnt/c/Users/rybre$ docker rm efe21bb15fda
efe21bb15fda
csw@DESKTOP-JD4K5QG:/mnt/c/Users/rybre$ docker ps
CONTAINER ID   IMAGE     COMMAND   CREATED   STATUS    PORTS     NAMES
csw@DESKTOP-JD4K5QG:/mnt/c/Users/rybre$ 
```

2.4.2 간단한 앱 이미지 빌드하기

①. **Todo 프로젝트 다운로드**

- 도커 시작하기 튜토리얼 저장소 https://github.com/docker/getting-started
- Code 〉 Download ZIP 선택

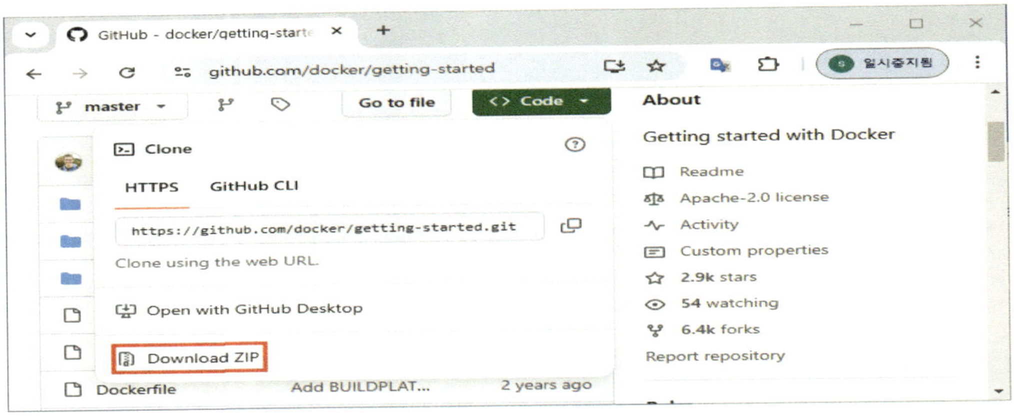

- Docker 폴더에 Todo 프로젝트 압축 풀기

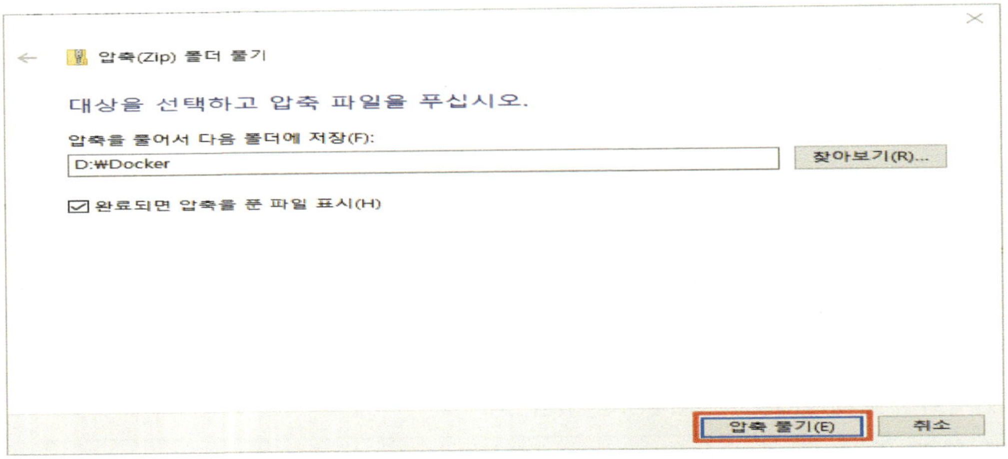

- Docker 폴더 아래에 Todo 프로젝트 폴더 getting-started-master 생성됨

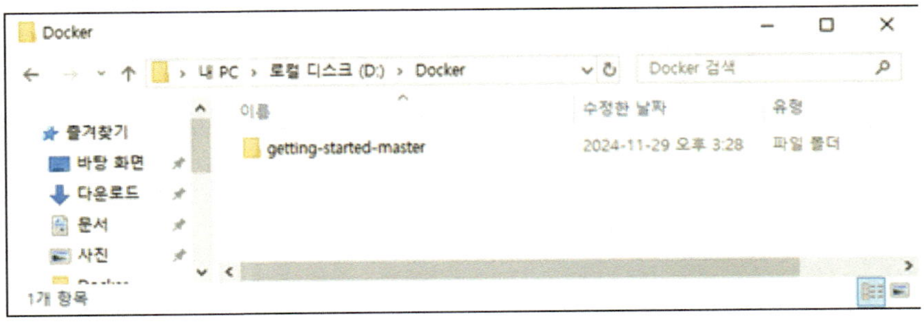

②. Docker 폴더 열기

- VSC 〉 파일 〉 폴더 열기 〉 Docker 〉 폴더 선택

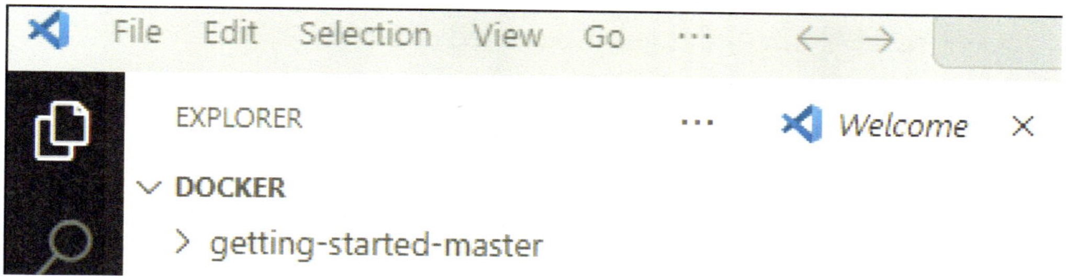

③. Docker 폴더를 워크스페이스 폴더로 지정

- 파일 〉 워크스페이스로 저장 선택

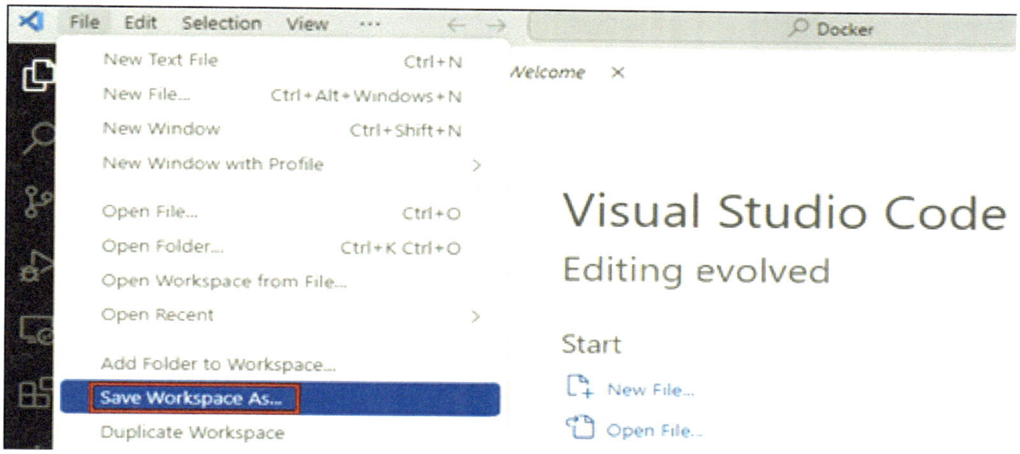

- 내 PC 〉 로컬 디스크 (D:) 〉 Docker
- 파일 이름 Docker, 파일 형식 Code Workspace 확인 후 Save

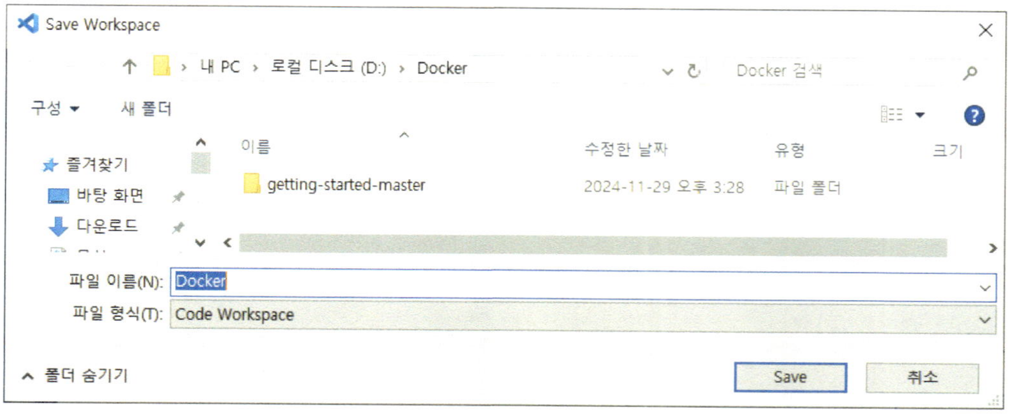

- Docker 폴더가 워크스페이스 폴더로 지정됨
- Docker 폴더에 Docker.code-workspace 파일 생성됨
- Docker 워크스페이스 아래의 getting-started-master는
- 하나의 프로젝트 폴더가 됨

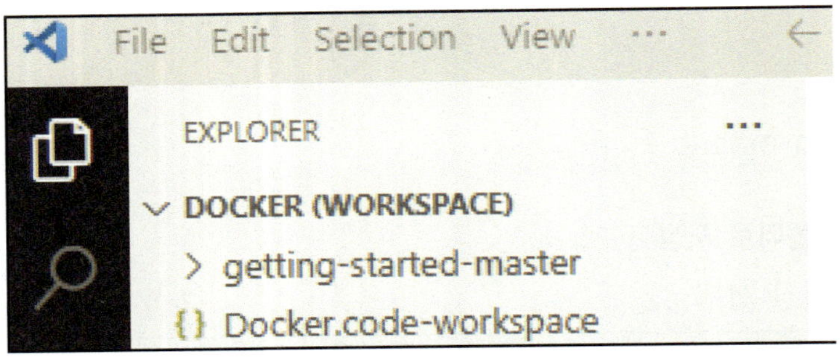

④. **getting-started-master 프로젝트에 Dockerfile 생성**

- 다음의 Dockerfile 작성하고 package.json 파일 위치한 app 폴더에 저장
- 파일 〉 새 텍스트 파일
- https://learn.microsoft.com/ko-kr/visualstudio/docker/tutorials/docker-tutorial
- 위 사이트에서 코드 복사

```
FROM node:20-alpine
RUN apk add --no-cache python3 g++ make
WORKDIR /app
COPY . .
RUN yarn install --production
CMD ["node", "/app/src/index.js"]
```

- app 〉 파일 이름 Dockerfile, 파일 형식 No Extension 〉 저장

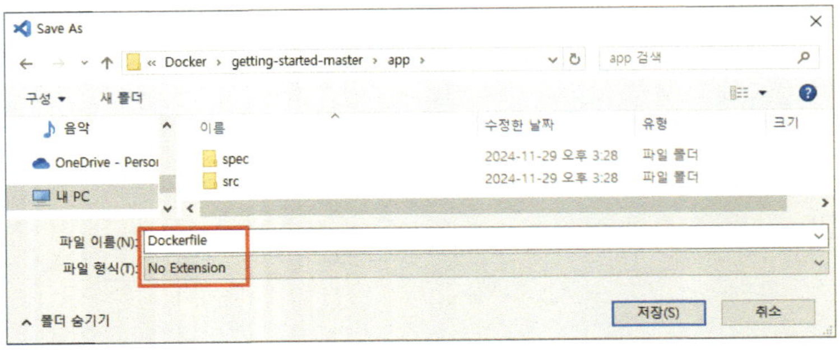

⑤. 이미지 빌드

- app 폴더로 이동
- docker build -t getting-started .

```
PROBLEMS   OUTPUT   DEBUG CONSOLE   TERMINAL   PORTS
PS D:\Docker> wsl
To run a command as administrator (user "root"), use "sudo <command>".
See "man sudo_root" for details.

csw@DESKTOP-JD4K5QG:/mnt/d/Docker$ ls
Docker.code-workspace  getting-started-master
csw@DESKTOP-JD4K5QG:/mnt/d/Docker$ cd getting-started-master/
csw@DESKTOP-JD4K5QG:/mnt/d/Docker/getting-started-master$ cd app
csw@DESKTOP-JD4K5QG:/mnt/d/Docker/getting-started-master/app$ docker build -t getting-started .
[+] Building 31.2s (11/11) FINISHED                                          docker:default
 => [internal] load build definition from Dockerfile                                   0.0s
 => => transferring dockerfile: 189B                                                   0.0s
```

⑥. 이미지 확인

- docker images

```
csw@DESKTOP-JD4K5QG:/mnt/d/Docker/getting-started-master/app$ docker images
REPOSITORY               TAG       IMAGE ID       CREATED          SIZE
getting-started          latest    a9eb95fbe900   4 minutes ago    697MB
docker/getting-started   latest    d79336f4812b   23 months ago    73.9MB
csw@DESKTOP-JD4K5QG:/mnt/d/Docker/getting-started-master/app$ 
```

- getting-started 이미지 생성됨

2.4.3 컨테이너 실행하기

①. 컨테이너 시작

- docker run -dp 3000:3000 getting-started

```
csw@DESKTOP-JD4K5QG:/mnt/d/Docker/getting-started-master/app$ docker run -dp
3000:3000 getting-started
7291e5281d669d6f039e7ed58b4d068b3edacc6bac0aad3c3bce064c98964169
csw@DESKTOP-JD4K5QG:/mnt/d/Docker/getting-started-master/app$ 
```

②. **웹 브라우저에서 컨테이너 실행 확인**

- http://localhost:3000

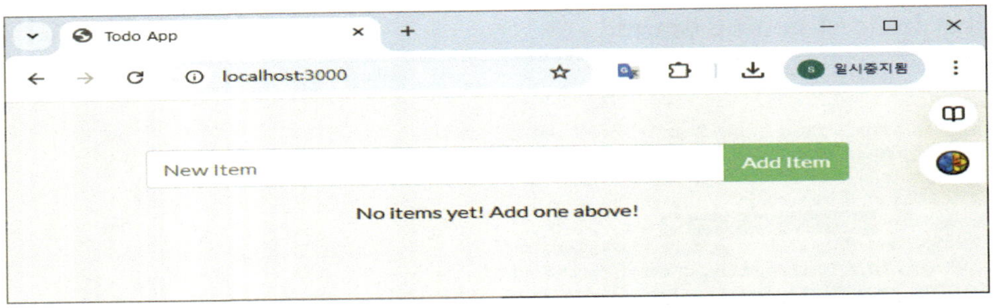

③. **앱 작동 확인**

- 항목 추가, 완료 항목 체크

- 항목 삭제

2.4.4 컨테이너 및 이미지 삭제하기

①. **컨테이너 삭제**

- docker ps
- docker stop 컨테이너ID
- docker rm 컨테이너 ID

```
csw@DESKTOP-JD4K5QG:/mnt/d/Docker/getting-started-master/app$ docker ps
CONTAINER ID   IMAGE             COMMAND                  CREATED         STA
7291e5281d66   getting-started   "docker-entrypoint.s…"   6 minutes ago   Up
csw@DESKTOP-JD4K5QG:/mnt/d/Docker/getting-started-master/app$ docker stop 729
7291e5281d66
csw@DESKTOP-JD4K5QG:/mnt/d/Docker/getting-started-master/app$ docker rm 7291e
7291e5281d66
csw@DESKTOP-JD4K5QG:/mnt/d/Docker/getting-started-master/app$ docker ps
CONTAINER ID   IMAGE     COMMAND   CREATED   STATUS    PORTS     NAMES
csw@DESKTOP-JD4K5QG:/mnt/d/Docker/getting-started-master/app$
```

②. **이미지 삭제**

- docker images
- docker rmi 이미지ID

```
csw@DESKTOP-JD4K5QG:/mnt/d/Docker/getting-started-master/app$ docker images
REPOSITORY                TAG       IMAGE ID       CREATED          SIZE
getting-started           latest    a9eb95fbe900   14 minutes ago   697MB
docker/getting-started    latest    d79336f4812b   23 months ago    73.9MB
csw@DESKTOP-JD4K5QG:/mnt/d/Docker/getting-started-master/app$ docker rmi getting-started
Untagged: getting-started:latest
Deleted: sha256:a9eb95fbe90035d002054c57edfa52312104edaafc940ed23a3df0794fdc859c
csw@DESKTOP-JD4K5QG:/mnt/d/Docker/getting-started-master/app$ docker rmi docker/getting-started
Untagged: docker/getting-started:latest
Deleted: sha256:d79336f4812b6547a53e735480dde67f8f8f7071b414fbd9297609ffb989abc1
csw@DESKTOP-JD4K5QG:/mnt/d/Docker/getting-started-master/app$ docker images
REPOSITORY   TAG       IMAGE ID   CREATED   SIZE
csw@DESKTOP-JD4K5QG:/mnt/d/Docker/getting-started-master/app$
```

2.5 앱 배포

Chapter 02. 도커 환경구축

2.5.1 도커 데스크탑에 쿠버네티스 설치

- **참고 사이트**
  - https://docs.docker.com/desktop/features/kubernetes/

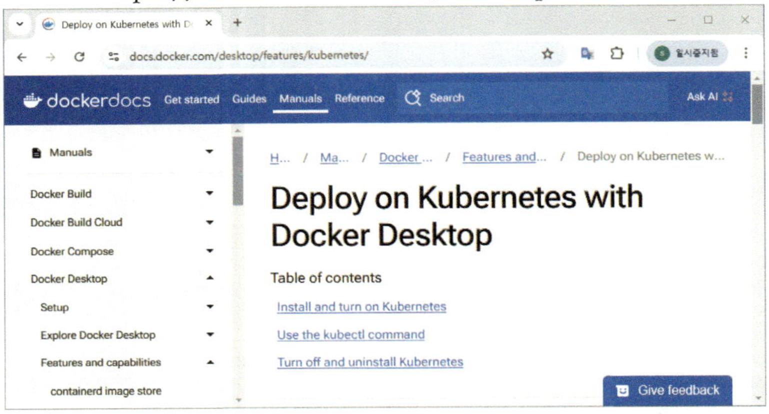

①. **도커 데스크탑 대시보드에서 설정 선택**

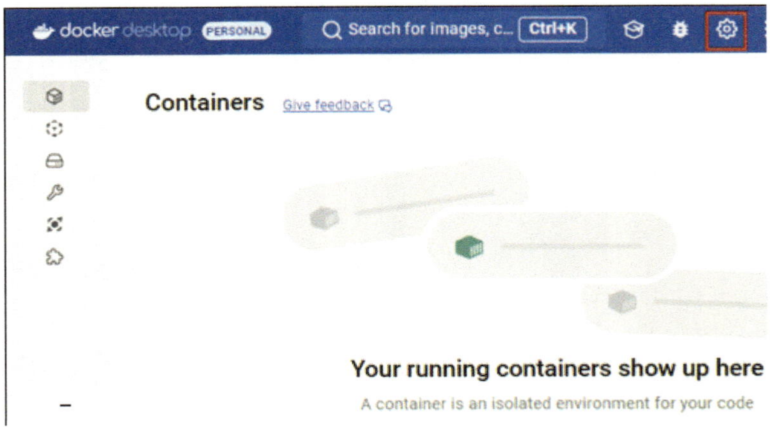

②. 좌측 사이드바에서 Kubernetes 선택

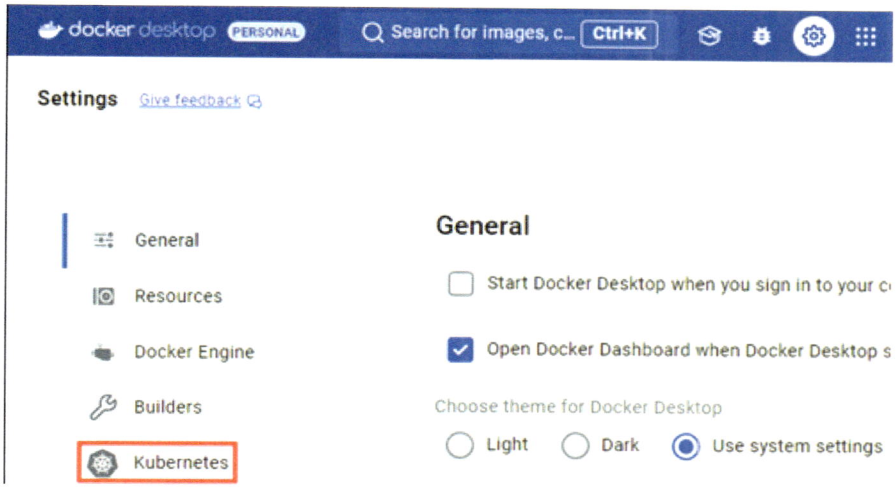

③. Enable Kubernetes 활성화

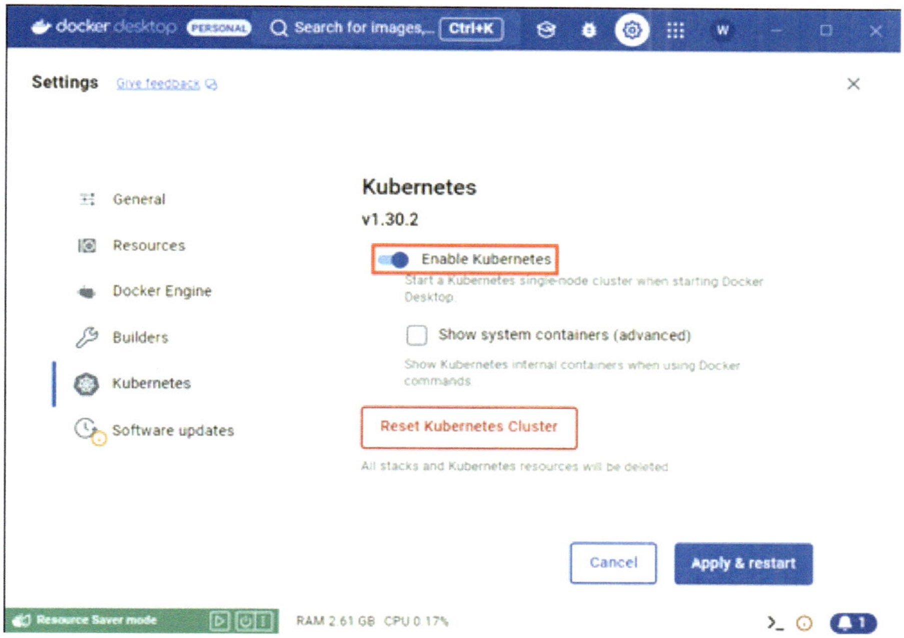

④. **Apply & Restart 선택하여 설정 저장하고 Install 선택**

- 쿠버네티스 서버를 컨테이너로 실행하는 데 필요한 이미지 인스턴화되고
- 머신에 /usr/local/bin/kubectl 명령 설치함

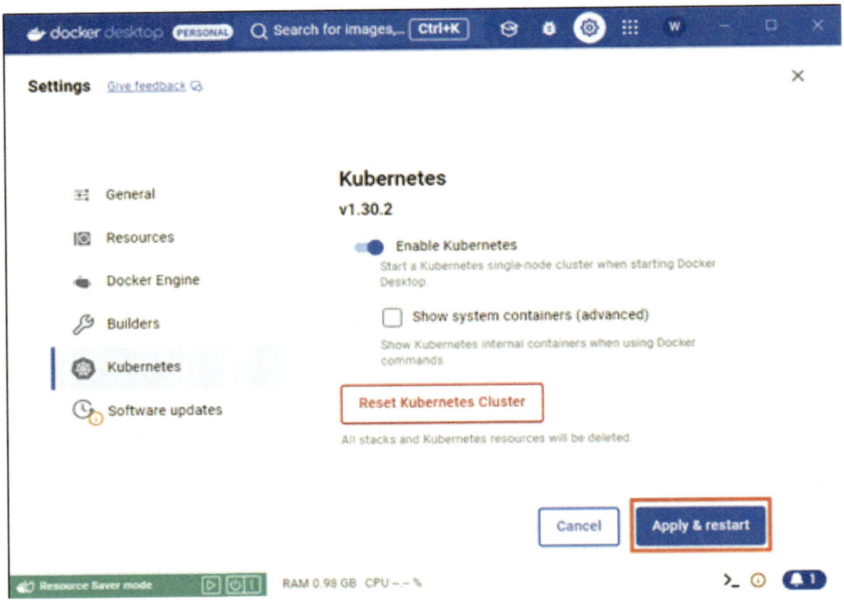

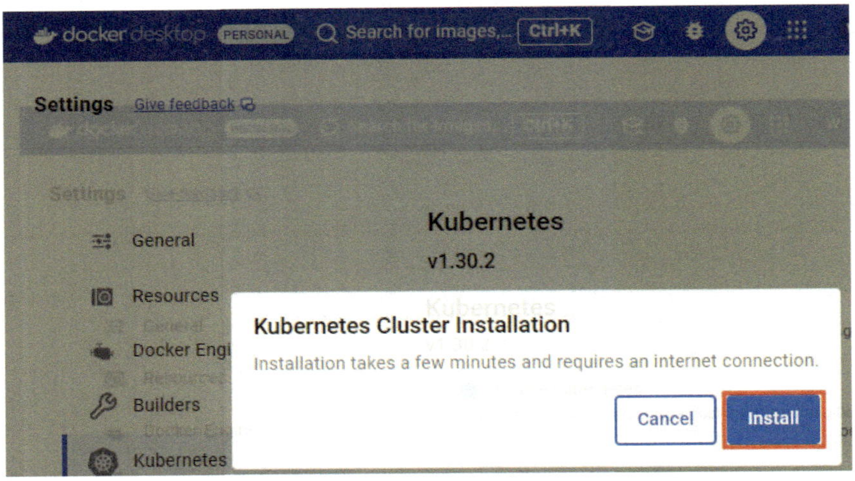

⑤. 설치 후 Apply & Restart 선택

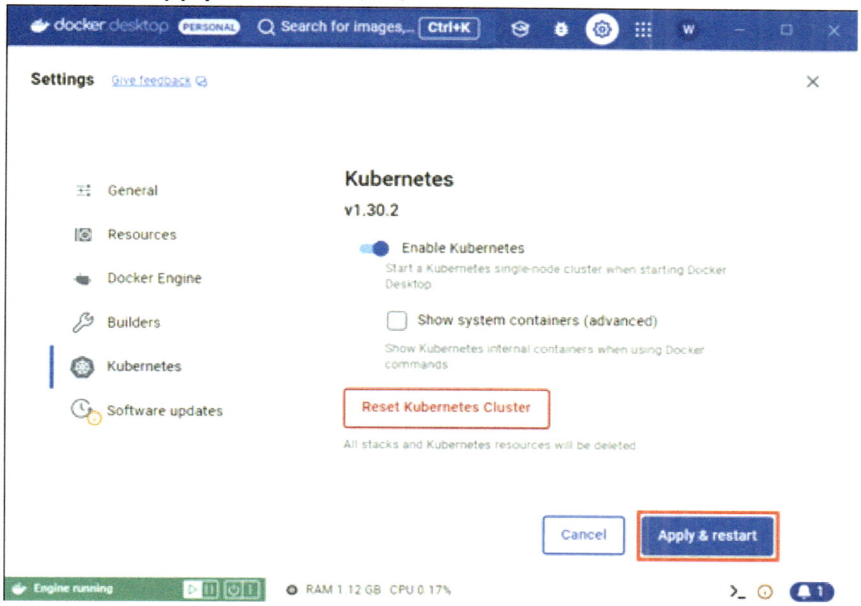

⑥. 도커 터미널 열고 wsl 셸에서 쿠버네티스 노드 조회

- kubectl get nodes

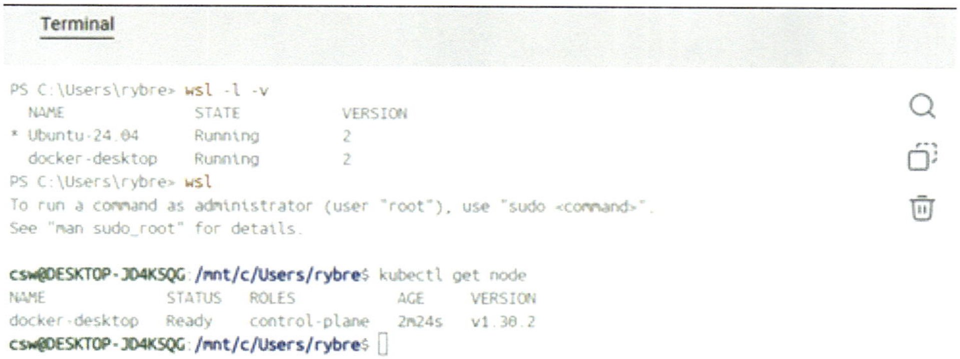

- 노드 조회 실패 시 도커 데스크탑 좌측 사이드바에서
- 소프트웨어 업데이트 통해 도커 데스크탑 최신 버전으로 업데이트 후
- 쿠버네티스 활성화

⑦. **설정에서 Software Updates 선택하여 최신 버전으로 업데이트**

- 최신 버전 4.36.0으로 업데이트함

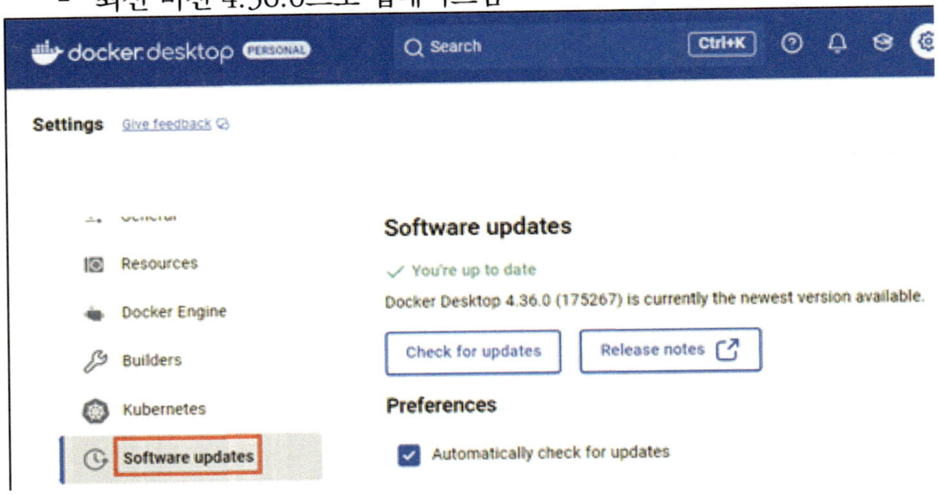

⑧. **도커 데스크탑 재시작 후 설정에서 쿠버네티스 선택하여 활성화 대기**

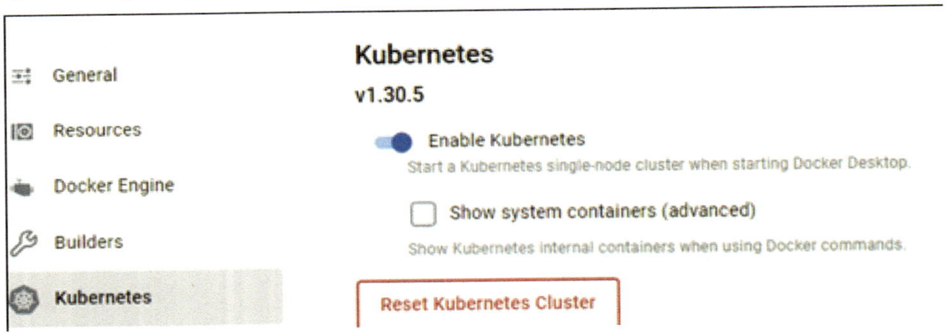

⑨. **도커 터미널 열고 wsl 셸에서 쿠버네티스 노드 조회**

- kubectl get nodes

```
csw@DESKTOP-JD4K5QG:/mnt/c/Users/rybre$ kubectl get node
NAME             STATUS   ROLES           AGE     VERSION
docker-desktop   Ready    control-plane   2m24s   v1.30.2
csw@DESKTOP-JD4K5QG:/mnt/c/Users/rybre$
```

- docker-desktop 노드 준비 조회됨

2.5.2 VSC에 쿠버네티스 연동

①. **Docker 워크스페이스 열기**

- 파일 〉 최근 열기 〉 D:\Docker\Docker (Wcrkspace) 선택

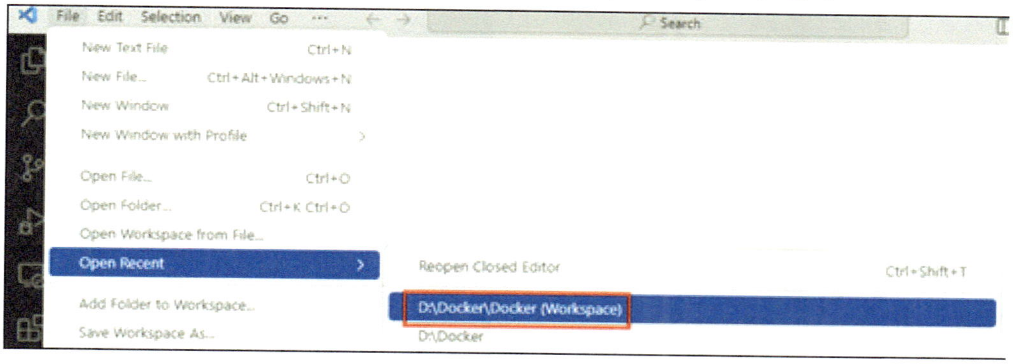

- 도커 워크스페이스 환경 열림

②. **VSC 터미널에서 쿠버네티스 클러스터의 노드 조회**

- kubectl get node

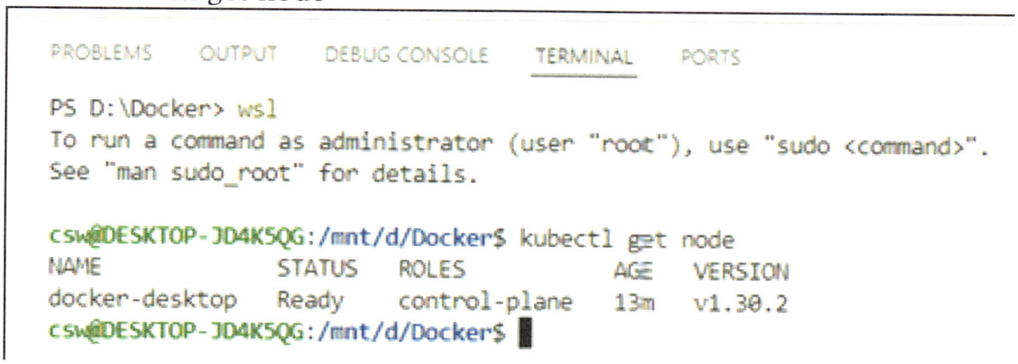

- 도커 데스크탑에서 쿠버네티스를 활성화하면, 도커 데스크탑은
- 쿠버네티스의 kubeconfig 설정을 로컬 시스템 전체에 적용함

```
csw@DESKTOP-JD4K5QG:/mnt/d/Docker/getting-started-master/app$ kubectl config view
apiVersion: v1
clusters:
- cluster:
    certificate-authority-data: DATA+OMITTED
    server: https://kubernetes.docker.internal:6443
  name: docker-desktop
contexts:
- context:
    cluster: docker-desktop
    user: docker-desktop
  name: docker-desktop
current-context: docker-desktop
kind: Config
preferences: {}
users:
- name: docker-desktop
  user:
    client-certificate-data: DATA+OMITTED
    client-key-data: DATA+OMITTED
csw@DESKTOP-JD4K5QG:/mnt/d/Docker/getting-started-master/app$
```

- VSC는 로컬 시스템 환경을 그대로 상속받기 때문에,
- 특별한 설정 없이 kubectl이 도커 데스크탑의 쿠버네티스 클러스터와
- 연결되어 docker-desktop 노드를 조회하게 됨

2.5.3 로컬 프라이빗 레지스트리에 이미지 푸시

①. getting-started 이미지 빌드

- Docker 〉 getting-started-master〉 app 디렉토리로 이동
- docker build -t getting-started .

```
csw@DESKTOP-JD4K5QG:/mnt/d/Docker$ cd getting-started-master/
csw@DESKTOP-JD4K5QG:/mnt/d/Docker/getting-started-master$ cd app/
csw@DESKTOP-JD4K5QG:/mnt/d/Docker/getting-started-master/app$ ls
Dockerfile  package.json  spec  src  yarn.lock
csw@DESKTOP-JD4K5QG:/mnt/d/Docker/getting-started-master/app$ docker build -t getting-started .
[+] Building 6.4s (11/11) FINISHED                                              docker:default
 => [internal] load build definition from Dockerfile                                      0.0s
```

② . 로컬 레지스트리용 이미지명으로 변경

- docker tag getting-started localhost:5000/getting-started

```
getting-started-master/app$ docker tag getting-started localhost:5000/getting-started
getting-started-master/app$ 
```

③ . 로컬 프라이빗 레지스트리 실행

- docker run -d -p 5000:5000 --restart always --name registry registry:latest

```
r/app$ docker run -d -p 5000:5000 --restart always --name registry registry:latest
Unable to find image 'registry:latest' locally
latest: Pulling from library/registry
916205650bfe: Download complete
dc2fb7dcec61: Download complete
dc0decf4841d: Download complete
813676e291ef: Download complete
6cb0aa443e23: Download complete
Digest: sha256:543dade69668e02e5768d7ea2b0aa4fae6aa7384c9a5a8cbecc2be5136079ddb
Status: Downloaded newer image for registry:latest
7e8aa74795e652184e87682d5daed4c90d25b1493afd9702cb4317a4bb166cf9
csw@DESKTOP-UK0696F:/mnt/c/Users/123/Downloads/getting-started-master/getting-started-maste
r/app$ 
```

④ . 로컬 레지스트리에 이미지 푸시

- docker push localhost:5000/getting-started

```
csw@DESKTOP-JD4K5QG:/mnt/d/Docker/getting-started-master/app$ docker push localhost:5000/
getting-started
Using default tag: latest
The push refers to repository [localhost:5000/getting-started]
3671e96da1f9: Pushed
603b5b4d1d2e: Pushed
a3673db59f90: Pushed
```

2.5.4 쿠버네티스에 이미지 배포

①. getting-started 이미지 배포용 디플로이 정의 파일 작성

```
apiVersion: apps/v1
kind: Deployment
metadata:
  name: getting-started-deployment
spec:
  replicas: 1
  selector:
    matchLabels:
      app: getting-started
  template:
    metadata:
      labels:
        app: getting-started
    spec:
      containers:
        - name: getting-started
          image: localhost:5000/getting-started
          ports:
            - containerPort: 3000
---
apiVersion: v1
kind: Service
metadata:
  name: getting-started-service
spec:
  selector:
    app: getting-started
  ports:
    - protocol: TCP
```

```
      port: 3000  # service port
      targetPort: 3000  # port in the pod
      nodePort: 30001
  type: NodePort
```

- 파일 〉 새 텍스트 파일

Docker › getting-started-master › app › ! getting-started-deployment.yaml

```
apiVersion: apps/v1
kind: Deployment
metadata:
  name: getting-started-deployment
spec:
  replicas: 1
  selector:
    matchLabels:
      app: getting-started
  template:
    metadata:
      labels:
        app: getting-started
    spec:
      containers:
        - name: getting-started
          image: localhost:5000/getting-started
          ports:
            - containerPort: 3000

---
apiVersion: v1
kind: Service
metadata:
  name: getting-started-service
spec:
  selector:
    app: getting-started
  ports:
    - protocol: TCP
      port: 3000  # service port
      targetPort: 3000  # port in the pod
      nodePort: 30001
  type: NodePort
```

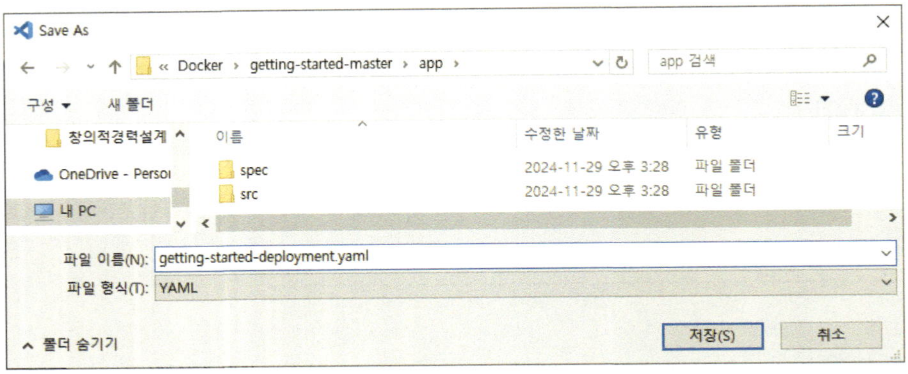

- app 폴더에 getting-started-deployment.yaml 파일로 저장

②. **쿠버네티스 클러스터에 배포**

- kubectl apply -f getting-started-deployment.yaml

```
csw@DESKTOP-JD4K5QG:/mnt/d/Docker/getting-started-master/app$ kubectl apply -f gettin
g-started-deployment.yaml
deployment.apps/getting-started-deployment created
service/getting-started-service created
csw@DESKTOP-JD4K5QG:/mnt/d/Docker/getting-started-master/app$
```

③. **배포 확인**

- kubectl get pod,svc

```
csw@DESKTOP-JD4K5QG:/mnt/d/Docker/getting-started-master/app$ kubectl get pod,svc
NAME                                            READY   STATUS    RESTARTS   AGE
pod/getting-started-deployment-949b6768f-9qf6n  1/1     Running   0          4m41s

NAME                              TYPE        CLUSTER-IP      EXTERNAL-IP   PORT(S)          AGE
service/getting-started-service   NodePort    10.99.216.234   <none>        3000:30001/TCP   4m41s
service/kubernetes                ClusterIP   10.96.0.1       <none>        443/TCP          59m
csw@DESKTOP-JD4K5QG:/mnt/d/Docker/getting-started-master/app$
```

- getting-started-service가 노드 포트 30001번을 통해 외부에 서비스 공개

④. **외부에서 노드 포트를 통해 접근 확인**

- 브라우저에서 localhost:30001

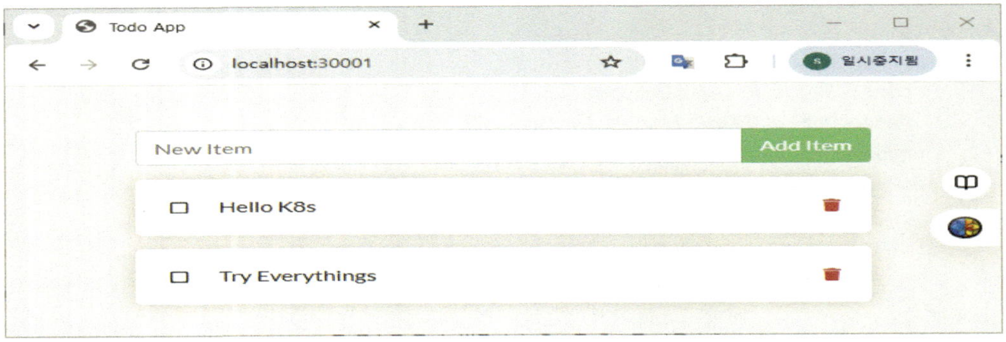

2.5.5 리소스 삭제

①. **쿠버네티스에 배포된 getting-started 관련 리소스 삭제**

- kubectl delete -f getting-started-deployment.yaml
- kubectl get pod,svc

```
csw@DESKTOP-JD4K5QG:/mnt/d/Docker/getting-started-master/app$ kubectl delete -f gett
ing-started-deployment.yaml
deployment.apps "getting-started-deployment" deleted
service "getting-started-service" deleted
csw@DESKTOP-JD4K5QG:/mnt/d/Docker/getting-started-master/app$ kubectl get pod,svc
NAME                 TYPE        CLUSTER-IP   EXTERNAL-IP   PORT(S)   AGE
service/kubernetes   ClusterIP   10.96.0.1    <none>        443/TCP   63m
csw@DESKTOP-JD4K5QG:/mnt/d/Docker/getting-started-master/app$
```

②. **도커 컨테이너 삭제**

- 도커에서 실행중인 컨테이너 확인: docker ps

```
csw@DESKTOP-JD4K5QG:/mnt/d/Docker/getting-started-master/app$ docker ps
CONTAINER ID   IMAGE              COMMAND                  CREATED          STATUS
       PORTS                    NAMES
c89ff5bab559   registry:latest    "/entrypoint.sh /etc…"   34 minutes ago   Up 34 min
utes   0.0.0.0:5000->5000/tcp   registry
csw@DESKTOP-JD4K5QG:/mnt/d/Docker/getting-started-master/app$
```

- registry 컨테이너 강제 종료 및 삭제: docker rm -f registry

```
csw@DESKTOP-JD4K5QG:/mnt/d/Docker/getting-started-master/app$ docker rm -f registry
registry
csw@DESKTOP-JD4K5QG:/mnt/d/Docker/getting-started-master/app$
```

③. **도커 이미지 삭제**

- 도커 이미지 확인: docker images

```
-master/app$ docker images
REPOSITORY                                        TAG
                                              IMAGE ID       CREATED        SIZE
getting-started                                   latest
                                              8d37b98b4bee   2 days ago     697MB
localhost:5000/getting-started                    latest
                                              8d37b98b4bee   2 days ago     697MB
docker/desktop-kubernetes                         kubernetes-v1.30.5-cni-v1.4.0-critools-v1.2
9.0-cri-dockerd-v0.3.11-1-debian              7a7b02256c8d   5 weeks ago    625MB
registry.k8s.io/kube-apiserver                    v1.30.5
```

- 도커 이미지 삭제: docker rmi 이미지명

```
csw@DESKTOP-JD4K5QG:/mnt/d/Docker/getting-started-maste
r/app$ docker rmi getting-started:latest
Untagged: getting-started:latest
csw@DESKTOP-JD4K5QG:/mnt/d/Docker/getting-started-maste
r/app$ docker rmi localhost:5000/getting-started:latest

Untagged: localhost:5000/getting-started:latest
Deleted: sha256:86bc5c102ead31b7f73c58f68031189d33aadfd
c5fb5dda6c5c102861d96233e
csw@DESKTOP-JD4K5QG:/mnt/d/Docker/getting-started-maste
r/app$ docker rmi registry
Untagged: registry:latest
Deleted: sha256:543dade69668e02e5768d7ea2b0aa4fae6aa738
4c9a5a8dbecc2be5136079ddb
csw@DESKTOP-JD4K5QG:/mnt/d/Docker/getting-started-maste
r/app$
```

④. **쿠버네티스 비활성화**

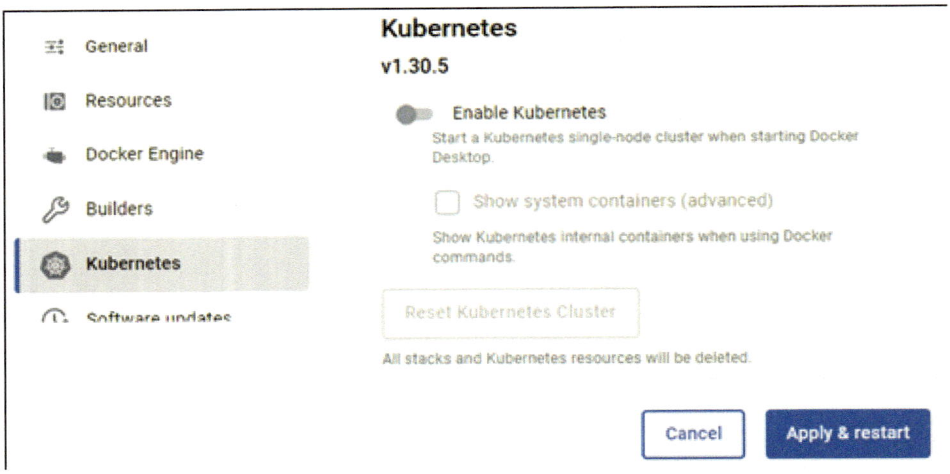

- 도커 데스크탑에서 쿠버네티스 활성화 해제
- Apply & restart 선택

03 컨테이너

3.1 Nodejs 컨테이너

Chapter 03. 컨테이너

3.1.1 환경 설정하기

①. 도커 데스크탑 실행

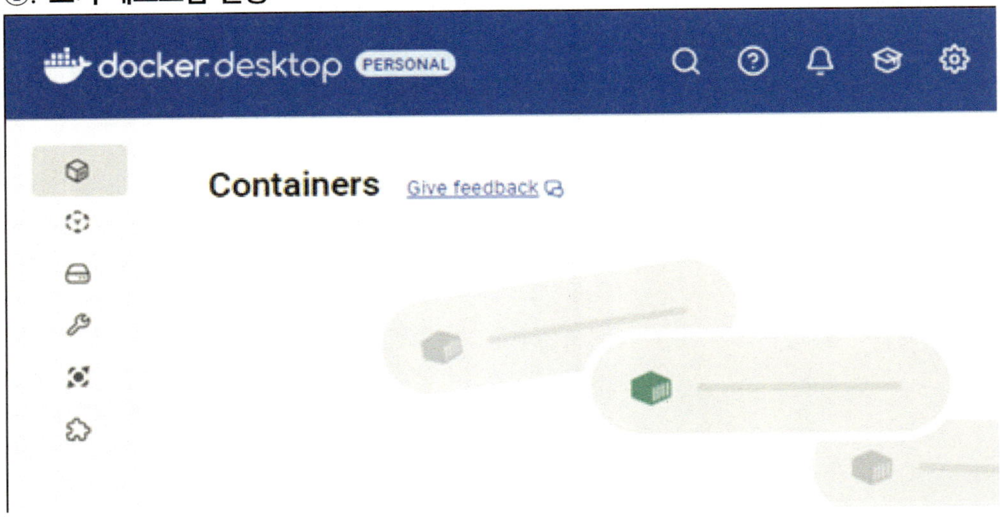

②. 우분투 실행

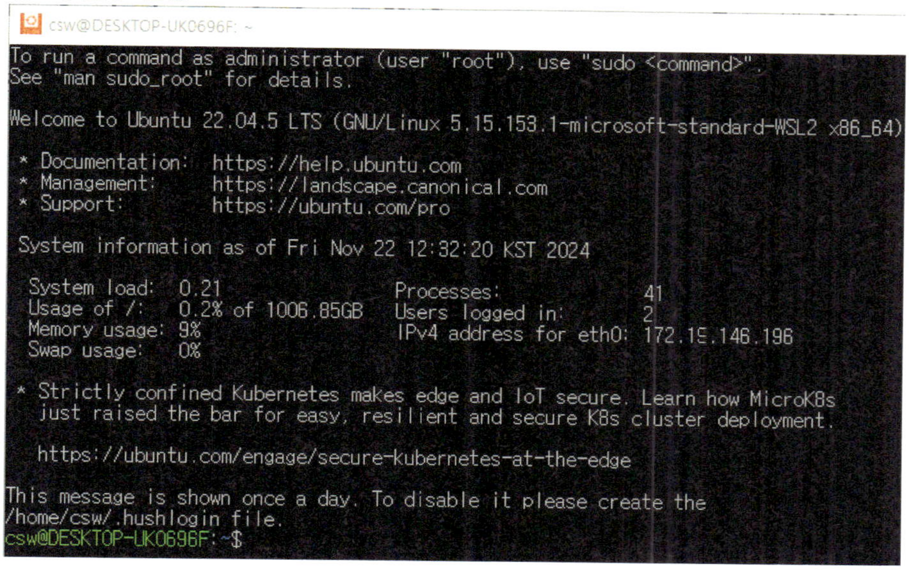

③. VSC 실행

- 도커 워크스페이스 열기

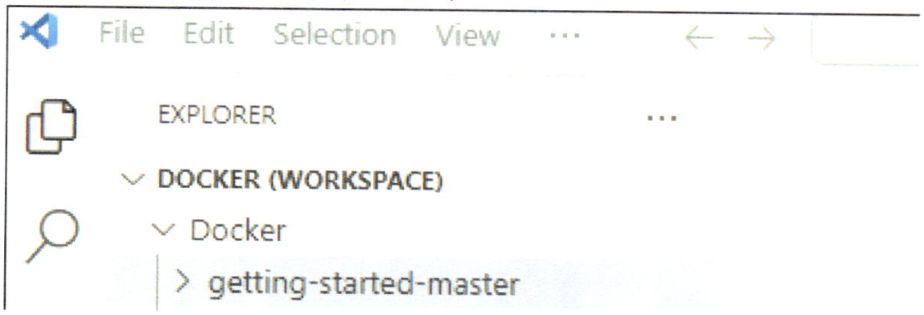

④. 새 프로젝트 폴더 hello-world 생성

- Docker 폴더 아래 공간에서 마우스 우클릭 〉 새 폴더 선택

- 폴더명 hello-world 입력

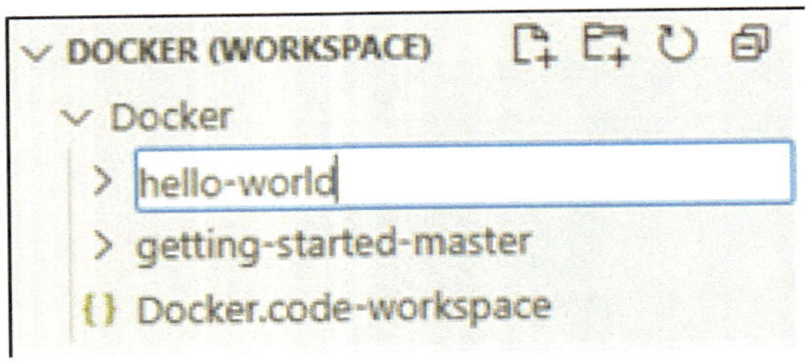

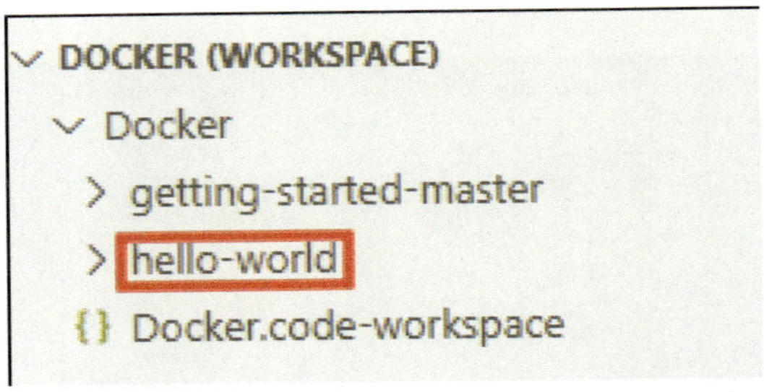

⑤. **VSC 터미널에서 우분투 셸로 진입**

- hello-world 마우스 우클릭 〉 통합 터미널에서 열기 선택

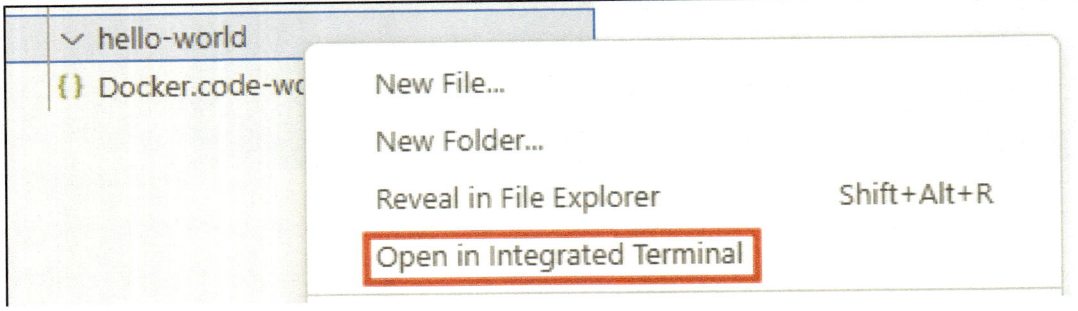

- wsl -l -v
- wsl

```
PS D:\Docker\hello-world> wsl -l -v
  NAME              STATE           VERSION
* Ubuntu-24.04      Running         2
  docker-desktop    Running         2
PS D:\Docker\hello-world> wsl
To run a command as administrator (user "root"), use "sudo <command>".
See "man sudo_root" for details.

csw@DESKTOP-JD4K5QG:/mnt/d/Docker/hello-world$
```

- 터미널의 경로가 프로젝트 폴더 Docker/hello-world로 자동 설정됨

3.1.2 Nodejs 앱 hello-world.js 작성하기

①. nodejs 예제소스 hello-world.js 복사

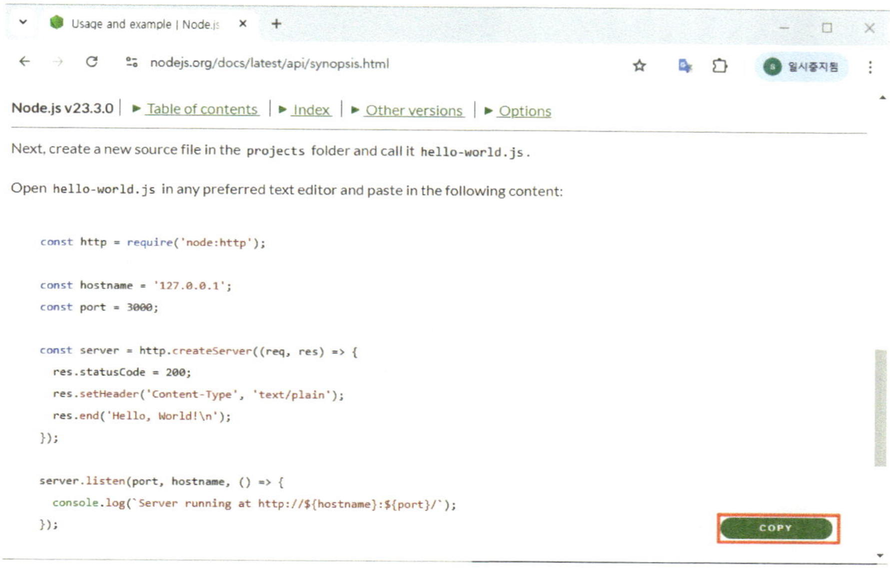

- 주소: https://nodejs.org/docs/latest/api/synopsis.html
-   - COPY 선택

②. hello-world 폴더에 새 파일 hello-world.js 생성

- hello-world 마우스 우클릭 〉 새 파일 선택

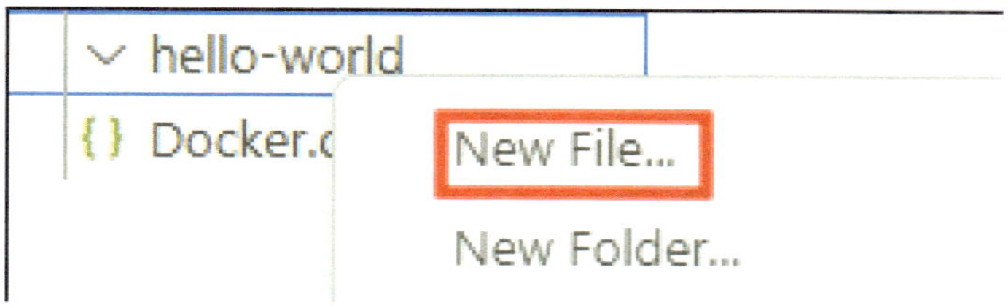

- 파일명 hello-world.js 입력

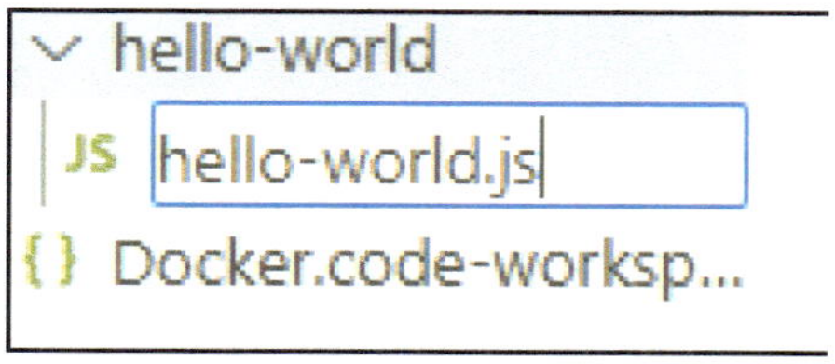

```javascript
const http = require('node:http');

const hostname = '127.0.0.1';
const port = 3000;

const server = http.createServer((req, res) => {
  res.statusCode = 200;
  res.setHeader('Content-Type', 'text/plain');
  res.end('Hello, World!\n');
});

server.listen(port, hostname, () => {
  console.log(`Server running at http://${hostname}:${port}/`);
});
```

- 복사한 예제소스를 붙여넣고(Shift + Insert) 저장(Ctrl + s)

③. **NVM(Node Version Manager) 설치**

- 리눅스에 Node.js 설치하기 위해 NVM 설치
- https://github.com/nvm-sh/nvm?tab=readme-ov-file#manual-install
- 설치 스크립트 다운로드 코드 복사
- curl -o- https://raw.githubusercontent.com/nvm-sh/nvm/v0.40.1/install.sh | bash

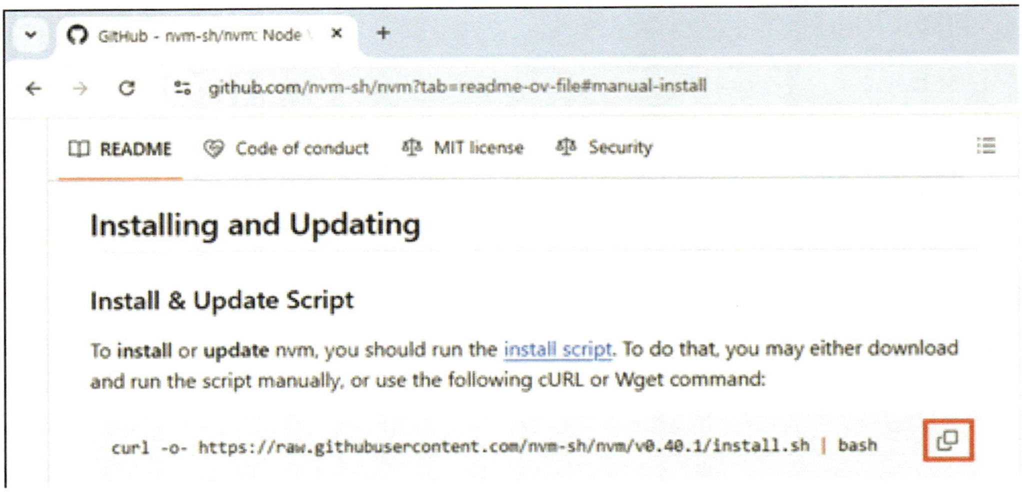

- 복사한 코드 실행하여 NVM 설치 진행

```
csw@DESKTOP-JD4K5QG:/mnt/d/Docker/hello-world$ curl -o- https://raw.githubusercontent.com/nvm-s
h/nvm/v0.40.1/install.sh | bash
  % Total    % Received % Xferd  Average Speed   Time    Time     Time  Current
                                 Dload  Upload   Total   Spent    Left  Speed
100 16563  100 16563    0     0   129k      0 --:--:-- --:--:-- --:--:--  130k
=> Downloading nvm from git to '/home/csw/.nvm'
=> Cloning into '/home/csw/.nvm'...
remote: Enumerating objects: 380, done.
remote: Counting objects: 100% (380/380), done.
remote: Compressing objects: 100% (323/323), done.
remote: Total 380 (delta 43), reused 179 (delta 29), pack-reused 0 (from 0)
Receiving objects: 100% (380/380), 382.75 KiB | 20.14 MiB/s, done.
Resolving deltas: 100% (43/43), done.
* (HEAD detached at FETCH_HEAD)
  master
=> Compressing and cleaning up git repository

=> Appending nvm source string to /home/csw/.bashrc
=> Appending bash_completion source string to /home/csw/.bashrc
=> Close and reopen your terminal to start using nvm or run the following to use it now:

export NVM_DIR="$HOME/.nvm"
[ -s "$NVM_DIR/nvm.sh" ] && \. "$NVM_DIR/nvm.sh"  # This loads nvm
[ -s "$NVM_DIR/bash_completion" ] && \. "$NVM_DIR/bash_completion"  # This loads nvm bash_compl
etion
csw@DESKTOP-JD4K5QG:/mnt/d/Docker/hello-world$ 
```

- nvm은 시스템 전체에 영향을 미치지 않으며,
- 사용자별로 Node.js 버전을 관리하기 위해 설계된 도구이기 때문에,
- sudo 권한을 사용할 필요 없이 일반 사용자 권한으로도 설치 가능

④. **NVM 설정 적용**

- source ~/.bashrc
- ~/.bashrc 파일에 정의된 설정을 현재 셸 세션에 적용
- nvm 설치하면서 ~/.bashrc 파일에 작성된 새로운 설정을 실행
- nvm 버전 v0.40.1 실행됨

```
csw@DESKTOP-JD4K5QG:/mnt/d/Docker/hello-world$ source ~/.bashrc
csw@DESKTOP-JD4K5QG:/mnt/d/Docker/hello-world$ nvm

Node Version Manager (v0.40.1)

Note: <version> refers to any version-like string nvm understands. This includes:
  - full or partial version numbers, starting with an optional "v" (0.10, v0.1.2, v1)
  - default (built-in) aliases: node, stable, unstable, iojs, system
  - custom aliases you define with `nvm alias foo`
```

⑤. **Node.js 최신 버전 설치 및 사용**

- nvm install node # 최신 안정화 버전 설치
- nvm use node # 최신 버전 사용

```
csw@DESKTOP-JD4K5QG:/mnt/d/Docker/hello-world$ nvm install node
Downloading and installing node v23.3.0...
Downloading https://nodejs.org/dist/v23.3.0/node-v23.3.0-linux-x64.tar.xz...
################################################################################ 100.0%
Computing checksum with sha256sum
Checksums matched!
Now using node v23.3.0 (npm v10.9.0)
Creating default alias: default -> node (-> v23.3.0)
csw@DESKTOP-JD4K5QG:/mnt/d/Docker/hello-world$ nvm use node
Now using node v23.3.0 (npm v10.9.0)
csw@DESKTOP-JD4K5QG:/mnt/d/Docker/hello-world$
```

⑥. **앱 hello-world.js 실행**

- 터미널에서 서버 앱 실행: node hello-world.js

```
csw@DESKTOP-JD4K5QG:/mnt/d/Docker/hello-world$ ls
hello-world.js
csw@DESKTOP-JD4K5QG:/mnt/d/Docker/hello-world$ node hello-world.js
Server running at http://127.0.0.1:3000/
```

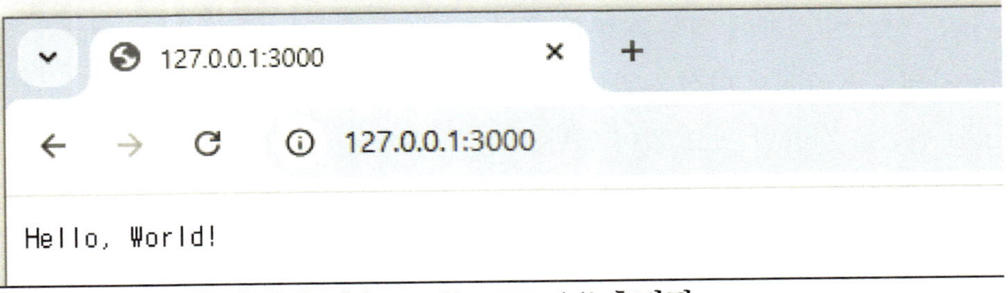

- 브라우저에서 서버에 접속: Hello, World! 출력됨
- 터미널에서 Ctrl + C 선택하면 서버 실행 종료됨

3.1.3 앱 hello-world.js 이미지 만들기

①. **Dockerfile 작성**

- hello-world 폴더에 새로운 Dockerfile 작성
- Node.js가 설치된 환경에서 앱 hello-world.js 실행하는
- 컨테이너를 생성하는 이미지를 도커를 사용하여 빌드

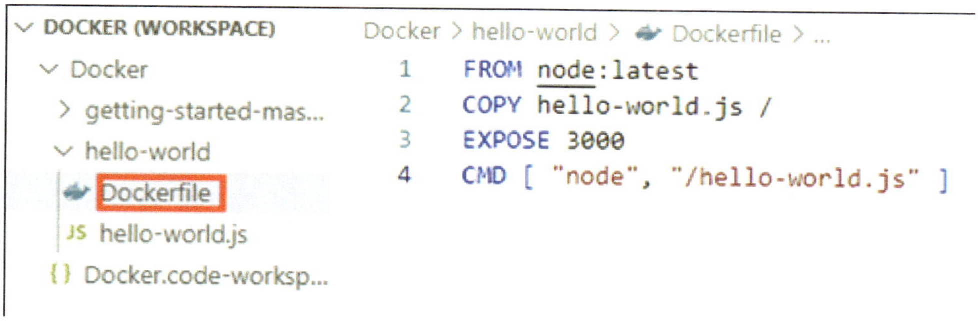

②. FROM node:latest

- node 최신 버전 이미지 기반의 새로운 이미지 생성

③. COPY hello-world.js /

- hello-world.js 파일을 생성된 이미지의 루트 디렉토리 /로 복사

④. EXPOSE 3000

- Node.js 서버가 포트 3000번에서 실행되고 있기 때문에
- 컨테이너가 외부에 공개하는 포트 번호를 3000번으로 지정
- 외부 브라우저에서 실제로 컨테이너 포트에 연결하려면
- 컨테이너 실행 시 -p 옵션을 사용하여
- 호스트 포트 80을 컨테이너 포트 3000에 매핑해야 함(-p 80:3000)

⑤. CMD [“node”, “/hello-world.js”]

- 컨테이너 시작 시 기본으로 실행할 명령어 지정
- Node.js를 실행하여 /hello-world.js 파일 실행

⑥. 도커 이미지 빌드

- docker build -t hello-world:latest .

```
csw@DESKTOP-JD4K5QG:/mnt/d/Docker/hello-world$ ls
Dockerfile  hello-world.js
csw@DESKTOP-JD4K5QG:/mnt/d/Docker/hello-world$ docker build -t hello-world:latest .
[+] Building 31.4s (8/8) FINISHED                                  docker:default
 => [internal] load build definition from Dockerfile                         0.1s
 => => transferring dockerfile: 124B                                         0.0s
 => [internal] load metadata for docker.io/library/node:latest               2.9s
 => [auth] library/node:pull token for registry-1.docker.io                  0.0s
 => [internal] load .dockerignore                                            0.0s
```

- docker build: 도커 이미지 빌드
- “-t hello-world:latest”: 새로 빌드되는 이미지의 태그 지정
- “.”: 현재 디렉토리의 Dockerfile 파일을 사용하여 빌드하도록 지정

⑦. **컨테이너 실행**

- docker run -d -p 80:3000 --name hello hello-world:latest

```
csw@DESKTOP-JD4K5QG:/mnt/d/Docker/hello-world$ docker run -d -p 80:3000 --name hello hello-worl
d:latest
6ba97f1559d9b47bd8738c8a8662f0a155cbe57328af83b4e951bf0f94c3ea5c
csw@DESKTOP-JD4K5QG:/mnt/d/Docker/hello-world$ docker logs hello
Server running at http://127.0.0.1:3000/
csw@DESKTOP-JD4K5QG:/mnt/d/Docker/hello-world$ docker exec -it hello bash
root@6ba97f1559d9:/# exit
exit
csw@DESKTOP-JD4K5QG:/mnt/d/Docker/hello-world$
```

- docker run -d: 백그라운드에서 컨테이너 실행
- "-p 80:3000": 호스트 80번과 컨테이너 3000번 매핑
- "--name hello": 컨테이너 이름을 hello로 지정
- hello-world:latest: 컨테이너의 이미지 지정
- docker logs hello: 컨테이너 포트 3000에서 앱 실행되고 있음

⑧. **브라우저에서 hello-world.js 접속**

- http://127.0.0.1:80

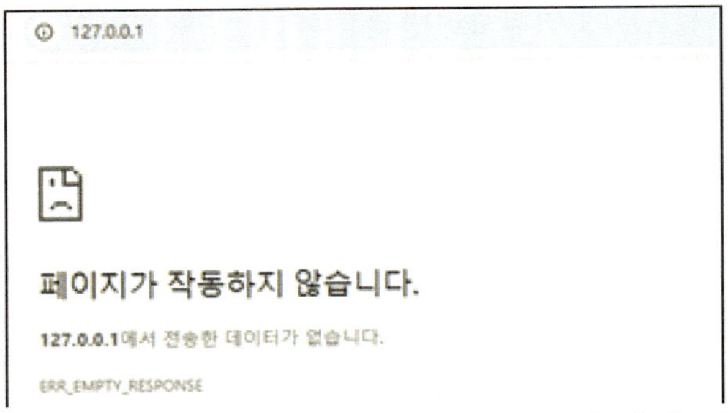

- ERR_EMPTY_RESPONSE 오류 발생: 서버 바인딩 문제

⑨. **hello-world.js 파일에서 서버 바인딩 코드 분석**

```
server.listen(port, hostname, () => {
  console.log(`Server running at http://${hostname}:${port}/`);
});
```

- hostname은 기본적으로 127.0.0.1(localhost)로 설정되어 있음
- 이 주소는 컨테이너 내부에서만 접근 가능한 주소임
- 즉 서버가 127.0.0.1에 바인딩되어 있기 때문에 외부에서 접근 불가

⑩. **서버 바인딩 코드 수정**

```
server.listen(port, '0.0.0.0', () => {
  console.log(`Server running at http://0.0.0.0:${port}/`);
});
```

- 컨테이너가 모든 IP 주소에서 들어오는 요청을 처리할 수 있도록
- 서버를 0.0.0.0에 바인딩

⑪. **컨테이너 및 이미지 삭제**

- docker rm -f hello
- docker rmi hello-world:latest

```
csw@DESKTOP-JD4K5QG:/mnt/d/Docker/hello-world$ docker rm -f hello
hello
csw@DESKTOP-JD4K5QG:/mnt/d/Docker/hello-world$ docker rmi hello-world:latest
Untagged: hello-world:latest
Deleted: sha256:8496b2ad8689dba842e6a666007a042e52661817d5f097b67ed0f1330b2989f3
csw@DESKTOP-JD4K5QG:/mnt/d/Docker/hello-world$
```

⑫. **이미지 다시 빌드**

- docker build -t hello-world:latest .

```
csw@DESKTOP-JD4K5QG:/mnt/d/Docker/hello-world$ docker build -t hello-world:latest .
[+] Building 1.9s (8/8) FINISHED                                         docker:default
 => [internal] load build definition from Dockerfile                               0.0s
 => => transferring dockerfile: 124B                                               0.0s
 => [internal] load metadata for docker.io/library/node:latest                     1.4s
 => [auth] library/node:pull token for registry-1.docker.io                        0.0s
```

⑬. **컨테이너 다시 실행**

- docker run -d -p 80:3000 --name hello hello-world:latest

```
csw@DESKTOP-JD4K5QG:/mnt/d/Docker/hello-world$ docker run -d -p 80:3000 --name hello hello-worl
d:latest
29047fcc35c35aee85c6572f042523dffaf3532201e6bcc4652b5683de34189c
csw@DESKTOP-JD4K5QG:/mnt/d/Docker/hello-world$
```

⑭. **브라우저에서 앱 접속 확인**

- http://127.0.0.1:80

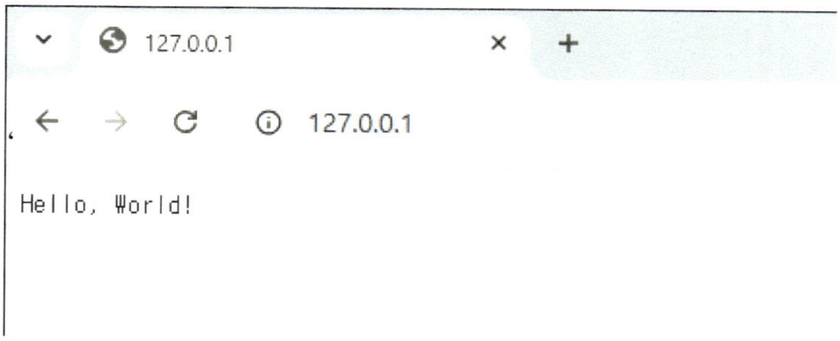

⑮. 컨테이너 및 이미지 삭제

```
csw@DESKTOP-JD4K5QG:/mnt/d/Docker/hello-world$ docker rm -f hello
hello
csw@DESKTOP-JD4K5QG:/mnt/d/Docker/hello-world$ docker rmi hello-world:latest
Untagged: hello-world:latest
Deleted: sha256:81c9d6aeefad9c45cf87ad7a2827ee408bd4b97b47d95a7f9c384597853fe8d9
csw@DESKTOP-JD4K5QG:/mnt/d/Docker/hello-world$ docker ps
CONTAINER ID   IMAGE     COMMAND   CREATED   STATUS    PORTS     NAMES
csw@DESKTOP-JD4K5QG:/mnt/d/Docker/hello-world$
```

3.2 웹 서버 컨테이너

Chapter 03. 컨테이너

3.2.1 Dockerfile 작성하기

①. **인터넷에서 우분투 기반의 아파치 웹 서버 관련 Dockerfile 예제 검색**

- "dockerfile ubuntu httpd" 검색
- https://github.com/dhanugupta/docker-apache-ubuntu/blob/master/Dockerfile

```
FROM ubuntu:latest
MAINTAINER Dhanu Gupta <dhanu.gupta@gmail.com>

RUN apt-get update
RUN apt-get -y upgrade

# Install apache, PHP, and supplimentary programs. curl and lynx-cur are for debugging the container.
RUN DEBIAN_FRONTEND=noninteractive apt-get -y install apache2 libapache2-mod-php5 php5-mysql php5-gd

# Enable apache mods.
RUN php5enmod openssl
RUN a2enmod php5
RUN a2enmod rewrite
```

②. **도커 허브 사이트에서 웹 서버 관련 Dockerfile 예제 검색**

- "httpd" 검색 및 선택
- 지원되는 태그의 도커 파일 링크 선택

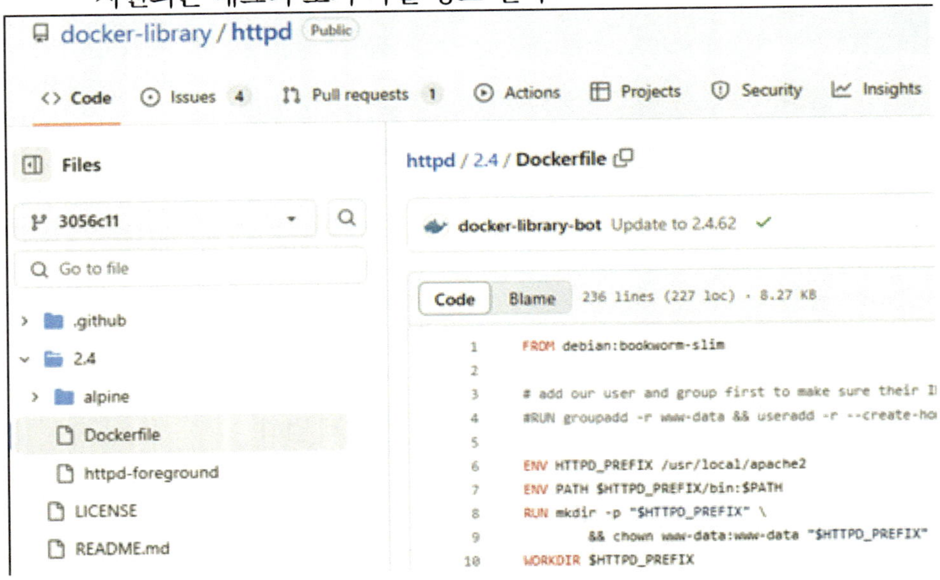

③. **Dockerfile 작성**

- VSC의 워크스페이스 도커 폴더에 새 프로젝트 폴더 webserver 생성

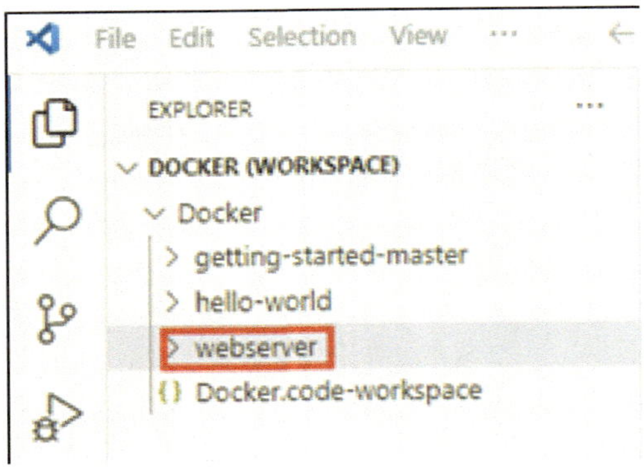

- webserver 폴더에 새 파일 Dockerfile 생성

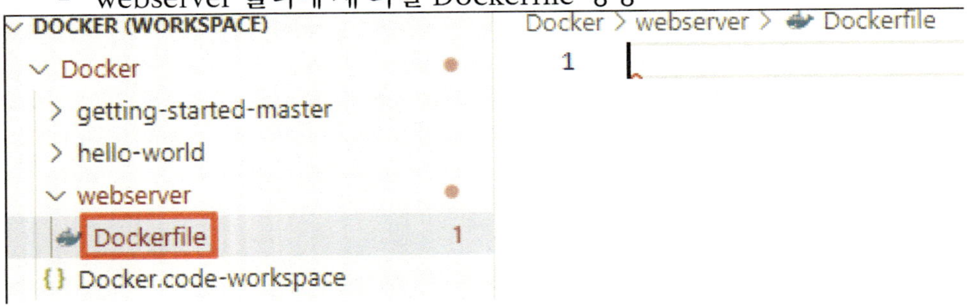

- Dockerfile 작성

```
Docker > webserver > Dockerfile > ...
FROM ubuntu:24.04
LABEL maintainer="Sang Hun <sh@mail.com>"

# apache2 설치, index.html 생성, apt 캐시 정리
RUN apt update && \
    apt install -y apache2 && \
    echo "TEST WEB" > /var/www/html/index.html && \
    apt clean && \
    rm -rf /var/lib/apt/lists/*

# 웹 서버가 사용할 포트 80을 노출
EXPOSE 80

# Apache를 포그라운드 모드로 실행
CMD ["/usr/sbin/apache2ctl", "-DFOREGROUND"]
```

④. **FROM ubuntu:24.04**

- 새 이미지의 기본 이미지를 ubuntu:24.04로 지정

⑤. **LABEL maintainer="Sang Hun 〈sh@mail.com〉**

- 새 이미지의 유지 관리자 등록

⑥. **apt update**

- 패키지 목록 업데이트

⑦. **apt install -y apache2**

- Apache 설치

⑧. **RUN echo "TEST WEB" 〉 /var/www/html/index.html**

- index.html 작성

⑨. **apt clean**

- APT가 다운로드한 패키지 파일 삭제
- APT는 패키지를 설치할 때, 다운로드한 .deb파일을
- 캐시 디렉토리인 /var/cache/apt/archives/에 저장
- 캐시를 정리하면 디스크 공간 줄여서 도커 이미지 크기를 작게할 수 있음

⑩. **rm -rf /var/lib/apt/lists/***

- APT의 패키지 목록 삭제
- APT는 패키지 관리 정보를 /var/lib/apt/lists/ 캐시 디렉토리에 저장
- 이 캐시 목록을 정리하여 도커 이미지 크기를 줄일 수 있음

⑪. EXPOSE 80

- 컨테이너 공개 포트 번호 지정

⑫. CMD ["/usr/sbin/apache2ctl", "-DFOREGROUND"]

- 아파치를 포그라운드 모드로 실행

3.2.2 웹 서버 이미지 빌드 및 실행하기

①. 우분투 및 도커 실행

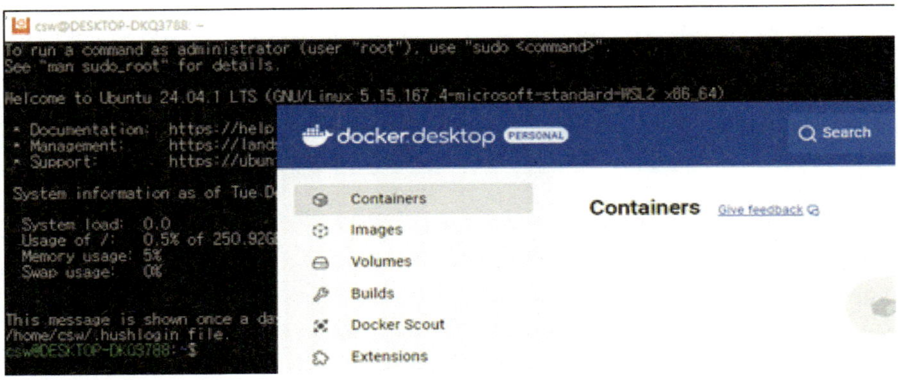

②. 웹 서버 이미지 만들기

- docker build -t webserver:latest .
- 현재 디렉토리(.)의 Dockerfile을 참조하여 webserver:latest 이미지 생성

```
PS D:\Docker> wsl
To run a command as administrator (user "root"), use "sudo <command>".
See "man sudo_root" for details.

csw@DESKTOP-DKQ3788:/mnt/d/Docker$ cd webserver/
csw@DESKTOP-DKQ3788:/mnt/d/Docker/webserver$ ls
Dockerfile
csw@DESKTOP-DKQ3788:/mnt/d/Docker/webserver$ docker build -t webserver:latest .
[+] Building 57.9s (7/7) FINISHED
 => [internal] load build definition from Dockerfile
 => => transferring dockerfile: 471B
 => [internal] load metadata for docker.io/library/ubuntu:24.04
 => [auth] library/ubuntu:pull token for registry-1.docker.io
 => [internal] load .dockerignore
 => => transferring context: 2B
 => [1/2] FROM docker.io/library/ubuntu:24.04@sha256:80dd3c3b9c6cecb9f1667e9290b3bc61b78c2678c02cbdae5f0fea92cc6734ab
 => => resolve docker.io/library/ubuntu:24.04@sha256:80dd3c3b9c6cecb9f1667e9290b3bc61b78c2678c02cbdae5f0fea92cc6734ab
 => => sha256:de44b265507ae44b212defcb50694d666f136b35c1090d9709068bc861bb2d64 29.75MB / 29.75MB
 => => extracting sha256:de44b265507ae44b212defcb50694d666f136b35c1090d9709068bc861bb2d64
 => [2/2] RUN apt update &&     apt install -y apache2 &&     echo "TEST WEB" > /var/www/html/index.html &&     apt cle
 => exporting to image
 => => exporting layers
 => => exporting manifest sha256:eb33a61587bd8d53ebb8b620594dcd440631d3ad4530a4ad6492e5a6c35e675b
 => => exporting config sha256:3c16999f2b20f78c840ad20b3a6b40faaf2ee381b632a5cae250b0f62b10b1d5
 => => exporting attestation manifest sha256:fbb1dc92b8adb03612f838b1d0bf0893e059be2dae732301ec41bec4fa6663e6
 => => exporting manifest list sha256:b4820ce35dd9d84c4d65f68aaff8151ff63860ba679ca13fbc24bcfb261d928e
 => => naming to docker.io/library/webserver:latest
 => => unpacking to docker.io/library/webserver:latest
csw@DESKTOP-DKQ3788:/mnt/d/Docker/webserver$
```

- docker images : 생성된 이미지 확인

```
csw@DESKTOP-DKQ3788:/mnt/d/Docker/webserver$ docker images
REPOSITORY   TAG      IMAGE ID       CREATED         SIZE
webserver    latest   b4820ce35dd9   2 minutes ago   269MB
csw@DESKTOP-DKQ3788:/mnt/d/Docker/webserver$
```

③. 컨테이너 실행하기

```
csw@DESKTOP-DKQ3788:/mnt/d/Docker/webserver$ docker run -dp 80:80 --name web webserver:latest
d67bb17461ed5ac5248c73b665a94d66a9dfef4f45d84f2266a085fb7322e01f
csw@DESKTOP-DKQ3788:/mnt/d/Docker/webserver$ docker ps
CONTAINER ID   IMAGE              COMMAND                  CREATED         STATUS         PORTS                NAMES
d67bb17461ed   webserver:latest   "/usr/sbin/apache2ct…"   2 minutes ago   Up 2 minutes   0.0.0.0:80->80/tcp   web
csw@DESKTOP-DKQ3788:/mnt/d/Docker/webserver$ curl localhost:80
TEST WEB
csw@DESKTOP-DKQ3788:/mnt/d/Docker/webserver$
```

- 컨테이너 실행: docker run
- 백그라운드에서 실행: -d
- 호스트와 컨테이너 간 포트 포워딩 -p 80:80 : 호스트 80번과 컨테이너 80번 매핑
- 컨테이너 이름 지정: --name web
- 컨테이너 기본 이미지 지정: webserver:latest

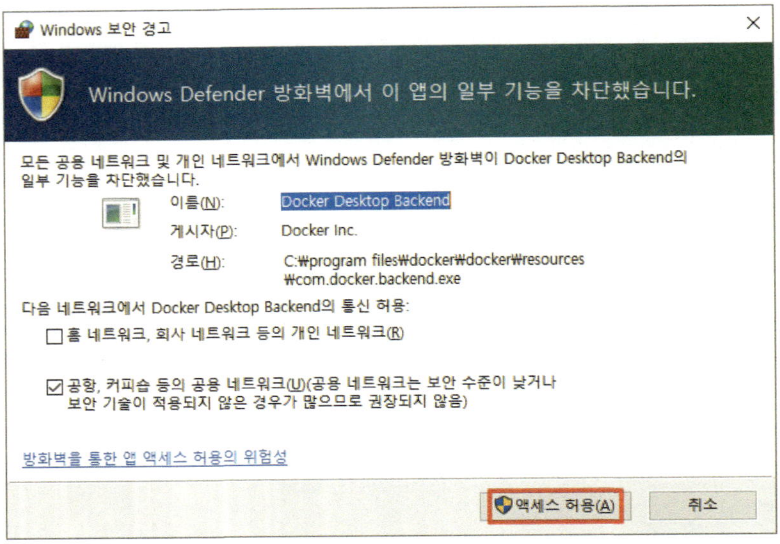

- 방화벽 해제

④. **아파치 웹 서버 접속**

- 주소 창에 localhost 입력

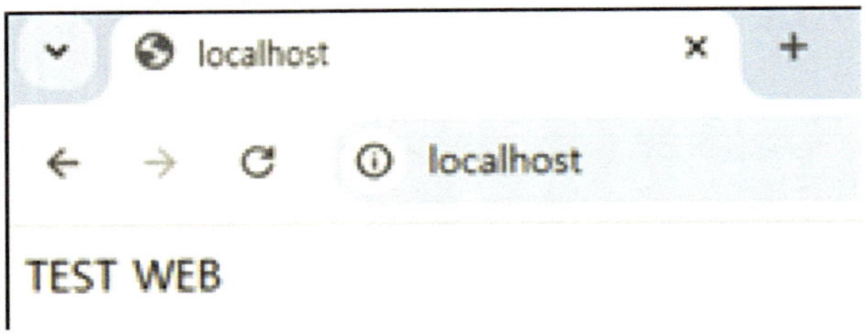

⑤. **컨테이너 삭제 및 컨테이너 확인**

- 실행중인 컨테이너 강제 삭제: docker rm -f web
- 실행중인 컨테이너 확인: docker ps

```
csw@DESKTOP-DKQ3788:/mnt/d/Docker/webserver$ docker rm -f web
web
csw@DESKTOP-DKQ3788:/mnt/d/Docker/webserver$ docker ps
CONTAINER ID   IMAGE     COMMAND   CREATED   STATUS    PORTS     NAMES
csw@DESKTOP-DKQ3788:/mnt/d/Docker/webserver$
```

04

도커 이미지 공개

4.1 인터넷 도커 허브 레포지토리

Chapter 04. 도커 이미지 공개

4.1.1 브라우저에서 도커 허브 접속하기

①. 도커 허브 회원가입

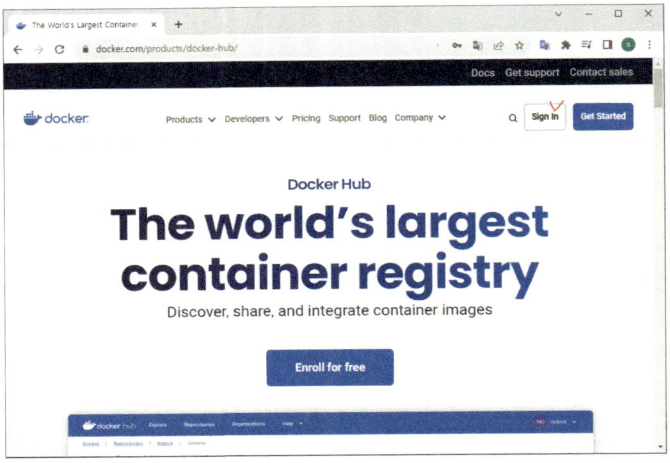

- 사전에 Docker Hub 웹 사이트에서 계정 생성 필요
- 도커 허브 주소: docker.com/products/docker-hub/
- 로그인: 'Sign in' 클릭

②. **도커 허브 로그인**

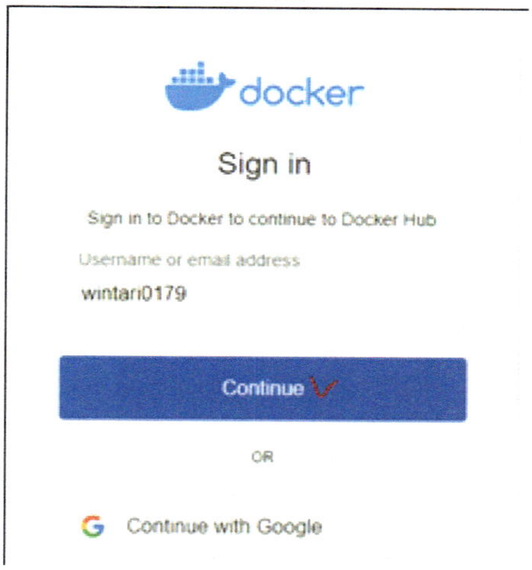

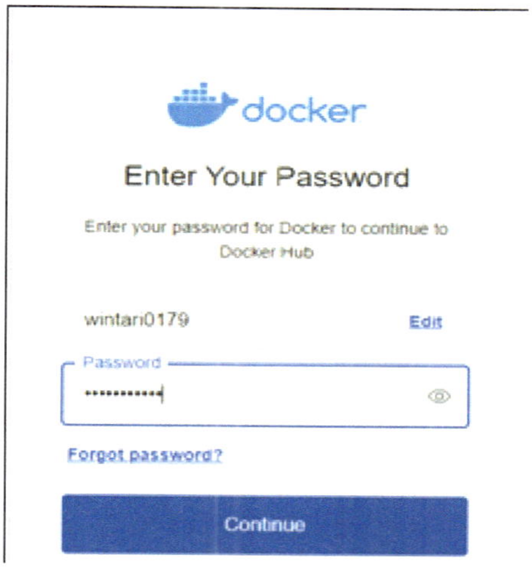

- 도커 허브 아이디 입력: wintari0179
- 암호입력

③. **레포지토리(저장소) 확인**

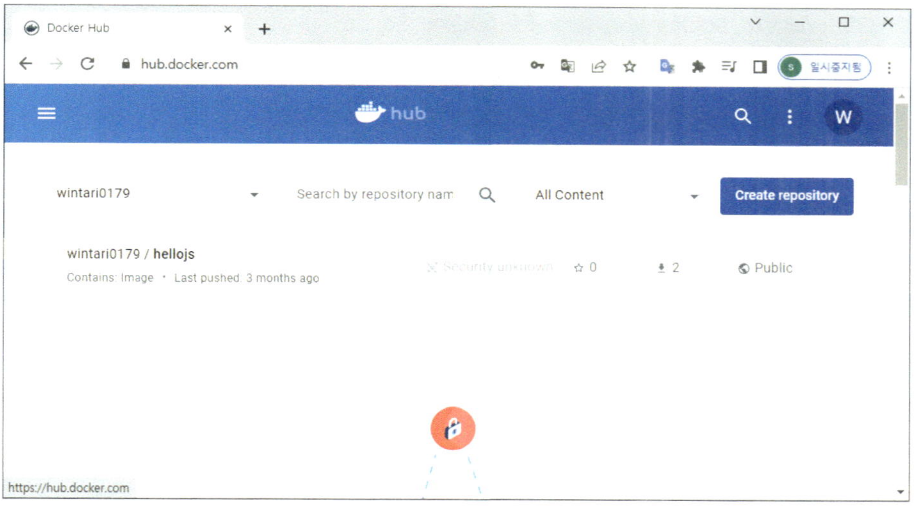

- 도커 허브에 사용자 이름 wintari0179의 레포지토리 생성됨
- wintari0179 레포지토리에 hellojs 컨테이너 이미지 푸쉬(push)되어 있음

4.1.2 로컬 우분투에서 도커 허브 접속하기

①. **VSC 터미널에서 우분투 셸로 전환**

- 우분투 및 도커 실행 확인: wsl -l -v
- 우분투로 전환: wsl
- webserver 폴더로 이동: cd webserver

```
PS D:\Docker> wsl -l -v
  NAME              STATE           VERSION
* Ubuntu-24.04      Running         2
  docker-desktop    Running         2
PS D:\Docker> wsl
To run a command as administrator (user "root"), use "sudo <command>".
See "man sudo_root" for details.

csw@DESKTOP-DKQ3788:/mnt/d/Docker$ cd webserver/
csw@DESKTOP-DKQ3788:/mnt/d/Docker/webserver$
```

②. **우분투에서 도커에 접속**

- docker login -u 〈username〉

```
csw@DESKTOP-DKQ3788:/mnt/d/Docker/webserver$ docker login -u wintari0179
Password:
Login Succeeded
csw@DESKTOP-DKQ3788:/mnt/d/Docker/webserver$
```

- Docker Hub에 로그인: docker login
- Docker Hub 계정의 비밀번호 입력: Password
- 결과: Login Succeeded

4.1.3 도커 이미지 태그 변경하기

①. **docker tag**

```
csw@DESKTOP-DKQ3788:/mnt/d/Docker/webserver$ docker images
REPOSITORY   TAG      IMAGE ID       CREATED        SIZE
webserver    latest   b4820ce35dd9   24 hours ago   269MB
csw@DESKTOP-DKQ3788:/mnt/d/Docker/webserver$ docker tag webserver:latest wintari0179/webserver:v1
csw@DESKTOP-DKQ3788:/mnt/d/Docker/webserver$ docker images
REPOSITORY              TAG      IMAGE ID       CREATED        SIZE
webserver               latest   b4820ce35dd9   24 hours ago   269MB
wintari0179/webserver   v1       b4820ce35dd9   24 hours ago   269MB
csw@DESKTOP-DKQ3788:/mnt/d/Docker/webserver$
```

- 도커 이미지의 레포지토리와 태그 변경: docker tag
- 레포지토리 추가하여 이미지명 변경: webserver -〉 wintari0179/webserver

- 태그 변경(옵션): latest -> v1
- 원본 이미지와 변경된 이미지 확인: docker images

4.1.4 도커 이미지 업로드하기

①. docker push

```
csw@DESKTOP-DKQ3788:/mnt/d/Docker/webserver$ docker push wintari0179/webserver:v1
The push refers to repository [docker.io/wintari0179/webserver]
7cf753b635f4: Pushed
9941d03932cd: Pushed
de44b265507a: Pushed
v1: digest: sha256:b4820ce35dd9d84c4d65f68aaff8151ff63860ba679ca13fbc24bcfb261d928e size: 855
csw@DESKTOP-DKQ3788:/mnt/d/Docker/webserver$
```

- 도커 이미지 업로드: docker push
- 도커 허브의 wintari0179 레포지토리에 webserver:v1 이미지 업로드
- 도커 허브의 wintari0179 레포지토리에 webserver 이미지 업로드됨

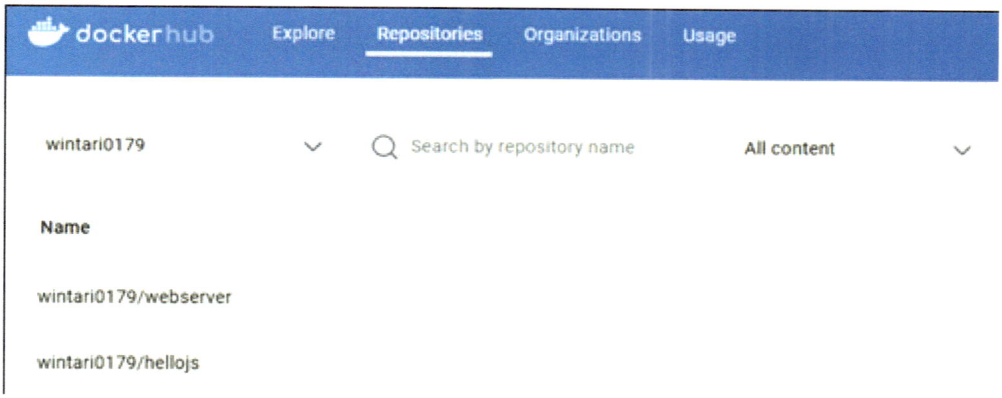

4.1.5 도커 이미지 다운로드하기

①. 우분투에서 wintari0179/webserver:v1 도커 이미지 삭제

```
csw@DESKTOP-DKQ3788:/mnt/d/Docker/webserver$ docker rmi wintari0179/webserver:v1
Untagged: wintari0179/webserver:v1
csw@DESKTOP-DKQ3788:/mnt/d/Docker/webserver$ docker images
REPOSITORY   TAG       IMAGE ID       CREATED        SIZE
webserver    latest    b4820ce35dd9   24 hours ago   269MB
csw@DESKTOP-DKQ3788:/mnt/d/Docker/webserver$
```

- 도커 이미지 삭제: docker rmi wintari0179/webserver:v1

②. **도커 허브 레포지토리에서 wintari0179/webserver:v1 도커 이미지 다운로드**

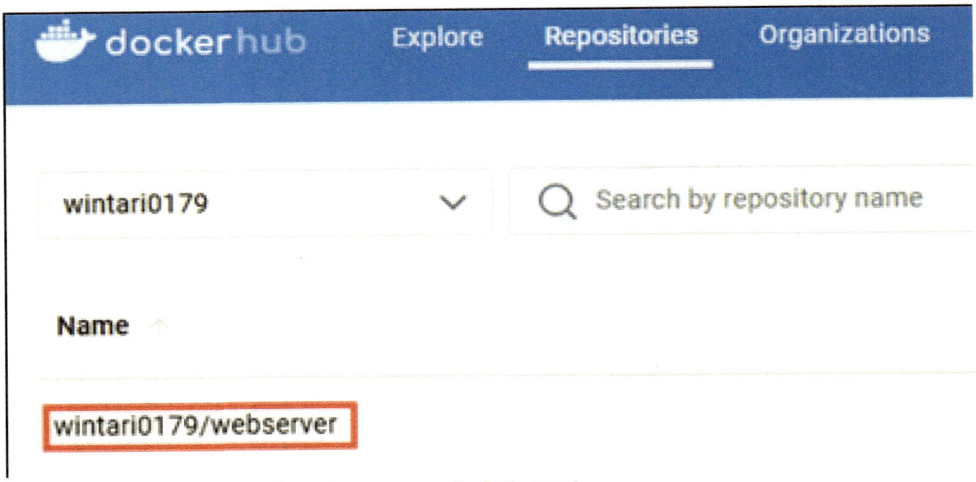

- wintari0179 / webserver 이미지 클릭

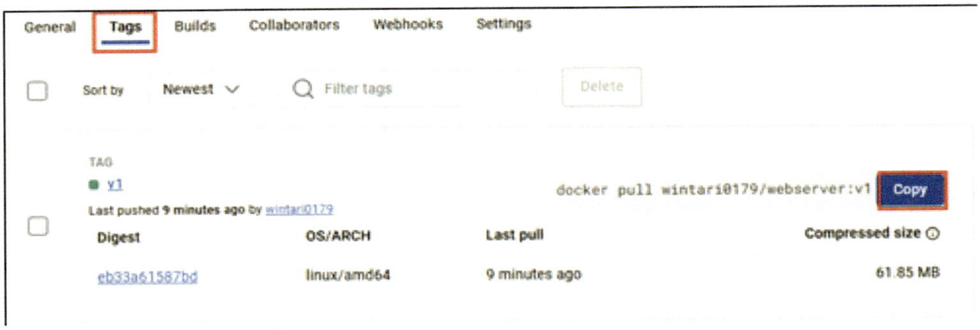

- Tags 메뉴 클릭
- v1 우측의 docker pull 명령 copy

```
csw@DESKTOP-DKQ3788:/mnt/d/Docker/webserver$ docker pull wintari0179/webserver:v1
v1: Pulling from wintari0179/webserver
Digest: sha256:b4820ce35dd9d84c4d65f68aaff8151ff63860ba679ca13fbc24bcfb261d928e
Status: Downloaded newer image for wintari0179/webserver:v1
docker.io/wintari0179/webserver:v1
csw@DESKTOP-DKQ3788:/mnt/d/Docker/webserver$ docker images
REPOSITORY              TAG       IMAGE ID       CREATED        SIZE
wintari0179/webserver   v1        b4820ce35dd9   24 hours ago   269MB
webserver               latest    b4820ce35dd9   24 hours ago   269MB
csw@DESKTOP-DKQ3788:/mnt/d/Docker/webserver$
```

- 우분투에서 shift + insert
- 도커 이미지 다운로드: docker pull wintari0179/webserver:v1

4.1.6 도커 허브에서 이미지 삭제하기

①. 도커 허브 레포지토리에서 이미지 삭제

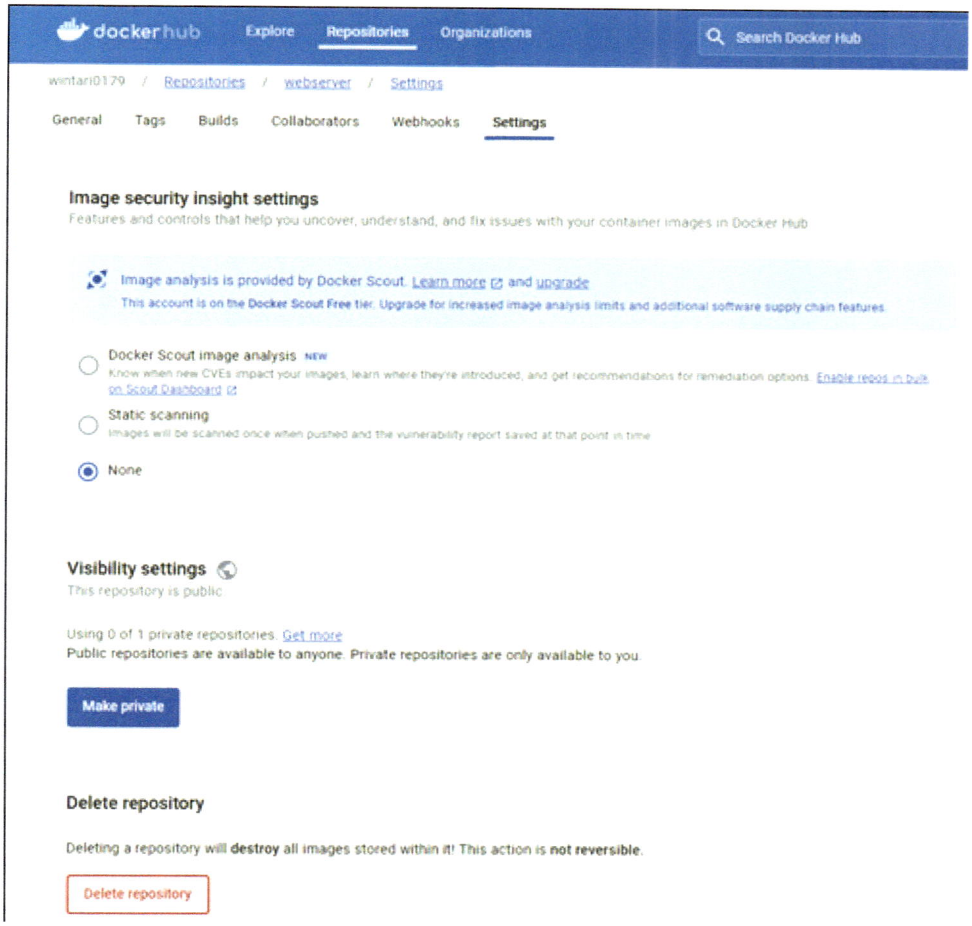

- Settings 메뉴 클릭
- 하단부 Delete repository 클릭

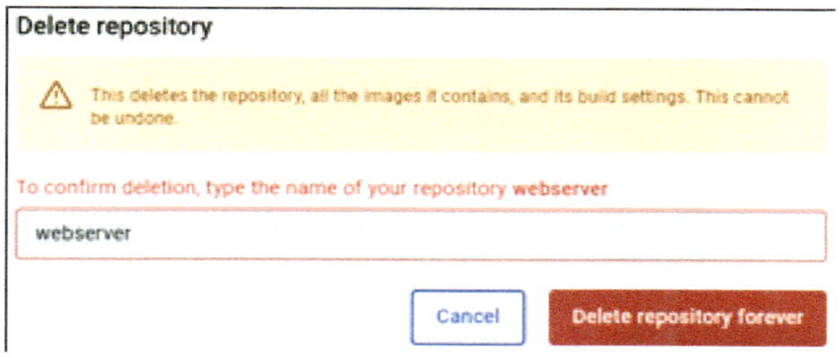

- webserver 입력후 Delete

wintari0179/webserver ⌛ DELETING

wintari0179/hellojs

- 도커 허브에서 webserver 삭제됨

②. **로컬 우분투에서 이미지 삭제**

```
csw@DESKTOP-DKQ3788:/mnt/d/Docker/webserver$ docker ps -a
CONTAINER ID   IMAGE     COMMAND   CREATED   STATUS    PORTS     NAMES
csw@DESKTOP-DKQ3788:/mnt/d/Docker/webserver$ docker rmi webserver:latest
Untagged: webserver:latest
csw@DESKTOP-DKQ3788:/mnt/d/Docker/webserver$ docker rmi wintari0179/webserver:v1
Untagged: wintari0179/webserver:v1
Deleted: sha256:b4820ce35dd9d84c4d65f68aaff8151ff63860ba679ca13fbc24bcfb261d928e
csw@DESKTOP-DKQ3788:/mnt/d/Docker/webserver$ docker images
REPOSITORY   TAG       IMAGE ID   CREATED   SIZE
csw@DESKTOP-DKQ3788:/mnt/d/Docker/webserver$
```

- 모든 컨테이너 확인: docker ps -a
- 도커 이미지 삭제: docker rmi 이미지명
- 도커 이미지 확인: docker images

4.2 로컬 프라이빗 레지스트리

Chapter 04. 도커 이미지 공개

4.2.1 프라이빗 레지스트리 구축방법 확인하기

①. 공식 registry 이미지 검색

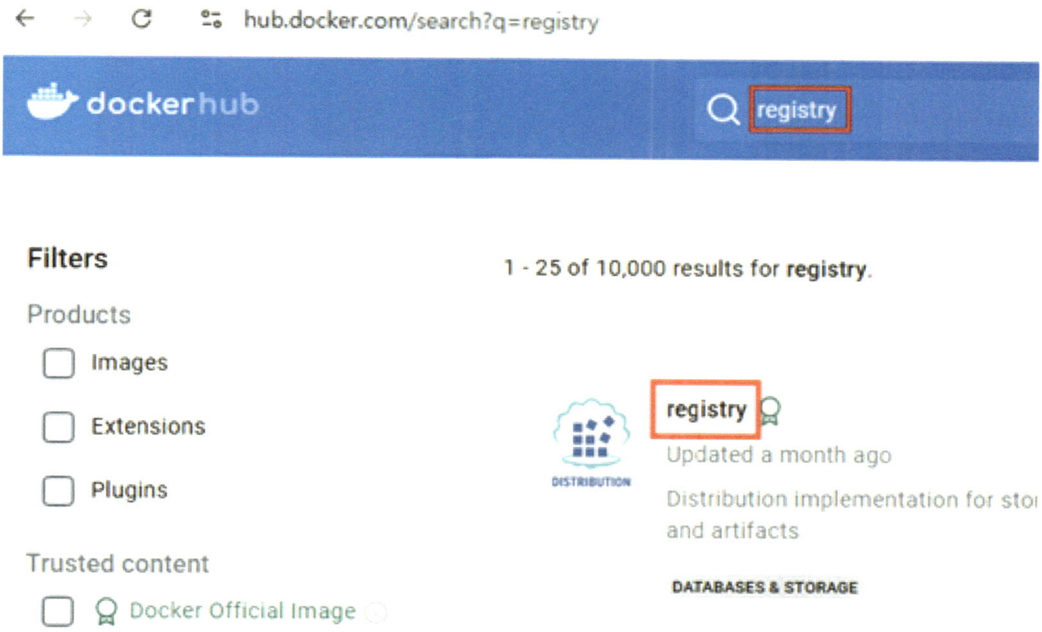

- 인터넷 도커 허브에서 검색: registry
- 로컬 도커에서 검색: docker search registry
- 최신 버전 registry 다운로드: docker pull registry

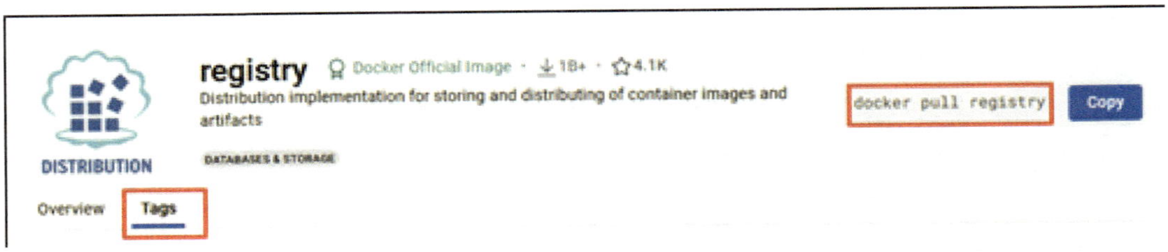

②. **배포 방법 확인**

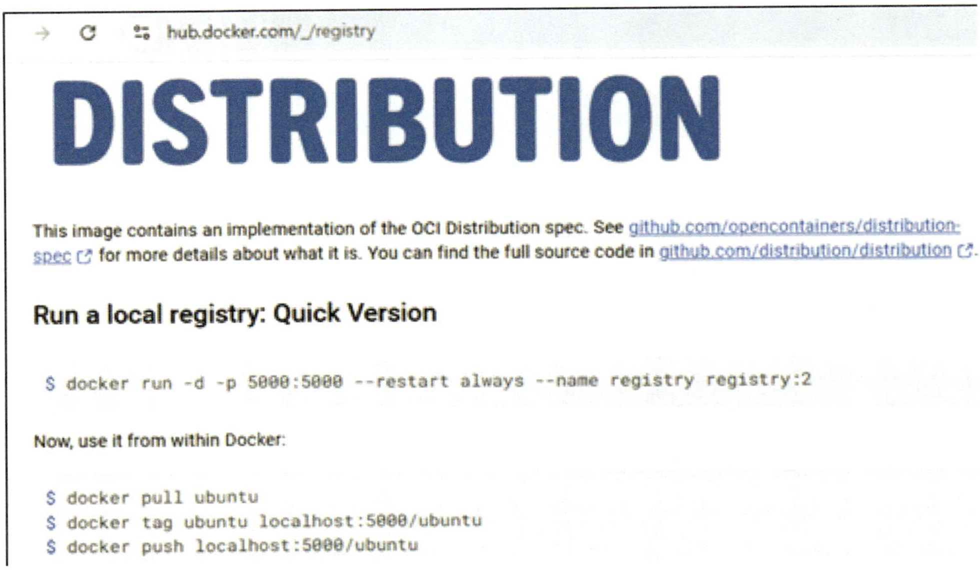

③. **레지스트리 컨테이너 실행**

- docker run -d -p 5000:5000 --restart always --name registry registry:2
- 데몬 모드(백그라운드) 실행: -d
- 호스트 5000번 포트를 컨테이너 내부 5000번 포트에 연결: -p 5000:5000
- 컨테이너 자동 재시작(서비스 지속성 유지): --restart always
- 컨테이너 이름: --name registry
- 사용할 이미지와 태그(버전): registry:2

④. **레지스트리에 업로드할 이미지 다운로드**

- 최신 버전의 ubuntu 이미지 다운로드: docker pull ubuntu

⑤. **레지스트리에 업로드할 이미지명 변경**

- 레지스트리용 이미지명으로 변경: localhost:5000/ubuntu

⑥. **레지스트리에 이미지 업로드**

- 로컬 레지스트리에 이미지 업로드: docker push localhost:5000/ubuntu

4.2.2 로컬 환경에 프라이빗 레지스트리 구축하기

①. **우분투에서 도커 폴더에 새 프로젝트 폴더 Registry 생성**

- Docker 폴더: mkdir Registry

```
csw@DESKTOP-DKQ3788:/mnt/d/Docker/webserver$ cd ..
csw@DESKTOP-DKQ3788:/mnt/d/Docker$ mkdir Registry
csw@DESKTOP-DKQ3788:/mnt/d/Docker$ cd Registry
csw@DESKTOP-DKQ3788:/mnt/d/Docker/Registry$ 
```

- VSC의 도커 워크스페이스에서도 Docker 폴더 아래에 Registry 폴더 확인

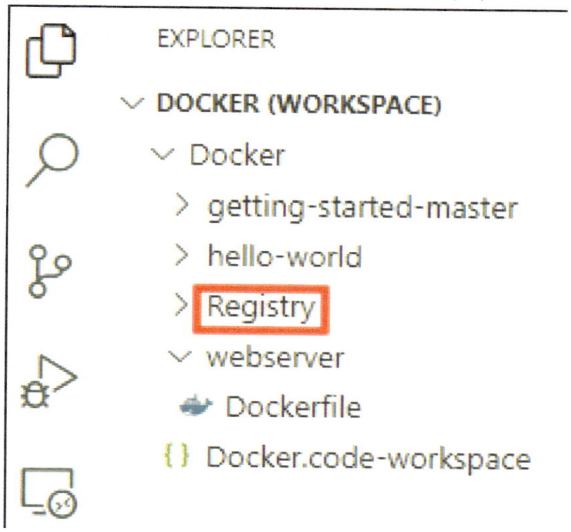

②. **registry 이미지 검색**

- docker search registry

```
csw@DESKTOP-DKQ3788:/mnt/d/Docker/Registry$ docker ps -a
CONTAINER ID   IMAGE     COMMAND   CREATED   STATUS    PORTS     NAMES
csw@DESKTOP-DKQ3788:/mnt/d/Docker/Registry$ docker images
REPOSITORY   TAG       IMAGE ID   CREATED   SIZE
csw@DESKTOP-DKQ3788:/mnt/d/Docker/Registry$ docker search registry
NAME                   DESCRIPTION                                     STARS     OFFICIAL
registry               Distribution implementation for storing and …   4074      [OK]
okteto/registry                                                        0
opensuse/registry      Docker registry based on openSUSE.              1
aptrust/registry                                                       0
reseaucerta/registry   Image included in e-comBox solution             0
```

- 컨테이너 및 이미지 없음 확인: docker ps -a, docker images
- 도커 허브에서 registry 이미지 검색: docker search registry

③. registry 이미지 다운로드

- docker pull registry

```
csw@DESKTOP-DKQ3788:/mnt/d/Docker/Registry$ docker pull registry
Using default tag: latest
latest: Pulling from library/registry
916205650bfe: Download complete
6cb0aa443e23: Download complete
dc2fb7dcec61: Download complete
813676e291ef: Download complete
dc0decf4841d: Download complete
Digest: sha256:543dade69668e02e5768d7ea2b0aa4fae6aa7384c9a5a8dbecc2be5136079ddb
Status: Downloaded newer image for registry:latest
docker.io/library/registry:latest
csw@DESKTOP-DKQ3788:/mnt/d/Docker/Registry$
```

- 도커 허브에서 최신 버전(태그 생략의 경우) registry 이미지 다운로드

④. registry 컨테이너 실행 및 확인

```
csw@DESKTOP-DKQ3788:/mnt/d/Docker/Registry$ docker run -d -p 5000:5000 --restart always --name registry registry:latest
58a95fff73f4220ef951f5e298f288d9381d91482a578dcd7d0ebeb78bc7144e
csw@DESKTOP-DKQ3788:/mnt/d/Docker/Registry$ docker ps
CONTAINER ID   IMAGE             COMMAND                  CREATED         STATUS         PORTS                    NAMES
58a95fff73f4   registry:latest   "/entrypoint.sh /etc…"   8 seconds ago   Up 7 seconds   0.0.0.0:5000->5000/tcp   registry
csw@DESKTOP-DKQ3788:/mnt/d/Docker/Registry$
```

- docker run -d -p 5000:5000 --restart always --name registry registry:latest

4.2.3 프라이빗 레지스트리에 도커 이미지 업로드하기

①. 웹 서버 도커 파일 복사

- cp ../webserver/Dockerfile ./

```
csw@DESKTOP-DKQ3788:/mnt/d/Docker/Registry$ ls
csw@DESKTOP-DKQ3788:/mnt/d/Docker/Registry$ cp ../webserver/Dockerfile ./
csw@DESKTOP-DKQ3788:/mnt/d/Docker/Registry$ ls
Dockerfile
csw@DESKTOP-DKQ3788:/mnt/d/Docker/Registry$
```

②. 웹 서버 이미지 빌드

- docker build -t webserver:latest .

```
csw@DESKTOP-DKQ3788:/mnt/d/Docker/Registry$ docker build -t webserver:latest .
[+] Building 3.2s (7/7) FINISHED
 => [internal] load build definition from Dockerfile
 => => transferring dockerfile: 471B
 => [internal] load metadata for docker.io/library/ubuntu:24.04
 => [auth] library/ubuntu:pull token for registry-1.docker.io
 => [internal] load .dockerignore
```

③. 웹 서버 이미지명 변경

```
csw@DESKTOP-DKQ3788:/mnt/d/Docker/Registry$ docker images
REPOSITORY   TAG       IMAGE ID       CREATED         SIZE
webserver    latest    9b8253746fbc   26 hours ago    269MB
registry     latest    543dade69668   14 months ago   37.2MB
csw@DESKTOP-DKQ3788:/mnt/d/Docker/Registry$ docker tag webserver:latest localhost:5000/web
csw@DESKTOP-DKQ3788:/mnt/d/Docker/Registry$ docker images
REPOSITORY           TAG       IMAGE ID       CREATED         SIZE
webserver            latest    9b8253746fbc   26 hours ago    269MB
localhost:5000/web   latest    9b8253746fbc   26 hours ago    269MB
registry             latest    543dade69668   14 months ago   37.2MB
csw@DESKTOP-DKQ3788:/mnt/d/Docker/Registry$
```

- docker tag webserver localhost:5000/web

④. 프라이빗 레지스트리에 이미지 업로드

```
csw@DESKTOP-DKQ3788:/mnt/d/Docker/Registry$ docker push localhost:5000/web:latest
The push refers to repository [localhost:5000/web]
9941d03932cd: Pushed
de44b265507a: Pushed
174d6185b474: Pushed
latest: digest: sha256:9b8253746fbc7b5d7368c40b1ccfee42bd628b571fdd88d1883e5ca92208c159 size: 855
csw@DESKTOP-DKQ3788:/mnt/d/Docker/Registry$
```

- docker push localhost:5000/web

⑤. 이미지 삭제

```
csw@DESKTOP-DKQ3788:/mnt/d/Docker/Registry$ docker rmi webserver
Untagged: webserver:latest
csw@DESKTOP-DKQ3788:/mnt/d/Docker/Registry$ docker rmi localhost:5000/web:latest
Untagged: localhost:5000/web:latest
Deleted: sha256:9b8253746fbc7b5d7368c40b1ccfee42bd628b571fdd88d1883e5ca92208c15
csw@DESKTOP-DKQ3788:/mnt/d/Docker/Registry$ docker images
REPOSITORY   TAG       IMAGE ID       CREATED         SIZE
registry     latest    543dade69668   14 months ago   37.2MB
csw@DESKTOP-DKQ3788:/mnt/d/Docker/Registry$
```

- 레지스트리에 이미지 업로드후 로컬 이미지 삭제

4.2.4 프라이빗 레지스트리에서 도커 이미지 다운로드 및 실행하기

①. 프라이빗 레지스트리 이미지를 로컬에 다운로드

```
csw@DESKTOP-DKQ3788:/mnt/d/Docker/Registry$ docker pull localhost:5000/web
Using default tag: latest
latest: Pulling from web
9941d03932cd: Already exists
Digest: sha256:9b8253746fbc7b5d7368c40b1ccfee42bd628b571fdd88d1883e5ca92208c159
Status: Downloaded newer image for localhost:5000/web:latest
localhost:5000/web:latest
csw@DESKTOP-DKQ3788:/mnt/d/Docker/Registry$ docker images
REPOSITORY           TAG       IMAGE ID       CREATED         SIZE
localhost:5000/web   latest    9b8253746fbc   26 hours ago    269MB
registry             latest    543dade69668   14 months ago   37.2MB
csw@DESKTOP-DKQ3788:/mnt/d/Docker/Registry$
```

- docker pull localhost:5000/web

②. 도커 컨테이너 실행 및 앱 접속

```
csw@DESKTOP-DKQ3788:/mnt/d/Docker/Registry$ docker run -dp 8080:80 --name web localhost:5000/web
4229767cd756ff7b70b0161ff2a6a63737b4a8c88cf0906880b664d600b28511
csw@DESKTOP-DKQ3788:/mnt/d/Docker/Registry$ docker ps
CONTAINER ID   IMAGE                COMMAND                  CREATED          STATUS          PORTS                    NAMES
4229767cd756   localhost:5000/web   "/usr/sbin/apache2ct…"   3 seconds ago    Up 2 seconds    0.0.0.0:8080->80/tcp     web
58a95fff73f4   registry:latest      "/entrypoint.sh /etc…"   30 minutes ago   Up 30 minutes   0.0.0.0:5000->5000/tcp   registry
csw@DESKTOP-DKQ3788:/mnt/d/Docker/Registry$ curl localhost:8080
TEST WEB
csw@DESKTOP-DKQ3788:/mnt/d/Docker/Registry$
```

- 컨테이너 실행: docker run -dp 8080:80 --name web localhost:5000/web
- 터미널에서 앱 접속: curl localhost:8080

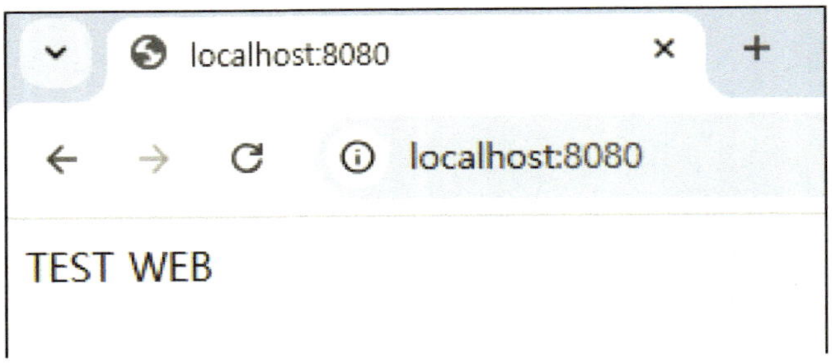

- 브라우저에서 앱 접속

4.2.5 도커 컨테이너 및 이미지 삭제하기

```
csw@DESKTOP-DKQ3788:/mnt/d/Docker/Registry$ docker ps
CONTAINER ID   IMAGE                  COMMAND                  CREATED          STATUS          PORTS                    NAMES
4229767cd756   localhost:5000/web     "/usr/sbin/apache2ct…"   3 minutes ago    Up 3 minutes    0.0.0.0:8080->80/tcp     web
58a95fff73f4   registry:latest        "/entrypoint.sh /etc…"   33 minutes ago   Up 33 minutes   0.0.0.0:5000->5000/tcp   registry
csw@DESKTOP-DKQ3788:/mnt/d/Docker/Registry$ docker rm -f web
web
csw@DESKTOP-DKQ3788:/mnt/d/Docker/Registry$ docker rm -f registry
registry
csw@DESKTOP-DKQ3788:/mnt/d/Docker/Registry$ docker images
REPOSITORY           TAG       IMAGE ID       CREATED          SIZE
localhost:5000/web   latest    9b8253746fbc   26 hours ago     269MB
registry             latest    543dade69668   14 months ago    37.2MB
csw@DESKTOP-DKQ3788:/mnt/d/Docker/Registry$ docker rmi localhost:5000/web:latest
Untagged: localhost:5000/web:latest
Deleted: sha256:9b8253746fbc7b5d7368c40b1ccfee42bd628b571fdd88d1883e5ca92208c159
csw@DESKTOP-DKQ3788:/mnt/d/Docker/Registry$ docker rmi registry:latest
Untagged: registry:latest
Deleted: sha256:543dade69668e02e5768d7ea2b0aa4fae6aa7384c9a5a8dbecc2be5136079ddb
csw@DESKTOP-DKQ3788:/mnt/d/Docker/Registry$ docker images
REPOSITORY   TAG       IMAGE ID   CREATED   SIZE
csw@DESKTOP-DKQ3788:/mnt/d/Docker/Registry$
```

- docker rm -f web
- docker rm -f registry
- docker rmi localhost:5000/web
- docker rmi registry

05 도커 기본 명령어

5.1 이미지 운영

Chapter 05. 도커 기본 명령어

5.1.1 이미지 검색하기

- docker search

```
csw@DESKTOP-DKQ3788:/mnt/d/Docker$ docker search nginx
NAME                                      DESCRIPTION                                     STARS     OFFICIAL
nginx                                     Official build of Nginx.                        20440     [OK]
nginx/nginx-ingress                       NGINX and  NGINX Plus Ingress Controllers fo…   97
nginx/unit                                This repository is retired, use the Docker o…   64
nginx/nginx-prometheus-exporter           NGINX Prometheus Exporter for NGINX and NGIN…   44
nginx/nginx-ingress-operator              NGINX Ingress Operator for NGINX and NGINX P…   2
nginx/nginx-quic-qns                      NGINX QUIC interop                              1
nginx/unit-preview                        Unit preview features                           0
nginx/nginxaas-loadbalancer-kubernetes                                                    0
```

- docker search [옵션] 검색용어: 도커 허브에 공개되어 있는 이미지 검색
- NAME: 도커 이미지명
- DESCRIPTION: 도커 이미지 설명
- STARS: 즐겨찾기 수
- OFFICIAL: 공식 이미지 여부
- AUTOMATED: Dockerfile로 자동 생성 여부

5.1.2 이미지 다운로드하기

- docker pull

```
csw@DESKTOP-DKQ3788:/mnt/d/Docker$ docker pull nginx:latest
latest: Pulling from library/nginx
57b64962dd94: Download complete
7b50399908e1: Download complete
362f35df001b: Download complete
8cc1569e58f5: Download complete
bc0965b23a04: Download complete
650ee30bbe5e: Download complete
13e320bf29cd: Download complete
Digest: sha256:fb197595ebe76b9c0c14ab68159fd3c08bd067ec62300583543f0ebda353b5be
Status: Downloaded newer image for nginx:latest
docker.io/library/nginx:latest
csw@DESKTOP-DKQ3788:/mnt/d/Docker$
```

- docker pull [옵션] 이미지명[:태그명]: 도커 허브에서 이미지 다운로드
- "docker pull nginx:latest": nginx 이미지 최신 버전 다운로드

5.1.3 이미지 목록 표시하기

- docker images

```
csw@DESKTOP-DKQ3788:/mnt/d/Docker$ docker images
REPOSITORY   TAG       IMAGE ID       CREATED       SIZE
nginx        latest    fb197595ebe7   3 weeks ago   278MB
csw@DESKTOP-DKQ3788:/mnt/d/Docker$
```

- docker images [옵션]: 등록(다운로드 혹은 빌드)된 모든 이미지 목록 표시

5.1.4 이미지 상세 정보 확인하기

- docker inspect

```
csw@DESKTOP-DKQ3788:/mnt/d/Docker$ docker inspect nginx:latest
[
    {
        "Id": "sha256:fb197595ebe76b9c0c14ab68159fd3c08bd067ec62300583543f0ebda353b5be",
        "RepoTags": [
            "nginx:latest"
        ],
        "RepoDigests": [
            "nginx@sha256:fb197595ebe76b9c0c14ab68159fd3c08bd067ec62300583543f0ebda353b5be"
        ],
        "Parent": "",
        "Comment": "buildkit.dockerfile.v0",
        "Created": "2024-11-26T18:42:08Z",
        "DockerVersion": "27.3.1",
        "Author": "",
        "Config": {
            "Hostname": "",
            "Domainname": "",
            "User": "",
            "AttachStdin": false,
            "AttachStdout": false,
            "AttachStderr": false,
            "ExposedPorts": {
                "80/tcp": {}
            },
            "Tty": false,
            "OpenStdin": false,
            "StdinOnce": false,
            "Env": [
                "PATH=/usr/local/sbin:/usr/local/bin:/usr/sbin:/usr/bin:/sbin:/bin",
                "NGINX_VERSION=1.27.3",
                "NJS_VERSION=0.8.7",
```

- docker inspect [옵션] 이미지: 이미지 상세 정보 표시(JSON 형식)
- ID: 이미지 ID
- Created: 작성일
- ContainerConfig: 이미지로 생성되는 컨테이너 구성 정보
- Architecture: 이미지의 CPU 아키텍처
- Os: 이미지에 포함된 OS 이름과 버전

5.1.5 이미지 태그 설정하기

- docker tag

```
csw@DESKTOP-DKQ3788:/mnt/d/Docker$ docker tag nginx wintari0179/webserver:1.0
csw@DESKTOP-DKQ3788:/mnt/d/Docker$ docker images
REPOSITORY              TAG       IMAGE ID       CREATED        SIZE
wintari0179/webserver   1.0       fb197595ebe7   3 weeks ago    278MB
nginx                   latest    fb197595ebe7   3 weeks ago    278MB
csw@DESKTOP-DKQ3788:/mnt/d/Docker$
```

  - docker tag 원본이미지명[:태그] 타겟이미지명[:태그]: 이미지 별칭 생성
  - nginx: 원본 이미지명
  - wintari0179: 도커 허브 계정 사용자명(레포지트리명)
  - webserver: 타겟 이미지명
  - 1.0: 태그 버전

5.1.6 이미지 삭제하기

- docker rmi

```
csw@DESKTOP-DKQ3788:/mnt/d/Docker$ docker rmi wintari0179/webserver:1.0
Untagged: wintari0179/webserver:1.0
csw@DESKTOP-DKQ3788:/mnt/d/Docker$ docker images
REPOSITORY   TAG       IMAGE ID       CREATED       SIZE
nginx        latest    fb197595ebe7   3 weeks ago   278MB
csw@DESKTOP-DKQ3788:/mnt/d/Docker$
```

  - docker rmi [옵션] 이미지: 이미지 삭제

5.2 컨테이너 운영

Chapter 05. 도커 기본 명령어

5.2.1 컨테이너 생성하기

- docker create

```
csw@DESKTOP-DKQ3788:/mnt/d/Docker$ docker create --name webserver nginx
33bd084a3f844cd96b0875011e2d34a9b8831db6db055a42ba6d55c4001f2806
csw@DESKTOP-DKQ3788:/mnt/d/Docker$ docker ps
CONTAINER ID   IMAGE     COMMAND   CREATED   STATUS    PORTS     NAMES
csw@DESKTOP-DKQ3788:/mnt/d/Docker$ docker ps -a
CONTAINER ID   IMAGE     COMMAND                  CREATED          STATUS    PORTS     NAMES
33bd084a3f84   nginx     "/docker-entrypoint.…"   17 seconds ago   Created             webserver
csw@DESKTOP-DKQ3788:/mnt/d/Docker$
```

  - docker create [옵션] 이미지: 이미지 기반의 컨테이너 생성
  - nginx 이미지 기반으로 webserver 이름의 컨테이너 생성됨(Created)
  - 아직 실행되지 않음

5.2.2 컨테이너 실행 및 목록 표시하기

- docker start, docker ps

```
csw@DESKTOP-DKQ3788:/mnt/d/Docker$ docker start webserver
webserver
csw@DESKTOP-DKQ3788:/mnt/d/Docker$ docker ps
CONTAINER ID   IMAGE     COMMAND                  CREATED         STATUS          PORTS     NAMES
33bd084a3f84   nginx     "/docker-entrypoint.…"   3 minutes ago   Up 14 seconds   80/tcp    webserver
csw@DESKTOP-DKQ3788:/mnt/d/Docker$
```

  - docker start [옵션] 컨테이너: 컨테이너 시작
  - docker ps [옵션]: 실행 중인(Up) 컨테이너 목록 표시

5.2.3 컨테이너 모니터링하기

- docker stats

```
csw@DESKTOP-DKQ3788:/mnt/d/Docker$ docker stats webserver
```

```
CONTAINER ID   NAME        CPU %   MEM USAGE / LIMIT     MEM %   NET I/O        BLOCK I/O   PIDS
33bd084a3f84   webserver   0.00%   5.969MiB / 7.59GiB    0.08%   1.05kB / 0B    0B / 0B     7
```

  - docker stats [옵션] 컨테이너명
  - 실시간으로 자원 사용량 및 상태 표시
  - Ctrl + c: docker stats 종료

5.2.4 컨테이너 중지 및 재시작하기

- docker stop, docker restart

```
csw@DESKTOP-DKQ3788:/mnt/d/Docker$ docker stop webserver
webserver
csw@DESKTOP-DKQ3788:/mnt/d/Docker$ docker restart webserver
webserver
csw@DESKTOP-DKQ3788:/mnt/d/Docker$ docker ps
CONTAINER ID   IMAGE   COMMAND                  CREATED         STATUS         PORTS    NAMES
33bd084a3f84   nginx   "/docker-entrypoint.…"   9 minutes ago   Up 4 seconds   80/tcp   webserver
csw@DESKTOP-DKQ3788:/mnt/d/Docker$
```

  - docker stop [옵션] 컨테이너: 실행중인 컨테이너 중지
  - docker restart [옵션] 컨테이너: 중지된 컨테이너 재시작

5.2.5 컨테이너 상세 정보 표시하기

- docker inspect

```
csw@DESKTOP-DKQ3788:/mnt/d/Docker$ docker inspect webserver
[
    {
        "Id": "33bd084a3f844cd96b0875011e2d34a9b8831db6db055a42ba6d55c4001f2806",
        "Created": "2024-12-18T06:21:32.119904238Z",
        "Path": "/docker-entrypoint.sh",
        "Args": [
            "nginx",
            "-g",
            "daemon off;"
        ],
        "State": {
            "Status": "running",
            "Running": true,
            "Paused": false,
            "Restarting": false,
            "OOMKilled": false,
            "Dead": false,
            "Pid": 1363,
            "ExitCode": 0,
            "Error": "",
            "StartedAt": "2024-12-18T06:30:48.6183874360Z",
            "FinishedAt": "2024-12-18T06:30:40.8175435609Z"
        },
        "Image": "sha256:fb197595ebe76b9c0c14ab68159fd3c08bd067ec62300583543f0ebda353b5be",
```

- docker inspect [옵션] 컨테이너: 컨테이너의 상세 정보 표시
- Ports: 컨테이너의 포트 번호.
- 80/tcp: 컨테이너의 80번 포트
- null: 컨테이너 포트 번호에 매핑된 호스트 IP 주소와 포트 번호 없음
- IPAddress: 컨테이너의 IP 주소

5.2.6 컨테이너 삭제하기

- docker rm

```
csw@DESKTOP-DKQ3788:/mnt/d/Docker$ docker ps
CONTAINER ID   IMAGE     COMMAND                  CREATED          STATUS          PORTS     NAMES
33bd084a3f84   nginx     "/docker-entrypoint.…"   14 minutes ago   Up 4 minutes    80/tcp    webserver
csw@DESKTOP-DKQ3788:/mnt/d/Docker$ docker rm -f webserver
webserver
csw@DESKTOP-DKQ3788:/mnt/d/Docker$ docker ps
CONTAINER ID   IMAGE     COMMAND   CREATED   STATUS    PORTS     NAMES
csw@DESKTOP-DKQ3788:/mnt/d/Docker$
```

  - docker rm [옵션] 컨테이너: 지정된 컨테이너 삭제
  - '-f': 실행중인 컨테이너 강제 삭제

5.2.7 컨테이너 생성 및 실행하기

- docker run

```
csw@DESKTOP-DKQ3788:/mnt/d/Docker$ docker run -it --name test ubuntu:latest /usr/bin/date
Unable to find image 'ubuntu:latest' locally
latest: Pulling from library/ubuntu
Digest: sha256:80dd3c3b9c6cecb9f1667e9290b3bc61b78c2678c02cbdae5f0fea92cc6734ab
Status: Downloaded newer image for ubuntu:latest
Wed Dec 18 06:38:16 UTC 2024
csw@DESKTOP-DKQ3788:/mnt/d/Docker$
```

  - docker run [옵션] 이미지: 이미지로부터 새 컨테이너 생성 및 실행
  - '-it': 컨테이너에 상호작용 터미널 할당
  - '--name test': 컨테이너 이름을 test로 지정
  - ubuntu:latest: 사용할 도커 이미지로 최신 버전 Ubuntu 이미지 지정
  - /usr/bin/date: 컨테이너에서 실행할 명령어를 절대주소로 지정
  - 터미널 제어권이 컨테이너 test 터미널로 전환되고
  - 컨테이너 터미널에서 /usr/bin/date 실행 후 결과를 컨테이너 터미널에서
  - 호스트 터미널로 전달 후
  - 터미널 제어권은 다시 호스트 터미널로 전환됨

```
csw@DESKTOP-DKQ3788:/mnt/d/Docker$ docker rm -f test
test
csw@DESKTOP-DKQ3788:/mnt/d/Docker$ docker rmi ubuntu:latest
Untagged: ubuntu:latest
Deleted: sha256:80dd3c3b9c6cecb9f1667e9290b3bc61b78c2678c02cbdae5f0fea92cc6734ab
csw@DESKTOP-DKQ3788:/mnt/d/Docker$
```

  - docker rm, docker rmi: 사용 완료 컨테이너와 이미지 삭제

5.3 컨테이너 관리

Chapter 05. 도커 기본 명령어

5.3.1 컨테이너 연결하기

- docker attach

```
csw@DESKTOP-DKQ3788:/mnt/d/Docker$ docker run --name webserver -dit nginx
077c0a03e927c6786162149d9542cf24d1f8052278dd1275ff42a0d1aea16246
csw@DESKTOP-DKQ3788:/mnt/d/Docker$ docker ps
CONTAINER ID   IMAGE     COMMAND                  CREATED         STATUS         PORTS     NAMES
077c0a03e927   nginx     "/docker-entrypoint.…"   5 seconds ago   Up 5 seconds   80/tcp    webserver
csw@DESKTOP-DKQ3788:/mnt/d/Docker$ docker attach webserver
2024/12/18 06:45:40 [notice] 34#34: signal 28 (SIGWINCH) received
2024/12/18 06:45:40 [notice] 33#33: signal 28 (SIGWINCH) received
2024/12/18 06:45:40 [notice] 1#1: signal 28 (SIGWINCH) received
2024/12/18 06:45:40 [notice] 29#29: signal 28 (SIGWINCH) received
```

  - docker attach [옵션] 컨테이너: 컨테이너에 터미널 연결 및 모니터링
  - docker run --name webserver –dit nginx: 백그라운드에서 컨테이너 실행
  - exit: 'Ctrl + c'로 컨테이너 종료

5.3.2 컨테이너 내부 명령어 실행하기

- docker exec

```
csw@DESKTOP-DKQ3788:/mnt/d/Docker$ docker ps -a
CONTAINER ID   IMAGE     COMMAND                  CREATED         STATUS                     PORTS     NAMES
077c0a03e927   nginx     "/docker-entrypoint.…"   3 minutes ago   Exited (0) 2 minutes ago             webserver
csw@DESKTOP-DKQ3788:/mnt/d/Docker$ docker restart webserver
webserver
csw@DESKTOP-DKQ3788:/mnt/d/Docker$ docker exec -it webserver /bin/bash
root@077c0a03e927:/# pwd
/
root@077c0a03e927:/# ls
bin   dev                  docker-entrypoint.sh  home  lib64  mnt  proc  run   srv  tmp  var
boot  docker-entrypoint.d  etc                   lib   media  opt  root  sbin  sys  usr
root@077c0a03e927:/# echo "Hi JEIU"
Hi JEIU
root@077c0a03e927:/# exit
exit
csw@DESKTOP-DKQ3788:/mnt/d/Docker$ docker ps
CONTAINER ID   IMAGE     COMMAND                  CREATED         STATUS          PORTS     NAMES
077c0a03e927   nginx     "/docker-entrypoint.…"   4 minutes ago   Up 54 seconds   80/tcp    webserver
csw@DESKTOP-DKQ3788:/mnt/d/Docker$
```

  - docker exec [옵션] 컨테이너 명령어: 컨테이너에서 실행할 명령어 지정
  - '-it': 컨테이너에 상호작용 터미널 할당

5.3.3 컨테이너 프로세스 확인하기

- docker top

```
csw@DESKTOP-DKQ3788:/mnt/d/Docker$ docker top webserver
UID                 PID                 PPID                C
root                1694                1674                0
statd               1733                1694                0
```

  - docker top 컨테이너: 컨테이너의 가동 프로세스 표시
  - UID: 프로세스의 사용자 ID
  - PID: 프로세스 ID
  - C: 프로세스를 시작한 커널 스레드 ID
  - STIME: 프로세스 생성 시간
  - CMD: 컨테이너에서 실행 중인 명령어
  - TIME: 프로세스의 CPU 사용 시간
  - TTY: 프로세스의 터미널 장치

5.3.4 컨테이너 로그 확인하기

- docker logs

```
csw@DESKTOP-DKQ3788:/mnt/d/Docker$ docker logs webserver
/docker-entrypoint.sh: /docker-entrypoint.d/ is not empty, will attempt to perform configuration
/docker-entrypoint.sh: Looking for shell scripts in /docker-entrypoint.d/
/docker-entrypoint.sh: Launching /docker-entrypoint.d/10-listen-on-ipv6-by-default.sh
10-listen-on-ipv6-by-default.sh: info: Getting the checksum of /etc/nginx/conf.d/default.conf
10-listen-on-ipv6-by-default.sh: info: Enabled listen on IPv6 in /etc/nginx/conf.d/default.conf
/docker-entrypoint.sh: Sourcing /docker-entrypoint.d/15-local-resolvers.envsh
/docker-entrypoint.sh: Launching /docker-entrypoint.d/20-envsubst-on-templates.sh
/docker-entrypoint.sh: Launching /docker-entrypoint.d/30-tune-worker-processes.sh
/docker-entrypoint.sh: Configuration complete; ready for start up
2024/12/18 06:45:11 [notice] 1#1: using the "epoll" event method
```

  - docker logs [옵션] 컨테이너: 컨테이너의 로그 가져오기

```
csw@DESKTOP-DKQ3788:/mnt/d/Docker$ docker run --name test -d busybox sh -c "while true; do $(echo date); sleep 1; done"
Unable to find image 'busybox:latest' locally
latest: Pulling from library/busybox
9c0abc9c5bd3: Download complete
Digest: sha256:2919d0172f7524b2d8df9e50066a682669e6d170ac0f6a49676d54358fe970b5
Status: Downloaded newer image for busybox:latest
ae979e24bc8d8f581971723c1bceaa55bb777dca63e080110f17f505d5738152
csw@DESKTOP-DKQ3788:/mnt/d/Docker$ date
Wed Dec 18 15:57:38 KST 2024
csw@DESKTOP-DKQ3788:/mnt/d/Docker$ docker logs -f --until=2s test
Wed Dec 18 06:57:28 UTC 2024
Wed Dec 18 06:57:29 UTC 2024
Wed Dec 18 06:57:30 UTC 2024
Wed Dec 18 06:57:31 UTC 2024
Wed Dec 18 06:57:32 UTC 2024
Wed Dec 18 06:57:32 UTC 2024
```

  - docker run: busybox 이미지로부터 test 컨테이너 생성 및 시작.
  - '-d': 백그라운드에서 test 컨테이너 실행
  - 'sh -c' 〈명령어 또는 쉘 스크립트〉: 명령어를 인자로 받아 쉘(sh) 실행
  - "while true; do $(echo date); sleep 1; done": 1초 간격 date 출력 반복
  - docker logs -f --until=2s test: test 컨테이너 로그 최신 2초간 실시간(-f) 출력

```
csw@DESKTOP-DKQ3788:/mnt/d/Docker$ docker rm -f test
test
csw@DESKTOP-DKQ3788:/mnt/d/Docker$ docker rmi busybox
Untagged: busybox:latest
Deleted: sha256:2919d0172f7524b2d8df9e50066a682669e6d170ac0f6a49676d54358fe970b5
csw@DESKTOP-DKQ3788:/mnt/d/Docker$
```

5.3.5 컨테이너 포트 확인하기

- docker port

```
csw@DESKTOP-DKQ3788:/mnt/d/Docker$ docker ps -a
CONTAINER ID   IMAGE     COMMAND                  CREATED          STATUS          PORTS     NAMES
077c0a03e927   nginx     "/docker-entrypoint.…"   18 minutes ago   Up 14 minutes   80/tcp    webserver
csw@DESKTOP-DKQ3788:/mnt/d/Docker$ docker rm -f webserver
webserver
csw@DESKTOP-DKQ3788:/mnt/d/Docker$ docker run --name webserver -dit -p 4321:80 nginx
a72552b434484f904cdd74a5290efbb025d35c6d3c089525dba1df2b7bb665f4
csw@DESKTOP-DKQ3788:/mnt/d/Docker$ docker ps
CONTAINER ID   IMAGE     COMMAND                  CREATED          STATUS          PORTS                  NAMES
a72552b43448   nginx     "/docker-entrypoint.…"   12 seconds ago   Up 11 seconds   0.0.0.0:4321->80/tcp   webserver
csw@DESKTOP-DKQ3788:/mnt/d/Docker$ docker port webserver
80/tcp -> 0.0.0.0:4321
csw@DESKTOP-DKQ3788:/mnt/d/Docker$ curl 0.0.0.0:4321
<!DOCTYPE html>
<html>
<head>
<title>Welcome to nginx!</title>
```

- docker port 컨테이너 [포트번호[/프로토콜]]: 컨테이너의 포트 매핑 나열
- 컨테이너에 포트 매핑이 없으면 결과 반환하지 않음
- PORTS: 로컬 호스트 포트 번호 -> 컨테이너 내부 앱 프로세스 포트 번호
- webserver 앱 프로세스는 tcp 프로토콜 80번에서 실행중임
- curl 0.0.0.0:4321: 로컬 호스트의 4321 포트를 통해 webserver에 연결

5.3.6 컨테이너 파일 복사하기

①. 컨테이너에서 호스트로 복사

```
csw@DESKTOP-DKQ3788:/mnt/d/Docker$ ls
Docker.code-workspace  Registry  getting-started-master  hello-world  webserver
csw@DESKTOP-DKQ3788:/mnt/d/Docker$ docker cp webserver:/etc/nginx/nginx.conf ./nginx.conf
Successfully copied 2.56kB to /mnt/d/Docker/nginx.conf
csw@DESKTOP-DKQ3788:/mnt/d/Docker$ ls
Docker.code-workspace  Registry  getting-started-master  hello-world  nginx.conf  webserver
csw@DESKTOP-DKQ3788:/mnt/d/Docker$
```

- docker cp [옵션] 컨테이너:컨테이너_파일경로 호스트_파일경로

②. 호스트에서 컨테이너로 복사

```
csw@DESKTOP-DKQ3788:/mnt/d/Docker$ echo "TEST PAGE" > index.html
csw@DESKTOP-DKQ3788:/mnt/d/Docker$ ls
Docker.code-workspace  Registry  getting-started-master  hello-world  index.html  nginx.conf  webserver
csw@DESKTOP-DKQ3788:/mnt/d/Docker$ docker cp ./index.html webserver:/usr/share/nginx/html/
Successfully copied 2.05kB to webserver:/usr/share/nginx/html/
csw@DESKTOP-DKQ3788:/mnt/d/Docker$ curl 0.0.0.0:4321
TEST PAGE
csw@DESKTOP-DKQ3788:/mnt/d/Docker$
```

- docker cp [옵션] 호스트_파일경로 컨테이너:컨테이너_파일경로
- echo “TEST PAGE” 〉 index.html: 호스트에 index.html 파일 작성
- curl 접속을 통해 호스트에서 컨테이너로 복사된 파일 확인

5.3.7 컨테이너 변동 확인하기

- docker diff

```
csw@DESKTOP-DKQ3788:/mnt/d/Docker$ docker diff webserver
C /usr
C /usr/share
C /usr/share/nginx
C /usr/share/nginx/html
C /usr/share/nginx/html/index.html
C /etc
C /etc/nginx
C /etc/nginx/conf.d
C /etc/nginx/conf.d/default.conf
C /run
A /run/nginx.pid
C /var
C /var/cache
C /var/cache/nginx
A /var/cache/nginx/uwsgi_temp
A /var/cache/nginx/client_temp
A /var/cache/nginx/fastcgi_temp
A /var/cache/nginx/proxy_temp
A /var/cache/nginx/scgi_temp
csw@DESKTOP-DKQ3788:/mnt/d/Docker$
```

  - docker diff 컨테이너: 컨테이너가 이미지로부터 생성된 후 변경사항 확인

5.3.8 컨테이너 일괄 삭제하기

- docker container prune

```
csw@DESKTOP-DKQ3788:/mnt/d/Docker$ docker ps -a
CONTAINER ID   IMAGE     COMMAND                  CREATED          STATUS          PORTS                  NAMES
a72552b43448   nginx     "/docker-entrypoint.…"   13 minutes ago   Up 13 minutes   0.0.0.0:4321->80/tcp   webserver
csw@DESKTOP-DKQ3788:/mnt/d/Docker$ docker stop webserver
webserver
csw@DESKTOP-DKQ3788:/mnt/d/Docker$ docker container prune --force
Deleted Containers:
a72552b434484f904cdd74a5290efbb025d35c6d3c089525dba1df2b7bb665f4

Total reclaimed space: 110.6kB
csw@DESKTOP-DKQ3788:/mnt/d/Docker$ docker ps -a
CONTAINER ID   IMAGE     COMMAND   CREATED   STATUS    PORTS     NAMES
csw@DESKTOP-DKQ3788:/mnt/d/Docker$
```

  - docker container prune --force: 중지된 모든 컨테이너 강제 삭제

```
csw@DESKTOP-DKQ3788:/mnt/d/Docker$ docker images
REPOSITORY   TAG       IMAGE ID       CREATED       SIZE
nginx        latest    fb197595ebe7   3 weeks ago   278MB
csw@DESKTOP-DKQ3788:/mnt/d/Docker$ docker rmi nginx
Untagged: nginx:latest
Deleted: sha256:fb197595ebe76b9c0c14ab68159fd3c08bd067ec62300583543f0ebda353b5be
csw@DESKTOP-DKQ3788:/mnt/d/Docker$
```

06

리소스 관리

6.1 리소스 부하 테스트용 스트레스 이미지 빌드

Chapter 06. 리소스 관리

6.1.1 Dockerfile 작성하기

①. 새 프로젝트 폴더 Stress 생성

```
PS D:\Docker> wsl -l -v
  NAME              STATE           VERSION
* Ubuntu-24.04      Running         2
  docker-desktop    Running         2
PS D:\Docker> wsl
To run a command as administrator (user "root"), use "sudo <command>".
See "man sudo_root" for details.

csw@DESKTOP-DKQ3788:/mnt/d/Docker$ mkdir Stress
csw@DESKTOP-DKQ3788:/mnt/d/Docker$ cd Stress/
csw@DESKTOP-DKQ3788:/mnt/d/Docker/Stress$ 
```

②. Stress 폴더에 Dockerfile 작성

```
Dockerfile ×
Docker > Stress > Dockerfile > ...
FROM debian

LABEL maintainer="Sanghun <sang@mail.com>"

RUN apt-get update && apt-get install -y stress && \
    rm -rf /var/lib/apt/lists/* && \
    apt-get clean

CMD ["stress", "-c", "2"]
```

- 모든 도커 이미지 및 컨테이너 확인: docker images, docker ps –a
- cat 〉 Dockerfile: 터미널에서 Dockerfile 작성

- Dockerfile 작성 완료: 작성 후 “Enter” 및 “Ctrl + D”
- FROM debian: debian 리눅스 기반의 새로운 이미지 생성
- LABEL: 이미지에 라벨 메타데이터 추가
- RUN: 이미지 빌드 시 실행할 명령어 지정
- apt-get update: 패키지 목록 업데이트
- apt-get install -y stress: stress 패키지 설치(시스템에 부하를 주는 도구)
- CMD: 컨테이너 시작 시(docker run) 실행할 기본 명령어 지정
- stress -c 2: 2개의 CPU 코어에 부하를 부여하도록 설정

6.1.2 이미지 빌드하기

- **도커 파일로부터 stress 이미지 생성**
  - docker build -t stress .

```
csw@DESKTOP-DKQ3788:/mnt/d/Docker/Stress$ ls
Dockerfile
csw@DESKTOP-DKQ3788:/mnt/d/Docker/Stress$ docker images
REPOSITORY   TAG       IMAGE ID   CREATED   SIZE
csw@DESKTOP-DKQ3788:/mnt/d/Docker/Stress$ docker build -t stress .
[+] Building 1.1s (6/6) FINISHED
 => [internal] load build definition from Dockerfile
 => => transferring dockerfile: 242B
 => [internal] load metadata for docker.io/library/debian:latest
 => [internal] load .dockerignore
 => => transferring context: 2B
 => [1/2] FROM docker.io/library/debian:latest@sha256:17122fe3d66916e55
 => => resolve docker.io/library/debian:latest@sha256:17122fe3d66916e55
 => CACHED [2/2] RUN apt-get update && apt-get install -y stress &&
 => exporting to image
 => => exporting layers
 => => exporting manifest sha256:f34cbd78c147e2f21a48c42182fee9c29d113f
 => => exporting config sha256:42175d32e5dc3a9bee70741cd3eb2b9e1e4e2f9f
 => => exporting attestation manifest sha256:a3186bda48da7008129ddeed99
 => => exporting manifest list sha256:d8b4ecbf69fee9ef2699b4cfc51ca2f6b
 => => naming to docker.io/library/stress:latest
 => => unpacking to docker.io/library/stress:latest
csw@DESKTOP-DKQ3788:/mnt/d/Docker/Stress$
```

```
csw@DESKTOP-DKQ3788:/mnt/d/Docker/Stress$ docker images
REPOSITORY    TAG       IMAGE ID       CREATED              SIZE
stress        latest    b8d6fc7099dd   About a minute ago   182MB
csw@DESKTOP-DKQ3788:/mnt/d/Docker/Stress$
```

- docker build [옵션] 경로: Dockerfile로부터 이미지 빌드
- "-t stress": 빌드될 이미지의 이름(태그)을 stress로 지정
- ".": 현재 디렉토리의 Dockerfile 지정

6.2 CPU 부하 테스트

Chapter 06. 리소스 관리

6.2.1 CPU 정보 확인하기

- lscpu

```
csw@DESKTOP-DKQ3788:/mnt/d/Docker/Stress$ lscpu
Architecture:             x86_64
  CPU op-mode(s):         32-bit, 64-bit
  Address sizes:          39 bits physical, 48 bits virtual
  Byte Order:             Little Endian
CPU(s):                   6
  On-line CPU(s) list:    0-5
Vendor ID:                GenuineIntel
  Model name:             Intel(R) Core(TM) i5-9500 CPU @ 3.00GHz
    CPU family:           6
    Model:                158
    Thread(s) per core:   1
    Core(s) per socket:   6
    Socket(s):            1
```

- lscpu [옵션]: CPU 정보 표시
- Architecture: CPU 아키텍처
- CPU: CPU 6개(0~5번)
- CORE: 코어 개수

6.2.2 스트레스 컨테이너에 CPU 1개 할당하기

①. **리눅스 실시간 리소스 모니터링 도구 htop 설치**

- sudo snap install htop
- CPU, 메모리, 스왑, 네트워크 등의 시스템 리소스 사용 현황을 실시간 표시

```
csw@DESKTOP-DKQ3788:/mnt/d/Docker/Stress$ htop
Command 'htop' not found, but can be installed with:
sudo snap install htop  # version 3.3.0, or
sudo apt  install htop  # version 3.2.2-2
See 'snap info htop' for additional versions.
csw@DESKTOP-DKQ3788:/mnt/d/Docker/Stress$ sudo snap install htop
[sudo] password for csw:
2024-12-19T13:39:48+09:00 INFO Waiting for automatic snapd restart...
htop 3.3.0 from Maximiliano Bertacchini (maxiberta✪) installed
csw@DESKTOP-DKQ3788:/mnt/d/Docker/Stress$
```

②. **1번 CPU에 stress 컨테이너 부하 할당**

- "docker run --cpuset-cpus 1 --name c1 -d stress:latest stress --cpu 1"

```
csw@DESKTOP-DKQ3788:/mnt/d/Docker/Stress$ docker run --cpuset-cpus 1 --name c1 -d stress:latest stress --cpu 1
747c0b218500122c4c0e5e081a9d8019e7409a3b8669936f2a7a873722b2df38
csw@DESKTOP-DKQ3788:/mnt/d/Docker/Stress$
```

- "--cpuset-cpus 1": 컨테이너에 두 번째(1번) CPU 코어 할당
- "--name c1": 컨테이너 이름을 c1으로 지정
- "-d": 컨테이너를 백그라운드에서 실행
- "stress:latest": stress 이미지 기반의 스트레스 컨테이너 실행
- "stress --cpu 1": 컨테이너 실행 시 수행할 명령어 지정(CPU 1개에 부하 부여)
- docker run에서 지정된 명령은 Dockerfile의 CMD 기본 명령을 덮어씀

③. **htop으로 CPU 부하 현황 확인**

- htop

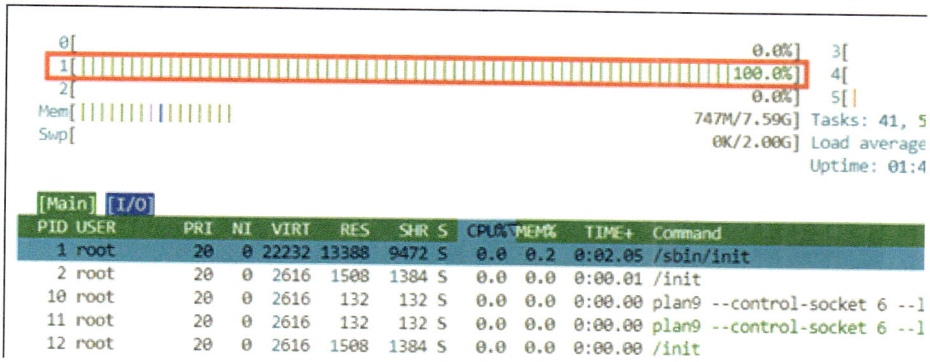

- htop 실행 결과: 1번 CPU 코어에 부하 100% 발생 확인
- - htop 종료: 'q' 클릭

④. **c1 컨테이너 강제 삭제**

- docker rm -f c1

```
csw@DESKTOP-DKQ3788:/mnt/d/Docker/Stress$ docker ps
CONTAINER ID   IMAGE           COMMAND            CREATED          STATUS          PORTS     NAMES
747c0b218500   stress:latest   "stress --cpu 1"   10 minutes ago   Up 10 minutes             c1
csw@DESKTOP-DKQ3788:/mnt/d/Docker/Stress$ docker rm -f c1
c1
csw@DESKTOP-DKQ3788:/mnt/d/Docker/Stress$
```

- CPU 1번 코어에 대한 부하 없음 확인

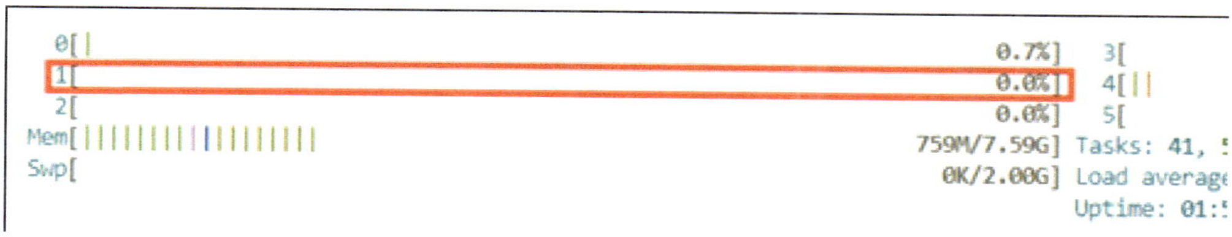

6.2.3 스트레스 컨테이너에 CPU 2개 할당하기

①. **0-1번 CPU에 번갈아 스트레스 컨테이너 부하 할당**

```
csw@DESKTOP-DKQ3788:/mnt/d/Docker/Stress$ docker run --cpuset-cpus 0-1 --name c2 -d stress:latest stress --cpu 1
99071cd77bd8739709e90a645640d8b4235e13df932928a96d80fd1d36b19f6c
csw@DESKTOP-DKQ3788:/mnt/d/Docker/Stress$
```

- "--cpuset 0-1": 컨테이너가 사용할 CPU 셋에 0번, 1번 2개 코어 할당
- "stress --cpu 1": CPU 코어 0과 1을 번갈아 가면서 stress 프로그램 실행

②. htop

```
0[||||||||||||||||||||||||||||||||||||||||||||||||||||||||||||||||||||||||||||100.0%]
1[                                                                             0.0%]
2[                                                                             0.0%]
```

- 2개의 CPU 코어 중 0번에서만 stress 부하 실행

③. **컨테이너 삭제**

```
csw@DESKTOP-DKQ3788:/mnt/d/Docker/Stress$ docker rm -f c2
c2
csw@DESKTOP-DKQ3788:/mnt/d/Docker/Stress$
```

- 컨테이너 c2 삭제

6.2.4 CPU 스케줄링 가중치 제한하기

①. **--cpu-shares: 컨테이너별로 CPU 스케줄링 가중치 할당**

```
csw@DESKTOP-DKQ3788:/mnt/d/Docker/Stress$ docker run --name container1 -d stress:latest
996df4b6838f564f6df4d763d323072bdfb60100a53c5821e77c3585966d616c
csw@DESKTOP-DKQ3788:/mnt/d/Docker/Stress$ docker run --name container2 --cpu-shares 2048 -d stress:latest
70c28a71128ea47f3c0a78acadd7425e49dc5ef0bb311b786ec82922e51b48bd
csw@DESKTOP-DKQ3788:/mnt/d/Docker/Stress$ docker run --name container3 --cpu-shares 512 -d stress:latest
b5058b15cc4b7ac891ef9b3890bd869f3504575d73af7e54b039a996ad3c7867
csw@DESKTOP-DKQ3788:/mnt/d/Docker/Stress$
```

- container1: 기본 가중치(1024)의 할당
- container2: 기본 가중치의 2배(2048) 할당
- container3: 기본 가중치의 절반(512) 할당

②. **컨테이너의 리소스 사용량 체크**

- docker stats: 실행 중인 컨테이너의 실시간 리소스 사용량 표시

```
CONTAINER ID   NAME         CPU %     MEM USAGE / LIMIT   MEM %   NET I/O        BLOCK I/O   PIDS
b5058b15cc4b   container3   185.52%   620KiB / 7.59GiB    0.01%   746B / 0B      0B / 0B     3
70c28a71128e   container2   189.08%   604KiB / 7.59GiB    0.01%   746B / 0B      0B / 0B     3
996df4b6838f   container1   187.19%   612KiB / 7.59GiB    0.01%   1.05kB / 0B    0B / 0B     3
```

- 가중치가 높을수록 CPU 사용 비율이 높음
- container2: 가장 많이 CPU 점유함
- container1: 중간 정도 CPU 점유함
- container3: 가장 적게 CPU 점유함
- docker stats 종료: ctlr + c

6.2.5 컨테이너 삭제하기

```
csw@DESKTOP-DKQ3788:/mnt/d/Docker/Stress$ docker ps -aq
b5058b15cc4b
70c28a71128e
996df4b6838f
csw@DESKTOP-DKQ3788:/mnt/d/Docker/Stress$ docker rm -f b5058b15cc4b
b5058b15cc4b
csw@DESKTOP-DKQ3788:/mnt/d/Docker/Stress$ docker rm -f 70c28a71128e
70c28a71128e
csw@DESKTOP-DKQ3788:/mnt/d/Docker/Stress$ docker rm -f 996df4b6838f
996df4b6838f
csw@DESKTOP-DKQ3788:/mnt/d/Docker/Stress$ docker ps -a
CONTAINER ID   IMAGE     COMMAND   CREATED   STATUS    PORTS     NAMES
csw@DESKTOP-DKQ3788:/mnt/d/Docker/Stress$
```

- docker ps -aq: 모든 컨테이너의 아이디만 나열

6.3 가상 메모리 부하 테스트

Chapter 06. 리소스 관리

6.3.1 스왑 메모리를 지정하지 않고 가상 메모리 부하 테스트

- docker run -m 200m stress:latest stress --vm 1 --vm-bytes 300m -t 2s

```
csw@DESKTOP-DKQ3788:/mnt/d/Docker/Stress$ docker run -m 200m stress:latest stress --vm 1 --vm-bytes 300m -t 2s
stress: info: [1] dispatching hogs: 0 cpu, 0 io, 1 vm, 0 hdd
stress: info: [1] successful run completed in 2s
csw@DESKTOP-DKQ3788:/mnt/d/Docker/Stress$
```

  - '-m 200m': 컨테이너가 사용할 수 있는 최대 메모리를 200MB로 제한
  - 'stress --vm 1 ~~~': 컨테이너 시작 시 실행할 명령어
  - '--vm 1': stress 프로세스에게 1개의 가상 메모리 작업 할당
  - '--vm-bytes 300m': 각 가상 메모리 작업에 사용되는 메모리 크기(300MB)
  - '-t 2s': stress 프로세스(컨테이너) 실행 시간
  - stress 컨테이너가 1개의 가상 메모리 작업을 실행하고,
  - 각 작업은 300MB의 가상 메모리를 할당하여 시스템에 부하를 발생시키며,
  - 이 작업은 2초 동안 실행되고, 2초가 지난 후 종료됨
  - 컨테이너가 200MB 물리적 메모리 제한을 가지고 있는데,
  - 300MB의 가상 메모리 작업을 요청하는 경우,
  - 메모리 제한 초과하여 메모리 부족 오류가 날 수 있으나,
  - 스왑 메모리가 기본적으로 물리적 메모리의 2배(400MB)로 포함되어서,
  - 총 400MB(스왑 포함) 이내에서 컨테이너에 메모리 300MB 할당하게 되어,
  - 문제없이 성공함

6.3.2 스왑 메모리를 지정하고 총 메모리 이내로 메모리 제한하기

- docker run -m 200m --memory-swap 400m stress:latest stress --vm 1 --vm-bytes 300m -t 2s

```
csw@DESKTOP-DKQ3788:/mnt/d/Docker/Stress$ docker run -m 200m --memory-swap 400m stress:latest stress --vm 1 --vm-bytes 300m -t 2s
stress: info: [1] dispatching hogs: 0 cpu, 0 io, 1 vm, 0 hdd
stress: info: [1] successful run completed in 2s
csw@DESKTOP-DKQ3788:/mnt/d/Docker/Stress$
```

  - '--memory-swap 400m': 컨테이너 할당 총메모리를 400MB(스왑 포함)로 제한
  - 성공: 총 메모리 400MB 이내에서 컨테이너에 메모리 300MB 할당

6.3.3 스왑 메모리를 지정하고 총 메모리를 초과하여 메모리 할당하기

- docker run -m 200m --memory-swap 200m stress:latest stress --vm 1 --vm-bytes 300m -t 2s

```
csw@DESKTOP-DKQ3788:/mnt/d/Docker/Stress$ docker run -m 200m --memory-swap 200m stress:latest stress --vm 1 --vm-bytes 300m -t 2s
stress: info: [1] dispatching hogs: 0 cpu, 0 io, 1 vm, 0 hdd
stress: FAIL: [1] (425) <-- worker 7 got signal 9
stress: WARN: [1] (427) now reaping child worker processes
stress: FAIL: [1] (431) kill error: No such process
stress: FAIL: [1] (461) failed run completed in 0s
csw@DESKTOP-DKQ3788:/mnt/d/Docker/Stress$
```

  - '--memory-swap 200m': 컨테이너 할당 총메모리를 200MB(스왑 포함)로 제한
  - 실패: 총 메모리 200MB를 초과하여 가상 머신에 메모리 300MB 할당

6.3.4 컨테이너 삭제하기

- docker container prune

```
csw@DESKTOP-DKQ3788:/mnt/d/Docker/Stress$ docker container prune
WARNING! This will remove all stopped containers.
Are you sure you want to continue? [y/N] y
Deleted Containers:
29435bc6b0a72a483ecf0612897ede82ca733a7611a235028ecc5830d32771bf
1ed16aeec5ca54521b53d4da3a4c927866bb0bc0ef5247adbc4226a1bb830be0
83ef426ecb109174e9296e309a4dd0b2366fad7026f9086fa79170e2fe73198b

Total reclaimed space: 12.29kB
csw@DESKTOP-DKQ3788:/mnt/d/Docker/Stress$ docker ps -a
CONTAINER ID   IMAGE     COMMAND   CREATED   STATUS    PORTS     NAMES
csw@DESKTOP-DKQ3788:/mnt/d/Docker/Stress$
```

  - 중지된 모든 컨테이너 삭제

07

볼륨

7.1 볼륨 개념

Chapter 07. 볼륨

7.1.1 볼륨의 기능

- **데이터 저장**
  - 컨테이너 데이터는 종료 시 삭제됨
  - 볼륨을 사용하면 컨테이너 데이터 영구 저장 가능
- **컨테이너 간 데이터 공유**
  - 여러 컨테이너에 볼륨 공유 가능
  - 이를 통해 컨테이너 간 데이터 공유
  - 한 컨테이너가 로그 파일 생성하고 다른 컨테이너에서 이를 사용
- **호스트와 데이터 공유**
  - 호스트 특정 디렉토리와 컨테이너 특정 디렉토리 연결
  - 데이터 동기화 가능
- **도커 볼륨(Named Volumes)**
  - 도커가 자동 관리
  - 기본적으로 도커가 설치된 호스트의 /var/lib/docker/volume/에 생성
- **호스트 볼륨**
  - 사용자가 수동 관리
  - 호스트의 특정 디렉토리를 사용

7.1.2 볼륨 사용법

- **도커 볼륨 생성**
  - docker volume create my_volume
  - 도커 볼륨 my_volume 생성
- **도커 볼륨 사용**
  - docker run -d -v my_volume:/data ubuntu
  - my_volume 볼륨을 컨테이너의 /data 디렉토리에 마운트
- **호스트 볼륨 사용**
  - docker run -d -v /path/on/host:/path/in/container ubuntu
  - 호스트 /path/host 디렉토리와 컨테이너 /path/container 디렉토리 연결
- **볼륨 경로 확인**
  - docker volume inspect my_volume
- **볼륨 삭제**
  - docker volume rm my_volume

7.2 DB 데이터 저장

Chapter 07. 볼륨

7.2.1 DB 컨테이너에 도커 볼륨 마운트하기

- docker run –v

```
csw@DESKTOP-DKQ3788:/mnt/d/Docker$ docker volume create db_volume
db_volume
csw@DESKTOP-DKQ3788:/mnt/d/Docker$ docker run -d --name db -v db_volume:/var/lib/mysql
 -e MYSQL_ROOT_PASSWORD=pass mysql:latest
1df973894c0f1125196968b3a1b1f5771377c543223756ebf73ebfc32e66b3d0
csw@DESKTOP-DKQ3788:/mnt/d/Docker$
```

```
csw@DESKTOP-DKQ3788:/mnt/d/Docker$ docker ps
CONTAINER ID   IMAGE          COMMAND                  CREATED              STATUS              PORTS                  NAMES
1df973894c0f   mysql:latest   "docker-entrypoint.s…"   About a minute ago   Up About a minute   3306/tcp, 33060/tcp    db
```

  - docker volume create db_volume: 볼륨 db_volume 생성
  - '-v db_volume:/var/lib/mysql': 볼륨 db_volume을 컨테이너의 /var/lib/mysql디렉토리에 마운트
  - '-e MYSQL_ROOT_PASSWORD=pass': 환경 변수 MYSQL_ROOT_PASSWORD를 'pass'로 설정하여 컨테이너 내부 MySQL 서버의 루트 암호를 지정
  - Docker가 'db'라는 이름의 MySQL 컨테이너를 백그라운드에서 시작하며, 루트 암호를 'pass'로 설정하고, 데이터베이스 데이터를 db_volume 볼륨에 저장

7.2.2 DB 컨테이너에 DB 생성하기

- create database

```
csw@DESKTOP-DKQ3788:/mnt/d/Docker$ docker exec -it db /bin/bash
bash-5.1# mysql -u root -ppass
mysql: [Warning] Using a password on the command line interface can be insecure.
Welcome to the MySQL monitor.  Commands end with ; or \g.
Your MySQL connection id is 9
Server version: 9.1.0 MySQL Community Server - GPL

Copyright (c) 2000, 2024, Oracle and/or its affiliates.

Oracle is a registered trademark of Oracle Corporation and/or its
affiliates. Other names may be trademarks of their respective
owners.

Type 'help;' or '\h' for help. Type '\c' to clear the current input statement.
```

- 'docker exec -it db /bin/bash': 'db' 컨테이너 bash 셸을 대화형으로 실행
- 'mysql -u root -ppass': mysql 서버에 root 사용자가 암호 pass로 로그인

```
mysql> create database csw_db;
Query OK, 1 row affected (0.01 sec)

mysql> show databases;
+--------------------+
| Database           |
+--------------------+
| csw_db             |
| information_schema |
| mysql              |
| performance_schema |
| sys                |
+--------------------+
5 rows in set (0.00 sec)

mysql> exit
Bye
bash-5.1# exit
exit
csw@DESKTOP-DKQ3788:/mnt/d/Docker$
```

- 'create database csw_db;': 데이터베이스 csw_db 생성

7.2.3 볼륨 확인하기

- docker volume inspect

```
csw@DESKTOP-DKQ3788:/mnt/d/Docker$ docker volume inspect db_volume
[
    {
        "CreatedAt": "2024-12-23T04:34:13Z",
        "Driver": "local",
        "Labels": null,
        "Mountpoint": "/var/lib/docker/volumes/db_volume/_data",
        "Name": "db_volume",
        "Options": null,
        "Scope": "local"
    }
]
```

  - Mountpoint: db_volume 볼륨의 데이터 저장 경로

7.2.4 컨테이너 삭제하기

```
csw@DESKTOP-DKQ3788:/mnt/d/Docker$ docker rm -f db
db
csw@DESKTOP-DKQ3788:/mnt/d/Docker$
```

7.3 웹 데이터 저장

Chapter 07. 볼륨

7.3.1 웹서비스 컨테이너에 호스트 볼륨 마운트하기

①. 호스트 볼륨 생성

```
csw@DESKTOP-DKQ3788:/mnt/d/Docker$ mkdir webdata
csw@DESKTOP-DKQ3788:/mnt/d/Docker$ cd webdata
csw@DESKTOP-DKQ3788:/mnt/d/Docker/webdata$ echo "<h1>Learning Docker</h1>" > index.html
csw@DESKTOP-DKQ3788:/mnt/d/Docker/webdata$ ls
index.html
```

- 'mkdir webdata': 웹서비스 데이터를 저장할 호스트 디렉토리 webdata 생성
- 'echo "" 〉 index.html: 간단한 홈페이지 index.html 파일 작성

②. 호스트 볼륨 마운트

```
csw@DESKTOP-DKQ3788:/mnt/d/Docker/webdata$ docker run -d --name web -p 80:80 -v /mnt/d/Docker/webdata:/usr/share/nginx/html:ro
 nginx:latest
Unable to find image 'nginx:latest' locally
latest: Pulling from library/nginx
8cc1569e58f5: Download complete
362f35df001b: Download complete
650ee30bbe5e: Download complete
57b64962dd94: Download complete
13e320bf29cd: Download complete
7b50399908e1: Download complete
bc0965b23a04: Download complete
Digest: sha256:fb197595ebe76b9c0c14ab68159fd3c08bd067ec62300583543f0ebda353b5be
Status: Downloaded newer image for nginx:latest
3ecb18f9f25d33b9ff04b50122a08b29ea23172450757c53b0e7fc170fca00ff
csw@DESKTOP-DKQ3788:/mnt/d/Docker/webdata$ curl localhost:80
<h1>Learning Docker</h1>
csw@DESKTOP-DKQ3788:/mnt/d/Docker/webdata$ docker ps
CONTAINER ID   IMAGE          COMMAND                  CREATED          STATUS          PORTS                NAMES
3ecb18f9f25d   nginx:latest   "/docker-entrypoint.…"   22 seconds ago   Up 17 seconds   0.0.0.0:80->80/tcp   web
```

- '-d': 백그라운드에서 컨테이너 실행
- '--name web': 컨테이너명 web 지정

- '-p 80:80': 호스트 포트 80을 컨테이너 포트 80에 매핑
- '-v 호스트경로:컨테이너경로:ro': 호스트 볼륨을 읽기 전용으로 컨테이너 디렉토리에 마운트
- Nginx 웹 서버가 호스트 볼륨을 읽기 전용으로 서비스

7.3.2 브라우저에서 웹 데이터 접근 확인하기

- Nginx 웹 서버 컨테이너에서 호스트 웹 데이터 서비스 확인

7.3.3 컨테이너 삭제하기

①. 컨테이너 및 이미지 삭제

```
csw@DESKTOP-DKQ3788:/mnt/d/Docker/webdata$ cd ..
csw@DESKTOP-DKQ3788:/mnt/d/Docker$ docker rm -f web
web
csw@DESKTOP-DKQ3788:/mnt/d/Docker$ docker rmi nginx
Untagged: nginx:latest
Deleted: sha256:fb197595ebe76b9c0c14ab68159fd3c08bd067ec62300583543f0ebda353b5be
csw@DESKTOP-DKQ3788:/mnt/d/Docker$
```

- 'docker rm –f web': 실행중인 컨테이너 web 강제 삭제
- 'docker rmi nginx': 이미지 nginx 삭제

②. 웹 서비스 데이터 삭제

```
csw@DESKTOP-DKQ3788:/mnt/d/Docker$ rm -rf webdata
csw@DESKTOP-DKQ3788:/mnt/d/Docker$
```

- webdata 디렉토리 삭제

7.4 컨테이너간 데이터 공유

Chapter 07. 볼륨

7.4.1 컨테이너의 디스크 사용량을 체크하는 쉘 스크립트 작성하기

①. Docker 폴더 아래에 volume 폴더 생성

```
csw@DESKTOP-DKQ3788:/mnt/d/Docker$ mkdir volume
csw@DESKTOP-DKQ3788:/mnt/d/Docker$ cd volume
csw@DESKTOP-DKQ3788:/mnt/d/Docker/volume$
```

②. volume 폴더에 df.sh 파일 작성

```
EXPLORER                          $ df.sh  ×
DOCKER (WORKSPACE)                Docker > volume > $ df.sh
  Docker
    > getting-started-master
    > hello-world
    > Registry
    > Stress
    v volume
      $ df.sh
```

```
#!/bin/sh
mkdir -p /data
while true
do
  df -h / > /data/index.html
  sleep 3
done
```

- '#!/bin/sh': sh 셸을 스크립트 실행 셸로 지정
- 'mkdir -p /data': 존재(-p)하더라도 컨테이너에 /data 폴더 생성
- 'df -h / > /data/index.html': 컨테이너의 루트 디렉토리 디스크 사용량을 사람(-h) 읽기 쉬운 형식으로 컨테이너의 /data/index.html 파일에 기록
- 3초 간격으로 디스크 사용량 기록

③. df −h

```
csw@DESKTOP-DKQ3788:/mnt/d/Docker/volume$ df -h /
Filesystem      Size  Used Avail Use% Mounted on
/dev/sdc        251G  1.9G  237G   1% /
csw@DESKTOP-DKQ3788:/mnt/d/Docker/volume$
```

- ‘df −h’: 마운트된 모든 파일 시스템의 디스크 사용 공간 출력
- ‘df −h /’: 루트 파일 시스템의 디스크 사용량 출력

7.4.2 우분투 루트 디스크 사용량 체크 dockerfile 작성하기

- volume 폴더에 Dockerfile 작성

Docker > volume > Dockerfile > ...

```
FROM ubuntu:24.04
COPY ./df.sh /bin/df.sh
RUN chmod +x /bin/df.sh
ENTRYPOINT ["/bin/df.sh"]
```

- FROM: ubuntu 24.04를 베이스 이미지로 지정
- ADD: 호스트 파일 ./df.sh를 새 이미지의 /bin/df.sh에 복사
- RUN: /bin/df.sh 파일에 실행 권한 부여
- ENTRYPOINT: 컨테이너 시작 시 /bin/df.sh 명령 실행

7.4.3 새 이미지 빌드하기

- docker build -t

```
csw@DESKTOP-DKQ3788:/mnt/d/Docker/volume$ docker images
REPOSITORY   TAG       IMAGE ID   CREATED   SIZE
csw@DESKTOP-DKQ3788:/mnt/d/Docker/volume$ docker build -t csw/df:latest .
[+] Building 2.7s (9/9) FINISHED
 => [internal] load build definition from Dockerfile
 => => transferring dockerfile: 131B
 => [internal] load metadata for docker.io/library/ubuntu:24.04
 => [auth] library/ubuntu:pull token for registry-1.docker.io
 => [internal] load .dockerignore
 => => transferring context: 2B
 => [internal] load build context
 => => transferring context: 116B
 => CACHED [1/3] FROM docker.io/library/ubuntu:24.04@sha256:80dd3c3b9c6cecb9f166
 => => resolve docker.io/library/ubuntu:24.04@sha256:80dd3c3b9c6cecb9f1667e9290b
 => [2/3] COPY ./df.sh /bin/df.sh
 => [3/3] RUN chmod +x /bin/df.sh
 => exporting to image
 => => exporting layers
 => => exporting manifest sha256:3e1a01e6862e5d6ab53102e700243ba5edf7aab7c39070e
 => => exporting config sha256:400e230cbd322d4fd1a9db6b55d7bdc36b072e62553c15ece
 => => exporting attestation manifest sha256:ebf4bc9e399a36d5f97d9aa96ebdcb5884
 => => exporting manifest list sha256:a8f56c1672c86b280430be48391d8df606871dc59
 => => naming to docker.io/csw/df:latest
 => => unpacking to docker.io/csw/df:latest
csw@DESKTOP-DKQ3788:/mnt/d/Docker/volume$
```

- 현재 디렉토리(.)의 dockerfile 사용
- 새 이미지 df:latest 빌드

7.4.4 컨테이너 간 데이터 공유 확인하기

①. 디스크 사용량 저장 컨테이너 실행

```
csw@DESKTOP-DKQ3788:/mnt/d/Docker/volume$ cd ..
csw@DESKTOP-DKQ3788:/mnt/d/Docker$ docker ps -a
CONTAINER ID   IMAGE     COMMAND   CREATED   STATUS    PORTS     NAMES
csw@DESKTOP-DKQ3788:/mnt/d/Docker$ docker run -d -v /mnt/d/Docker/volume:/data --name df csw/df:latest
7cf719ff8f74e16ce9c699557e61c6bff153675c66ef53e522577526e570dcb0
csw@DESKTOP-DKQ3788:/mnt/d/Docker$ docker ps
CONTAINER ID   IMAGE           COMMAND         CREATED         STATUS         PORTS     NAMES
7cf719ff8f74   csw/df:latest   "/bin/df.sh"    7 seconds ago   Up 6 seconds             df
csw@DESKTOP-DKQ3788:/mnt/d/Docker$ ls /mnt/d/Docker/volume
Dockerfile  df.sh  index.html
csw@DESKTOP-DKQ3788:/mnt/d/Docker$ cat /mnt/d/Docker/volume/index.html
Filesystem      Size  Used Avail Use% Mounted on
overlay        1007G  3.0G  953G   1% /
csw@DESKTOP-DKQ3788:/mnt/d/Docker$
```

- 'docker run': 이미지 csw/df를 사용하여 새 컨테이너 df 실행
- 호스트 /mnt/d/Docker/volume 디렉토리를 컨테이너 /data 디렉토리에 마운트
- 컨테이너의 index.html 파일이 마운트된 호스트 폴더에 공유됨

②. 디스크 사용량 읽기 컨테이너 실행

```
csw@DESKTOP-DKQ3788:/mnt/d/Docker$ docker run -d --name web -v /mnt/d/Docker/volume:/usr/share/
nginx/html:ro -p 80:80 nginx:1.14
3a34c4d87303d9dfbc78043dfae44f273226d309db3554e35859a41b88b62500
csw@DESKTOP-DKQ3788:/mnt/d/Docker$ curl localhost:80
Filesystem      Size  Used Avail Use% Mounted on
overlay        1007G  3.1G  953G   1% /
csw@DESKTOP-DKQ3788:/mnt/d/Docker$ 
```

- nginx:1.14 도커 이미지를 사용하여 새로운 Nginx 웹 서버 컨테이너 실행
- 호스트 /mnt/d/Docker/volume 디렉토리를 컨테이너 /usr/share/nginx/html 디렉토리에 마운트
- 호스트 80번 포트를 컨테이너 80번 포트에 매핑
- 엔진엑스 웹 서버에 컨테이너 디스크 사용량 웹 콘텐츠를 제공

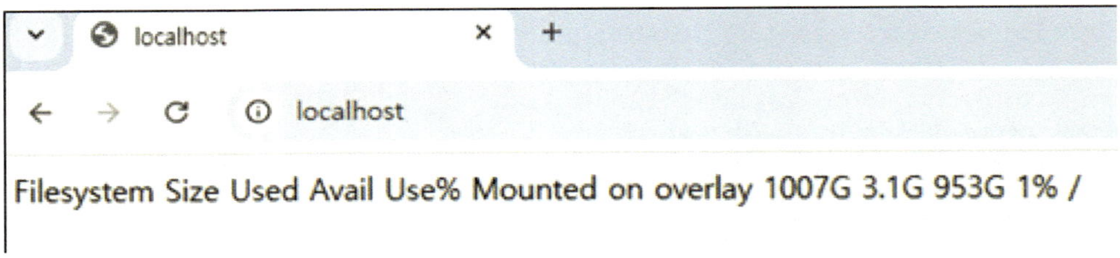

7.4.5 컨테이너 및 이미지 삭제하기

```
csw@DESKTOP-DKQ3788:/mnt/d/Docker$ docker rm -f web df
web
df
csw@DESKTOP-DKQ3788:/mnt/d/Docker$ docker rmi csw/df
Untagged: csw/df:latest
Deleted: sha256:a8f56c1672c86b280430be48391d8df606871dc5990b13af34b249043b5647f1
csw@DESKTOP-DKQ3788:/mnt/d/Docker$ docker rmi nginx:1.14
Untagged: nginx:1.14
Deleted: sha256:f7988fb6c02e0ce69257d9bd9cf37ae20a60f1df7563c3a2a6abe24160306b8d
csw@DESKTOP-DKQ3788:/mnt/d/Docker$ docker ps
CONTAINER ID   IMAGE     COMMAND   CREATED   STATUS    PORTS     NAMES
csw@DESKTOP-DKQ3788:/mnt/d/Docker$ docker images
REPOSITORY   TAG       IMAGE ID   CREATED   SIZE
csw@DESKTOP-DKQ3788:/mnt/d/Docker$ 
```

- ‘docker rm -f web df’ : 강제로 컨테이너 web과 df 동시 삭제
- ‘docker rmi $(docker images -aq)’ : 모든 이미지 삭제
- ‘$()’ : 먼저 () 내부 명령 실행하고 결과를 외부 명령(docker rmi)에 인수로 전달

08

도커 컴포즈(Docker Compose)

8.1 도커 컴포즈 개념

Chapter 08. 도커 컴포즈(Docker Compose)

8.1.1 도커 컴포즈의 기능

- **다수 컨테이너 앱 정의**
  - 다중 컨테이너로 구성되는 앱 실행
- **볼륨 및 데이터 관리**
  - 컨테이너 간 공유할 볼륨 정의: 데이터 지속성 제공
- **환경 변수 설정**
  - 환경 변수 정의 및 사용 지원: 각 서비스의 설정을 동적으로 수정 가능
- **컨테이너 간 의존성 관리**
  - 서비스 간의 실행 순서 설정 가능
- **소규모 앱 환경에 적합**
  - 단일 호스트에서 복잡하지 않은 멀티 컨테이너 앱 개발에 적합
  - 쿠버네티스: 클라우드 기반 대규모 앱 운영에 적합

8.1.2 도커 컴포즈 파일(docker-compose.yaml)

- **기능**
  - 야물(Yaml) 형식으로 다중 컨테이너 앱 정의
  - 버전 정보, 서비스, 네트워크, 볼륨 등 포함하여 작성

- **기본 구조**

```
version: '3'  # Compose 파일의 버전
services:  # 서비스 정의
 〈service_name〉:  # 각 서비스 정의
   image: 〈image_name〉  # 사용할 Docker 이미지
   build: 〈path〉  # Dockerfile에서 이미지를 빌드할 경로 (옵션)
   ports:  # 컨테이너와 호스트의 포트 연결
    - "〈host_port〉:〈container_port〉"
   environment:  # 환경 변수 설정
    - 〈ENV_VAR_NAME〉=〈value〉
   volumes:  # 볼륨 설정
    - 〈host_path〉:〈container_path〉
   networks:  # 네트워크 설정 (옵션)
    - 〈network_name〉
   depends_on:  # 의존성 서비스 지정 (옵션)
    - 〈service_name〉
```

- **version**
  - 컴포즈 파일 버전을 지정, version: '3'은 가장 일반적인 버전
- **services**
  - 애플리케이션을 구성하는 각 서비스들 정의, 각 서비스는 컨테이너로 실행됨
  - image: 사용할 이미지 지정
  - build: Dockerfile에서 이미지 빌드 시 사용되는 경로 지정
  - ports: 컨테이너와 호스트 간 포트 매핑, "8080:80"은 호스트의 8080 포트를 컨테이너의 80 포트에 연결
  - environment: 컨테이너에서 사용할 환경 변수 정의
  - volumes: 호스트와 컨테이너 간 파일 시스템 공유 설정, ./data:/app/data는 호스트의 ./data 디렉토리를 컨테이너의 /app/data로 마운트
  - networks: 서비스를 연결할 네트워크 정의
  - depends_on: 시작되길 기다려야 하는 서비스 지정
- **networks**
  - 서비스들이 사용할 네트워크 설정: 같은 컴포즈 파일 내 서비스들은 서로 이름으

로 접근
- 기본적으로 bridge라는 네트워크 사용
- 필요에 따라 사용자 정의 네트워크 사용 가능: backend, frontend

- volumes
  - 호스트와 컨테이너 간의 파일 공유 설정: 데이터 저장

8.1.3 예시 1, 간단한 웹 애플리케이션과 데이터베이스

```
version: '3'
services:
 web:
  image: nginx
  ports:
   - "8080:80"
  volumes:
   - ./html:/usr/share/nginx/html
 db:
  image: mysql:5.7
  environment:
   MYSQL_ROOT_PASSWORD: example
   MYSQL_DATABASE: mydb
  volumes:
   - ./data:/var/lib/mysql
```

- **두 개의 서비스 정의**
- **web**
  - nginx 이미지를 사용하여 웹 서버 실행
  - 호스트의 8080 포트를 컨테이너의 80 포트에 매핑
  - 로컬 ./html 디렉토리를 컨테이너 내 /usr/share/nginx/html에 마운트
- **db**
  - mysql 이미지를 사용하여 데이터베이스 서비스
  - 환경 변수로 루트 비밀번호와 데이터베이스 이름을 설정

- 로컬 ./data 디렉토리를 컨테이너 내 /var/lib/mysql에 마운트

8.1.4 예시 2, 애플리케이션과 데이터베이스 연결

```
version: '3'
services:
  app:
    build: ./app
    ports:
      - "3000:3000"
    environment:
      DB_HOST: db
      DB_USER: root
      DB_PASS: example
    depends_on:
      - db
  db:
    image: mysql:5.7
    environment:
      MYSQL_ROOT_PASSWORD: example
      MYSQL_DATABASE: appdb
    volumes:
      - db_data:/var/lib/mysql

volumes:
  db_data:
```

- **app**
  - ./app 디렉토리에서 이미지 빌드하여 애플리케이션 실행
  - DB_HOST 환경 변수를 통해 db 서비스를 참조하여 데이터베이스에 연결
- **db**
  - mysql 이미지를 사용하여 MySQL 데이터베이스 실행

  - db_data라는 도커 볼륨을 사용해 데이터 저장
- **depends_on**
  - app 서비스가 시작되기 전에 db 서비스가 먼저 시작되도록 설정
- **volumes**
  - 데이터베이스 데이터를 db_data 볼륨에 저장: 컨테이너 데이터 유지

8.1.5 예시 3, 다중 서비스와 네트워크 설정

```
version: '3'
services:
 web:
  image: nginx
  networks:
   - frontend
  ports:
   - "8080:80"
 backend:
  image: node:14
  networks:
   - backend
  environment:
   DATABASE_URL: mysql://db:3306
 db:
  image: mysql:5.7
  networks:
   - backend
  environment:
   MYSQL_ROOT_PASSWORD: example
  volumes:
   - db_data:/var/lib/mysql
networks:
 frontend:
```

```
  backend:
volumes:
  db_data:
```

- **web**
  - nginx 이미지를 사용하여 웹 서버 실행
  - frontend 네트워크에 연결
- **backend**
  - node 이미지를 사용하여 Node.js 백엔드 서비스 실행
  - backend 네트워크에 연결
- **db**
  - MySQL 데이터베이스를 실행
  - backend 네트워크에 연결
- **네트워크**
  - frontend와 backend라는 두 개의 네트워크를 정의
  - 서로 다른 서비스들이 각각 다른 네트워크에 속하도록 설정

8.1.6 도커 컴포즈 사용법

①. **도커 컴포즈 설치**
  - 윈도우즈의 경우 도커 컴포즈는 도커 데스크탑에 포함되어 자동으로 설치됨
  - 도커 데스크탑 최신 버전에서 도커 컴포즈는 도커 CLI의 플러그인 형태로 제공
  - 도커 컴포즈를 명령줄에서 직접 사용 가능
  - 우분투의 경우 도커 엔진, 도커 컴포즈 플러그인 각각을 별도로 설치해야 함

②. **도커 컴포즈 버전 확인**
  - docker compose version

③. **도커 컴포즈 파일 작성**
  - docker-compose.yml

④. **도커 컴포즈로 앱 실행**
  - 컴포즈 파일이 있는 디렉토리에서 다음 명령어 실행하여 컨테이너들 시작

- docker compose up

⑤. **컨테이너 상태 확인**

- docker compose ps

⑥. **앱 중지**

- docker compose down
- 실행 중인 컨테이너들 중지, 네트워크 및 볼륨 등도 제거

8.2 도커 컴포즈 튜토리얼

Chapter 08. 도커 컴포즈(Docker Compose)

8.2.1 셋업

①. docs.docker.com 〉 Manuals 〉 Docker Compose 〉 Quickstart

②. 프로젝트 디렉토리 tutorial 생성

- Docker 〉 compose 〉 tutorial

Step 1: Set up

1. Create a directory for the project:

```
csw@DESKTOP-DKQ3788:/mnt/d/Docker$ mkdir compose
csw@DESKTOP-DKQ3788:/mnt/d/Docker$ cd compose
csw@DESKTOP-DKQ3788:/mnt/d/Docker/compose$ mkdir tutorial
csw@DESKTOP-DKQ3788:/mnt/d/Docker/compose$ cd tutorial/
csw@DESKTOP-DKQ3788:/mnt/d/Docker/compose/tutorial$
```

③. 파이썬 앱 작성

- tutorial 〉 app.py

2. Create a file called `app.py` in your project directory

```
import time

import redis
```

- 사이트에서 app.py 코드 복사 및 붙여넣기
- import time: time 모듈 전체 요소 임포트, 모듈.요소로 사용
- import redis: redis 서버와 통신하기 위한 redis 클라이언트 모듈 임포트
- from flask import Flask: flask 모듈에서 Flask 클래스 요소만 임포트
- app = Flask(__name__): Flask 생성자로 앱 객체 생성, __name__은 모듈 이름(app.py에서 확장자 뺀 app)을 나타내며, 모듈 app.py 기반 Flask 앱 서버 객체를 생성하여 변수 app에 저장
- cache = redis.Redis(host='redis', port=6379): redis 모듈의 Redis 클래스 생성자를 통해 Redis 클라이언트 객체를 생성하고, 호스트명(컨테이너명)이 'redis'이고 포트 6379에서 실행 중인 Redis 서버에 연결
- def get_hit_count() : 방문자 수 추적 함수로 Redis의 INCR 명령 사용
- @app.route('/': 플라스크 웹 프레임워크의 라우팅 데코레이터로, 웹 서버 app의 루트 경로('/')로 HTTP 요청이 들어왔을 때 처리할 함수 hello() 정의, 루트 경로 '/'는 웹 서버 app의 최상위 디렉토리로 홈 페이지 주소에 해당함
- def hello(): '/' 엔드포인트에 대한 핸들러 함수로, get_hit_count() 호출하여 방문자 수 가져오고, 해당 값을 응답으로 반환

④. **Flask 백엔드 로직**

- 라우팅 처리: 사용자 요청을 적절한 경로(/api/user, /order/create 등)로 전달하는 로직 정의
- 데이터베이스 처리: 데이터베이스에 데이터 조회/삽입/수정/삭제 등 작업 처리
- 인증 및 권한 부여: 사용자 로그인 여부 확인, 특정 리소스 접근 권한 부여하는 로직을 처리
- 비즈니스 로직 처리: 애플리케이션의 핵심 비즈니스 규칙을 처리하는 로직
- 사용자 요청을 app.py에서 처리 후 결과를 index.html로 렌더링하여 반환

```
my_flask_app/
│
├── app.py          # 애플리케이션 초기화 및 기본 라우팅 정의
├── models.py       # 데이터베이스 모델 및 로직
├── routes.py       # 라우팅과 관련된 로직
├── services.py     # 비즈니스 로직과 서비스 처리
├── templates/      # HTML 템플릿 (optional)
└── static/         # 정적 파일 (CSS, JS 등)
```

⑤. **프로젝트 패키지 목록 관리**

- tutorial 〉 requirements.txt 파일 작성
- 파이썬 프로젝트에 필요한 외부 패키지 및 라이브러리 목록을 저장
- 프로젝트를 다른 환경에서 실행할 때 패키지들을 자동으로 설치하도록 함

Docker > compose > tutorial > requirements.txt

```
flask
redis
```

- 사이트에서 코드 복사 및 붙여넣기
- 앱 app.py에 필요한 파이썬 패키지 flask, redis 등록

⑥. **Dockerfile 작성**

- tutorial 〉 Dockerfile

Docker > compose > tutorial > Dockerfile > ...

```
# syntax=docker/dockerfile:1
FROM python:3.10-alpine
WORKDIR /code
ENV FLASK_APP=app.py
ENV FLASK_RUN_HOST=0.0.0.0
RUN apk add --no-cache gcc musl-dev linux-headers
COPY requirements.txt requirements.txt
RUN pip install -r requirements.txt
EXPOSE 5000
COPY . .
CMD ["flask", "run", "--debug"]
```

- 사이트에서 코드 복사 및 붙여넣기
- Python 3.10 버전의 알파인 리눅스 이미지를 기반 이미지로 지정
- 이후의 COPY, RUN 등 명령들이 실행될 작업 디렉토리로 /code 지정(/code 디렉토리가 없으면 자동으로 생성)
- Flask 앱이 정의된 파일로 app.py 지정(flask run 명령에서 사용할 파일)
- Flask 개발 app 서버에 액세스 허용할 호스트를 모든 호스트 0.0.0.0로 지정
- 알파인 리눅스에서 필요한 빌드 도구들 설치: flask, redis 패키지의 C 확장 모듈 설치에 필요한 gcc 컴파일러, musl-dev 및 linux-headers 라이브러리 추가
- 호스트의 requirements.txt 파일을 컨테이너 작업 폴더 /code로 복사
- requirements.txt 파일에 명시된 모든 파이썬 패키지 설치
- 컨테이너가 5000번 포트를 사용하도록 설정, 플라스크는 기본적으로 5000번 포트에서 실행되기 때문임, EXPOSE 명령은 포트를 열지는 않으며, 포트를 열려면 컨테이너 실행 시 -p 옵션을 사용해야 함
- COPY . .: 호스트 현재 디렉토리의 모든 파일을 컨테이너 작업 디렉토리 /code로 복사(Flask 애플리케이션 소스 코드 app.py, 설정 파일 등)
- CMD ["flask", "run", "--debug"]: 컨테이너 시작 시 실행될 기본 명령 지정, flask run --debug 명령으로 플라스크 앱을 디버그 모드에서 실행, Flask 프레임워크가 진입점 파일인 app.py 애플리케이션을 디버그 모드로 실행(코드 변경 감지하여 서버 자동 재시작, 코드 변경 즉시 반영)

8.2.2 컴포즈 파일에 서비스들 정의하기

- tutorial 〉 compose.yaml

Docker > compose > tutorial > compose.yaml

```
services:
  web:
    build: .
    ports:
      - "8000:5000"
  redis:
    image: "redis:alpine"
```

- 사이트에서 코드 복사 및 붙여넣기
- 두 개의 서비스(web과 redis) 정의
- web 설정:
- 웹 서비스 도커 이미지를 현재 디렉토리의 Dockerfile 참조하여 빌드
- 호스트의 8000번 포트와 컨테이너의 5000번 포트를 매핑(호스트에서 localhost:8000으로 접근하면, 컨테이너의 5000번 포트에 연결됨)
- flask run을 사용해 Flask 서버가 5000번 포트에서 실행되면, 외부에서는 localhost:8000에서 접속이 가능해짐
- redis 설정:
- redis:alpine 이미지를 사용하여 redis 서비스 실행
- redis:alpine은 Alpine Linux를 기반으로 빌드된 가벼운 Redis 이미지를 사용
- Redis는 메모리 기반의 데이터 저장소
- 이 설정은 Redis를 독립된 서비스로 컨테이너에서 실행하게 함

8.2.3 컴포즈를 사용하여 앱 빌드 및 실행하기

①. docker compose up

```
csw@DESKTOP-DKQ3788:/mnt/d/Docker/compose/tutorial$ ls
Dockerfile  app.py  compose.yaml  requirements.txt
csw@DESKTOP-DKQ3788:/mnt/d/Docker/compose/tutorial$ docker compose up
[+] Running 9/9
 ✓ redis Pulled                                                    5.3s
   ✓ 37d63ae71d35 Download complete                                0.4s
   ✓ dd8d46bd4047 Download complete                                0.8s
   ✓ 4f4fb700ef54 Already exists                                   0.1s
   ✓ be83d0fd33a3 Download complete                                0.9s
   ✓ 5057e26f1a86 Download complete                                0.8s
   ✓ 369ad5b9119b Download complete                                0.6s
   ✓ da9db072f522 Download complete                                1.0s
   ✓ b3d150cb1b6c Download complete                                1.3s
[+] Running 0/12s (2/3)                                   docker:default
```

- compose 파일로부터 모든 서비스들(멀티 컨테이너) 한 번에 생성 및 시작

```
 ✓ Service web                   Built                               27.2s
 ✓ Network tutorial_default      Created                              0.1s
 ✓ Container tutorial-redis-1    Created                              1.0s
 ✓ Container tutorial-web-1      Created                              0.9s
Attaching to redis-1, web-1
redis-1  | 1:C 26 Dec 2024 02:22:16.945 * oO0OoO0OoO0Oo Redis is starting oO0OoO0OoO0Oo
redis-1  | 1:C 26 Dec 2024 02:22:16.945 * Redis version=7.4.1, bits=64, commit=00000000, modifi
ed=0, pid=1, just started
redis-1  | 1:C 26 Dec 2024 02:22:16.945 # Warning: no config file specified, using the default
config. In order to specify a config file use redis-server /path/to/redis.conf
redis-1  | 1:M 26 Dec 2024 02:22:16.950 * monotonic clock: POSIX clock_gettime
redis-1  | 1:M 26 Dec 2024 02:22:16.951 * Running mode=standalone, port=6379.
redis-1  | 1:M 26 Dec 2024 02:22:16.952 * Server initialized
redis-1  | 1:M 26 Dec 2024 02:22:16.952 * Ready to accept connections tcp
web-1    |  * Serving Flask app 'app.py'
web-1    |  * Debug mode: on
web-1    | WARNING: This is a development server. Do not use it in a production deployment. Use
 a production WSGI server instead.
web-1    |  * Running on all addresses (0.0.0.0)
web-1    |  * Running on http://127.0.0.1:5000
web-1    |  * Running on http://172.18.0.3:5000
web-1    | Press CTRL+C to quit
web-1    |  * Restarting with stat
web-1    |  * Debugger is active!
web-1    |  * Debugger PIN: 116-953-590
```

- 컨테이너 redis와 web이 각각 한 개씩 생성되고 실행됨
- redis 컨테이너에 데이터베이스 서버가 독립형 모드로 6379 번에서 실행중임
- web 컨테이너에서 Flask 앱 app.py를 서비스하고 있음
- web-1 exited 등 오류로 웹서버 실행 실패 시,
- Dockerfile, app.py, requreirements.txt 등 파일 확인

②. **가동중인 컨테이너 및 이미지 확인**

- 새 터미널 열기

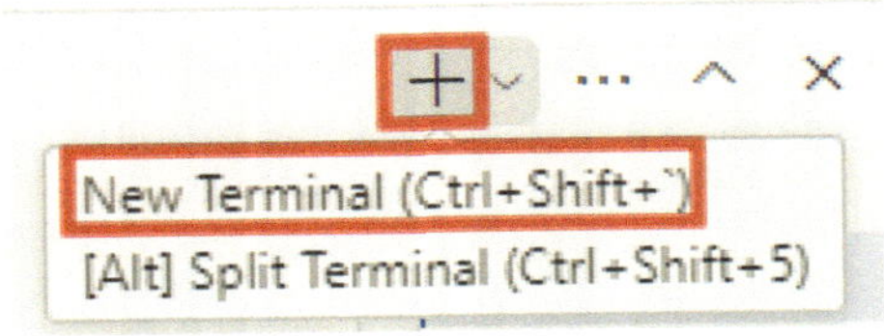

- 새 터미널에서 컨테이너 확인

```
PS D:\Docker> wsl
csw@DESKTOP-DKQ3788:/mnt/d/Docker$ docker ps
CONTAINER ID   IMAGE          COMMAND                  CREATED         STATUS         PORTS                    NAMES
9afaa2f451f5   redis:alpine   "docker-entrypoint.s…"   9 minutes ago   Up 9 minutes   6379/tcp                 tutorial-redis-1
0cef0c10f208   tutorial-web   "flask run --debug"      9 minutes ago   Up 9 minutes   0.0.0.0:8000->5000/tcp   tutorial-web-1
csw@DESKTOP-DKQ3788:/mnt/d/Docker$ 
```

- tutorial-redis-1, turorial-web-1 컨테이너 2개 실행중임(Up)
- redis:alpine, tutorial-web 이미지 2개 생성됨

③. **웹 브라우저에서 앱 실행 확인**

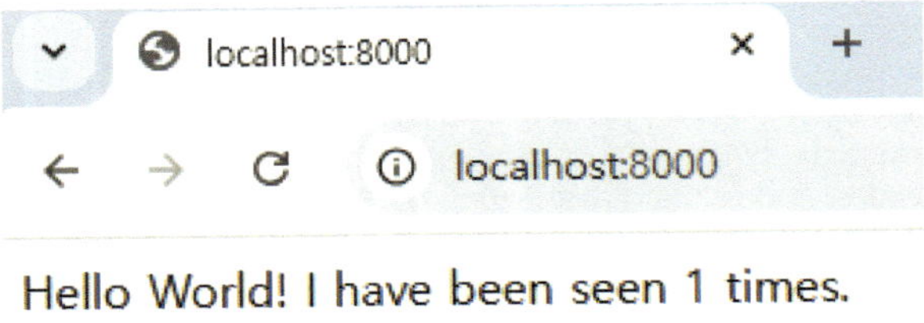

- 브라우저(클라이언트)에서 localhost:8000(web 서버)에 접속
- web 서버 응답 확인: Hello World! ~~~

```
web-1    | 172.18.0.1 - - [26/Dec/2024 02:40:44] "GET / HTTP/1.1" 200 -
web-1    | 172.18.0.1 - - [26/Dec/2024 02:40:44] "GET /favicon.ico HTTP/1.1" 404 -
```

- web 서버가 GET 요청을 처리함
- 로컬 클라이언트 172.18.0.1에서 web-1 서버에 GET 메소드로 요청 두 번함
- 첫 번째 GET 메소드로 HTTP/1.1 버전 프로토콜을 사용하여 서버의 루트 경로 /에 있는 리소스(홈페이지)를 요청하였고, 정상적으로 제공되었음(200)
- 응답된 리소스의 크기는 표시되지 않음(-)
- 두 번째 GET 메소드로 favicon.ico 파일을 요청하였으나, 서버에서 찾을 수 없었음(응답 상태 코드 404 Not Found)

④. **두 서비스 연동 확인**

- 클라이언트에서 새로고침 클릭하여 web 서버에 새로운 HTTP 요청 보냄

- web 서버가 클라이언트에게 요청 자료를 성공적으로 회신함

```
web-1     | 172.18.0.1 - - [26/Dec/2024 02:40:44] "GET / HTTP/1.1" 200 -
web-1     | 172.18.0.1 - - [26/Dec/2024 02:40:44] "GET /favicon.ico HTTP/1.1" 404 -
web-1     | 172.18.0.1 - - [26/Dec/2024 02:59:06] "GET / HTTP/1.1" 200 -
```

⑤. **도커 컴포즈 종료**

- 두 번째 터미널에서 tutorial 폴더로 이동
- docker compose down 실행

```
csw@DESKTOP-DKQ3788:/mnt/d/Docker$ cd compose
csw@DESKTOP-DKQ3788:/mnt/d/Docker/compose$ cd tutorial/
csw@DESKTOP-DKQ3788:/mnt/d/Docker/compose/tutorial$ ls
Dockerfile  app.py  compose.yaml  requirements.txt
csw@DESKTOP-DKQ3788:/mnt/d/Docker/compose/tutorial$ docker compose down
[+] Running 3/3
 ✓ Container tutorial-web-1    Removed
 ✓ Container tutorial-redis-1  Removed
 ✓ Network tutorial_default    Removed
csw@DESKTOP-DKQ3788:/mnt/d/Docker/compose/tutorial$
```

- 첫 번째 도커 컴포즈 실행 터미널에서 두 서비스 종료 확인

```
web-1     | 172.18.0.1 - - [26/Dec/2024 02:40:44] "GET / HTTP/1.1" 200 -
web-1     | 172.18.0.1 - - [26/Dec/2024 02:40:44] "GET /favicon.ico HTTP/1.1" 404 -
web-1     | 172.18.0.1 - - [26/Dec/2024 02:59:06] "GET / HTTP/1.1" 200 -
redis-1   | 1:signal-handler (1735182319) Received SIGTERM scheduling shutdown...
redis-1   | 1:M 26 Dec 2024 03:05:19.141 * User requested shutdown...
redis-1   | 1:M 26 Dec 2024 03:05:19.141 * Saving the final RDB snapshot before exiting.
redis-1   | 1:M 26 Dec 2024 03:05:19.147 * DB saved on disk
redis-1   | 1:M 26 Dec 2024 03:05:19.147 # Redis is now ready to exit, bye bye...
redis-1 exited with code 0
web-1 exited with code 0
csw@DESKTOP-DKQ3788:/mnt/d/Docker/compose/tutorial$
```

8.2.4 컴포즈 워치

①. **워치 기능**

- 개발 환경에서 자주 사용
- 파일 변경을 감지하여 자동으로 컨테이너 재시작 또는 앱 리로드

②. **web 서비스에 volumes 및 develop 섹션 추가**

Docker > compose > tutorial > compose.yaml

```yaml
services:
  web:
    build: .
    ports:
      - "8000:5000"
    volumes:
      - .:/code
    develop:
      watch:
        - action: sync
          path: ./app.py
          target: /code/app.py
  redis:
    image: "redis:alpine"
```

③. **volumes 섹션**

- \- 현재 디렉토리 .를 컨테이너 내부 /app 디렉토리에 마운트하여
- \- 코드 변경 시 자동으로 반영되도록 함

④. **develop 섹션**

- 개발 중인 서비스에 적용
- path와 target을 구체적으로 지정하여 불필요한 파일 동기화 방지
- action: 변경 감지 후 실행 동작 지정, 파일 동기화를 위해 'sync' 동작 지정
- path: 변경 감지 경로 지정
- target: 변경 동기화 컨테이너 경로 지정
- 현재 디렉토리의 app.py 변경되면 컨테이너 /code/app.py 파일 동기화
- 코드 변경 즉시 반영하여 개발 중인 서비스 재시작 않고도 변경 가능

⑤. **앱 빌드 및 실행하기**

- docker compose watch

```
csw@DESKTOP-DKQ3788:/mnt/d/Docker/compose/tutorial$ docker compose watch
[+] Running 0/0
[+] Running 0/1 Building
[+] Building 4.0s (16/16) FINISHED
 => [web internal] load build definition from Dockerfile
```

```
[+] Running 4/4g to docker.io/library/tutorial-web:latest
 ✓ Service web                   Built
 ✓ Network tutorial_default      Created
 ✓ Container tutorial-redis-1    Started
 ✓ Container tutorial-web-1      Started
WARN[0004] path '/mnt/d/Docker/compose/tutorial/app.py' also declared
Watch enabled
```

- 서비스 2개 실행 후 워치 모드 시작

⑥. 브라우저에서 앱 작동 확인

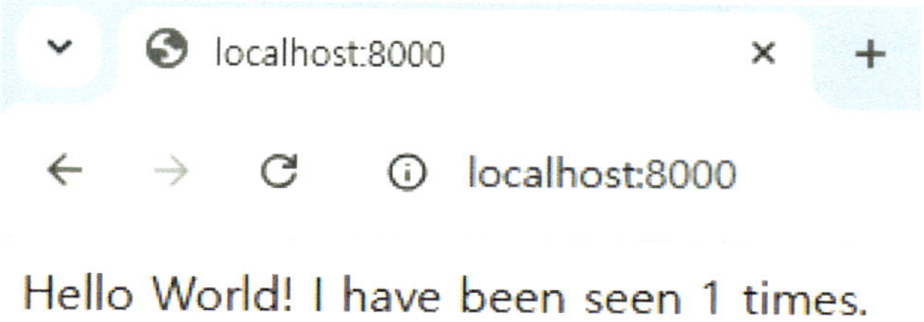

⑦. 앱 app.py 수정하기

- app.py 파일 마지막 줄 수정 후 저장

```
app.py   requirements.txt   Dockerfile   compose.yaml
Docker > compose > tutorial > app.py

@app.route('/')
def hello():
    count = get_hit_count()
    return f'Hello CSW! I have been seen {count} times.\n'
```

- 복제 세션에서 vi app.py: (실행중인)app.py 파일 마지막 줄 수정 후 저장

⑧. 워치 작동 확인

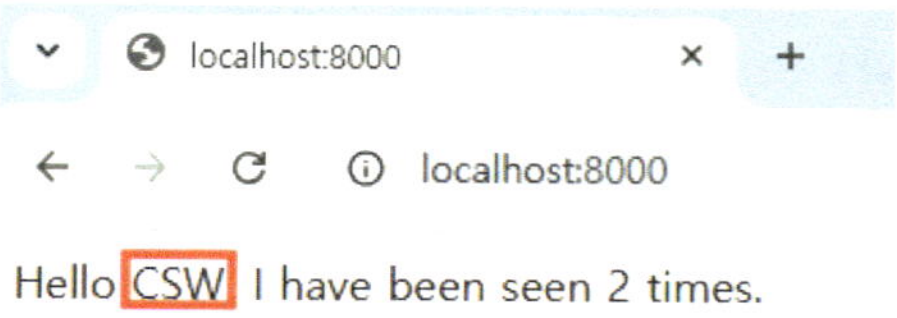

- 브라우저 새로고침: 인사말 변경, 카운트 증가
-

⑨. 실행 중인 컨테이너 확인

- 두 번째 터미널 〉 docker compose ps

```
csw@DESKTOP-DKQ3788:/mnt/d/Docker/compose/tutorial$ docker compose ps
NAME              IMAGE          COMMAND                  SERVICE   CREATED         STATUS         PORTS
tutorial-redis-1  redis:alpine   "docker-entrypoint.s…"   redis     4 minutes ago   Up 4 minutes   6379/tcp
tutorial-web-1    tutorial-web   "flask run --debug"      web       4 minutes ago   Up 4 minutes   0.0.0.0:8000->5000/tcp
csw@DESKTOP-DKQ3788:/mnt/d/Docker/compose/tutorial$
```

- 도커 컴포즈 파일에서 정의된 서비스들 기반의 실행 컨테이너 상태 표시

⑩. 도커 컴포즈 종료

- 두 번째 터미널 〉 docker compose down

```
csw@DESKTOP-DKQ3788:/mnt/d/Docker/compose/tutorial$ docker compose down
[+] Running 3/3
 ✓ Container tutorial-web-1    Removed
 ✓ Container tutorial-redis-1  Removed
 ✓ Network tutorial_default    Removed
csw@DESKTOP-DKQ3788:/mnt/d/Docker/compose/tutorial$
```

- 첫 번째 터미널 〉 Ctrl + c

```
Watch enabled
^Ccanceled
csw@DESKTOP-DKQ3788:/mnt/d/Docker/compose/tutorial$
```

⑪. 컨테이너 및 이미지 삭제

```
csw@DESKTOP-DKQ3788:/mnt/d/Docker/compose/tutorial$ docker ps -a
CONTAINER ID   IMAGE     COMMAND   CREATED   STATUS    PORTS     NAMES
csw@DESKTOP-DKQ3788:/mnt/d/Docker/compose/tutorial$ docker compose ps -a
NAME      IMAGE     COMMAND   SERVICE   CREATED   STATUS    PORTS
csw@DESKTOP-DKQ3788:/mnt/d/Docker/compose/tutorial$ docker images
REPOSITORY     TAG       IMAGE ID       CREATED          SIZE
tutorial-web   latest    5c4f2a1061a5   11 minutes ago   352MB
redis          alpine    c1e88455c852   2 months ago     68.2MB
csw@DESKTOP-DKQ3788:/mnt/d/Docker/compose/tutorial$ docker rmi tutorial-web
Untagged: tutorial-web:latest
Deleted: sha256:5c4f2a1061a5fcb94ba62e9488465786ccc5ed5ab2f9d4acc204c35774c696e8
csw@DESKTOP-DKQ3788:/mnt/d/Docker/compose/tutorial$ docker rmi redis
Error response from daemon: No such image: redis:latest
csw@DESKTOP-DKQ3788:/mnt/d/Docker/compose/tutorial$ docker rmi redis:alpine
Untagged: redis:alpine
Deleted: sha256:c1e88455c85225310bbea54816e9c3f4b5295815e6dbf80c34d40afc6df28275
csw@DESKTOP-DKQ3788:/mnt/d/Docker/compose/tutorial$
```

09 쿠버네티스 개념

9.1 개요(Overview)

Chapter 09. 쿠버네티스 개념

9.1.1 쿠버네티스 객체(Objects)

- **API 객체란?**
  - 사용자가 원하는 상태(desired state, spec) 정의
  - YAML 파일에 컨테이너화된 애플리케이션의 실행 위치(노드),
  - 가용 리소스, 재시작 정책, 업그레이드 및 장애 극복 정책 등 포함하여 정의
  - 객체 종류: 파드, 서비스, 볼륨, 네임스페이스, 구성맵, 이벤트 등
  - kubectl: 객체 생성, 수정, 삭제를 위한 쿠버네티스 API 서버 호출 명령줄 도구
- **객체 사양(spec) 및 상태(status)**
  - 사양: 사용자가 원하는 상태
  - 상태: 객체의 현재 상태
- **객체 사양(Manifest) 정의**
  - 사양: 원하는 상태 설명
  - 관례적으로 YAML 형식의 매니페스트 파일에 정의
  - 배포에 필요한 필드와 객체 사양으로 구성
  - 객체 배포(생성): kubectl apply -f YAML 파일 위치
- **YAML 파일 필수 입력 필드**
  - apiVersion: 쿠버네티스 API 버전 지정(apps/v1, v1 등)
  - kind: 리소스 종류 지정
  - metadata: 리소스 이름, 리소스 식별 레이블 지정
  - spec: 리소스 스펙 정의(selector, template)

- **쿠버네티스 컨트롤러**
  - 객체 상태 감시
  - 객체의 상태와 사양을 비교하여 상태를 사양에 맞게 조정 및 유지 노력
  - 레플리카셋, 디플로이먼트, 상태셋, 데몬셋 등 : 파드 관리, 파드 개수 유지
  - 객체 상태 감시하고 원하는 상태로 유지

9.1.2 쿠버네티스 리소스

- 앱 실행 리소스: Pod, ReplicaSet, Deployment
- 네트워크 관리 리소스: Service, Ingress
- 앱 설정 정보 관리 리소스: ConfigMap, Secret
- 배치 잡 관리 리소스: Job, CronJob
- 기타 리소스: 볼륨, 노드, 네임스페이스, 네트워크 정책 등

9.1.3 쿠버네티스 컴포넌트

- **클러스터(Cluster)**
  - 마스터 노드(마스터)와 워커 노드(노드)로 구성된 단일 통합 시스템
  - 주요 컴포넌트: 마스터 노드(Control Plane)와 워커 노드(Worker Node)
  - 기타 추가(Add-on) 컴포넌트: DNS, Ingress, Dashboard, Monitoring 등
- **마스터**
  - 클러스터 관리
  - 파드를 워커에 할당 등 클러스터 구성 및 관리(Control Plane)
  - 파드: 하나의 앱 인스턴스(앱 배포 및 실행 기본 단위)
  - 인스턴스: 하나의 인스턴스는 여러 개의 컨테이너로 구성 가능
  - 앱 관리 자동화: 앱 인스턴스를 다수 만들어 다수 파드에 자동 분산 가능
- **마스터 주요 컴포넌트**
  - kube-apiserver: 클러스터의 모든 리소스 및 작업 엔드포인트, 제어의 중심
  - etcd: 클러스터의 모든 상태 정보 저장소

  - kube-scheduler: 새로운 파드(컨테이너 그룹)가 실행될 노드 선택
  - kube-controller-manager: 클러스터 노드 감시 및 관리 등 작업 수행
- **노드**
  - 컨테이너(화된 응용 프로그램) 실행
  - 할당된 파드 실행 및 관리: Kubelet
- **노드 주요 컴포넌트**
  - kubelet: 마스터 명령 처리, 노드 상태 보고, 파드 실행 및 관리 에이전트
  - kube-proxy: 서비스 간 네트워크 트래픽 로드 밸런싱, 파드 네트워크 관리
  - Container Runtime: 컨테이너 실행 엔진으로 containerd, CRI-O 등
- **애드온 컴포넌트(기타 추가 컴포넌트)**
  - DNS: 클러스터 DNS 서버
  - Web UI(Dashboard): 클러스터에 실행중인 앱 관리를 위한 범용 웹 기반 UI
  - Monitoring: 컨테이너 리소스 사용 현황 제공
  - Logging: 컨테이너 로그 관리
  - Network Plugins: 컨테이너 네트워크 인터페이스(CNI) 구축 및 파드 IP 할당

9.1.4 쿠버네티스 API

- **API 서버**
  - 마스터에 존재
  - 쿠버네티스 관리자
  - 쿠버네티스의 핵심 서버
  - API 객체 상태 조회 및 조작
  - 컨테이너 앱 효율적 운영 지원
  - HTTP API 공개하여 사용자, 클러스터 내부 및 외부 간 통신 지원
- **API 서버 주요 기능**
  - 객체 관리: 객체 사용하여 클러스터 상태 정의, API 통해 객체 생성, 수정, 삭제
  - 상태 조회: 객체 상태 조회하여 어플리케이션 상태 및 리소스 사용량 등 확인
  - 이벤트 및 로그 조회: 클러스터 이벤트 및 로그 조회하여 디버깅 및 모니터링 수행

- 인증 및 권한 부여: 사용자 인증 및 권한 부여를 통해 클러스터 보안 관리
- 확장성: 사용자 정의 API 객체 추가 등 클러스터 확장 가능

9.2 클러스터 아키텍처(Cluseter Architecture)

Chapter 09. 쿠버네티스 개념

9.2.1 노드

- **기능**
  - 파드가 실행되는 호스트 머신(가상 또는 물리): 다수 파드 호스팅 가능
  - 컨테이너 실행 환경 제공: containerd 등 컨테이너 실행 및 관리
  - 워크로드(앱, 서비스, 작업 등) 실행: 마스터에 의해 배치된 파드에 컨테이너 앱 실행
- **구성 요소**
  - kubelet: 노드 에이전트로 마스터에 노드 상태 보고, 파드 실행 및 관리 수행
  - 컨테이너 런타임: 이미지 풀링, 실행, 관리
  - kube-proxy: 파드 간 통신 관리, 서비스 외부 공개, 로드 밸런싱 수행

9.2.2 노드와 마스터 API 서버 간 통신

- **역할**
  - 노드 등록: kubelet 통해 마스터 API 서버에 등록하여 클러스터 멤버 가입
  - 노드 상태 보고: kubelet이 리소스 사용량, 파드 상태 등을 마스터에게 보고
  - 파드 할당/스케줄링: 마스터가 노드 상태 파악하고 파드 요구사항(스펙) 만족 노드 선택
  - 파드 실행 및 관리: kubelet은 마스터 지시에 따라 파드 생성하고 파드 상태 보고
  - 이벤트 및 오류 보고: 노드는 발생 이벤트나 오류를 마스터에 보고

9.2.3 컨트롤러

- **역할**
  - 클러스터 내에서 워크로드 상태 관리하고 원하는 상태로 유지
  - 컨트롤러마다 특정 유형 워크로드 관리
  - 클러스터 안정성과 자동화된 운영 지원
- **기능**
  - 상태 유지: 사용자가 정의한 원하는 상태(파드 수 등) 유지
  - 확장성과 고가용성: 클러스터 확장 축소에 맞춰 자동 리소스 관리하여 상태 유지
  - 자동 복구: 클러스터 장애 자동 복구하여 원하는 상태 유지
  - 스케줄링 및 파드 관리: 파드를 노드에 스케줄링, 파드 생성 및 삭제
- **유형**
  - 레플리카셋(ReplicaSet): 원하는 수의 파드 유지 관리
  - 디플로이먼트(Deployment): 앱 배포 관리하는 레플리카셋 기반 컨트롤러
  - 스테이트풀셋(StatefulSet): 순차적인 식별자 등 사용하여 파드 상태 관리
  - 데몬셋(DaemonSet): 모든 노드 로깅, 모니터링 등 백그라운드 작업 실행

9.2.4 컨테이너 런타임 인터페이스(CRI)

- **기능**
  - 쿠버네티스 kubelet과 컨테이너 런타임 간 표준 인터페이스 제공
  - kubelet과 컨테이너 런타임이 CRI에 맞추어 인터페이스 구현
  - kubelet과 컨테이너 런타임은 표준화된 CRI 인터페이스에 맞춰 대화
  - 노드에 구현
- **역할**
  - 컨테이너 런타임 표준화: 다양한 컨테이너 런타임(예: containerd 등) 지원
  - 쿠버네티스 확장성: 새 런타임 추가, 기존 런타임 업그레이드 가능
  - 런타임 독립성: 쿠버네티스가 특정 컨테이너 런타임에 종속되지 않음
- **구성 요소**

- Kubelet: 노드 에이전트 프로세스로, 컨테이너의 생성, 시작, 중지 및 관리
- Container Runtime: 실제 컨테이너 실행 프로세스로 containerd, docker 등

- **컨테이너 관리 흐름**
  - 마스터 API 서버가 관리자 등으로부터 파드 생성 요청 수신: kubectl create
  - API 서버는 파드 사양(Manifest) 확인하고 노드 kubelet에게 컨테이너 생성 요청
  - kubelet은 CRI를 통해 컨테이너 런타임에게 컨테이너 실행 지시
  - 컨테이너 런타임은 받은 요청에 따라 컨테이너 생성 및 시작
  - kubelet은 파드 상태 모니터링하고 API 서버에 보고하여 클러스터 상태 유지

9.2.5 cgroup(Control Group)

- **기능**
  - 리눅스 cgroup: 프로세스 그룹 기반 리소스 관리 커널 기능(OS 수준)
  - 쿠버네티스 cgroup: 단일 컨테이너 기반 리소스 관리
  - 각 컨테이너는 자체 cgroup 내에서 실행
  - 다른 컨테이너에 영향을 주지 않고 자체 리소스 사용
- **쿠버네티스 cgroup 목적**
  - 리소스 제한 및 우선 순위: 각 컨테이너에 CPU, 메모리, 디스크, I/O 등 관리
  - 모니터링: 컨테이너 리소스 사용량 모니터링, 추적, 운영자에게 알림 제공
  - 컨테이너 분리: 컨테이너 간에 리소스 분리 및 격리

9.3 컨테이너(Container)

Chapter 09. 쿠버네티스 개념

9.3.1 특징

- **다양한 환경에서 일관된 동작 제공**
  - 컨테이너 안에 앱 실행에 필요한 모든 것 포함
  - 컴퓨터 종류 무관 앱 실행 가능
  - 독립적 앱 실행 환경 제공
- **앱을 호스트 인프라에서 분리**
  - 호스트 개발환경 앱을 클라우드 운영 환경으로 쉽게 이동 및 배포 가능
- **파드(Pod)**
  - 컨테이너 그룹
  - 쿠버네티스의 실행 단위
  - 파드 단위로 컨테이너 관리
  - 파드 내 컨테이너들은 동일한 노드(호스트 컴퓨터)에서 함께 실행
- **스케줄링 통해 컨테이너 또는 파드를 여러 대 컴퓨터에 분산 실행**
  - 일반적으로 컨테이너 또는 파드는 하나의 호스트에서 실행
  - 현재 실행 중인 호스트 리소스 부족의 경우 타 호스트로 스케줄링

9.3.2 컨테이너 이미지

- **실행 준비된 소프트웨어 패키지**
  - 앱 실행에 필요한 모든 것 포함하고 있음: 컨테이너화된 앱

- 코드와 필요한 런타임, 어플리케이션 및 시스템 라이브러리, 필수 설정값 등

- **특징**
  - 실행 독립성: 환경에 관계없이 일관된 동작 보장
  - 확장 용이: 복사본 동시 실행, 클라우드에서 자동 스케일링 등 용이
  - 버전 관리 및 롤백: 버전 관리되고 안정적인 이전 버전으로 롤백 가능

9.3.3 컨테이너 런타임

- **개념**
  - 컨테이너화된 애플리케이션을 실행하는 데 사용되는 소프트웨어
  - 컨테이너 이미지를 가져와서 호스트 시스템에서 실행
  - 컨테이너화된 애플리케이션의 격리, 자원 관리, 네트워킹 및 보안을 관리
- **종류**
  - Docker: 가장 널리 사용
  - containerd: 쿠버네티스에서 널리 사용

9.4 워크로드(Workload) - 앱 실행

Chapter 09. 쿠버네티스 개념

9.4.1 파드(Pods)

- **개요**
  - 쿠버네티스 객체(리소스) 중 가장 작고 기본적인 실행 단위
  - 단일 애플리케이션 인스턴스로 수평 확장 가능
  - 단일 또는 멀티 컨테이너 실행 가능
- **파드**
  - 하나 이상의 컨테이너 그룹
  - 하나의 IP 주소 할당: 모든 컨테이너가 파드 IP 주소 공유
  - 컨테이너 간 통신: 공유 IP 주소와 개별 포트 번호 이용
  - 컨테이너와 외부 통신: 공개 포트를 호스트 노드 포트에 매핑 통해 가능
  - 컨테이너 간 데이터 공유: 공유된 볼륨을 각 컨테이너에 마운트

9.4.2 컨트롤러(Controllers)

- **레플리카셋**
  - 파드를 하나 이상의 노드에 분산 실행: 앱 안정성 및 확장성 향상
- **디플로이먼트**
  - 파드 생성 및 관리: 레플리카셋을 통해 파드 수 유지 등 관리
  - 디플로이는 파드 생성 담당, 서비스는 파드 네트워크 접속 담당
  - 롤링 업데이트: 서비스 중단 없이 새 앱 버전 업데이트

- 자동 롤백: 롤링 업데이트 문제 시 자동으로 이전 버전으로 롤백

- **스테이풀셋**
  - 데이터베이스 등 데이터의 안정적 유지가 필요한 스테이풀한 앱 관리
- **데몬셋**
  - 클러스터 내 모든 노드에 특정 파드 인스턴스 실행
  - 로깅 에이전트: 모든 노드에서 로그 수집 및 로깅 시스템에 전송
  - 모니터링 에이전트: 모든 노드에서 리소스 사용량 모니터링
  - 스토리지 에이전트: 모든 노드에 분산된 스토리지 관리 및 데이터 백업
  - 보안 에이전트: 모든 노드에서 보안 감사 및 감시 수행
  - DNS 서비스: 모든 노드에서 DNS 서비스 제공
  - 에이전트: 다른 시스템이나 서비스와 상호작용(통신)하여 정보 수집 및 보고
  - 서비스: 사용자나 타 시스템의 요청 처리
- **잡**
  - 일회성 또는 일괄 배치 작업 관리: 한 번에 대량 데이터 또는 작업 처리
- **크론잡**
  - 주기적(반복적) 실행 작업 관리

9.5 네트워크 관리(Service/Ingress)

Chapter 09. 쿠버네티스 개념

9.5.1 서비스

- 클러스터 내부/외부(NodePort 통해) 통신 지원
- 대규모 앱: 하나의 전체 앱(웹 앱)으로 소규모 앱 그룹
- 소규모 앱: 단위 서비스(웹 서버, DB 서버)로 파드 그룹(각각 동일 소규모 앱 실행)
- 서비스: 소규모 앱 간 통신 단위 구현(서비스 파드들에 단일 네트워크 진입점)
- 파드에 내부 접근 직접 구현 불필요: 서비스가 일치하는 파드 검색 및 연결
- 클러스터 내 타 서비스의 요청을 서비스 내 적절한 파드로 로드 밸런싱(부하 분산)

9.5.2 인그레스

- 클러스터 외부 통신 지원
- 외부와 대규모 앱 간 단일 네트워크 진입점 제공
- 각 서비스에 외부 접근 직접 구현 불필요
- 외부의 HTTP 요청을 클러스터 내 적절한 서비스로 라우팅
- 서비스는 서비스 내 적절한 파드에 외부 요청 전달

9.6 앱 정보 저장(Storage)

Chapter 09. 쿠버네티스 개념

9.6.1 볼륨(Volume)

- 컨테이너 간 데이터 공유, 컨테이너 데이터 저장용 디렉토리나 파일 시스템
- 컨테이너 중지될 때까지 유지
- EmptyDir, HostPath, NFS, ConfigMap, Secret 등

9.6.2 영구 볼륨(Persistent Volume)

- 클러스터 내 컨테이너에 지속적인 스토리지 제공
- 컨테이너 중지 및 삭제되어도 데이터 유지
- 주로 외부 스토리지(네트워크 스토리지, 클라우드 스토리지)에 연결 및 보관
- 볼륨과 달리 클러스터 노드 간에도 데이터 공유 가능
- 영구 볼륨 요청(Persistent Volume Claim, PVC) 필요

9.7 앱 설정 정보 관리(ConfigMap/Secret)

Chapter 09. 쿠버네티스 개념

9.7.1 컨피그맵(ConfigMap)

- 앱 설정 정보를 앱 코드 외부 컨피그맵에 분리 저장: 환경 변수, 설정 파일 등
- YAML 파일이나 명령어 사용하여 컨피그맵 생성
- 앱은 컨피크맵 참조하여 설정 값 사용
- 앱 배포 시 코드 수정 없이 컨피그맵 수정하여 설정 변경 가능

9.7.2 시크릿(Secret)

- 앱의 민감 정보 안전 저장: 비밀 키, 패스워드, API 토큰 등
- 기본적으로 Base64 인코딩 저장
- YAML 파일이나 명령어 사용하여 시크릿 생성: 앱은 시크릿 참조하여 민감 정보 사용

9.8 리소스 사양 정의 - 매니페스트 파일

Chapter 09. 쿠버네티스 개념

9.8.1 개념

- 클러스터에 배포할 리소스 정의
- YAML 또는 JSON 형식의 파일 사용
- 쿠버네티스 API를 통해 앱 배포하는 데 사용

9.8.2 필수 필드

- apiVersion: 쿠버네티스 API 버전 지정
- kind: 정의하려는 리소스 유형 지정
- metadata: 리소스 메타데이터로 리소스 이름, 네임스페이스, 레이블 등 지정
- spec: 리소스 상세 정보로 리소스의 원하는 상태 지정

9.8.3 YAML 형식 파일

- YAML Ain't Markup Language
- 들여쓰기: 들여쓰기(공백 또는 탭, 보통 공백 두 칸)로 데이터 구조 정의
- 데이터 정의(map): 'key: value' 형식으로 정의, 콜론 뒤에 공백
- 배열 정의(array): 대시 -로 시작, 여러 항목 포함, 각 항목 들여쓰기로 구분
- 주석: '#'으로 시작

- YAML 문서 예시

```yaml
# 주석
person:
  name: John
  age: 30
  job: Developer
pets:
  - name: Max
    type: Dog
  - name: Whiskers
    type: Cat
```

- person, pets 키: 각각 3개 값, 2개 값 가짐
- person 키 값: 세 개 키-값 쌍으로 이루어진 맵
- pets 키 값: 두 개 리스트(배열), 각 리스트는 두 개 키-값 쌍으로 이루어진 맵

9.9 kubectl 커맨드

Chapter 09. 쿠버네티스 개념

9.9.1 개념

- 마스터에 설치되며 클러스터 API 서버와 상호 작용하여 작업 수행
- 쿠버네티스 클러스터 관리용 커맨드 라인 인터페이스(CLI) 도구 이름
- 클러스터 내 리소스 생성, 관리, 업데이트, 삭제
- 클러스터 상태 검사 등 작업 수행

9.9.2 주요 기능

- 리소스 관리: 파드, 서비스, 디플로이먼트, 컨피그맵 등 생성, 관리
- 클러스터 상태 확인: 노드, 파드, 서비스 및 기타 리소스 현재 상태 확인
- 로그 및 디버깅: Pod 로그 확인, 디버깅 수행
- 스케일링: 디플로이먼트나 레플리카셋 등 리소스 통해 앱 스케일링
- 업데이트 및 롤백: 새로운 이미지로 앱 업데이트, 또는 이전 상태로 롤백

9.9.3 사용법

- kubectl [커맨드] [타입] [네임] [플래그]
- kubectl: 클러스터 관리용 CLI 도구 이름
- [커맨드]: 리소스 대상 수행할 동작 get, create, delete, describe 등 지정

- [타입]: 리소스 타입 Pod, Service, Deployment, ConfigMap 등 지정
- [네임]: 리소스 이름 지정
- [플래그]: 옵션 -s 또는 --server 등 지정

9.9.4 사례

- kubectl get pod -n mynamespace
- 명령: get
- 리소스: pod
- 리소스명: 생략(모든 파드 조회)
- 옵션: -n mynamespace
- kubectl이 API 서버에게 지정된 네임스페이스 내 파드만 조회(get) 요청

10 쿠버네티스 환경 구축

10.1 클러스터 환경 설계

Chapter 10. 쿠버네티스 환경 구축

10.1.1 활용 도구 설정하기

- 도구 버전

도구	버전	기능
VirtualBox	7.0	노드(가상 머신) 생성 및 네트워크 관리
Xshell	7.0	노드 원격 접속
Ubuntu	24.04 LTS	노드 운영체제
Kubernetes	1.30.	마스터 및 워커 노드 클러스터 구성 및 관리

10.1.2 노드 사양 설정하기

노드	자원	사양
master, node1, node2	CPU	2 코어 이상
	MEM	4GB 이상
	Disk	25GB 이상

10.1.3 네트워크 설정하기

- 클러스터 네트워크
  - 노드 집합
  - 이름: K8sNetwork, 서브넷: 10.100.10.0/24

- 노드 호스트 네임과 IP 주소 매핑

노드	호스트 네임	IP 주소
master	master.csw.com	10.100.10.100
node1	node1.csw.com	10.100.10.101
node2	node2.csw.com	10.100.10.102

- **NAT 네트워크**
  - 호스트 네트워크와 클러스터 네트워크 변환

이름	프로토콜	Host(Xshell)		Guest(노드)	
		IP	Port	IP	Port
master	TCP	127.0.0.1	100	10.100.10.100	22
node1	TCP	127.0.0.1	101	10.100.10.101	22
node2	TCP	127.0.0.1	102	10.100.10.102	22

- **파드 네트워크**
  - 서브넷: 192.168.0.0/16

10.2 Master 환경 구축

Chapter 10. 쿠버네티스 환경 구축

10.2.1 VirtualBox NAT 네트워크 구축하기

①. **클러스터 네트워크 생성(일반 옵션)**

- K8sNetwork 10.100.10.0/24

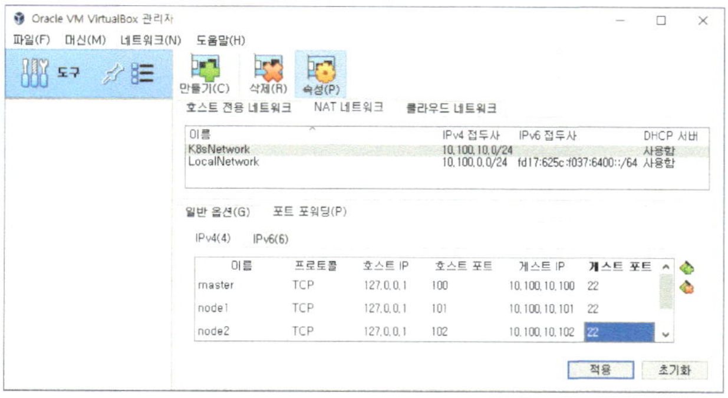

②. **호스트와 노드 간 NAT 매핑(포트 포워딩)**

- master TCP 127.0.0.1 100 10.100.10.100 22
- node1 TCP 127.0.0.1 101 10.100.10.101 22
- node2 TCP 127.0.0.1 102 10.100.10.102 22

10.2.2 호스트 Xshell 네트워크 구축하기

①. **master 세션 생성**

- [연결] - [일반]
- 세션 이름: master, 프로토콜: ssh, 호스트: 127.0.0.1, 포트 번호: 100

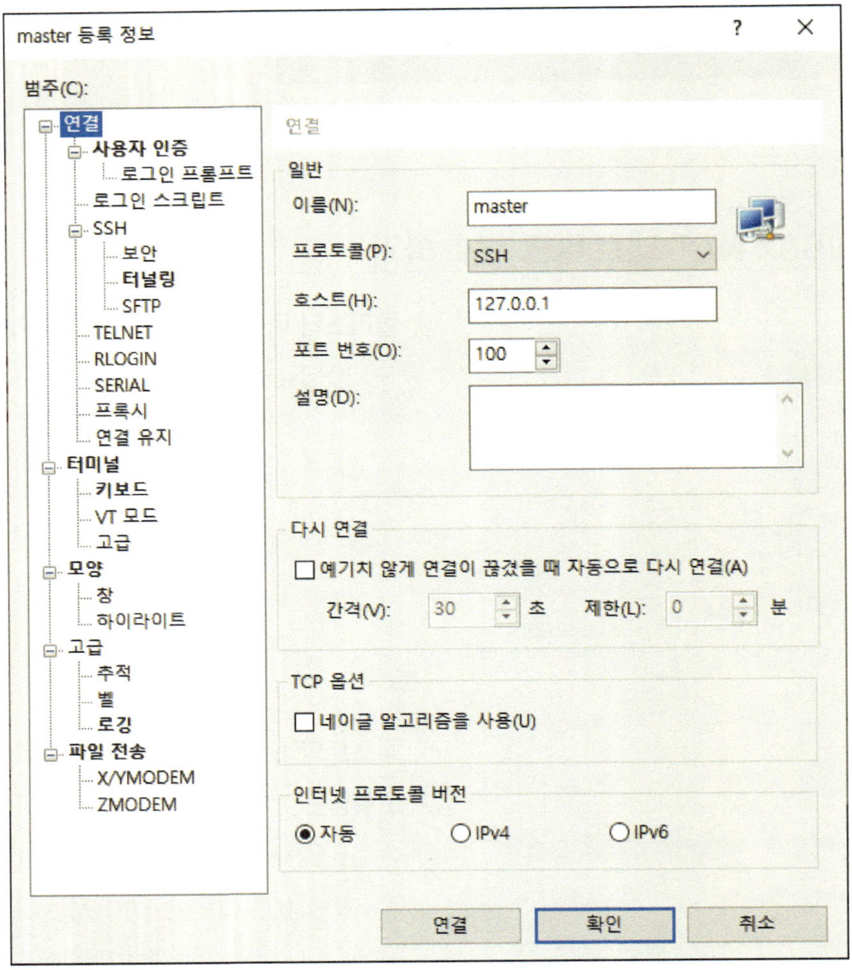

- [사용자 인증]
- 사용자 이름: csw, 암호: csw, 방법: Password

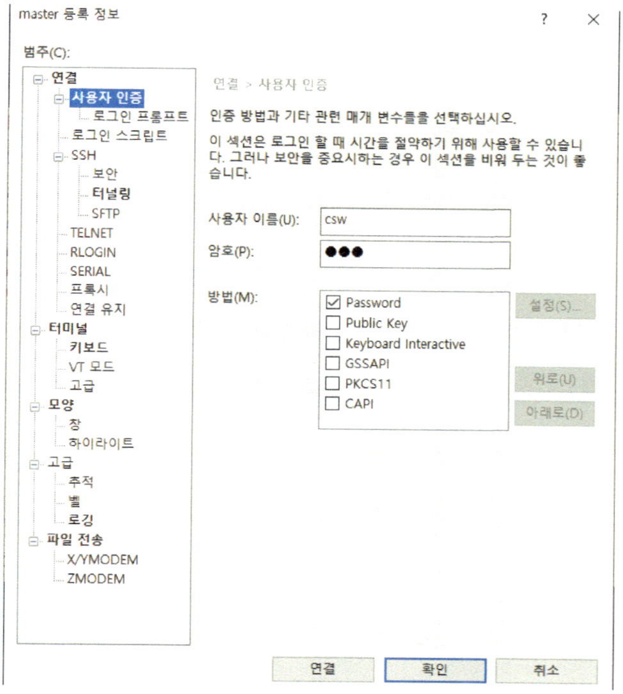

- 확인

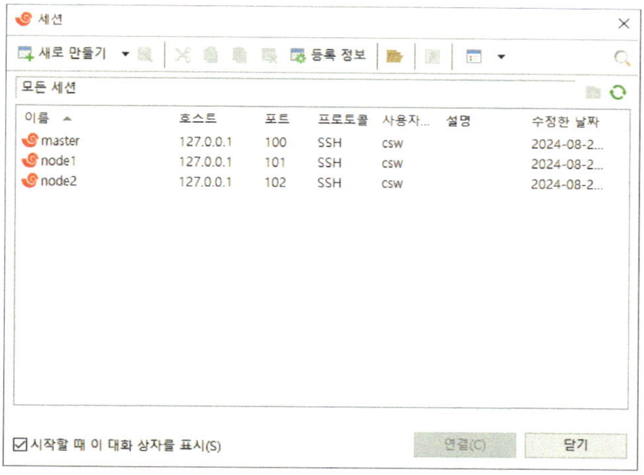

②. **node1 및 node2 세션 생성**

- master 세션 복사 후 붙여넣기
- [등록 정보]
- 세션 이름 변경: node1, node2
- node1 포트 변경: 101
- node2 포트 변경: 102
- [닫기]

10.2.3 마스터 가상 머신 만들기

①. **우분투 데스크톱 시스템 요구사항**

- https://ubuntu.com/download/desktop

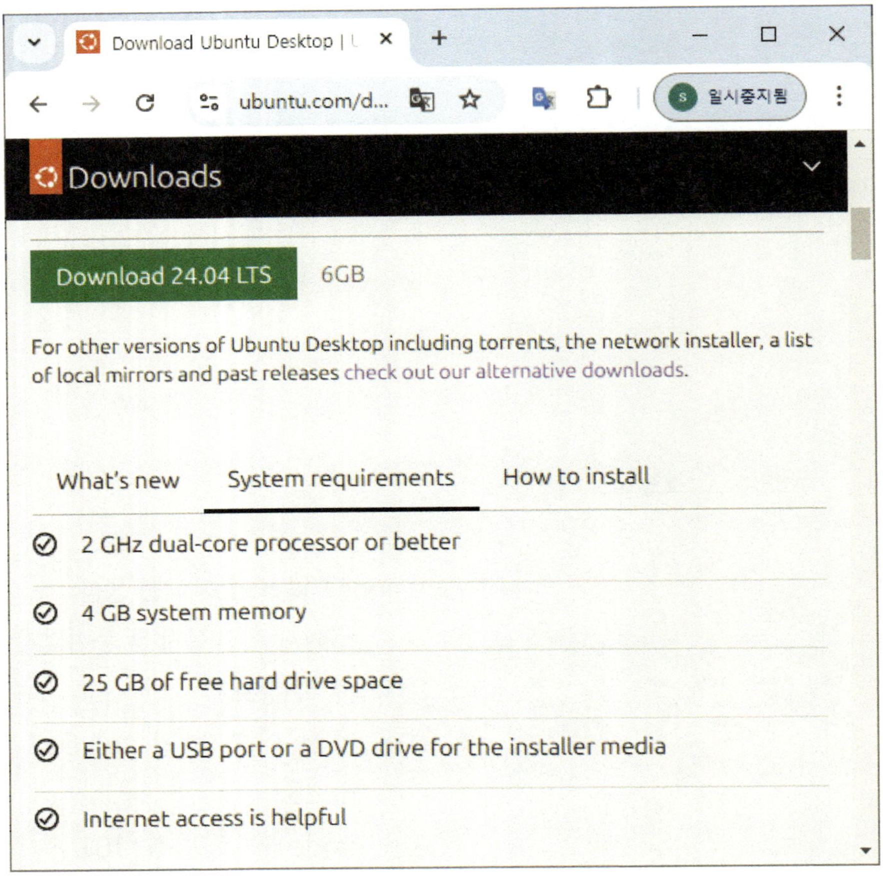

- 버전: 24.04 LTS
- 프로세서: 2 GHz 2코어 이상
- 메모리: 4 GB
- 하드 디스크: 25GB
- 인터넷, DVD 드라이브

②. 버추얼박스 마스터 가상 머신 만들기

- [머신]-[새로 만들기]

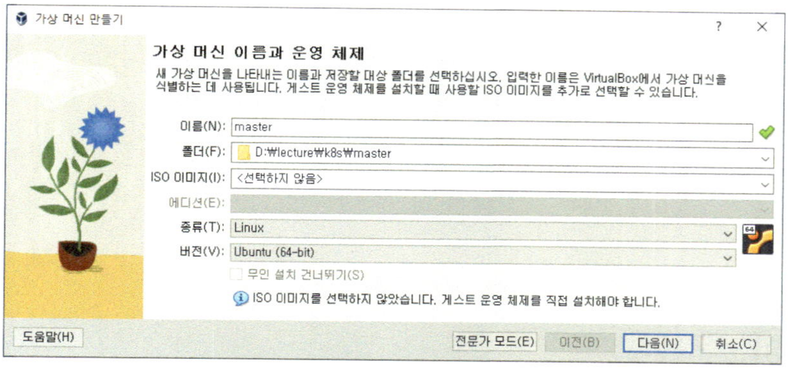

- 이름: master
- 폴더: [V]-[기타]-[폴더 지정], D:\lecture\k8s\master
- ISO 이미지: 〈선택하지 않음〉
- 종류: Linux
- 버전: Ubuntu (64-bit)
- [다음]

③. 하드웨어

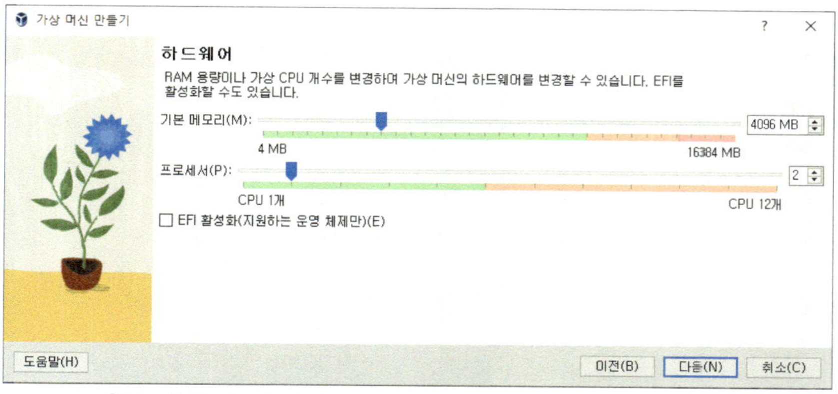

- 기본 메모리: 4096 MB
- 프로세서: 2
- [다음]

④. 가상 하드 디스크

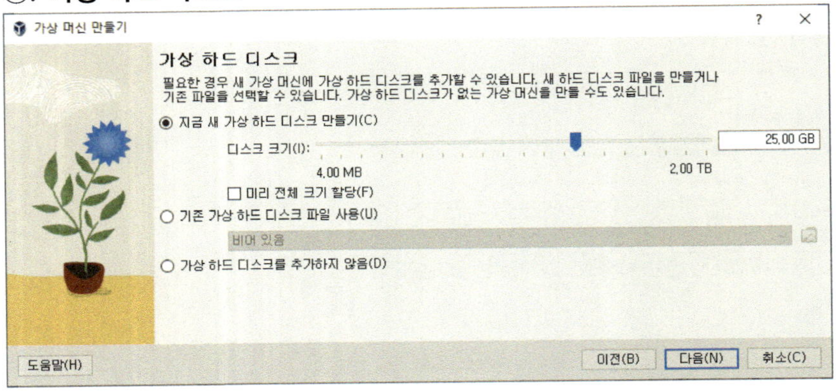

- 디스크 크기: 25 GB
- [다음]

⑤. 요약

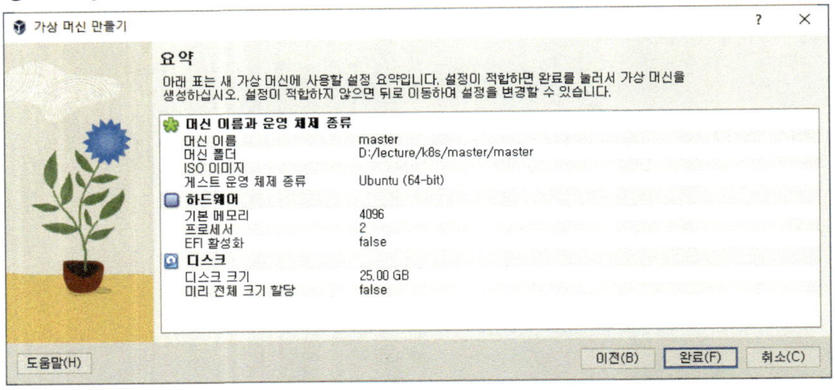

- 가상 머신 설정 요약
- [완료]

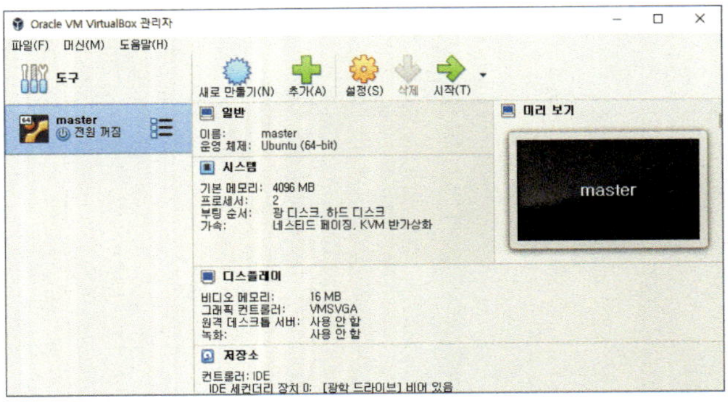

⑥. 마스터 설정

- [master]-[설정]

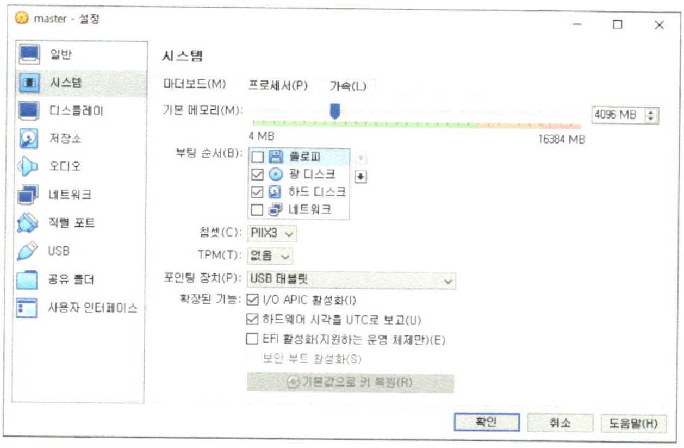

⑦. **시스템 설정**

- [시스템]
- 부팅순서: 플로피 해제

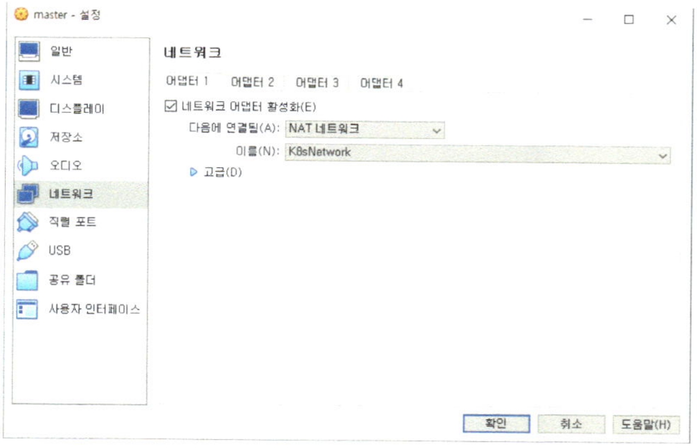

⑧. **네트워크 설정**

- [네트워크]
- [네트워크] - [어댑터1]
- 다음에 연결됨: NAT 네트워크
- 이름: K8sNetwork
- [확인]

10.2.4 마스터에 우분투 설치하기

①. **우분투 다운로드**

- https://ubuntu.com/download/desktop

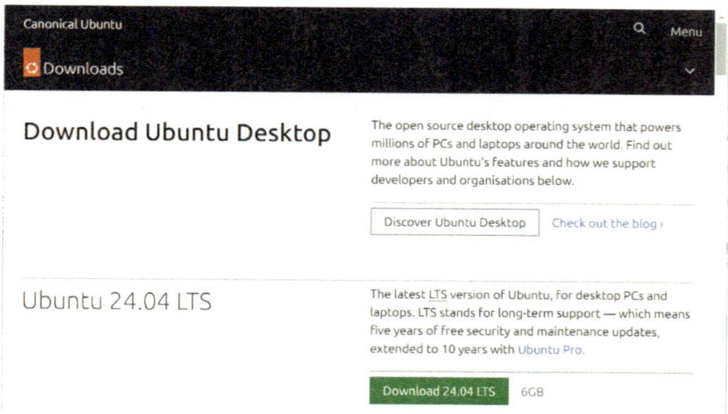

- 우분투 데스크톱 22.04 LTS 다운로드: 6 GB
- [Download 22.04 LTS]

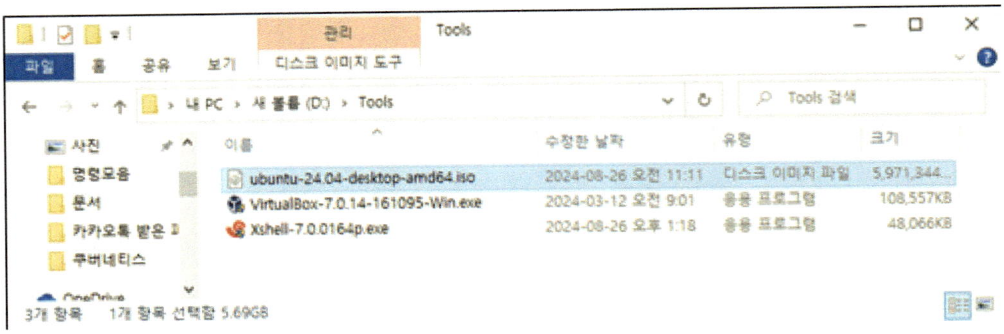

- ubuntu-24.04-desktop-amd64.iso

②. **마스터 IDE 저장소에 우분투 연결**

- [master]-[설정]-[저장소]

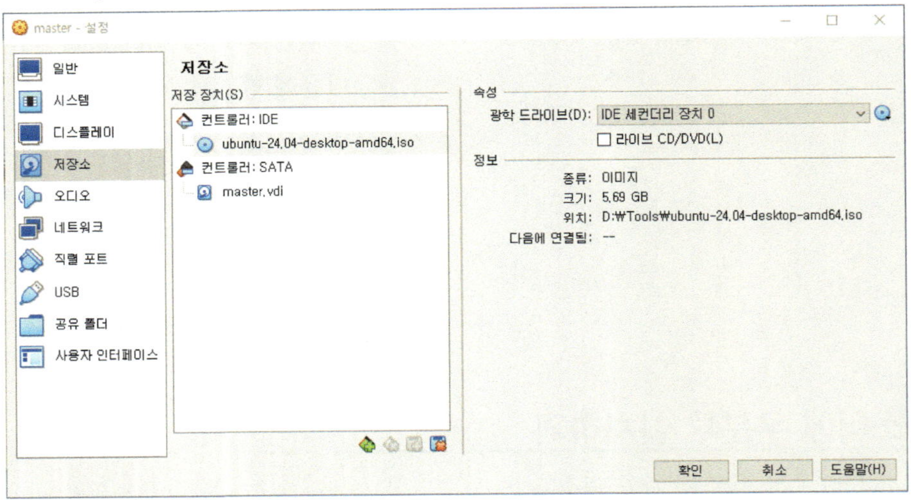

- 저장 장치 [컨트롤러: IDE]: [비어 있음]
- 속성 [광학 드라이브]: - [디스크 파일 선택] - 다운로드한 Ubuntu 선택
- [컨트롤러: IDE]: ubuntu-24.04-desktop-amd64.iso
- [확인]

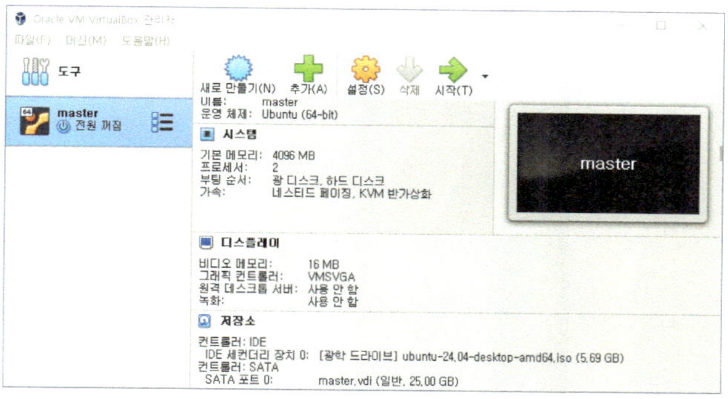

③. **우분투 설치 시작**

- [master]-[시작]

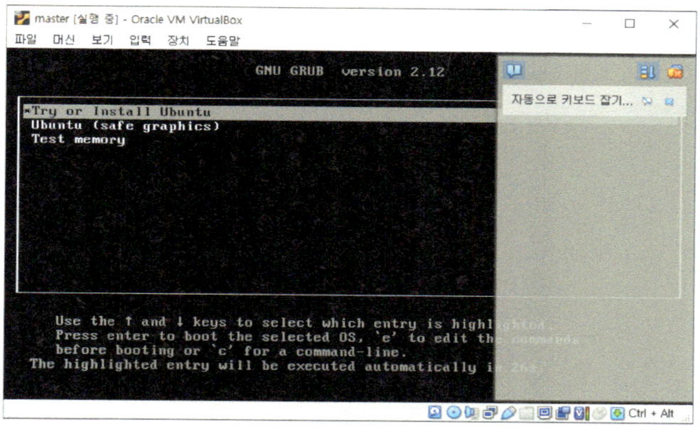

④. **시작 유형**

- [*Try or Install Ubuntu]-[Enter]

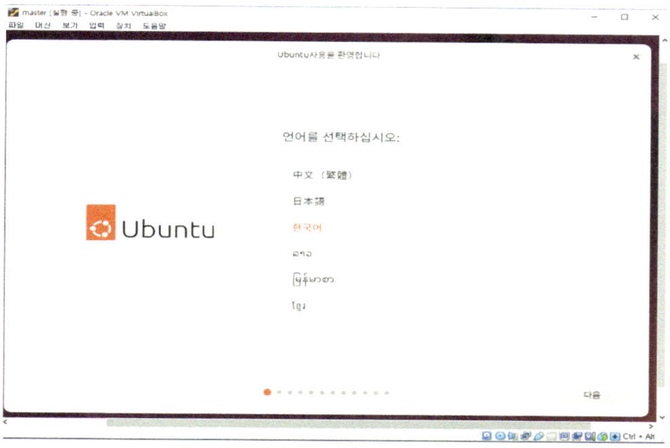

⑤. **설치 과정에 사용할 언어 선택**

- [한국어]-[다음]

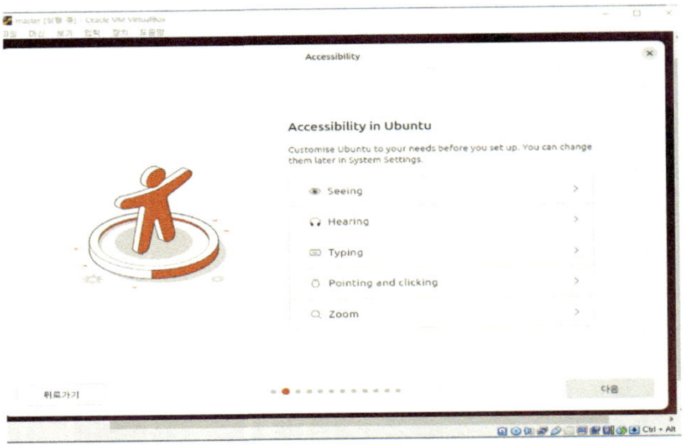

⑥. **우분투 접근**

- [다음]

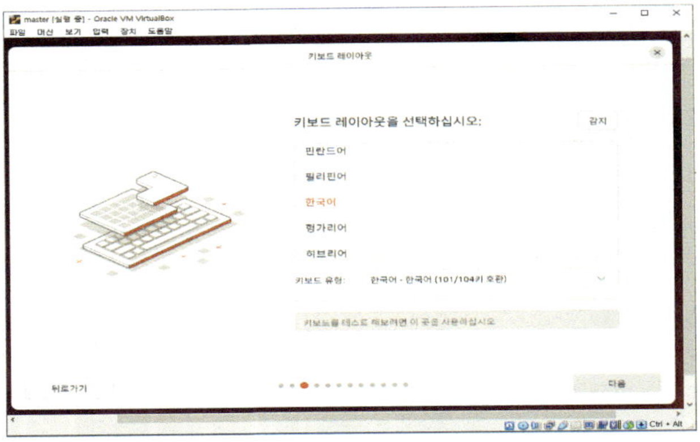

⑦. **키보드 레이아웃**

- [한국어]-[한국어(101/104 키 호환)]-[다음]

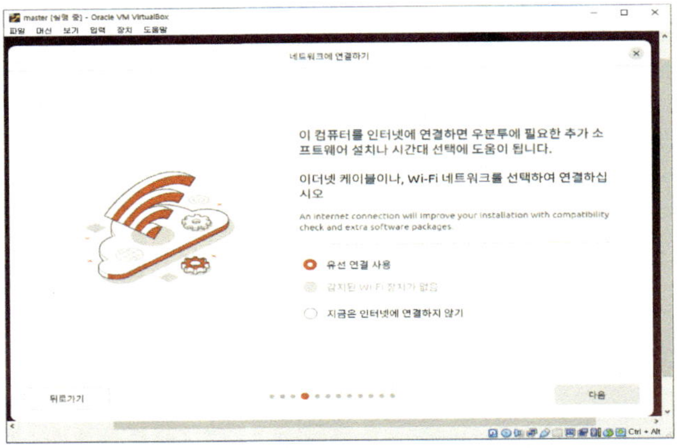

⑧. **네트워크에 연결하기**

- [유선 연결 사용]-[다음]

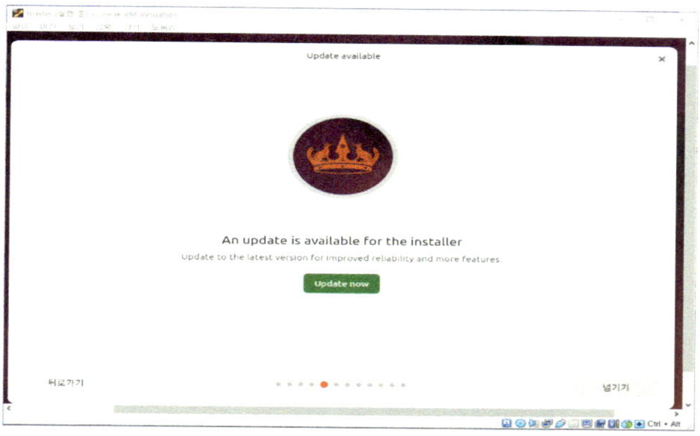

⑨. **업데이트**

- [넘기기]

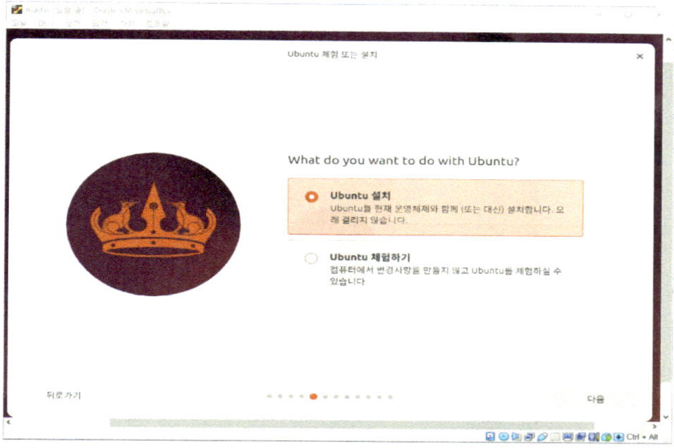

⑩. **우분투 설치**

- [Ubuntu 설치]-[다음]

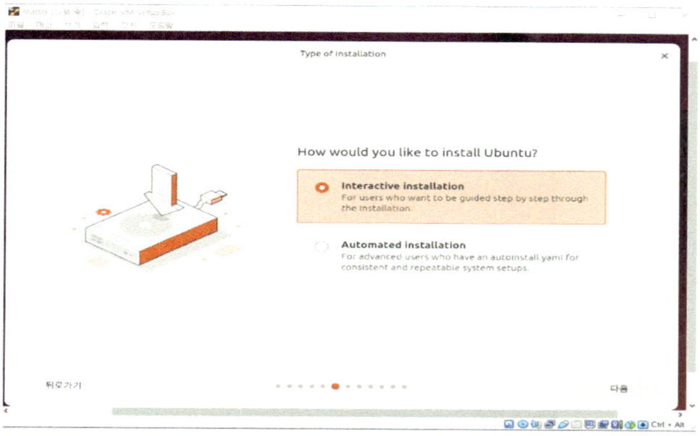

⑪. **설치 유형**

- [Interactive installation]-[다음]

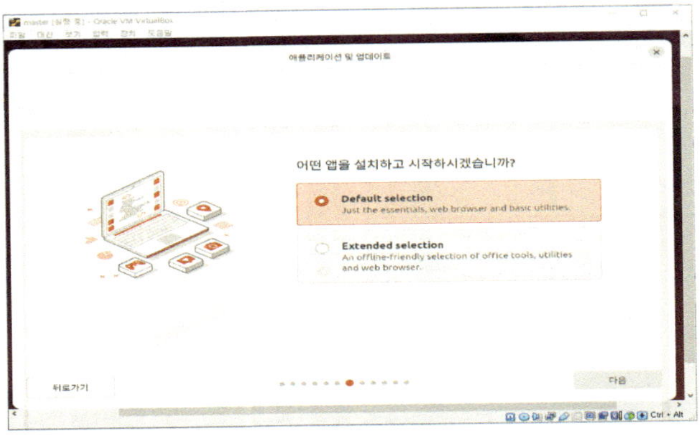

⑫. **애플리케이션 및 업데이트**

- [Default selection]-[다음]

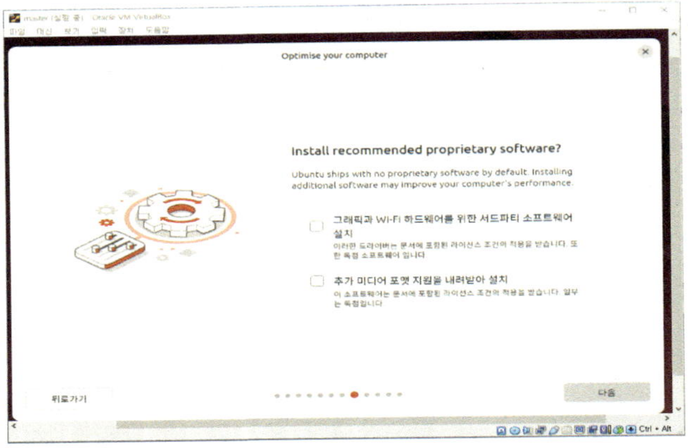

⑬. **컴퓨터 최적화하기**

- [다음]

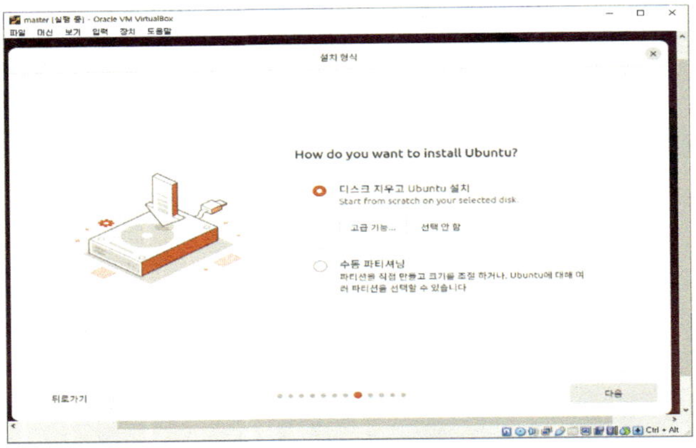

⑭. **설치 형식**

- [디스크 지우고 Ubuntu 설치]-[다음]

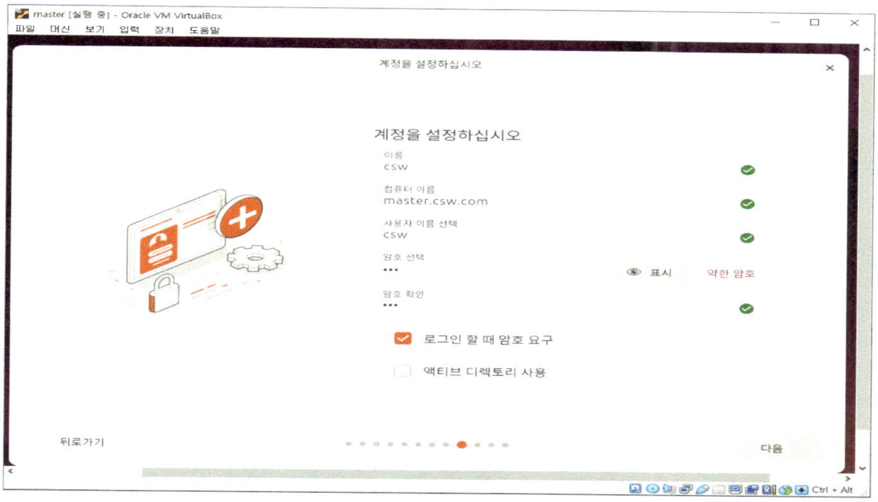

⑮. **계정 설정**

- 이름: csw
- 컴퓨터 이름: master.csw.com, 설치 후 호스트네임에 반영해야 함
- 사용자 이름: csw
- 암호: csw, 암호 확인: csw

※ **컴퓨터 이름 입력후 '이미 네트워크에 존재' 등 경고 무시(덮어씀)**

- 로그인할 때 암호 요구
- [다음]

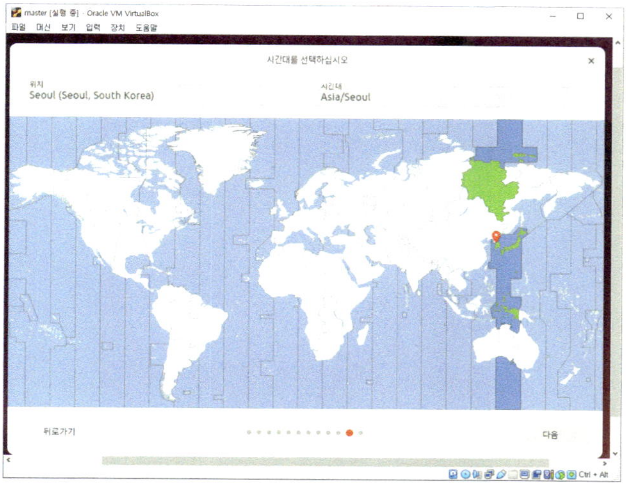

⑯. **시간대**

- Seoul
- [다음]

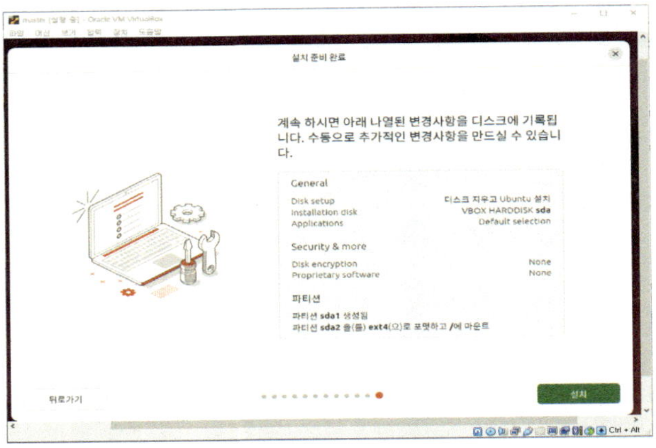

⑰. **설치 준비 완료**

- [설치]

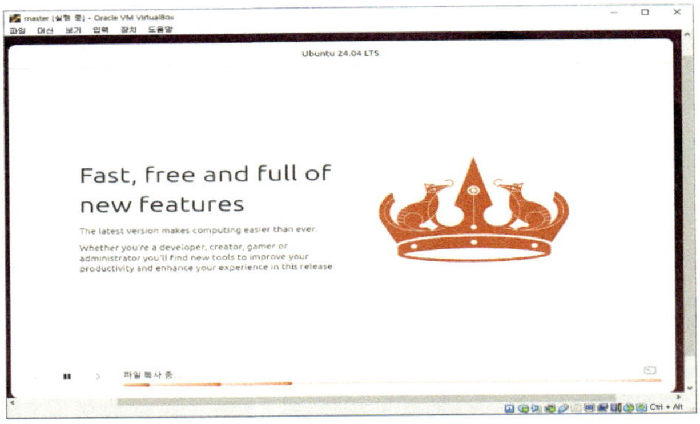

⑱. **설치 진행**

- 경과 시간: 10분 내외

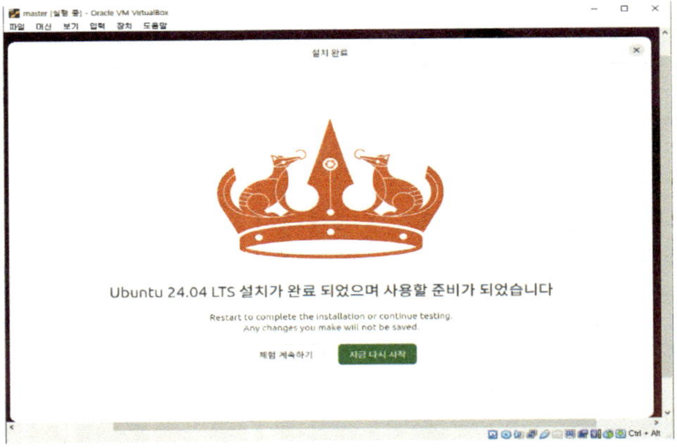

⑲. **설치 완료**

- [지금 다시 시작]

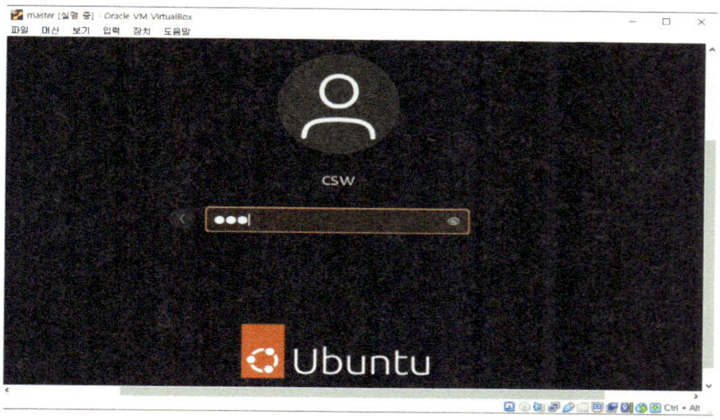

⑳. **csw 사용자 로그인**

- 암호: [csw]-[Enter]

10.2.5 우분투 설치 사후 설정하기

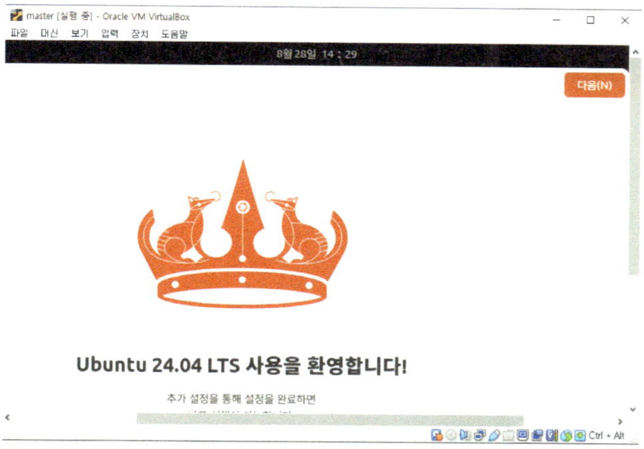

①. **환영합니다!**

- [다음]

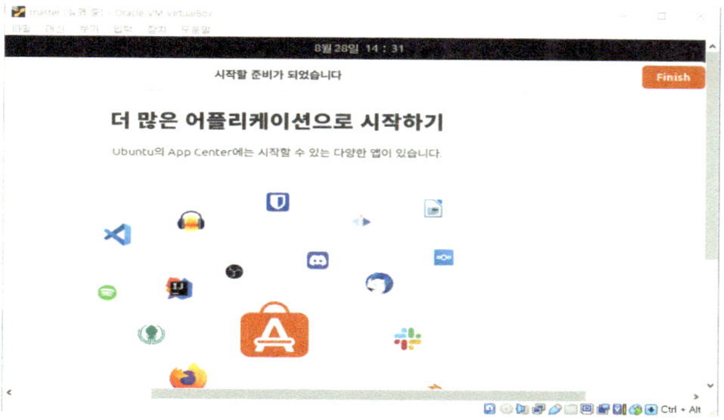

- [Ubuntu Pro] 등 기본 설정 [다음] 선택 후 [Finish]

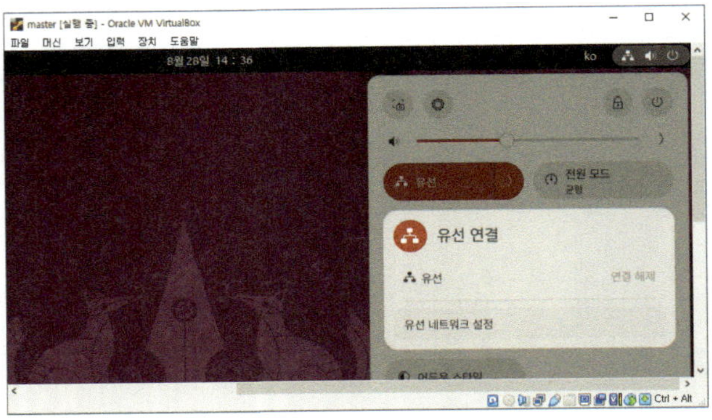

②. IP 주소 설정

- : [유선] - [유선 네트워크 설정]

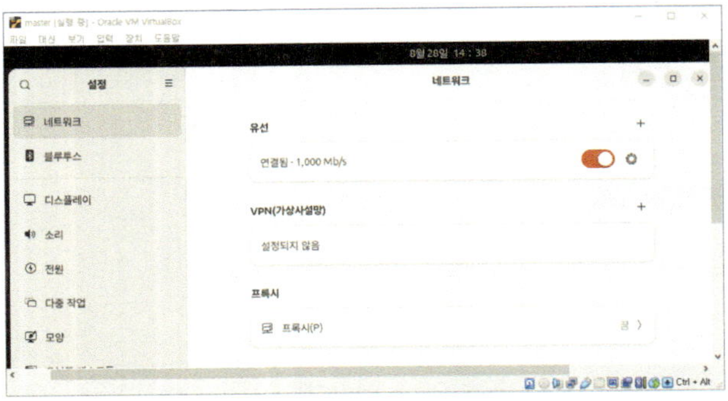

- 네트워크: [유선] - [연결됨 - 100Mb/s] - 설정 버튼 ( )

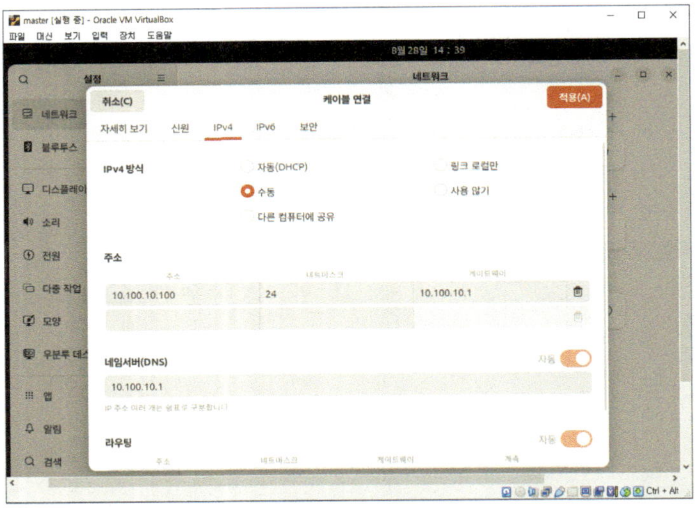

- [IPv4]
- IPv4 방식: 수동
- 주소: 10.100.10.100, 네트마스크: 24, 게이트웨이: 10.100.10.1
- 네임서버(운): 10.100.10.1

- [적용]

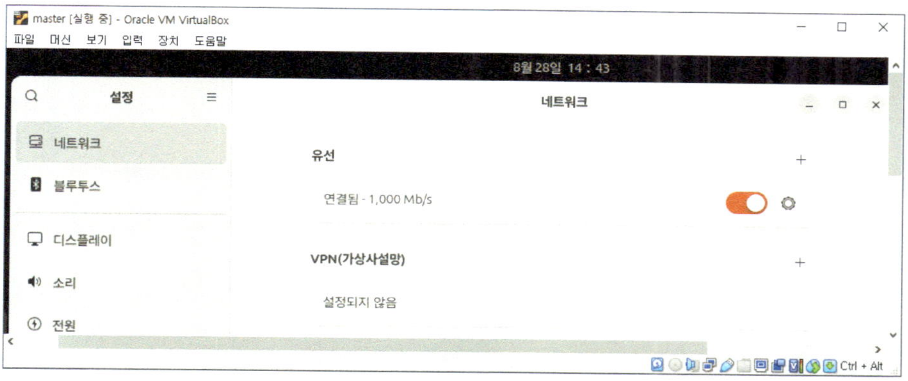

- 네트워크 설정 적용: [유선] - [연결됨 – 100Mb/s] - [ ] - [ ]

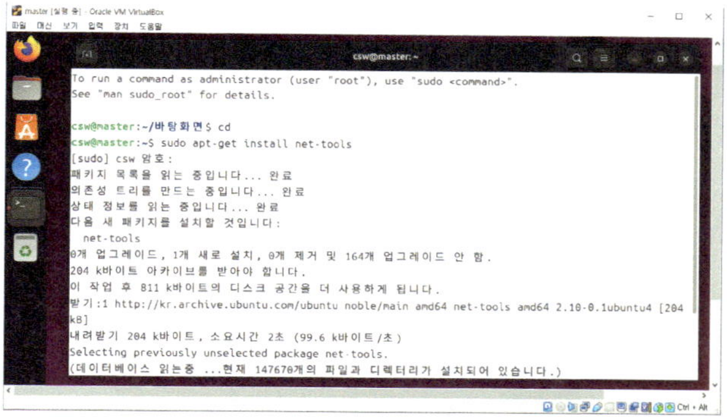

③. IP 주소 확인

- cd
- sudo apt-get install net-tools
- csw

- ifconfig

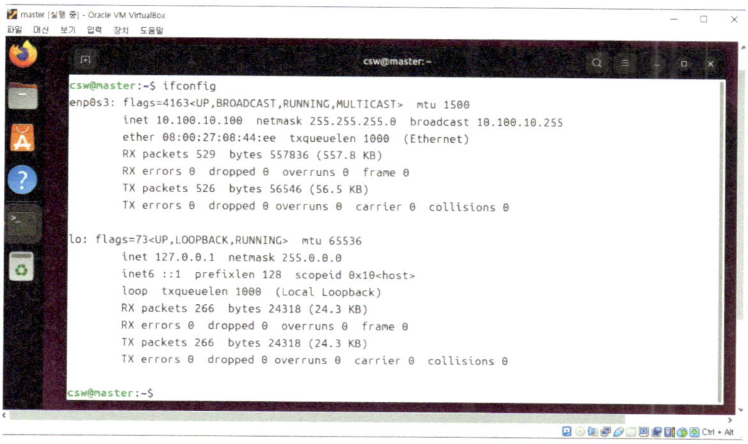

- inet 10.100.10.100 netmask 255.255.255.0

④. **마스터 호스트 이름 설정**

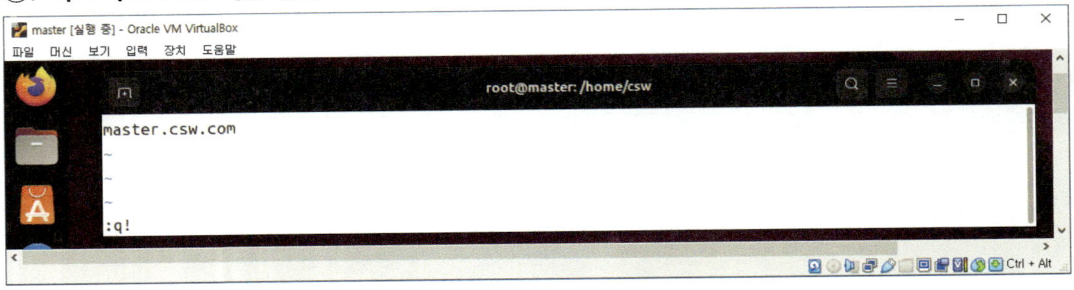

- sudo -s
-   - vi /etc/hostname
-   - 호스트 네임 master.csw.com

⑤. **호스트 이름과 주소 매핑**

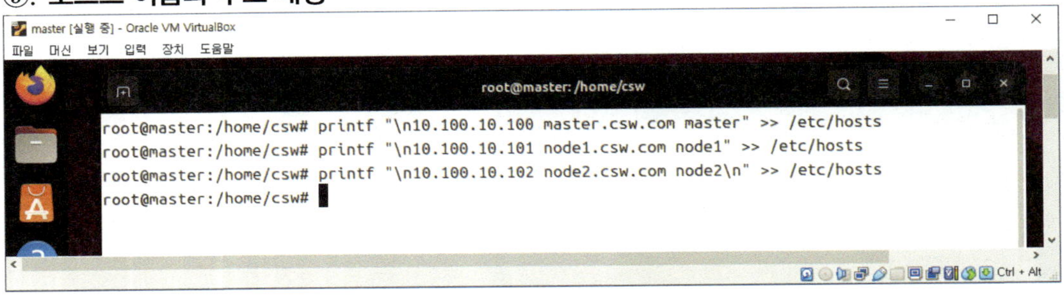

- printf "\n10.100.10.100 master.exam.com master" >> /etc/hosts
- printf "\n10.100.10.101 node1.exam.com node1" >> /etc/hosts
- printf "\n10.100.10.102 node2.exam.com node2\n" >> /etc/hosts
- 주소 매핑 확인

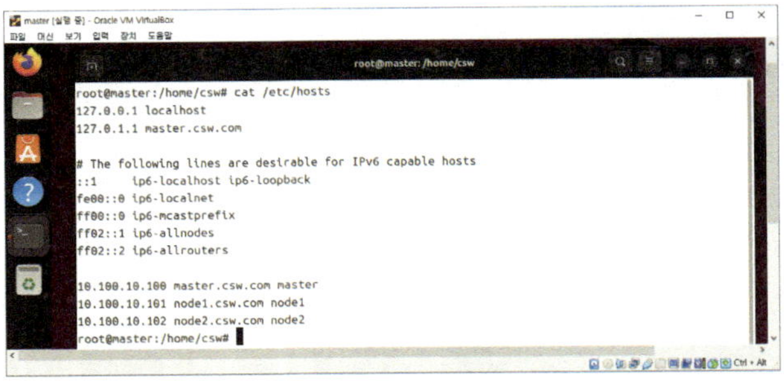

- cat /etc/hosts

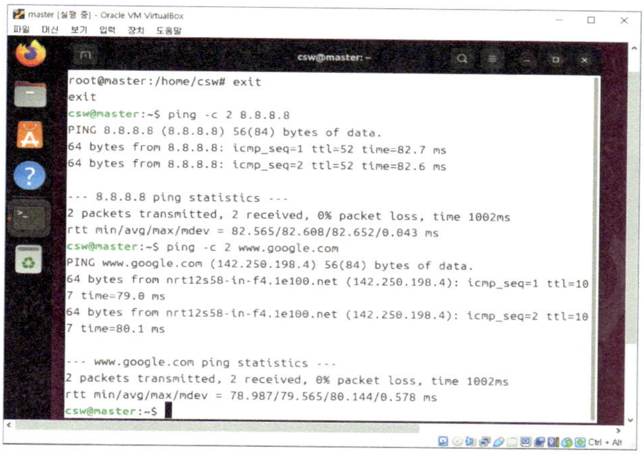

⑥. 인터넷 연결 시험

- exit
- ping -c 2 8.8.8.8
- ping -c 2 www.google.com

⑦. root 암호 설정

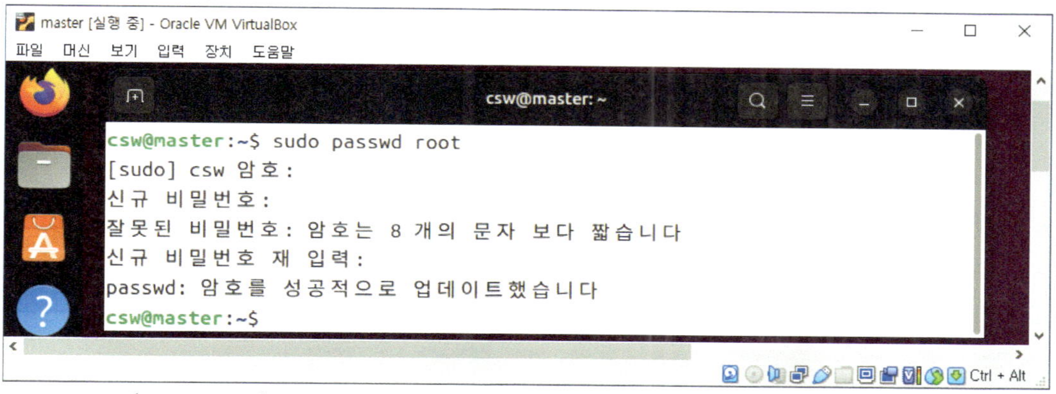

- sudo passwd root
- csw 암호: csw
- 신규 비밀번호: csw1234
- 신규 비밀번호 재 입력: csw1234

⑧. SSH 서버 설치

- 로컬 패키지 목록 갱신

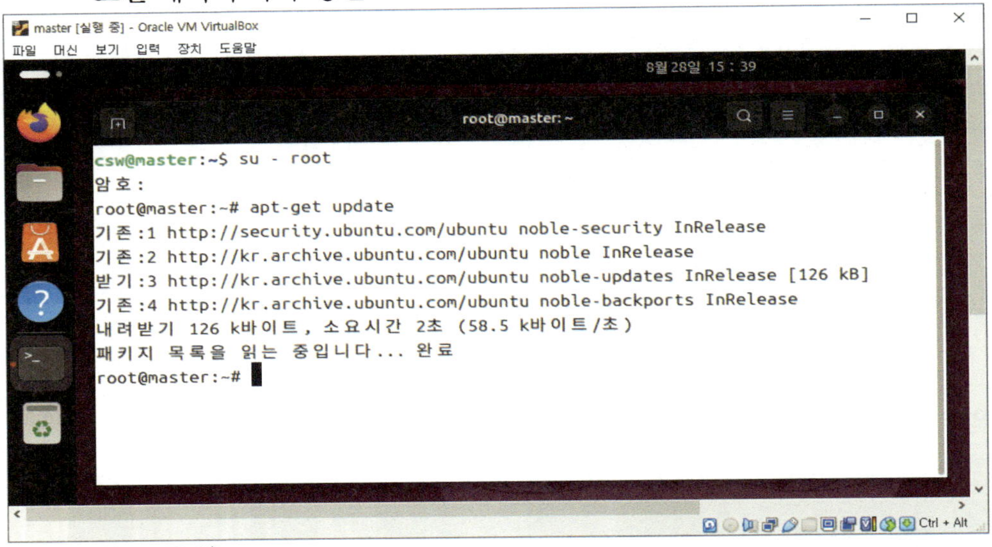

- su - root
- csw1234
- apt-get update
- ssh 서버, curl, vim, tree 패키지 설치

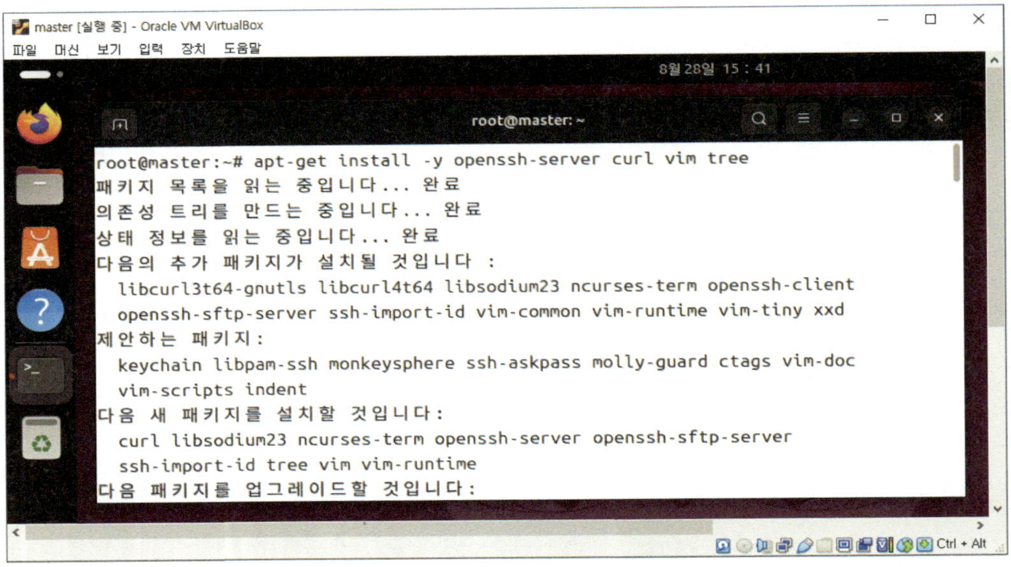

- apt-get install –y openssh-server curl vim tree
- SSH 서버 상태 확인
-

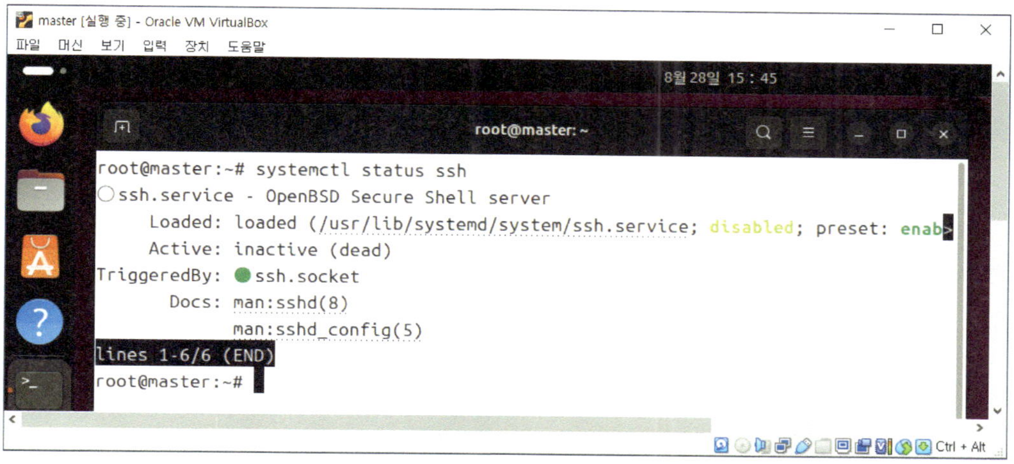

- systemctl status ssh
- disabled, inactive (dead)
- SSH 서비스 활성화

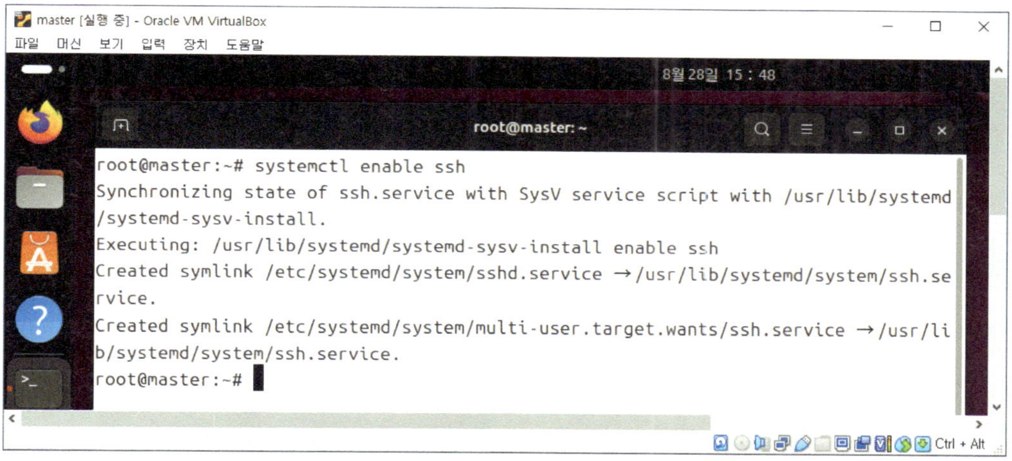

- systemctl enable ssh

- SSH 서비스 시작

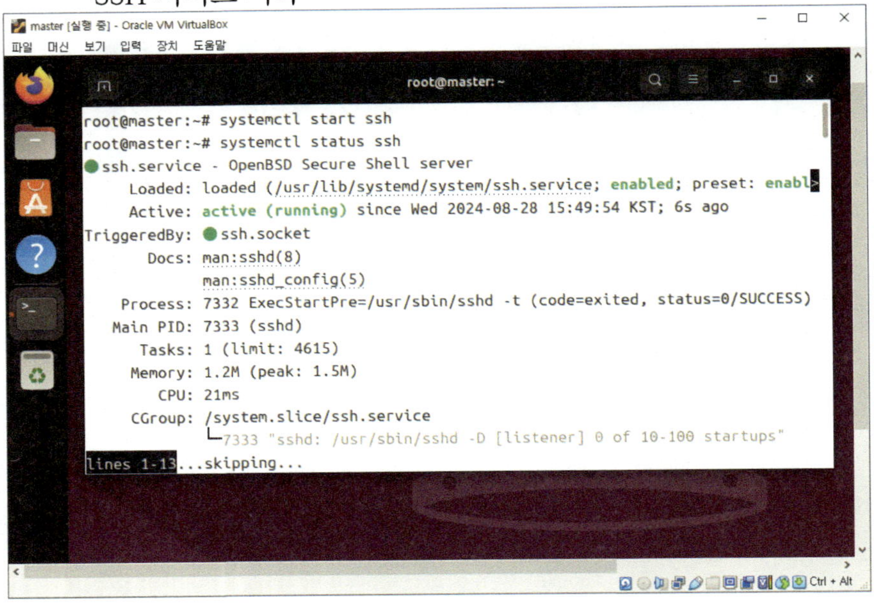

- systemctl start ssh
- systemctl status sshenabled, active (running)
- Ctrl + c
- 로컬 호스트의 csw 사용자와 ssh 서버 연결

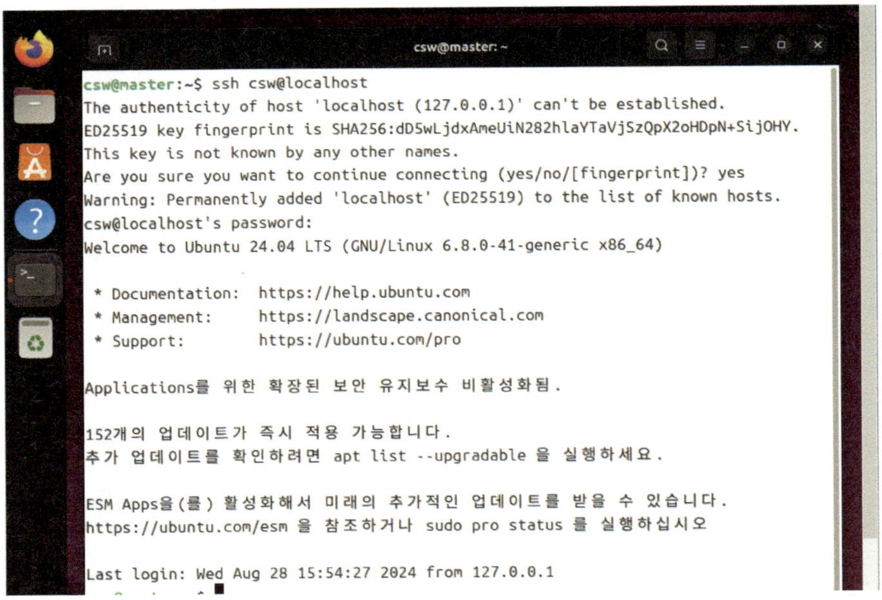

- ssh csw@localhost
- yes
- csw

⑨. **기본 부팅 모드를 텍스트 모드로 변경**

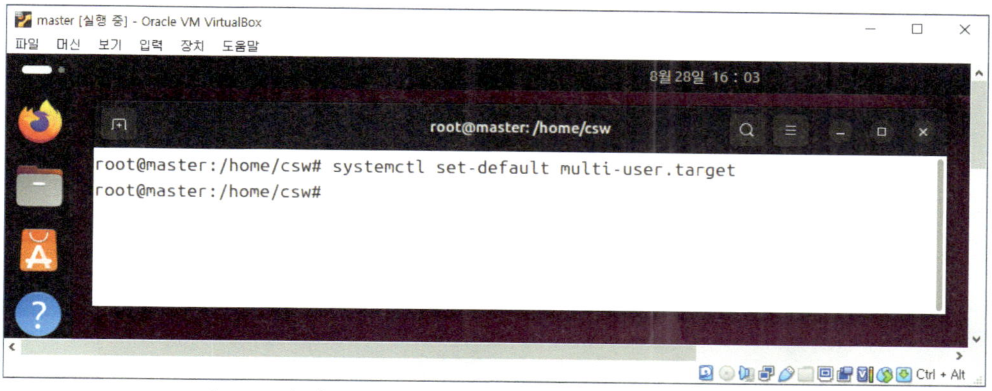

- systemctl set-default multi-user.target

⑩. **우분투 정보 확인**

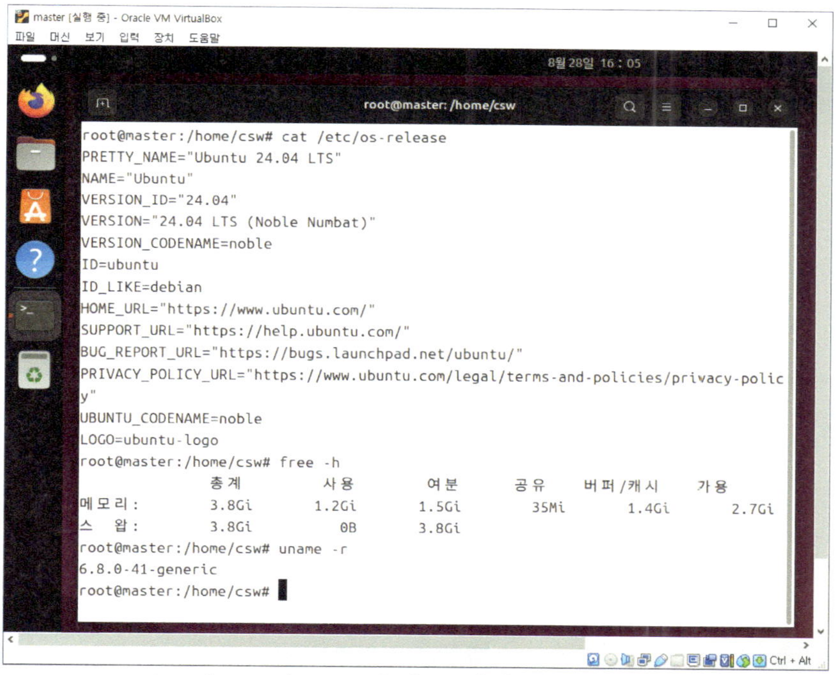

- cat /etc/os-release, 우부투 버전 확인
- free -h, 디스크 공간 확인
- uname -r, 리눅스 커널 버전 확인
-

⑪. 마스터 종료

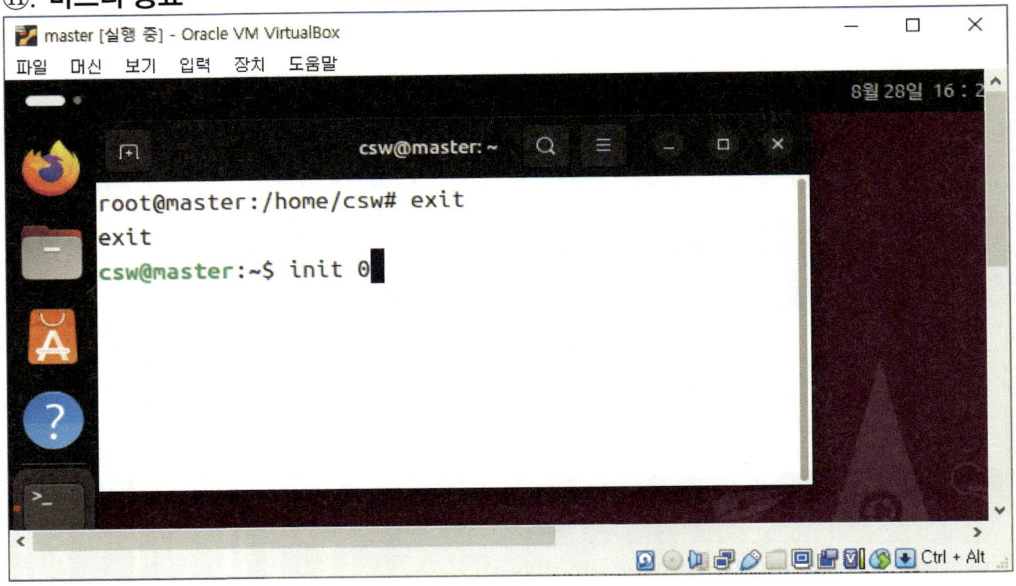

- exit
- init 0

10.3 노드1 환경 구축

Chapter 10. 쿠버네티스 환경 구축

10.3.1 노드1 생성하기

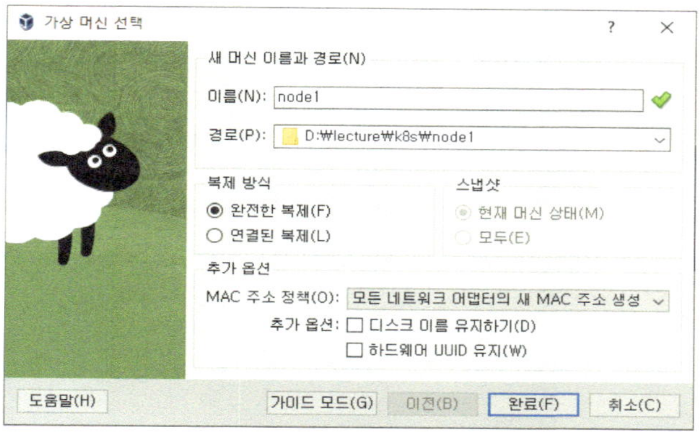

①. **마스터 복제**

- 이름: node1, 복제 방식: 완전한 복제
- MAC 주소 정책: 모든 네트워크 어댑터의 새 MAC 주소 생성
- 완료

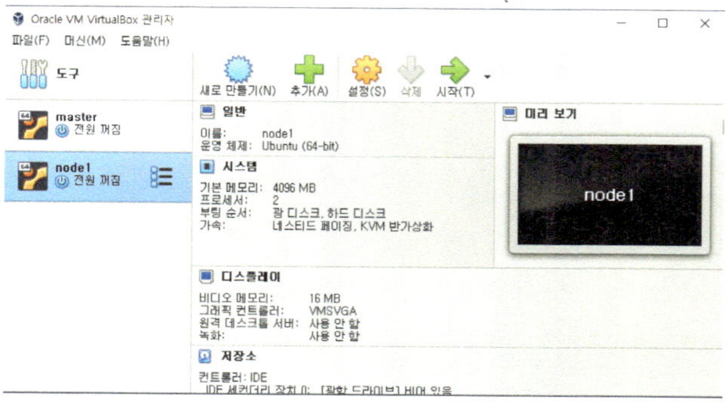

②. **복제 완료**

10.3.2 노드1 네트워크 설정하기

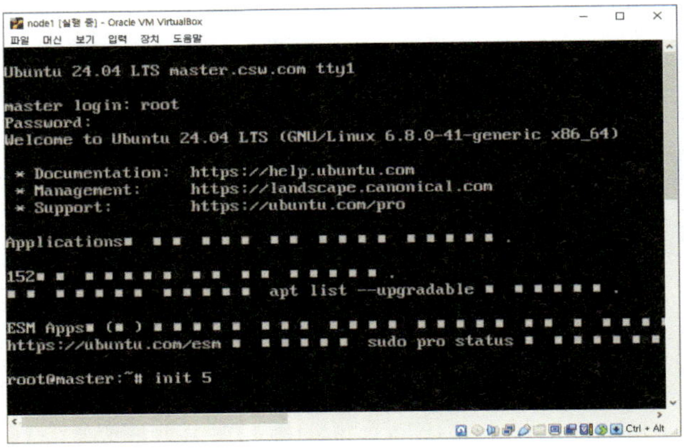

①. **노드1 부팅**

- root 로그인
- init 5: 그래픽 모드로 부팅

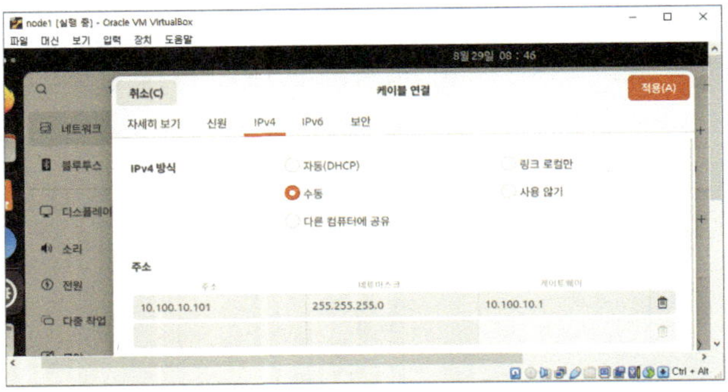

②. **노드1 IP 주소 설정**

- 주소: 10.100.10.101, [적용] 후 유선 연결됨 On → Off → On

③. **노드1 호스트 이름 설정**

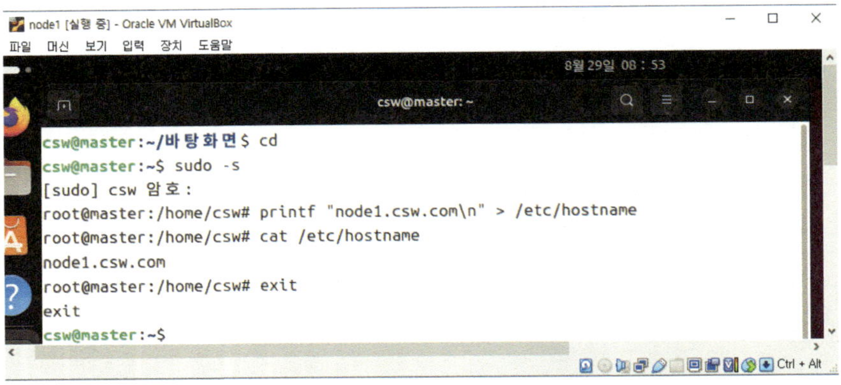

- cd
- sudo -s
- csw 암호: csw
- printf “node1.csw.com\n” 〉 /etc/hostname

- cat /etc/hostname
- exit

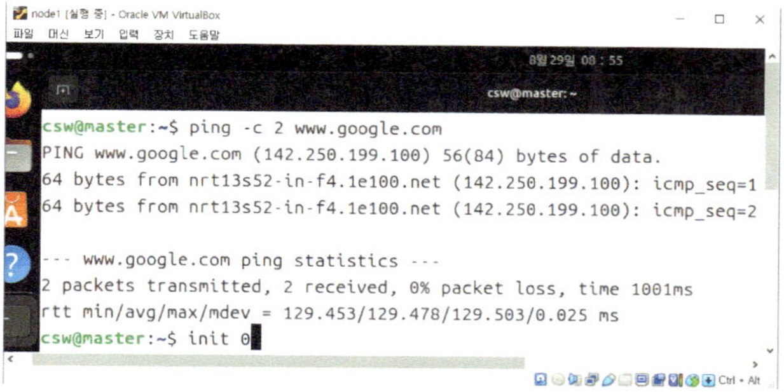

④. **인터넷 연결 시험**

- ping -c 2 www.google.com
- init 0

10.4 노드2 환경 구축

Chapter 10. 쿠버네티스 환경 구축

10.4.1 노드2 생성하기

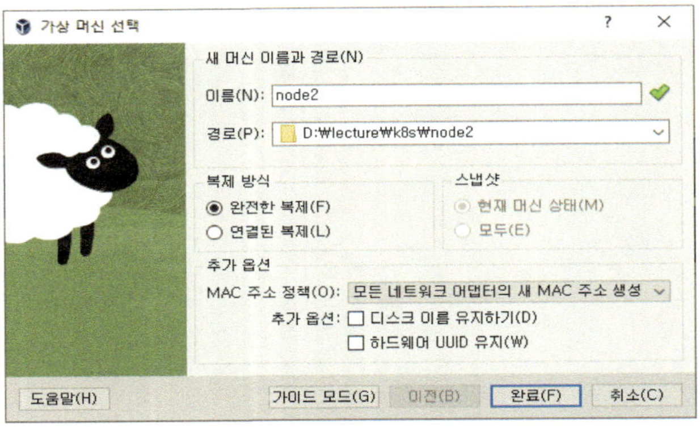

①. **노드1 복제**

- 이름: node2, 복제 방식: 완전한 복제
- MAC 주소 정책: 모든 네트워크 어댑터의 새 MAC 주소 생성
- 완료

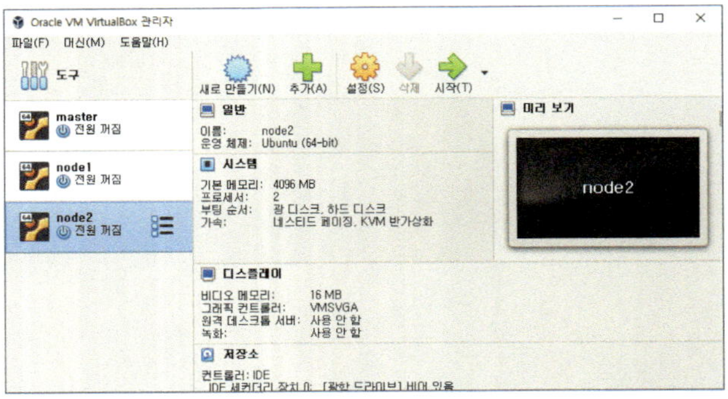

②. **복제 완료**

10.4.2 노드2 네트워크 설정하기

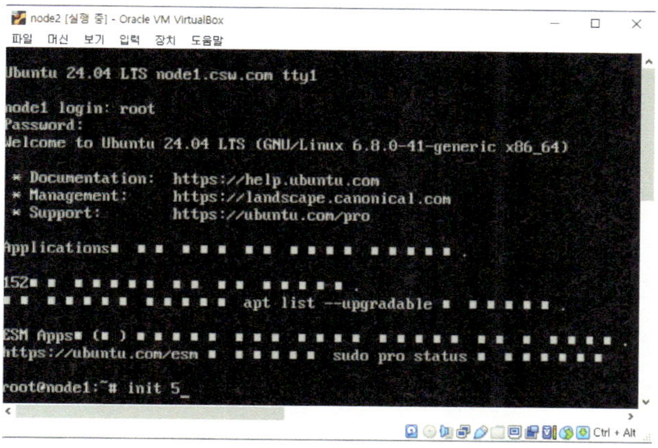

①. 노드2 부팅

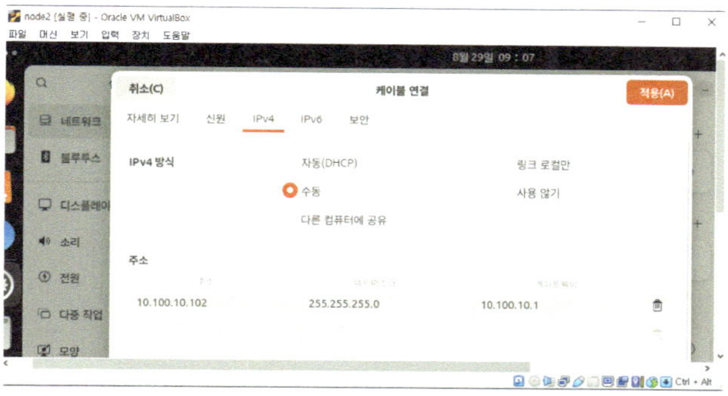

②. 노드2 IP 주소 설정

- 주소: 10.100.10.102
- [적용] 후 유선 연결됨 On → Off → On

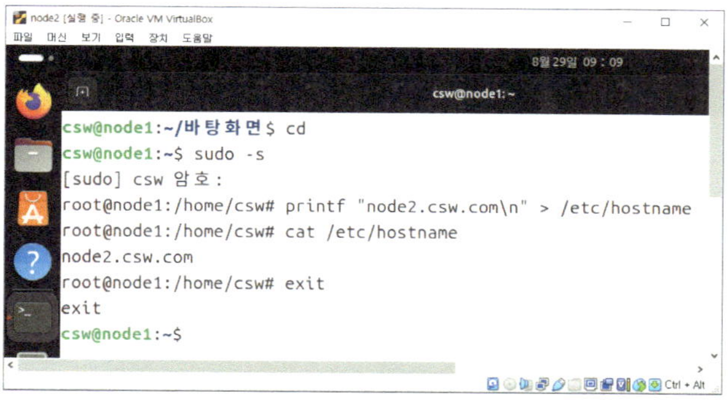

③. 노드2 호스트 이름 설정

- node2.csw.com

④. 인터넷 연결 시험

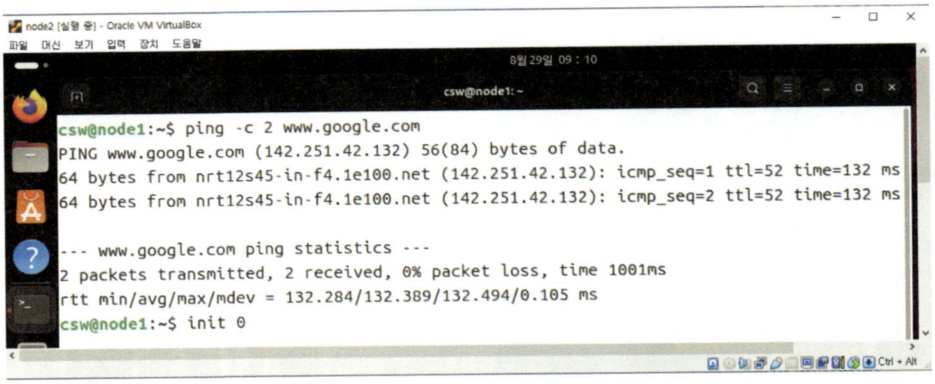

- ping 시험 후 init 0

10.5 Host 환경 구축

Chapter 10. 쿠버네티스 환경 구축

10.5.1 노드 시작하기

①. 마스터 시작

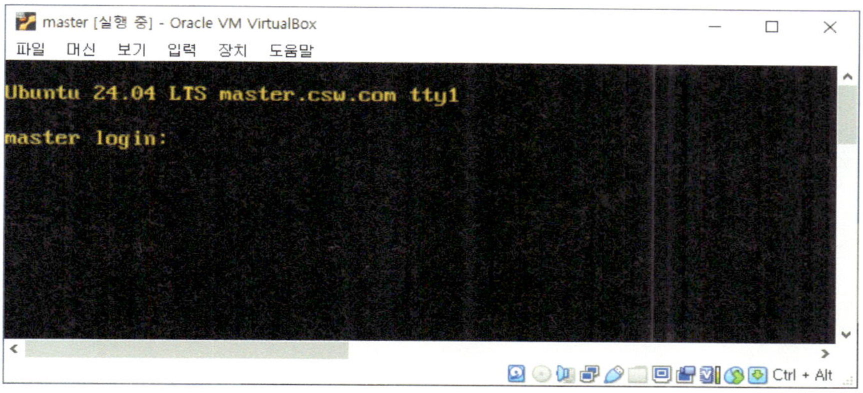

②. 노드1 시작

③. **노드2 시작**

10.5.2 Xshell 통해 호스트에 노드 원격 연결하기

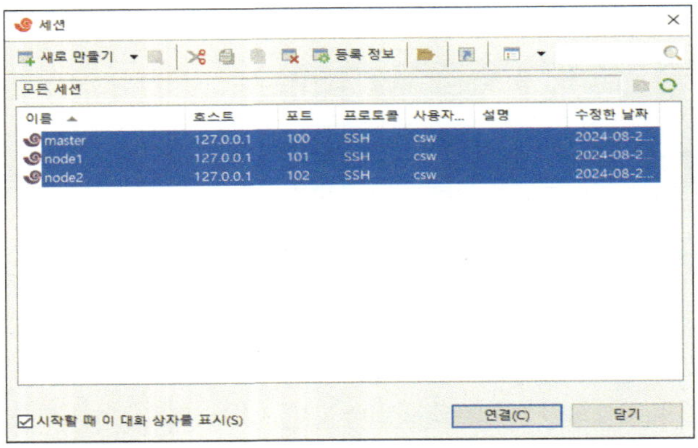

①. **Xshell 실행**

- master, node1, node2 세션을 통해 쿠버네티스 클러스터 노드 연결

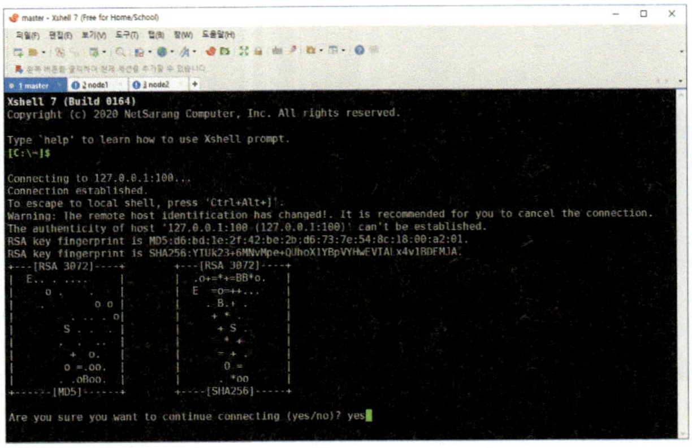

- master, node1, node2 인증키 수락 및 연결 허용: yes

10.5.3 노드 환경 확인하기

①. 창 배열 및 키 입력 보내기 설정

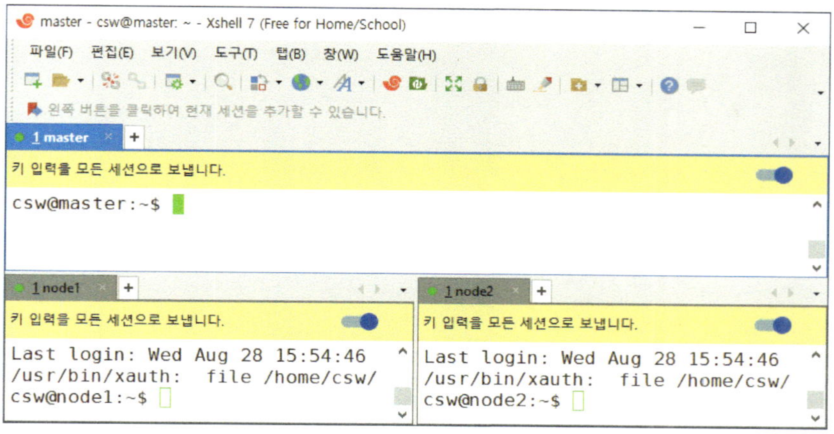

- 창 배열: 클릭 후 '바둑판식 정렬' 선택
- 도구: [키 입력 보내기 - 모든 세션] 선택

②. IP 주소 확인

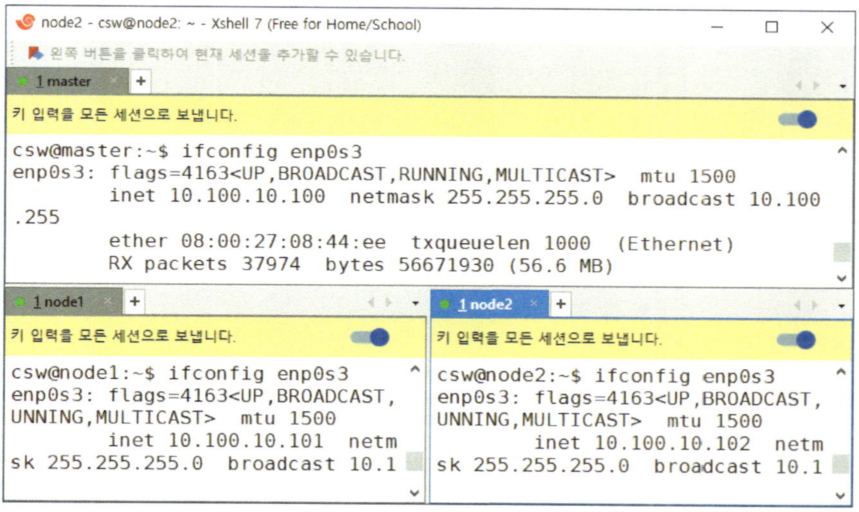

- ifconfig 〈인터페이스 이름〉
- 마스터 10.100.10.100/24, 노드1 10.100.10.101/24, 노드2 10.100.10.102/24

③. 호스트 네임 확인

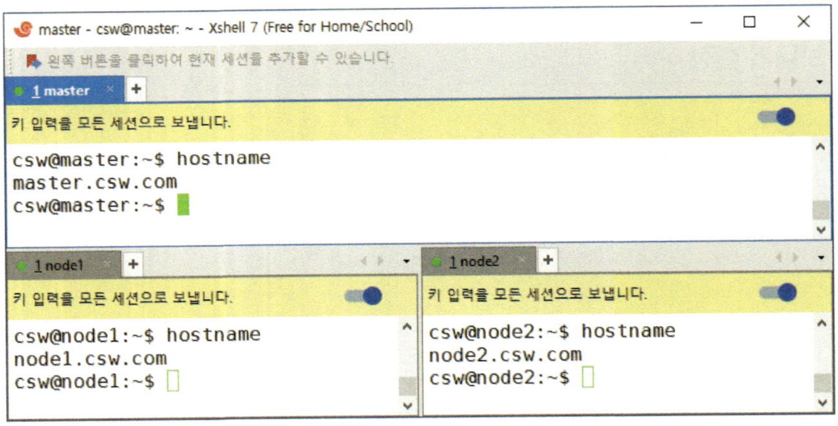

- hostname
- 마스터 master.csw.com, 노드1 node1.csw.com, 노드2 node2.csw.com

④. 인터넷 통신 시험

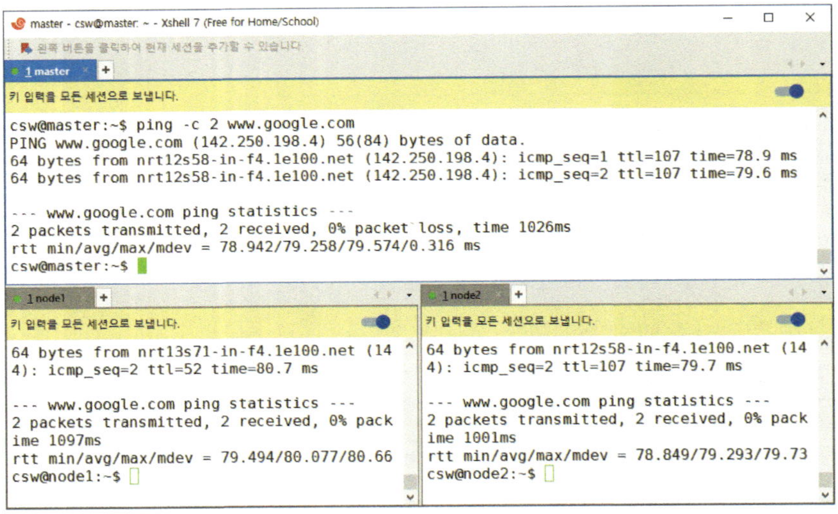

- ping -c 2 www.google.com

⑤. 노드 간 통신 시험

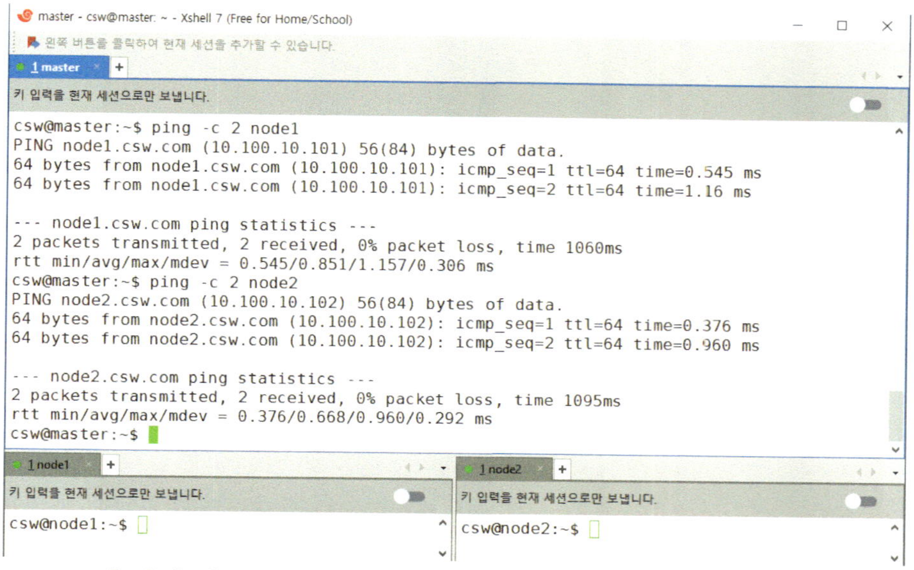

- 키 입력 현재 세션으로 전환
- 마스터에서 node1 및 node2로 ping 시험
- ping -c 2 node1
- ping -c 2 node2

11

쿠버네티스 설치

11.1 쿠버네티스 설치 전 환경 설정

Chapter 11. 쿠버네티스 설치

11.1.1 노드 스왑 해제하기

①. 클러스터 재시작

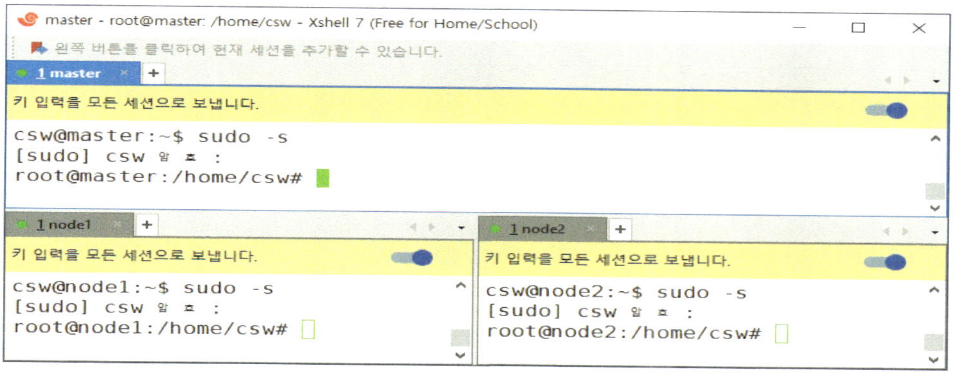

- 모든 노드 부팅 후 바둑판식 배열 및 키 입력 모든 세션 설정
- sudo -s: 현재 로그인 사용자를 root로 전환

②. 사전 요구사항 확인(Before you begin)

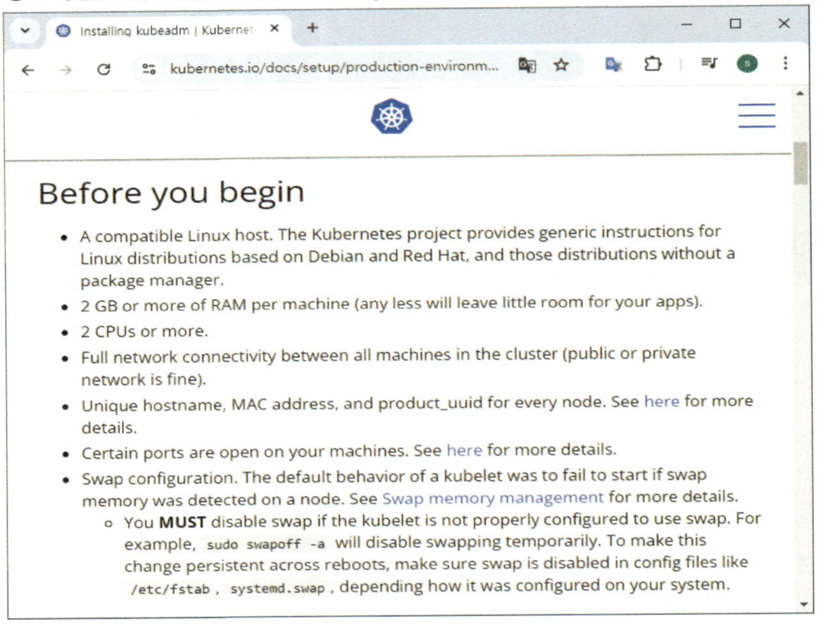

- https://kubernetes.io/docs/setup/production-environment/tools/kubeadm/install-kubeadm/
- Documentation / Getting started / Production environment
- Installing Kubernetes with deployment tools
- Bootstrapping clusters with kubeadm / Installing kubeadm
- RAM 2GB 이상, CPU 2개 이상, 클러스트 네트워크 구성
- 호스트 네임 및 MAC 주소 노드별 유일, 스왑 해제(swapoff –a) 등

③. 스왑 해제

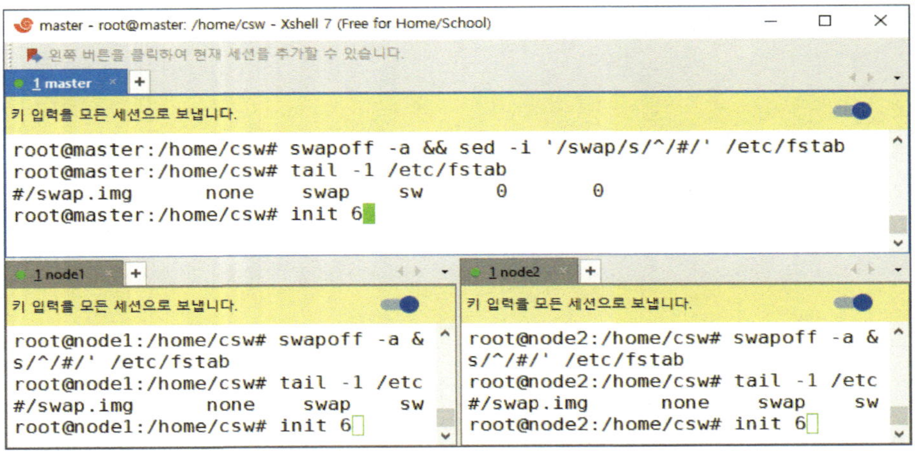

- 스왑 사용 문제: 노드 간 메모리 공유 시 문제 가능성
- swapoff -a: 현재 활성화된 모든 스왑 비활성화
- sed -i '/swap/s/^/#/' /etc/fstab: /etc/fstab 파일 스왑 항목 주석 처리
- 부팅 시 스왑 자동 마운트 해제
- tail -1 /etc/fstab: /etc/fstab 파일 마지막 즐 스왑 항목 주석 처리 확인
- init 6: 시스템 재부팅하여 새 설정 및 변경 사항 적용

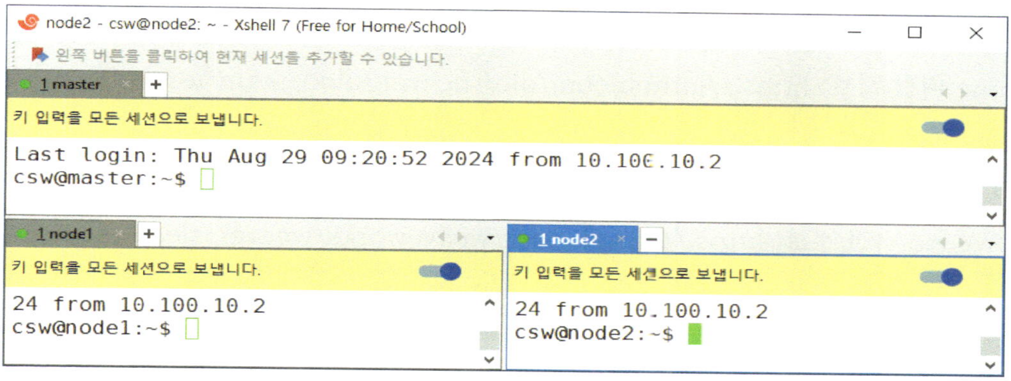

- 모든 노드 부팅 후(시간 걸림) 각 세션 내부 마우스 우클릭 후 다시 연결

11.1.2 컨테이너 런타임 구성 확인하기

- **쿠버네티스 1.30에 필요한 컨테이너 런타임 도구(구글 제미나이 참조)**
  - Containerd:
    - 권장 버전: 1.7.0
    - 최소 지원 버전: 1.6.0
  - rnc:
    - 권장 버전: 1.0.0
    - 최소 지원 버전: 0.12.0
  - CNI 플러그인:
    - Flannel: 0.12.0 이상
    - Calico: 3.21.0 이상
    - Weave: 2.7.0 이상
    - Antrea: 2.7.0 이상

- **참고**
  - 위 버전들은 쿠버네티스 버전 1.30과 공식적으로 테스트되고 지원되는 버전
  - 최신 버전을 사용하는 것이 일반적으로 권장
  - 사용하려는 CNI 플러그인의 버전 호환성 요구 사항도 확인 필요
- **추가 정보**
  - 쿠버네티스 버전 1.30 릴리스 노트: https://kubernetes.io/releases/
  - containerd 버전 정보: https://containerd.io/releases/
  - rnc 버전 정보: https://github.com/djc/rnc2rng/blob/main/test.py
  - Flannel 버전 정보: https://github.com/flannel-io/flannel/releases
  - Calico 버전 정보: https://github.com/projectcalico/calico/releases
  - Weave 버전 정보: https://github.com/weaveworks/weave/releases
  - Antrea 버전 정보: https://github.com/antrea-io/antrea/releases

①. **컨테이너 런타임 정보 확인**

- Getting started / Production environment / Container Runtimes

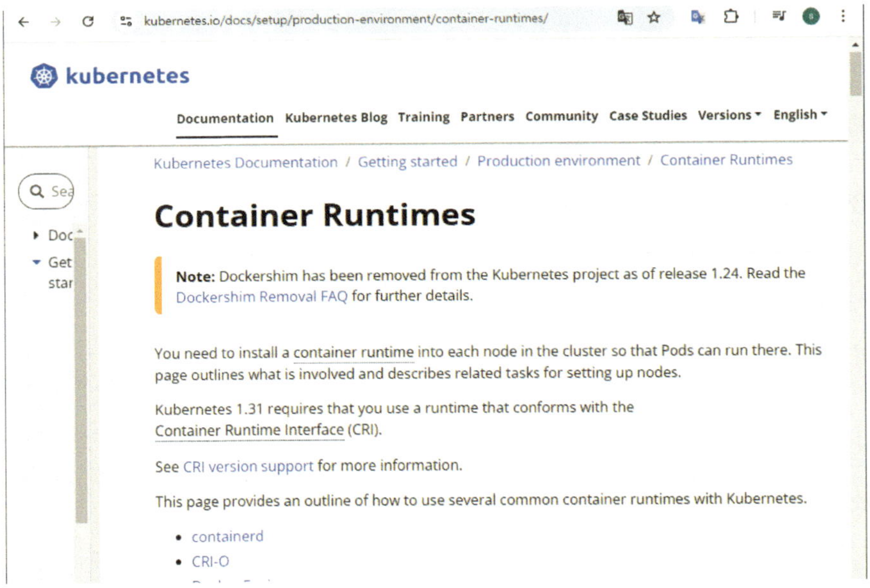

- 컨테이너 런타임: 쿠버네티스 독립적 컨테이너 실행 및 관리 엔진 플랫폼
- containerd: OCI(Open Container Initiative) 표준 준수 컨테이너 런타임, CRI 지원

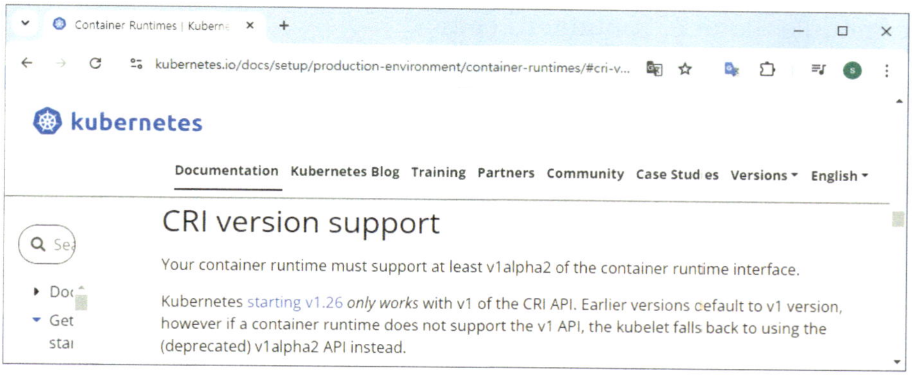

- CRI: 컨테이너 런타임과 쿠버네티스 간 상호 작용 표준화 API
- 쿠버네티스가 컨테이너 런타임 종류 무관하게 상호 작용 가능

②. **root로 전환**

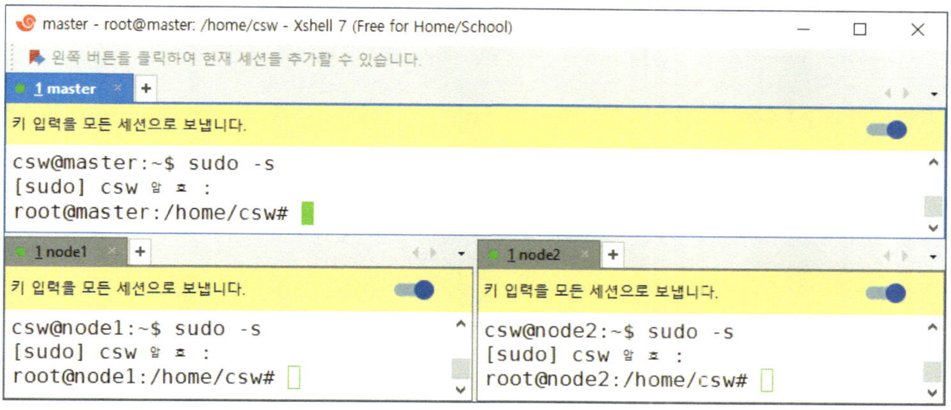

- 바둑판식 배열 및 키 입력 모든 세션 설정 후 root로 전환

③. **오버레이 및 브릿지 커널 모듈 등록**

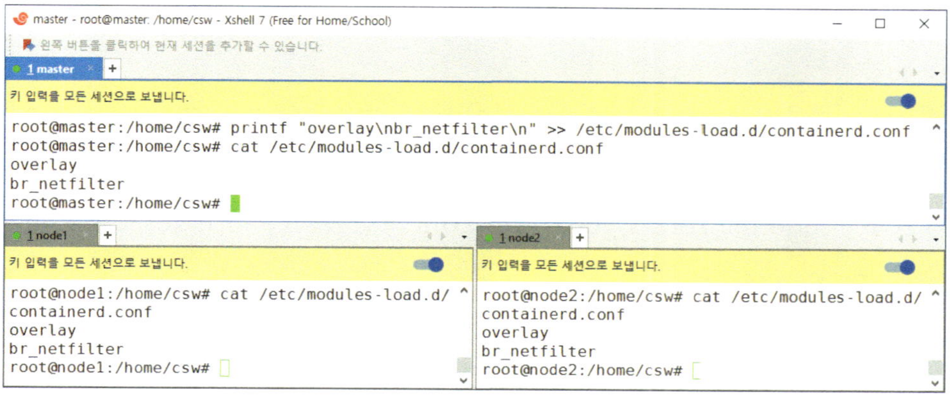

- printf "overlay\nbr_netfilter\n" >> /etc/modules-load.d/containerd.conf

- cat /etc/modules-load.d/containerd.conf
- 시스템 부팅 시 overlay 및 br_netfilter 커널 모듈 자동 로드되도록 설정
- overlay 커널 모듈: 컨테이너 이미지 레이어들(기본 운영 체제, 응용 프로그램, 설정 등)을 하나의 파일 시스템으로 결합하여 컨테이너 생성 및 실행에 사용
- br_netfilter 커널 모듈: 브리지 인터페이스 통과 네트워크 트래픽 필터링
- /etc/modules-load.d: 커널 모듈 로드를 위한 설정 파일 저장 디렉토리
- containerd.conf: containerd 서비스에 필요한 커널 모듈 목록 설정 파일

④. IPv4 패킷 전달 활성화

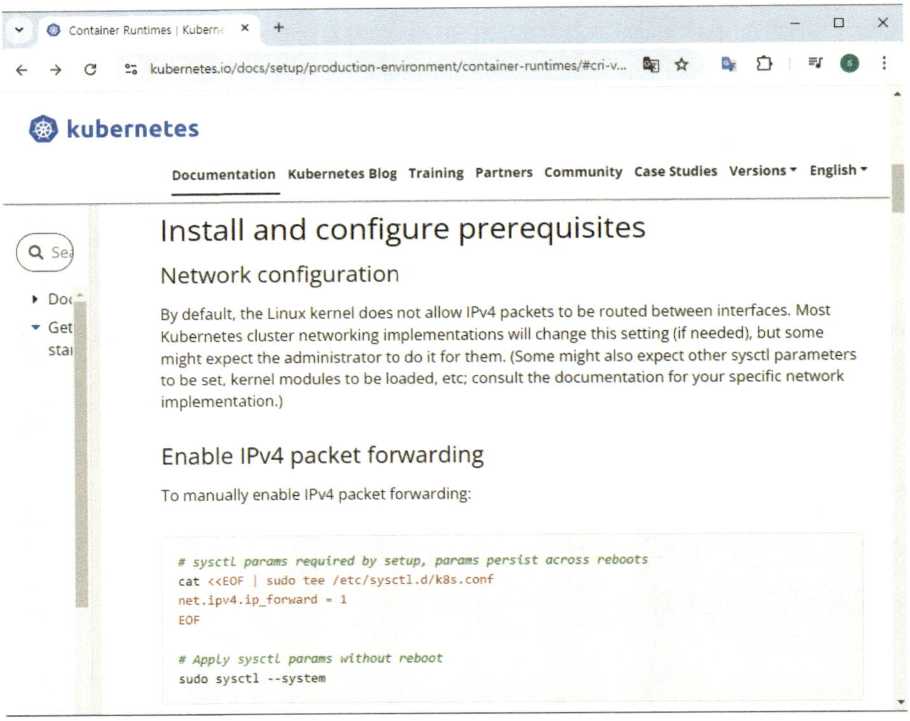

- 리눅스 특징: 기본적으로 네트워크 인터페이스 간 IPv4 패킷 전달 차단
- 쿠버네티스 클러스터 컨테이너 간 통신 방해
- cat <<EOF | sudo tee /etc/sysctl.d/k8s.conf 또는 99-kubernetes-cri.conf
- net.ipv4.ip_forward = 1
- EOF
- sudo sysctl --system
- 'net.ipv4.ip_forward = 1': 매개 변수 파라미터 net.ipv4.ip_forward 설정

- 패킷 전달 활성화
- /etc/sysctl.d/: 커널 파라미터 설정 파일 저장, 부팅 후 자동 적용
- k8s.conf: 쿠버네티스 API 서버 설정 파일(서버 주소, 인증 토큰, 클러스터 이름)
- 99-kubernetes-cri.conf: 일반적인 CRI 설정 파일(네트워크, CRI 드라이버(containerd, docekr 등))
- CRI 관련 설정이므로 99-kubernetes-cri.conf 파일 사용 적절
- **iptables의 브릿지 트래픽 검사 활성화**

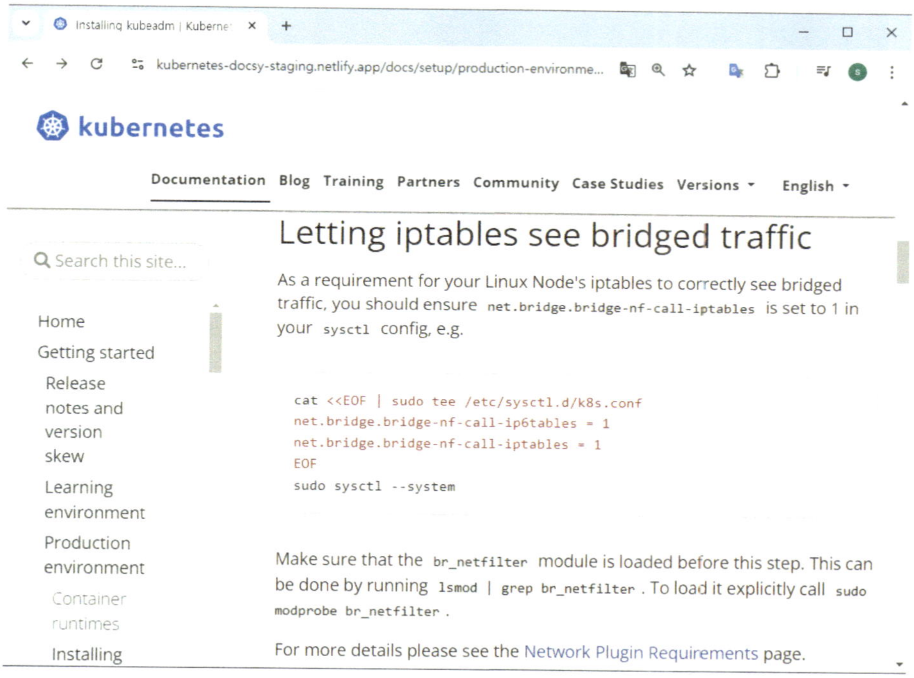

- https://kubernetes-docsy-staging.netlify.app/docs/setup/
- production-environment/tools/kubeadm/install-kubeadm/
- 사전에 br_netfilter 모듈 로드 필요
- 'net.bridge.bridge-nf-call-ip6tables = 1':
- 브리지 인터페이스에서 Netfilter IPv6 트래픽 검사 활성화
- 'net.bridge.bridge-nf-call-iptables = 1':
- 브리지 인터페이스에서 Netfilter IPv4 트래픽 검사 활성화
- iptables: Netfilter 내부 모듈로서 사용자 정의 규칙(방화벽 규칙 등)을 Netfilter가 이해하도록 커널 수준 지침으로 변환

- br_netfilter: Netfilter 내부 모듈, 브리지 네트워크
- Netfilter 프레임워크: 커널 내장 구성 요소
- 'sysctl --system': 커널 파라미터 설정을 시스템 설정 파일에 적용
- 리눅스 시스템의 iptables가 브리지 인터페이스에서 Netfilter 검사 활성화
- 쿠버네티스 클러스터 내 컨테이너 네트워크 트래픽(IPv4 및 IPv6) 통신 보장
- CRI 관련 설정이므로 99-kubernetes-cri.conf 파일 사용 적절

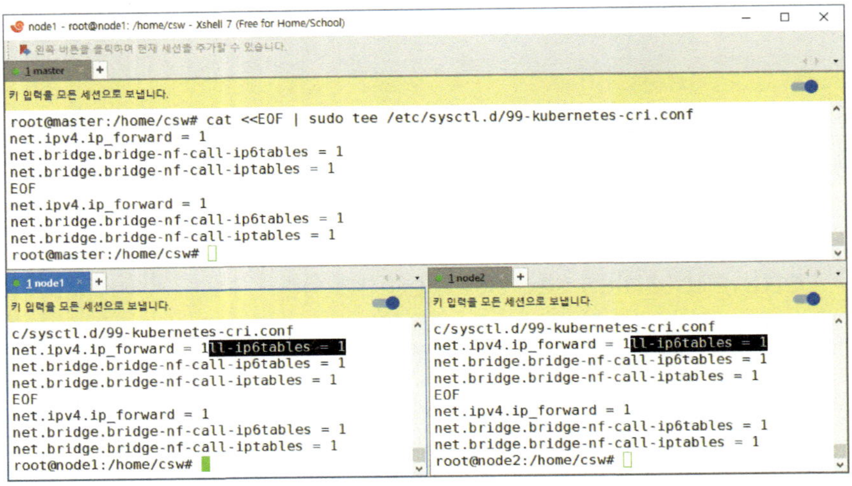

- cat <<EOF | sudo tee /etc/sysctl.d/99-kubernetes-cri.conf
- net.ipv4.ip_forward = 1
- net.bridge.bridge-nf-call-ip6tables = 1
- net.bridge.bridge-nf-call-iptables = 1
- EOF

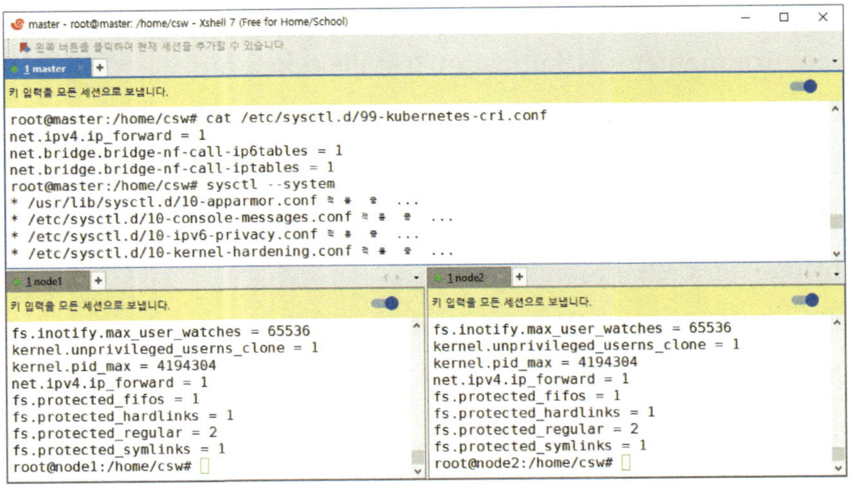

- 'cat /etc/sysctl.d/99-kubernetes-cri.conf': 설정 확인
- sysctl --system: 시스템에 설정 적용

⑤. **방화벽 해제**

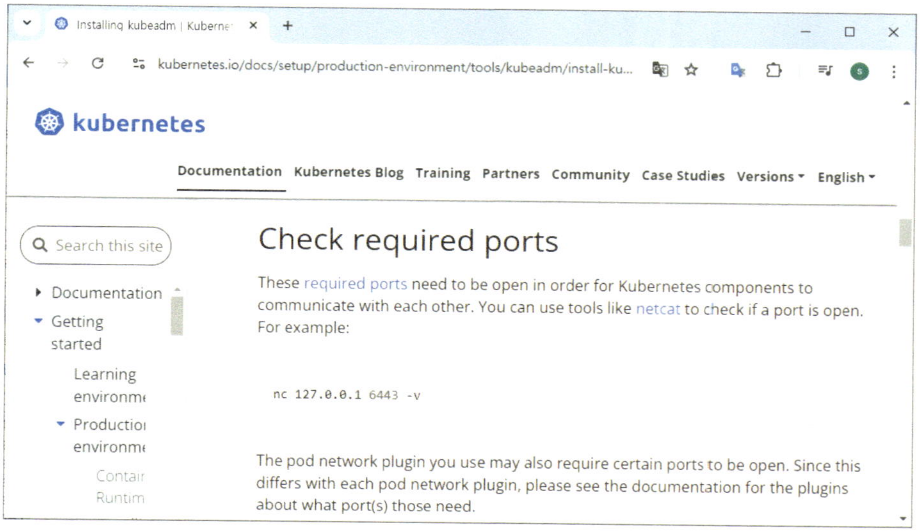

- Getting started / Production environment /
- Installing Kubernetes with deployment tools /
- Bootstrapping clusters with kubeadm / Installing kubeadm
- 포트 요구사항 확인하여 방화벽 설정 필요
- 온프레미스 환경 실습으로 방화벽 해제 필요

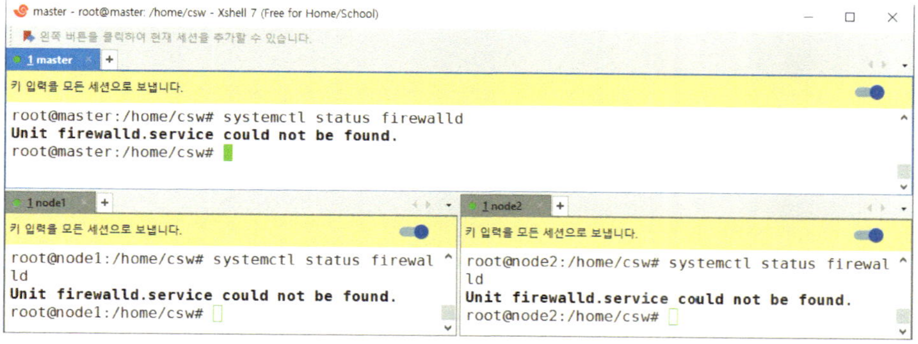

- systemctl status firewalld
- 우분투는 기본적으로 firewalld 방화벽 서비스를 설치하지 않음
- firewalld 서비스는 주로 CentOS 리눅스에서 사용

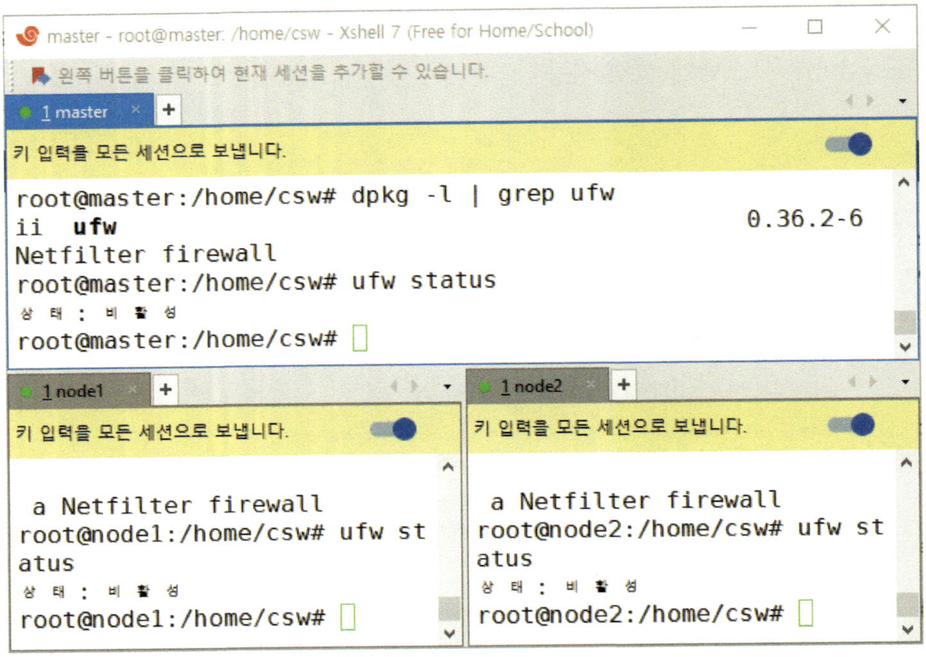

- dpkg -l | grep ufw # ufw 설치 확인
- ufw status # 비활성화 확인
- 우분투에서 주로 사용하는 ufw 방화벽 서비스 비활성화 확인
- 쿠버네티스 클러스터 네트워크 환경 구성 완료

11.2 컨테이너 런타임 설치

Chapter 11. 쿠버네티스 설치

11.2.1 1단계 containerd 설치하기

①. containerd 설치 시작 관련 사이트

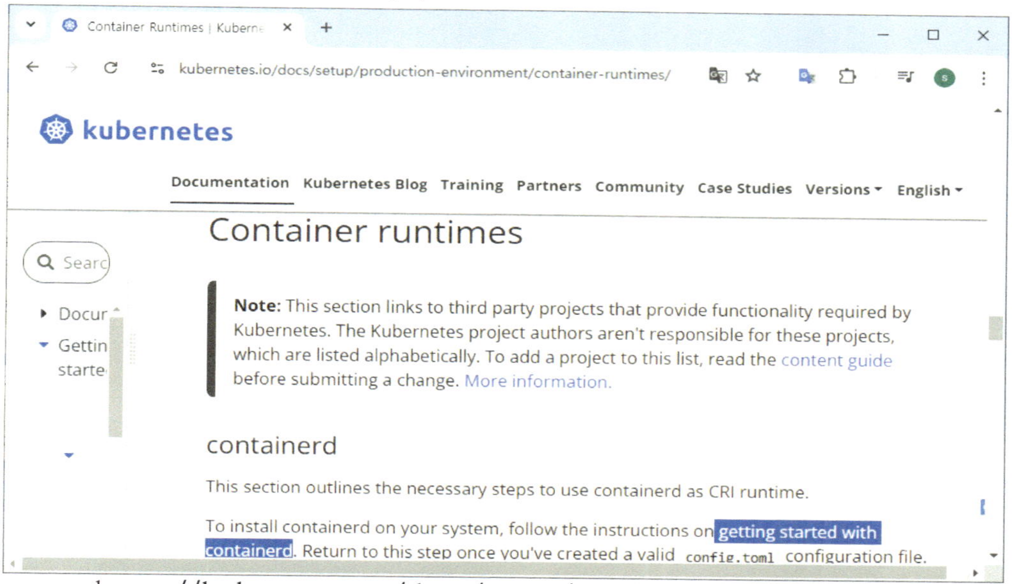

- https://kubernetes.io/docs/setup/production-environment/container-runtimes/
- Getting started with containerd

②. containerd 설치 시작

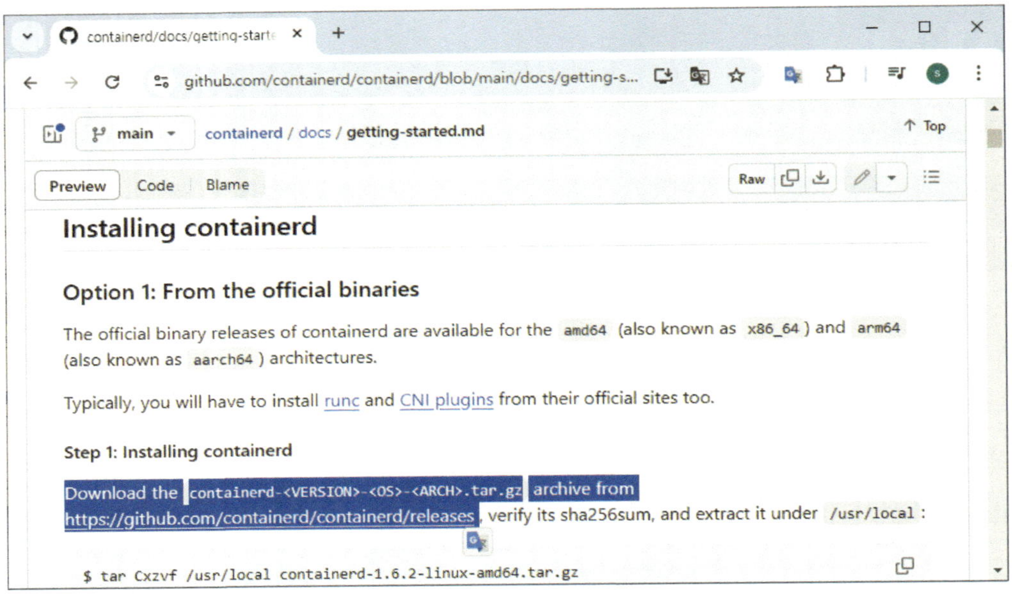

- 공식 바이너리 containerd 다운로드: containerd-1.7.16

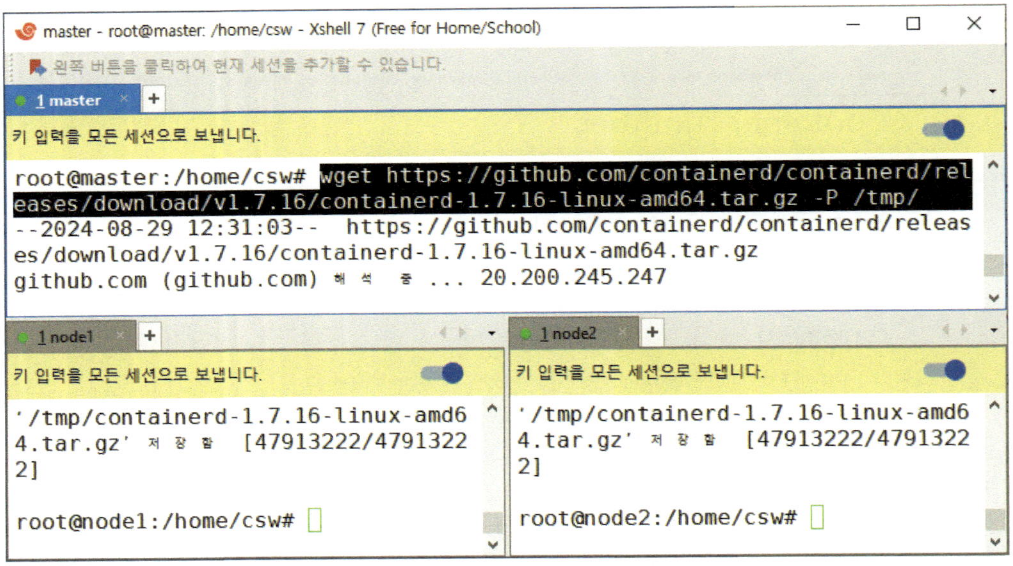

- wget https://github.com/containerd/containerd/releases/download/v1.7.16/containerd-1.7.16-linux-amd64.tar.gz -P /tmp/
- wget: 커맨드 라인을 통해 인터넷에서 파일 다운로드
- containerd 프로젝트의 v1.7.16 릴리스에서
- containerd-1.7.16-linux-amd64.tar.gz 바이너리 파일을 다운로드하고

- 로컬 /tmp/ 디렉토리에 저장

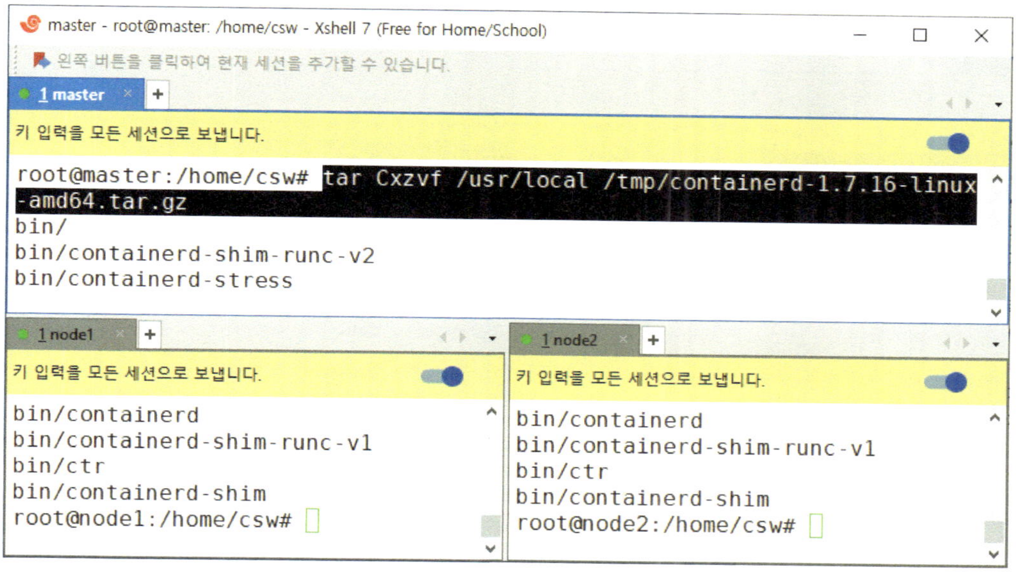

- /tmp/containerd-1.7.16-linux-amd64.tar.gz 파일을 디렉토리 변경하여
- (C 옵션) /usr/local 디렉토리에 압축 해제(xz 옵션)

③. **containerd 서비스 다운로드**

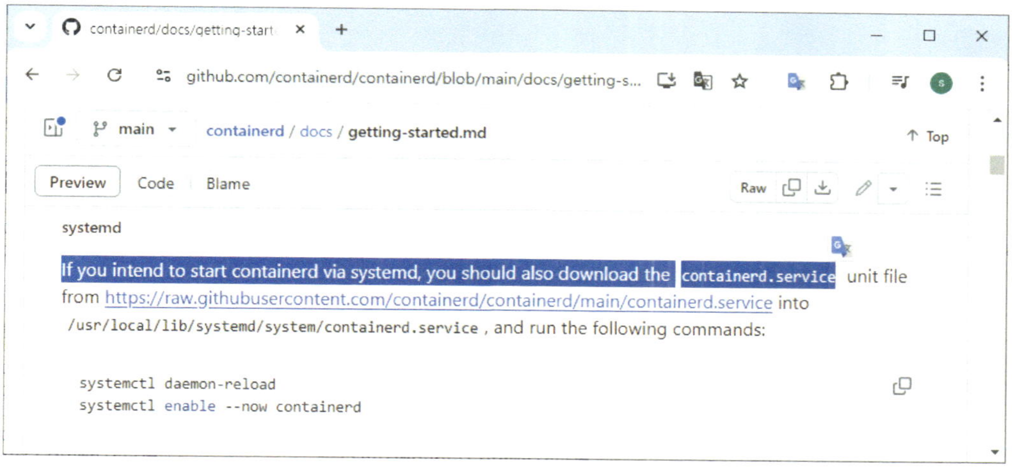

- containerd.service: containerd를 systemd에서 관리하기 위한 서비스 유닛 파일
- systemd: 우분투 최초 프로세스로 부팅, 서비스, 로그인 등 관리

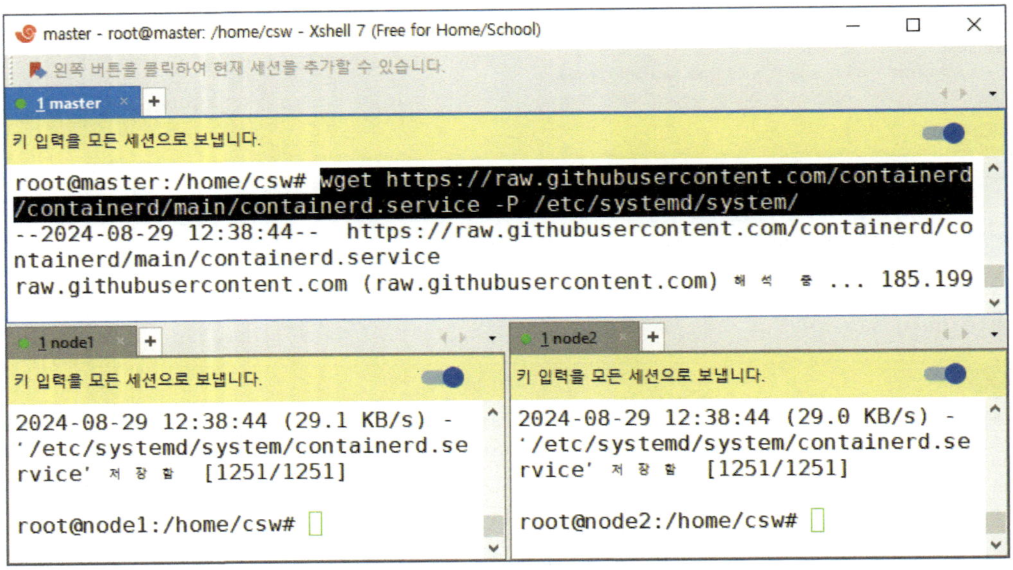

- cotainerd.service를 다운로드하여 /etc/systemd/system/ 디렉토리에 저장
- /etc/systemd/system/: 시스템 부팅 시 자동 실행 서비스들 저장 디렉토리
- 시스템 부팅 시 systemd는 containerd.service를 통해 containerd 시작

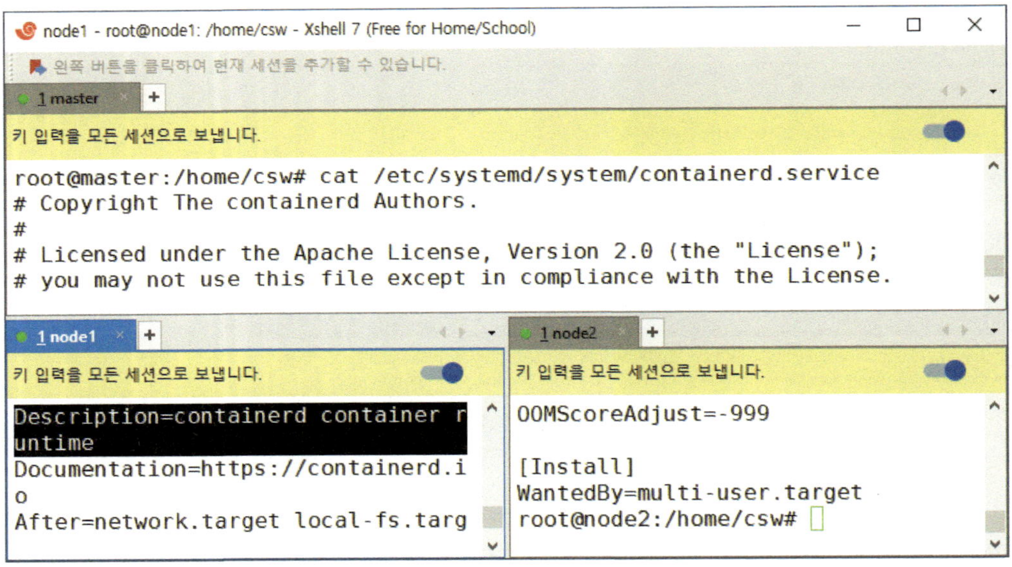

- cat /etc/systemd/system/containerd.service
- containerd.service 파일 확인

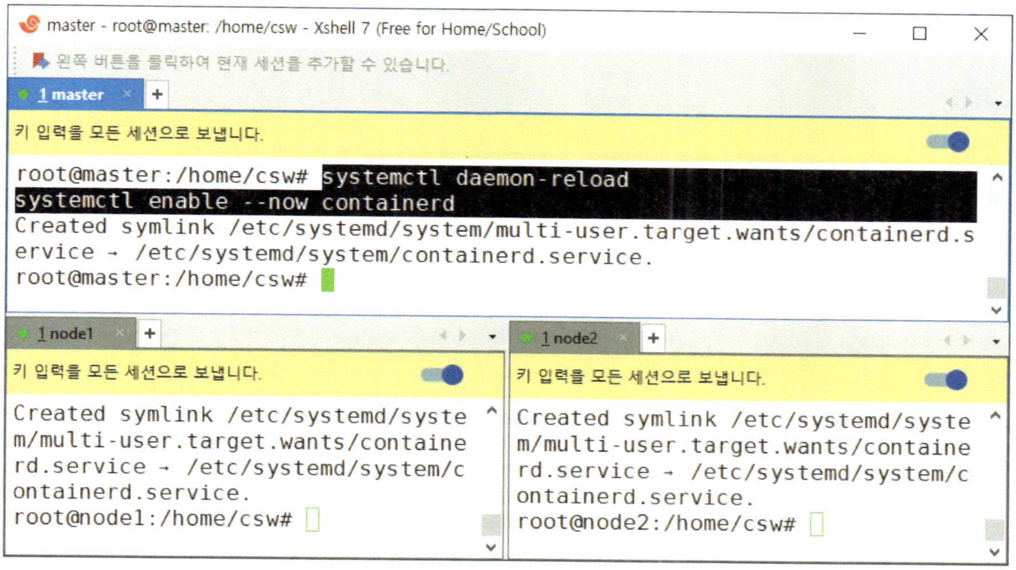

- systemctl daemon-reload: systemd 설정 다시 로드하여 새 구성 적용
- systemctl enable --now containerd: containerd 부팅 시 자동 시작 및 지금 시작

11.2.2 2단계 runc 설치하기

①. runc 설치

- runc: 컨테이너 실행 및 관리 도구

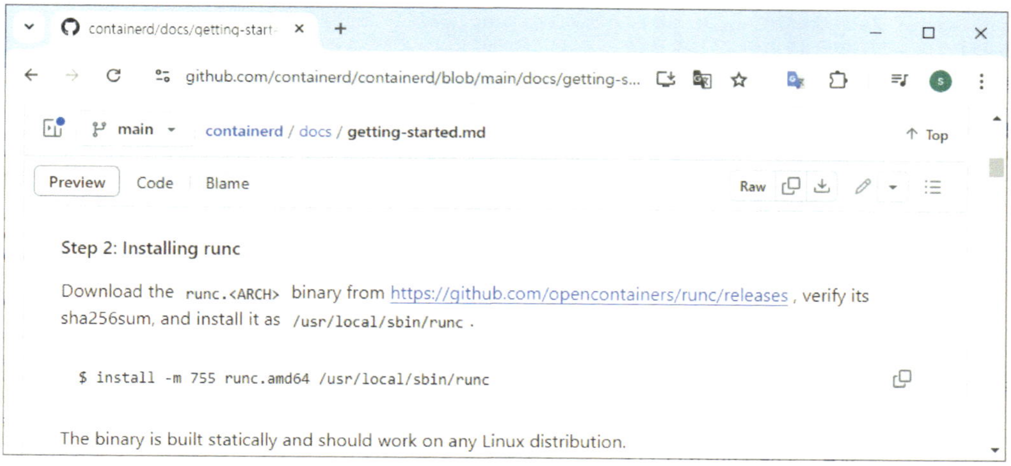

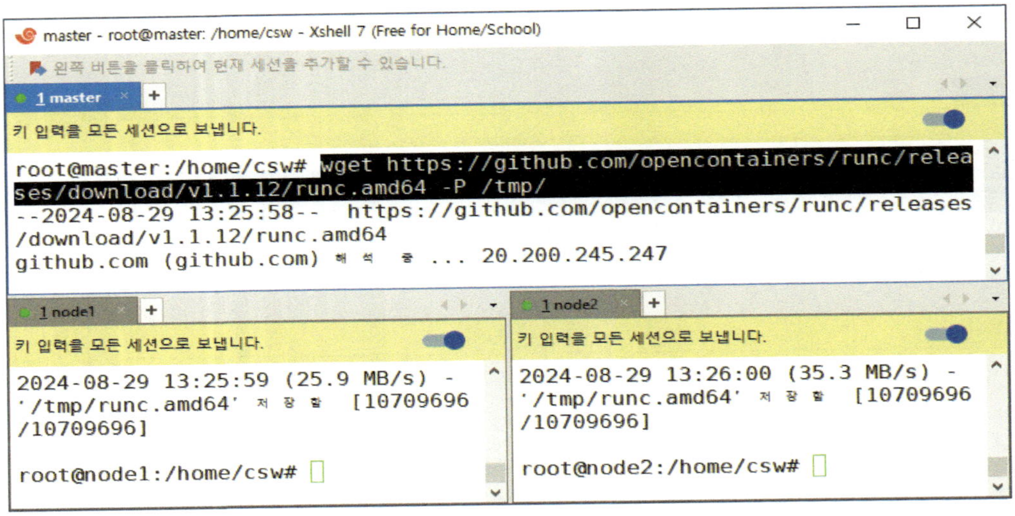

- runc v1.1.12 다운로드
- wget https://github.com/opencontainers/runc/releases/download/
- v1.1.12/runc.amd64 -P /tmp/

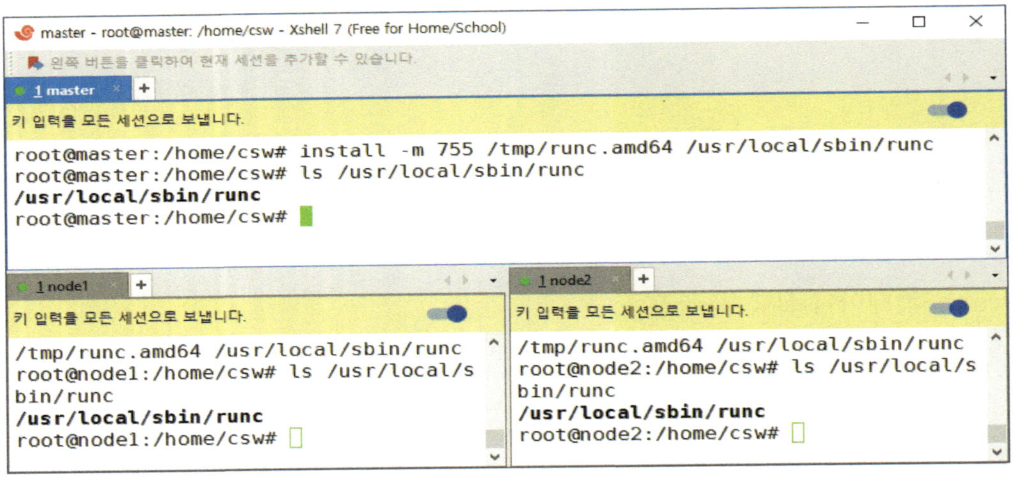

- runc 설치, 파일 복사, 권한 설정
- install -m 755 /tmp/runc.amd64 /usr/local/sbin/runc
- ls -l /usr/local/sbin/runc
- /tmp/runc.amd64 파일을 /usr/local/sbin/ 디렉토리로 복사,
- 권한을 755로 설정하여 실행할 수 있도록 준비

11.2.3 3단계 CNI 설치하기

①. CNI(Container Network Interface) 플러그인 설치

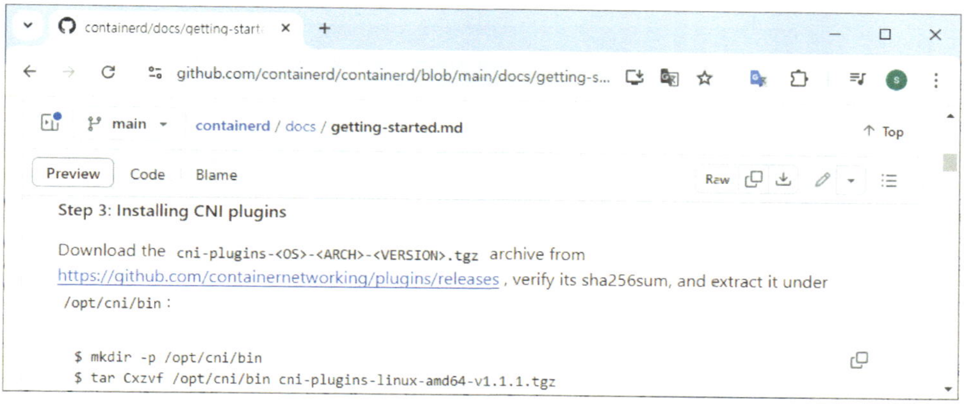

- CNI 플러그인: 쿠버네티스에서 컨테이너 네트워킹 관리 도구
- 컨테이너를 호스트 및 다른 컨테이너와 통신할 수 있도록 네트워크 설정
- 각 컨테이너에 대한 IP 주소를 할당하고, 라우팅 테이블을 설정
- 특정 포트 또는 IP 주소에 대한 접근을 제한하거나 트래픽을 필터링

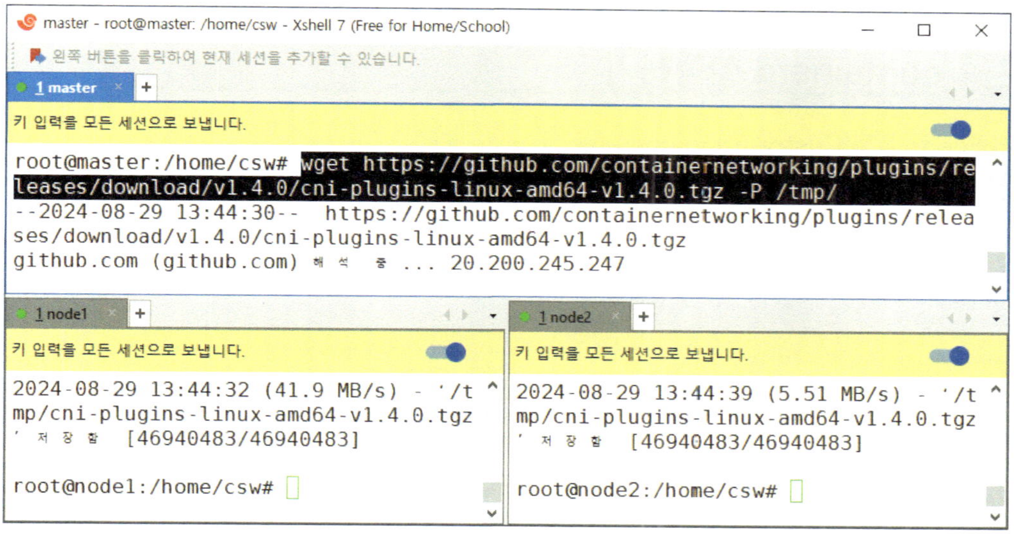

- CNI 플러그인 v1.4.0 다운로드
- wget https://github.com/containernetworking/plugins/releases/
- download/v1.4.0/cni-plugins-linux-amd64-v1.4.0.tgz -P /tmp/

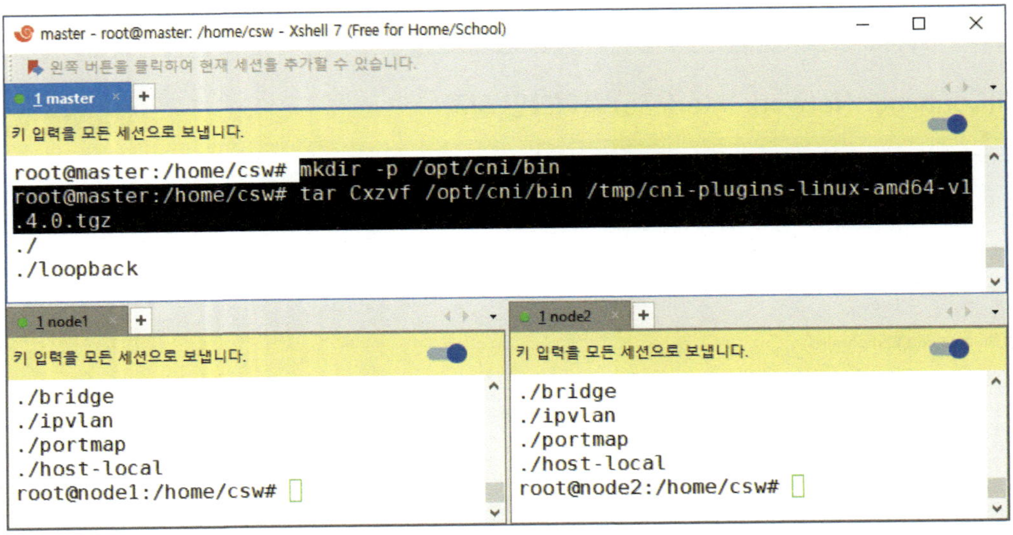

- mkdir -p /opt/cni/bin
- tar Cxzvf /opt/cni/bin /tmp/cni-plugins-linux-amd64-v1.4.0.tgz
- /opt/cni/bin 폴더 생성 후 여기에 CNI 플러그인 압축 해제

11.2.4 containerd 설정하기

①. containerd 설정(Customizing containerd)

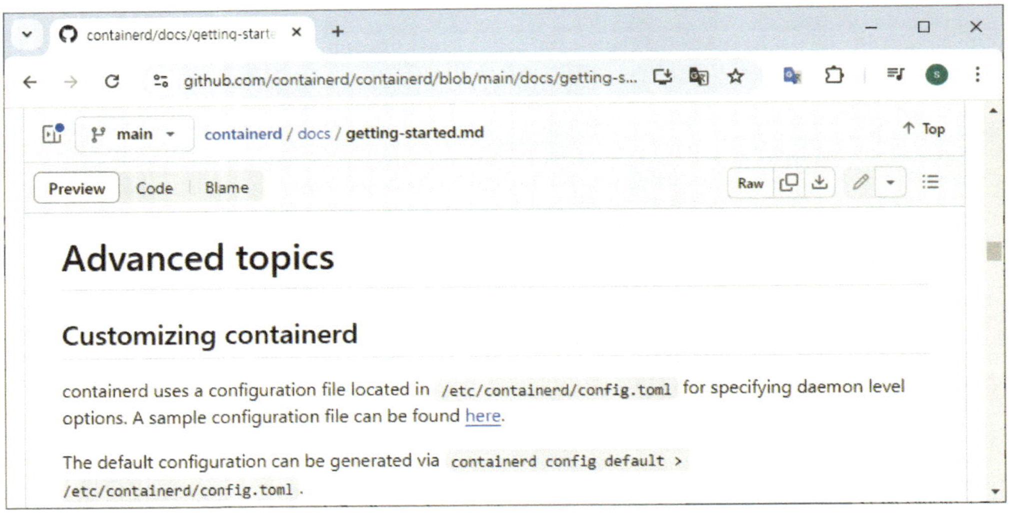

- 페이지 내 고급 주제(Advanced topics) 참조
- /etc/containerd/config.toml: containerd 설정 파일

- containerd 동작 구성

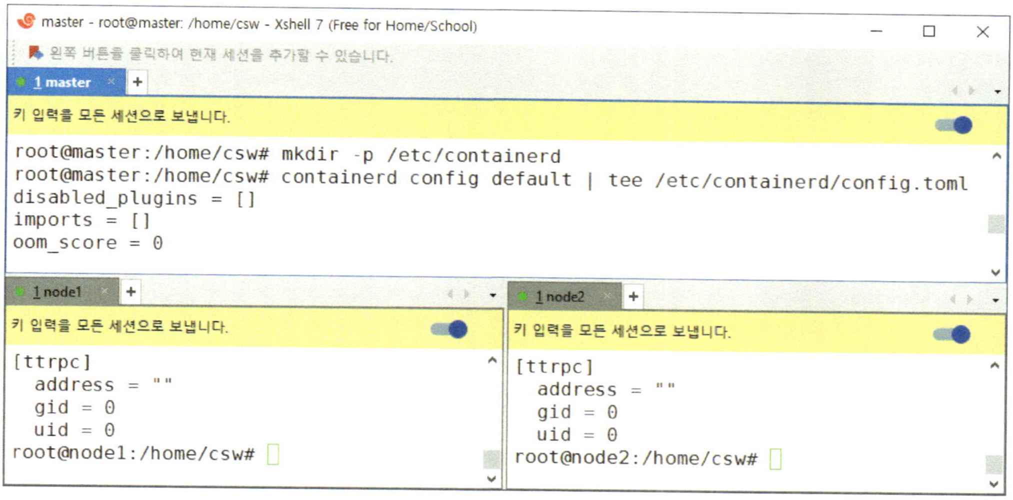

- mkdir -p /etc/containerd
- containerd config default | tee /etc/containerd/config.toml
- containerd config default: containerd의 기본 구성을 화면 출력
- tee /etc/containerd/config.toml: 화면 출력을
- /etc/containerd/config.toml 파일에 쓰고 동시에 화면에도 출력

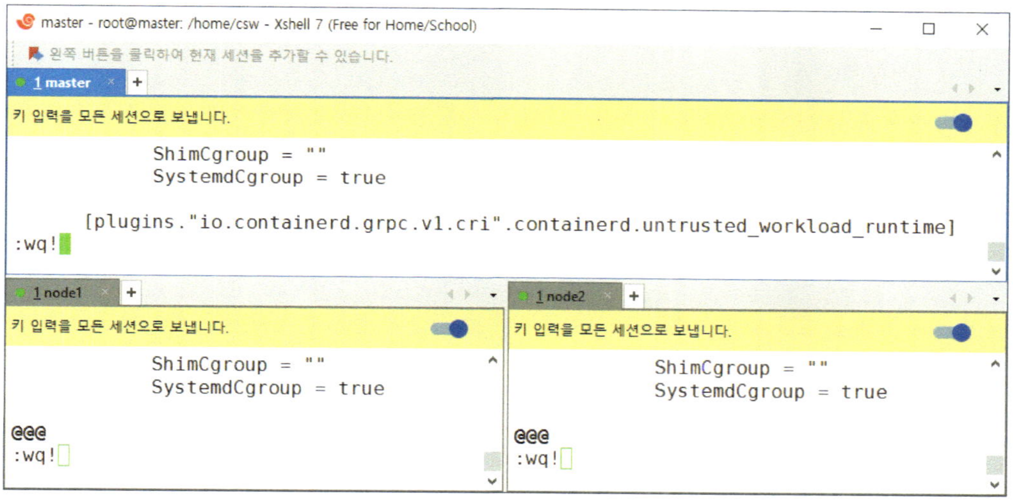

- vi /etc/containerd/config.toml
- 편집기 명령모드에서 /Systemd로 검색하여 찾은 후 엔터하고 수정
- SystemdCgroup = false -> true
- containerd가 systemd의 cgroup을 사용하여 컨테이너 관리하도록 허용

- wq!

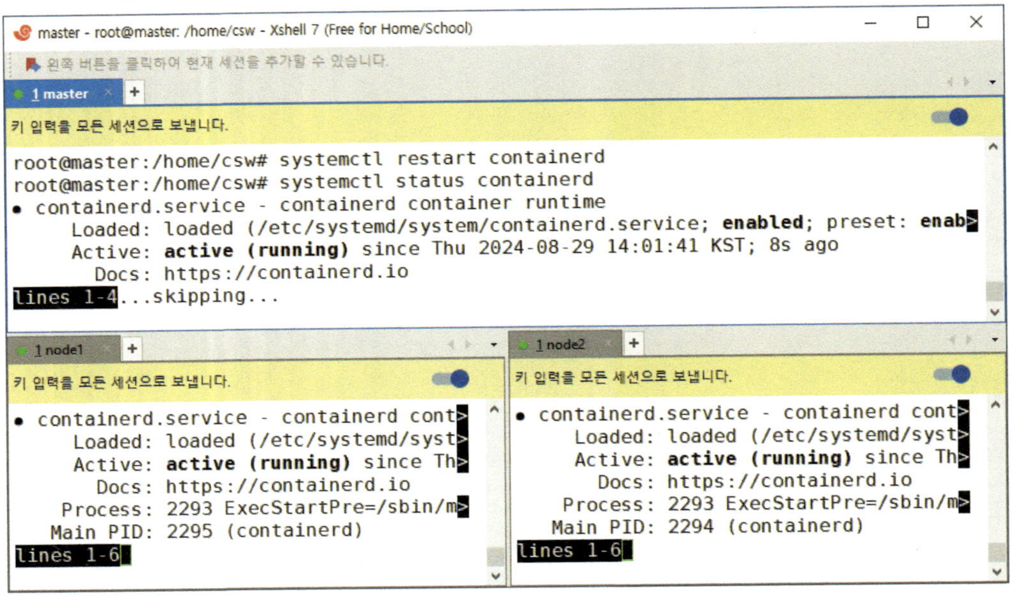

- containerd 재시작 및 상태 확인
- Ctrl + c

11.3 쿠버네티스 설치

Chapter 11. 쿠버네티스 설치

11.3.1 필요 패키지 설치하기

- Getting started / Production environment /
- Installing Kubernetes with deployment tools /
- Bootstrapping clusters with kubeadm / Installing kubeadm

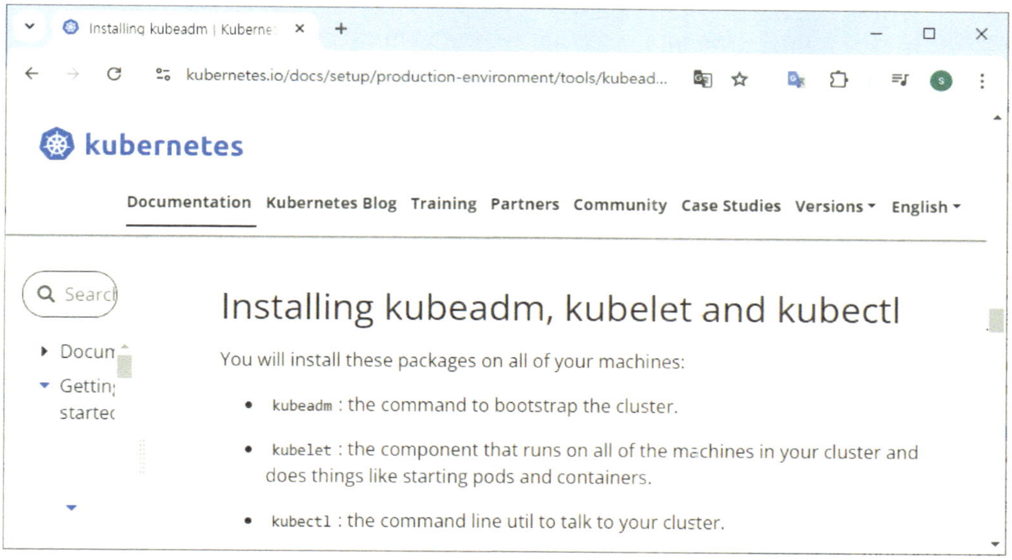

- kubeadm: 마스터의 클러스터 부트스트랩(설정 및 초기화) 명령어
- kubelet: 모든 노드에서 실행되며 파드 및 컨테이너 시작 등 작업 수행
- kubectl: 마스터의 클러스터 관리(노드, 파드, 네트워크, 저장소 등) 명령줄 도구

①. apt 패키지 목록 갱신 및 apt 저장소 이용에 필요한 패키지 설치

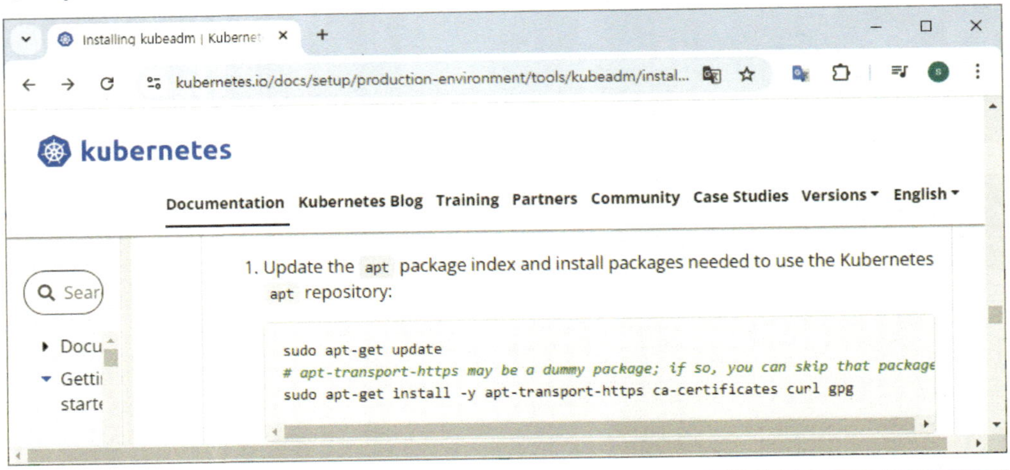

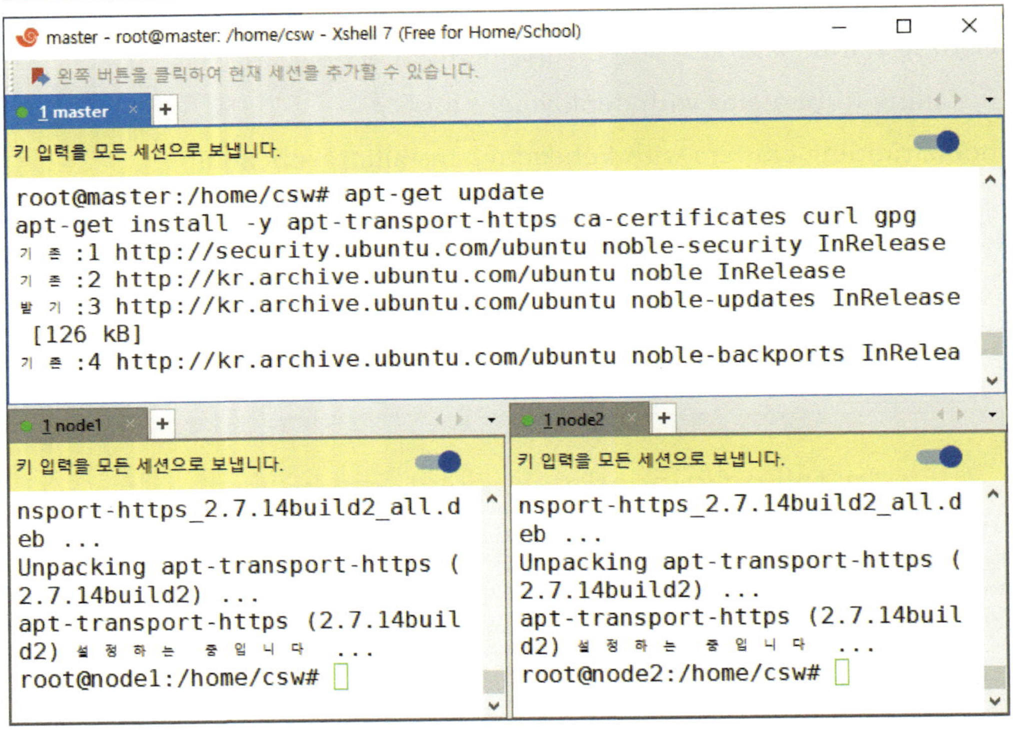

- APT 패키지 관리자, 인증서 목록, curl, 서명 처리 패키지 설치
- apt-get update
- apt-get install -y apt-transport-https ca-certificates curl gpg

②. 쿠버네티스 APT 저장소 추가

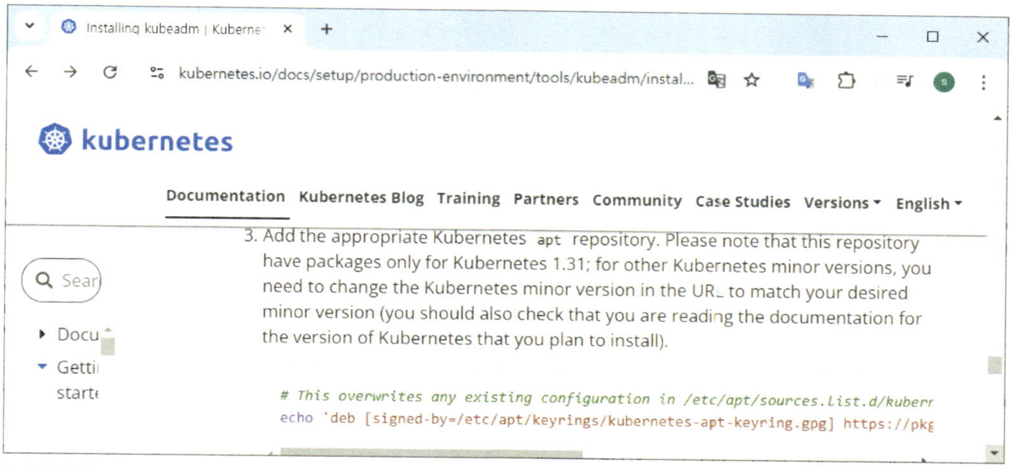

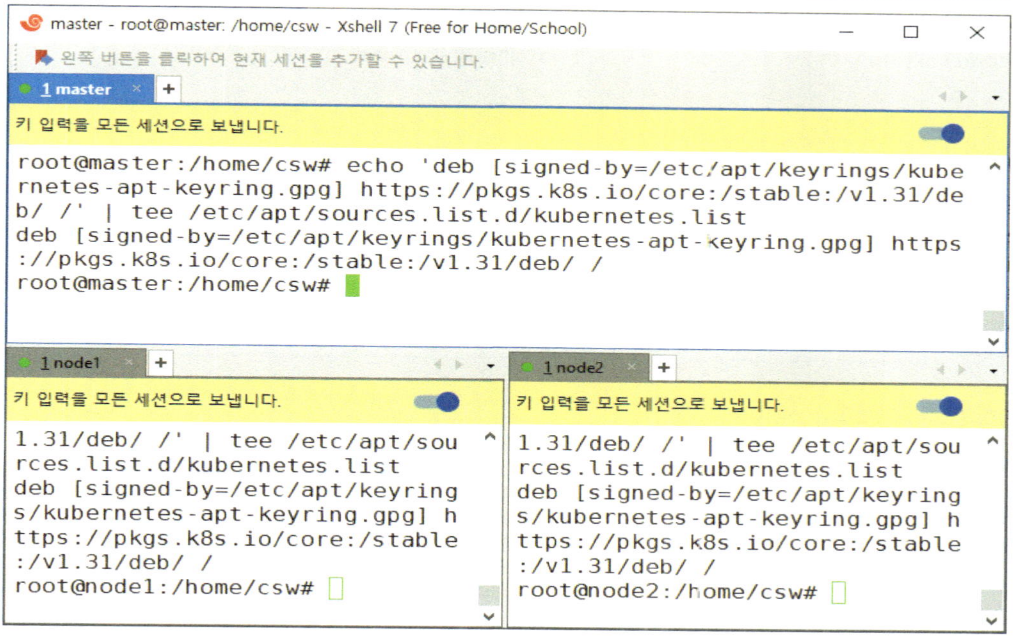

- echo 'deb [signed-by=/etc/apt/keyrings/kubernetes-apt-keyring.gpg] https://pkgs.k8s.io/core:/stable:/v1.31/deb/ /' | tee /etc/apt/sources.list.d/kubernetes.list
- 쿠버네티스 APT 저장소 정보 출력
- tee /etc/apt/sources.list.d/kubernetes.list: 파일에 쿠버네티스 APT 저장소 정보 추가
- APT 패키지 관리자가 apt-get 통해 쿠버네티스 패키지 설치 가능

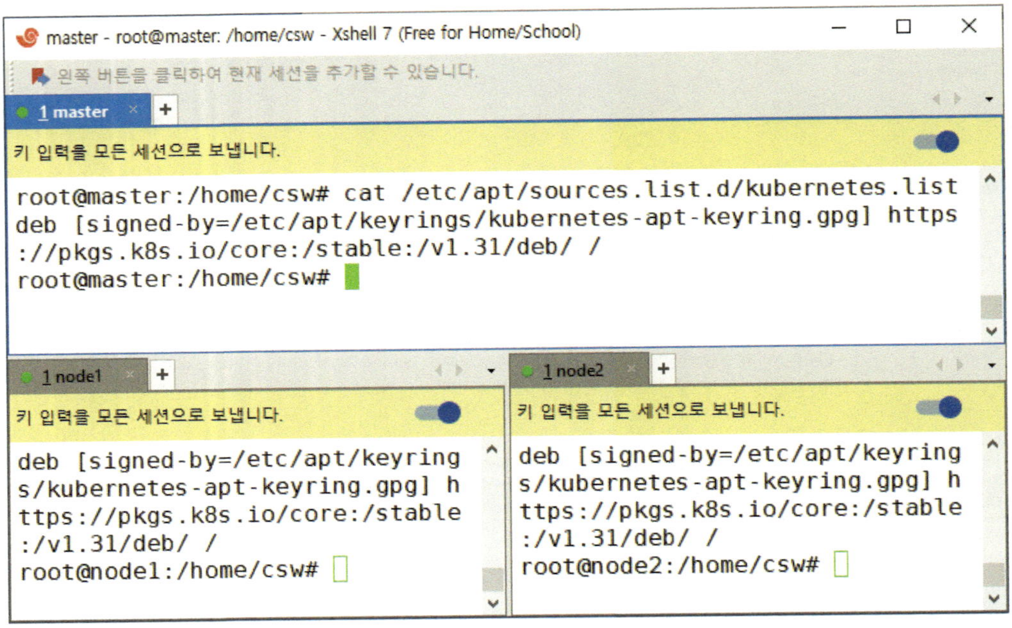

- cat /etc/apt/sources.list.d/kubernetes.list
- 위 tee 명령의 결과와 같음

11.3.2 kubelet, kubeadm, kubectl 설치하기

①. kubelet, kubeadm, kubectl 설치

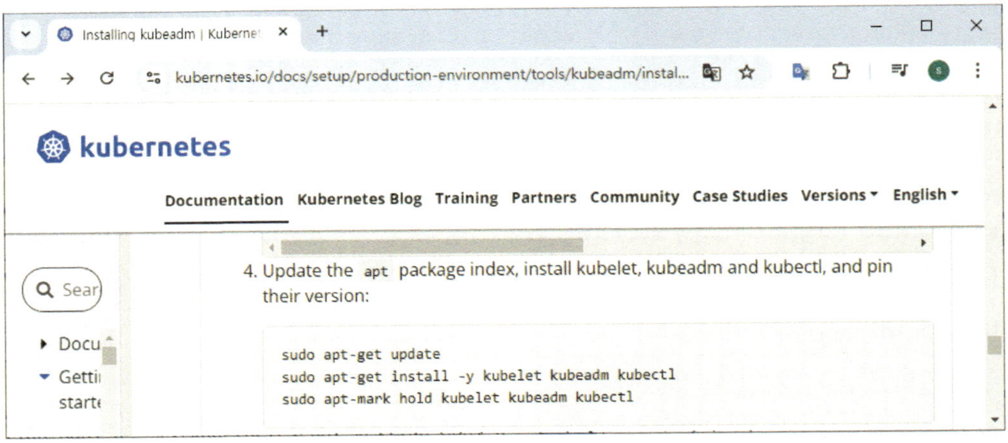

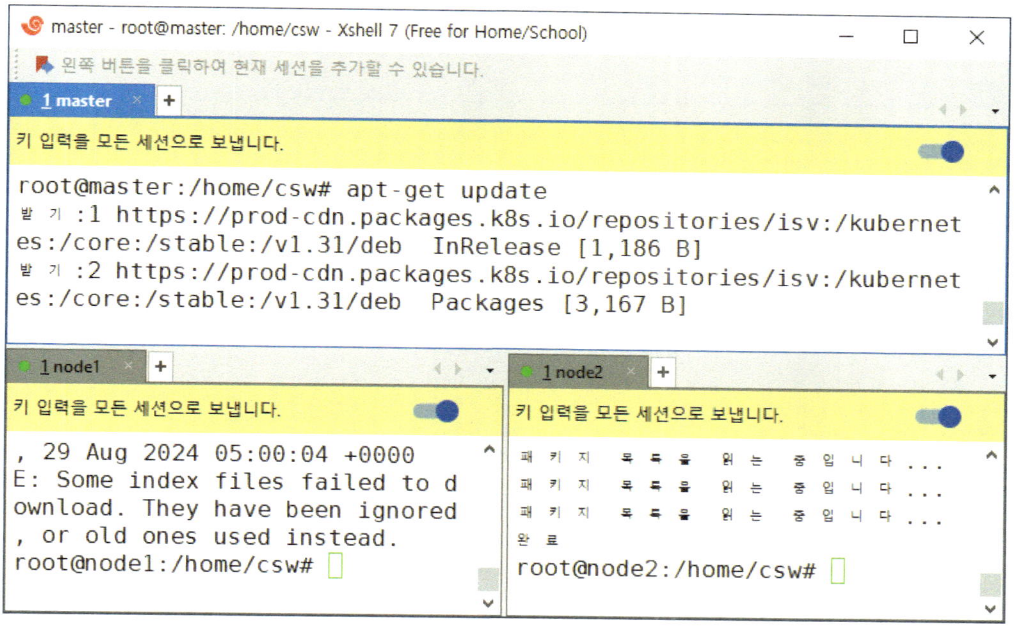

- apt-get update
- 패키지 목록 갱신

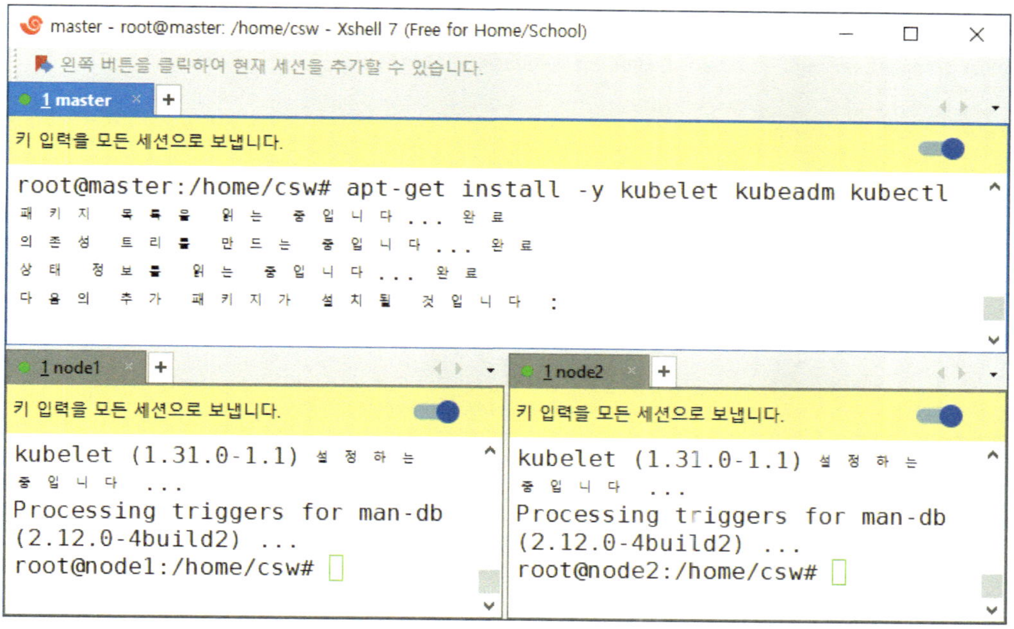

- apt-get install -y kubelet kubeadm kubectl
- 쿠버네티스 버전 1.31.0-1.1 설치

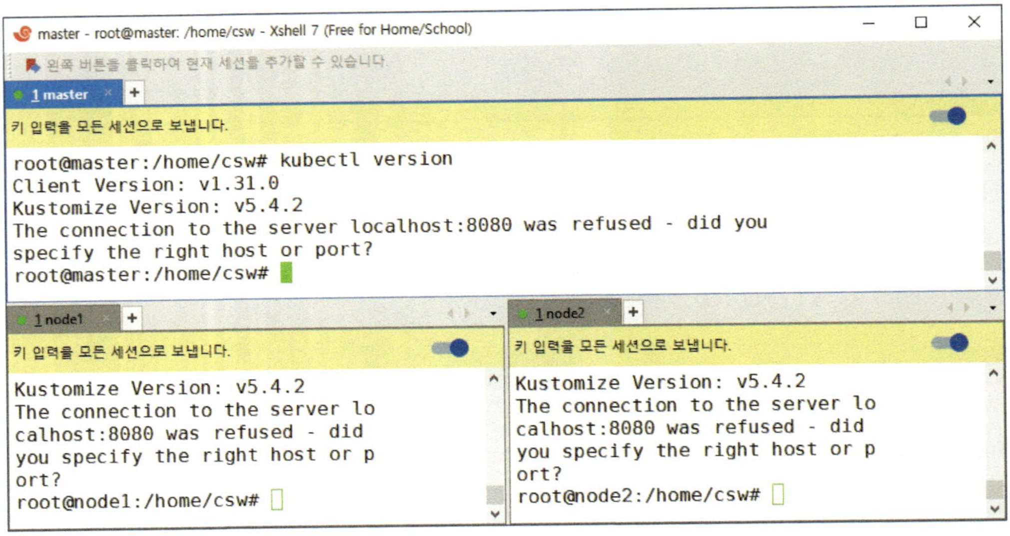

- kubectl version
- 클라이언트 버전 v1.31.0

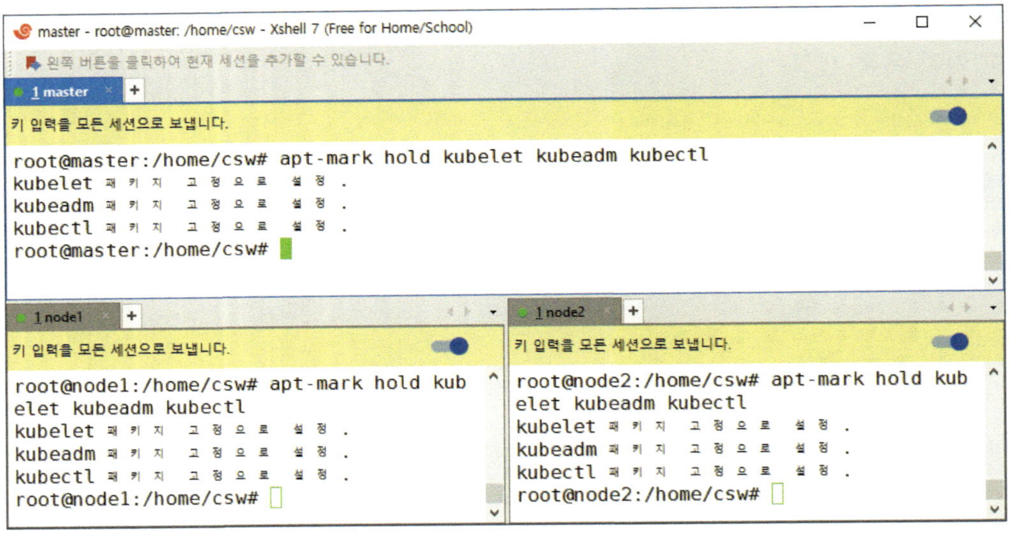

- 패키지 고정

11.3.3 쿠버네티스 클러스터 초기화하기

①. kubeadm 사용하여 클러스터 생성

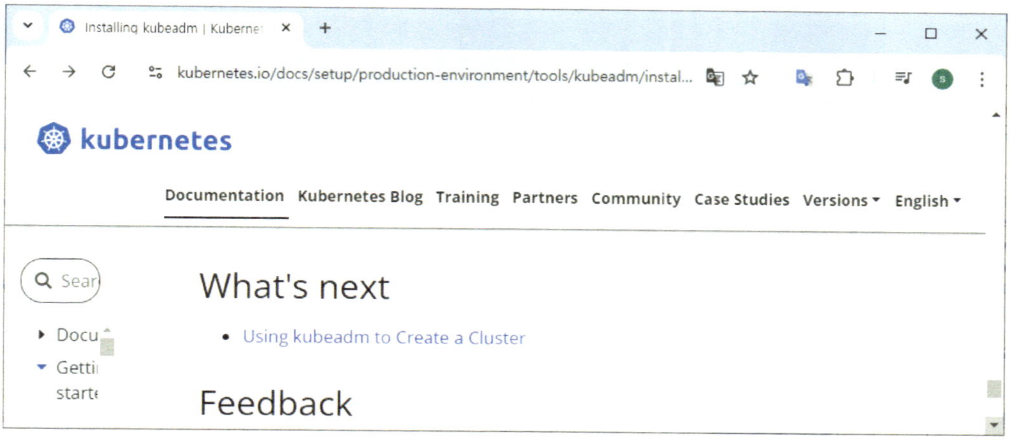

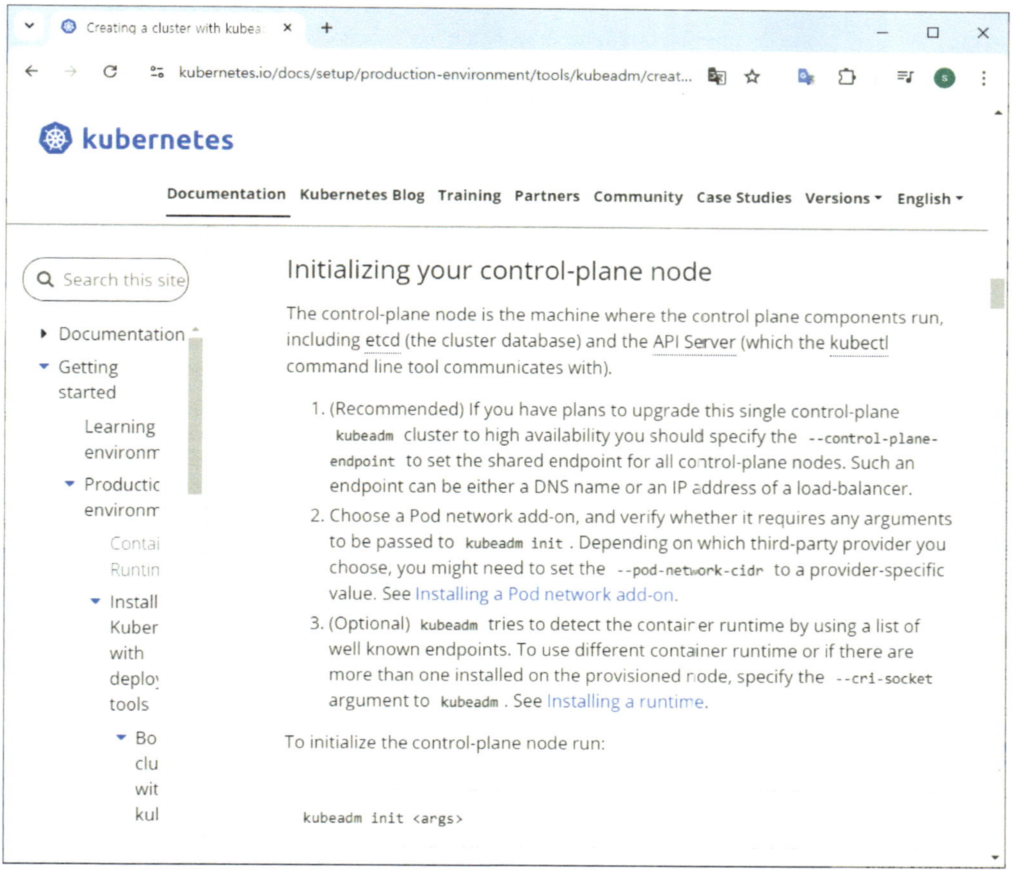

- kubeadm init: 제어-플레인 노드(마스터) 초기화

②. kubeadm init 옵션

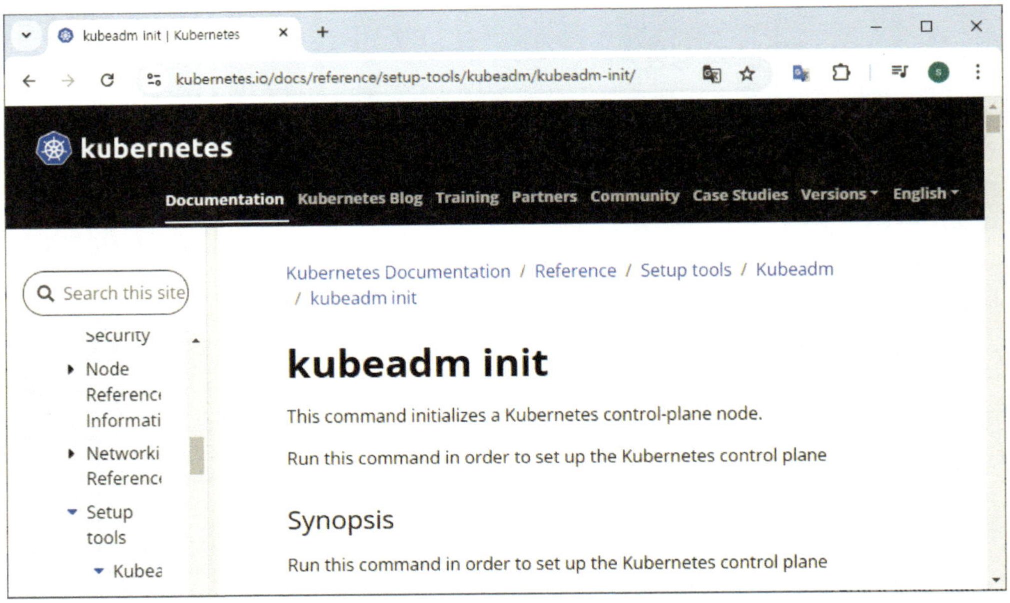

- Kubernetes Documentation / Reference / Setup tools /
- Kubeadm / kubeadm init

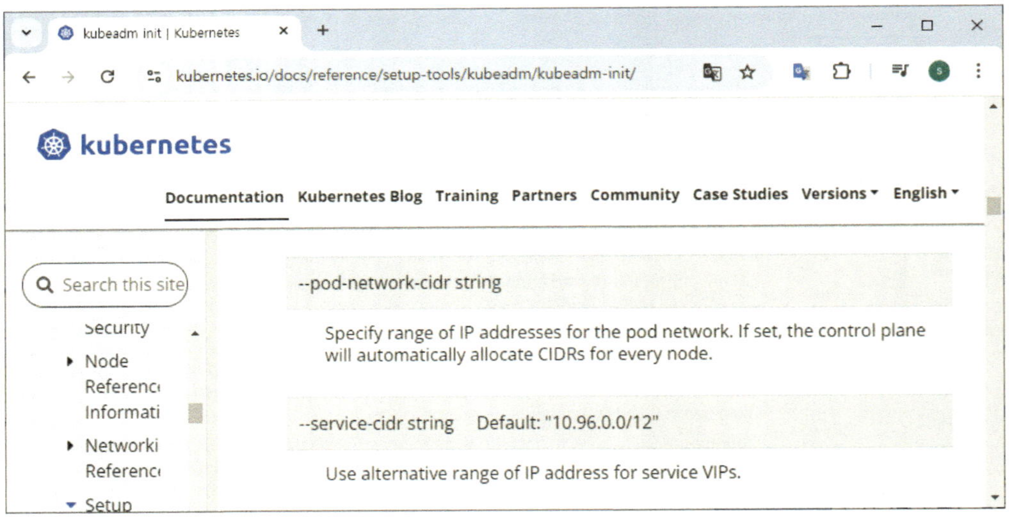

- pod-network-cidr 옵션: 파드 서브넷 설정

③. kubeadm init 실행(마스터에서만)

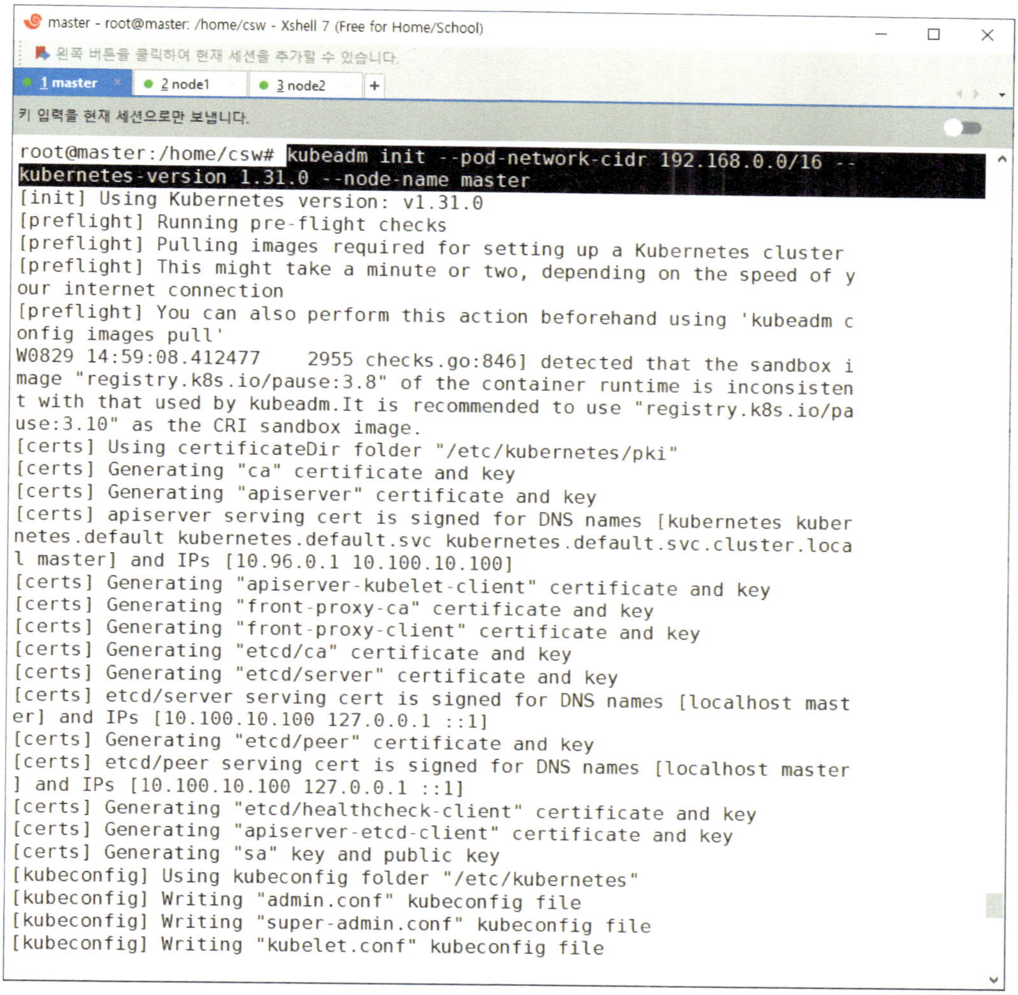

- 키 입력 현재 세션으로 전환
- kubeadm init --pod-network-cidr 192.168.0.0/16 --kubernetes-version 1.31.0 --node-name master
- 시간 소요

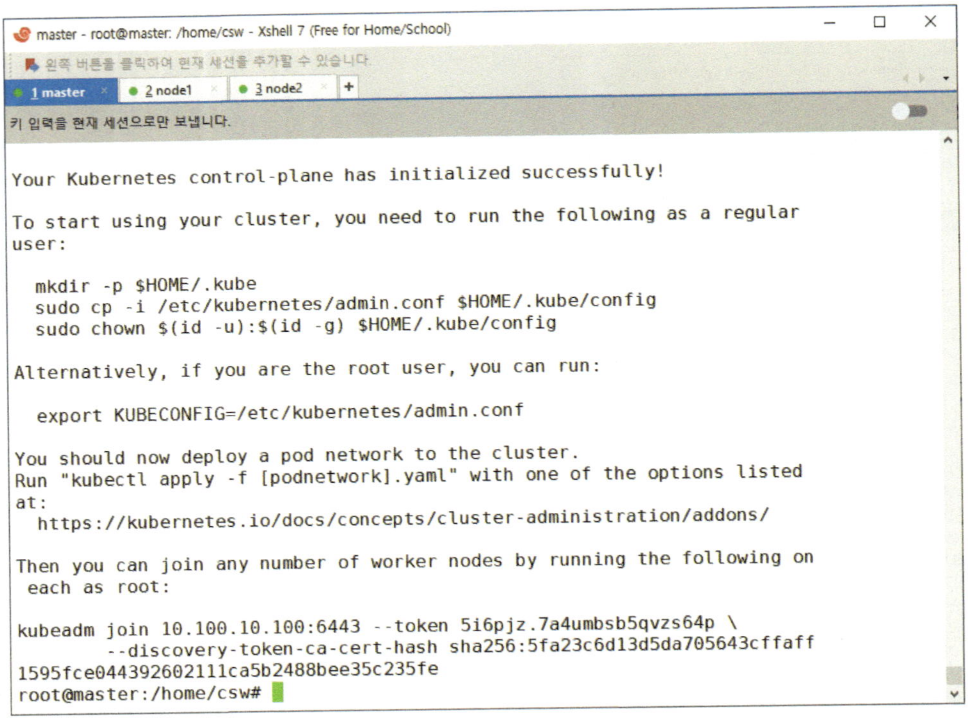

- 제어 플레인 초기화 성공
- 일반 사용자의 클러스터 사용 설정:

  mkdir -p $HOME/.kube
  sudo cp -i /etc/kubernetes/admin.conf $HOME/.kube/config
  sudo chown $(id -u):$(id -g) $HOME/.kube/config

- kubectl apply -f [podnetwork].yaml: 클러스터에 파드 네트워크 구성 정의 YAML 파일 적용
- kubeadm join: 워커 노드 조인 명령(워커에서 실행)

④. 일반 사용자에게 kubectl 사용 권한 부여(마스터에서만)

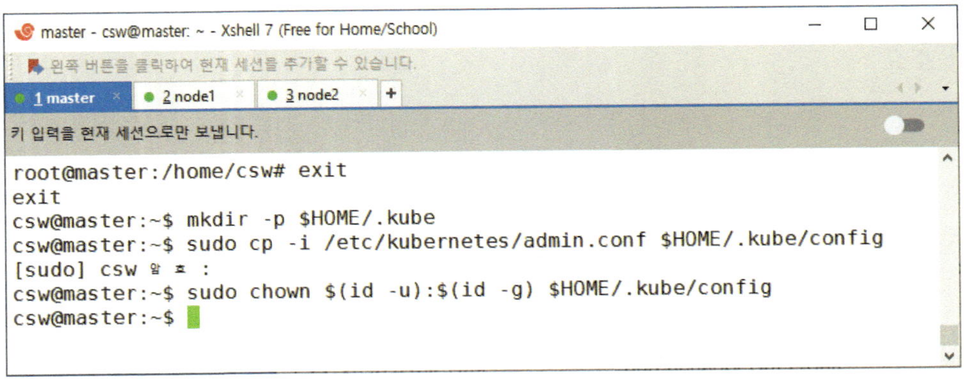

- exit
- mkdir -p $HOME/.kube: 사용자 홈 디렉토리에 .kube 디렉토리 생성
- sudo cp -i /etc/kubernetes/admin.conf $HOME/.kube/config
- Kubernetes 클러스터 관리자 설정 파일을 사용자 홈 디렉토리의
- .kube/config 파일로 복사
- sudo chown $(id -u):$(id -g) $HOME/.kube/config
- 방금 복사한 config 파일의 소유권을 현재 사용자의 소유권으로 변경

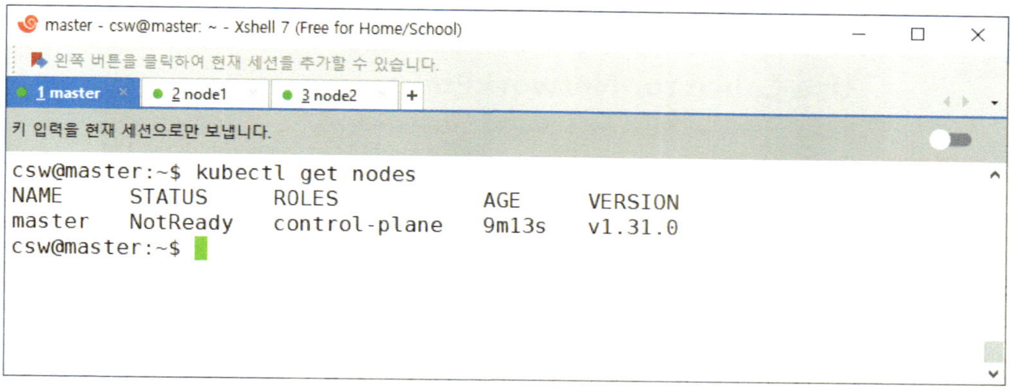

- kubectl get nodes
- 제어 플레인만 보임
- 제어 플레인 NotReady 상태
- 칼리코(Calico) 네트워크 추가 필요

11.3.4 쿠버네티스 클러스터 구성하기

①. Calico 설치(마스터에만)

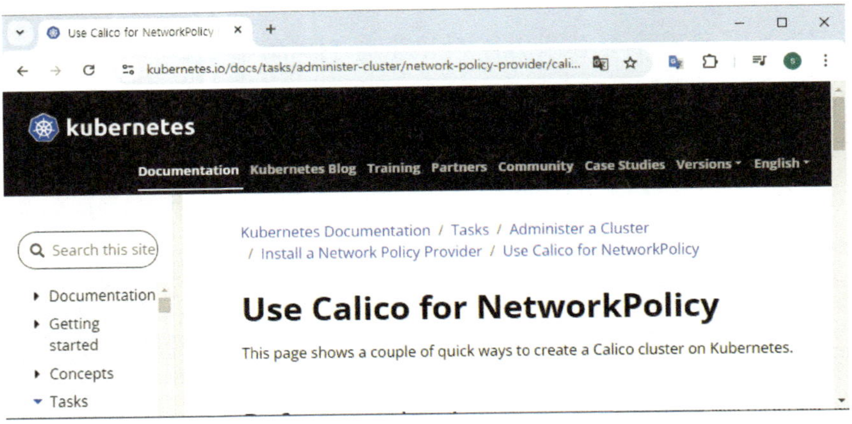

- Tasks / Administer a Cluster / Install a Network Policy Provider /
- Use Calico for NetworkPolicy

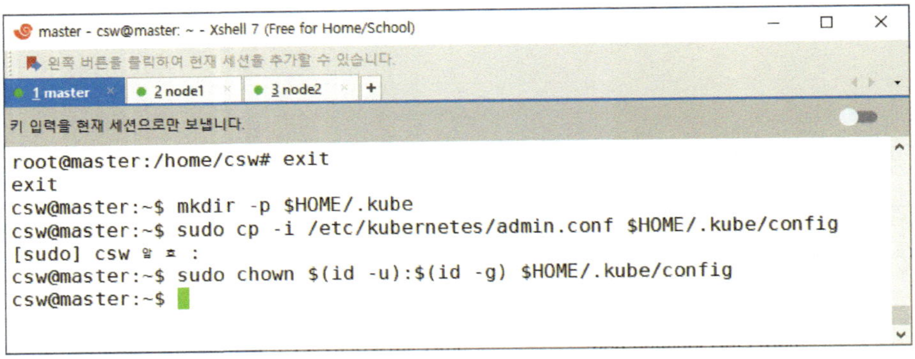

- 로컬 칼리코 클리스터 생성
- 칼리코 퀵스타트

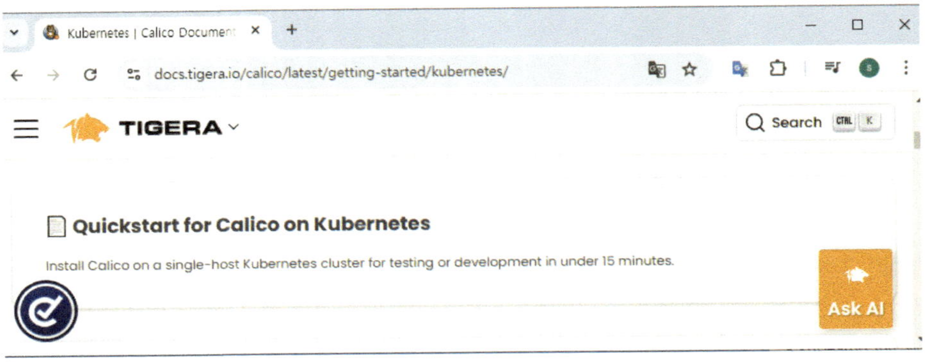

- 쿠버네티스에 칼리코 퀵스타트

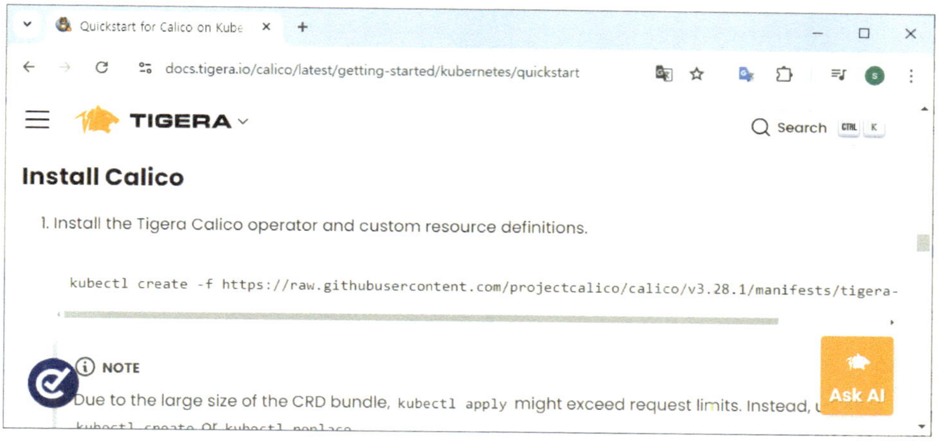

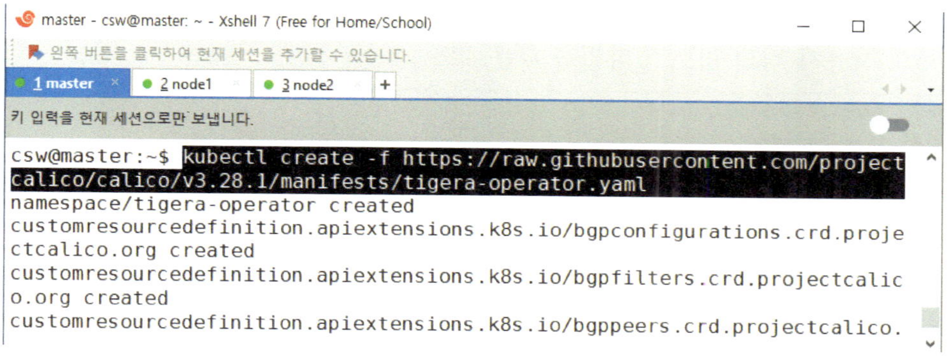

- kubectl create -f https://raw.githubusercontent.com/projectcalico/calico/v3.28.1/manifests/tigera-operator.yaml
- Calico의 Tigera Operator를 Kubernetes 클러스터에 설치(배포)함

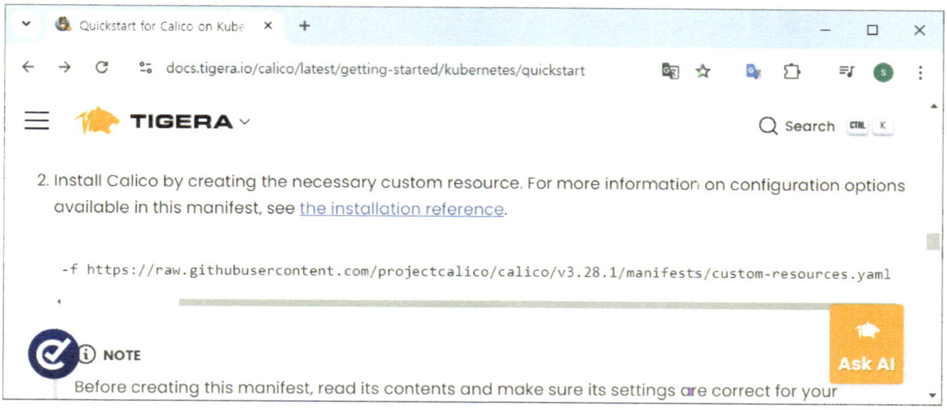

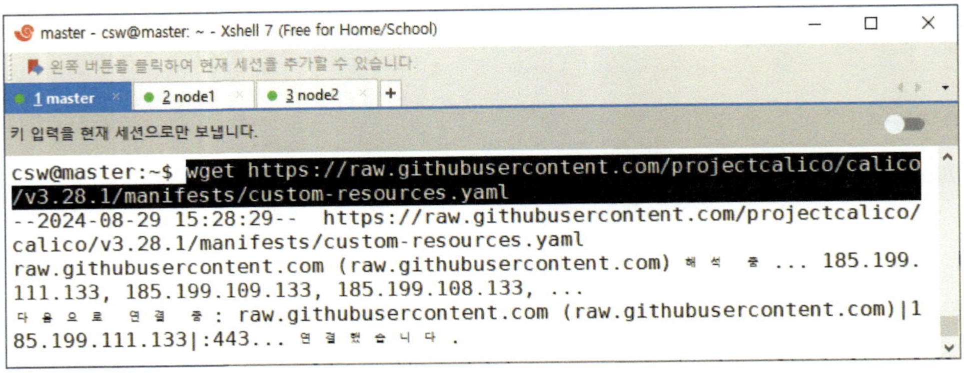

- wget https://raw.githubusercontent.com/projectcalico/calico/v3.28.1/manifests/custom-resources.yaml
- Calico의 사용자 정의 리소스 파일을 다운로드

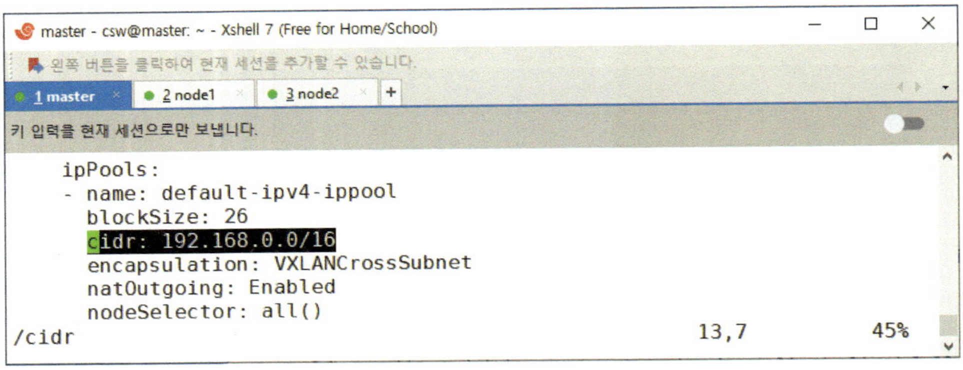

- vi custom-resources.yaml
- cidr 확인: 수정 불필요

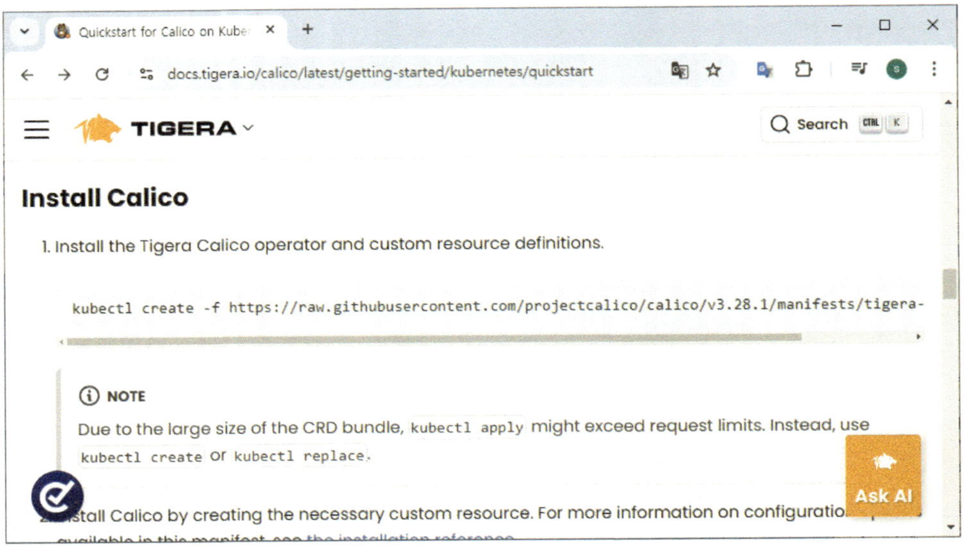

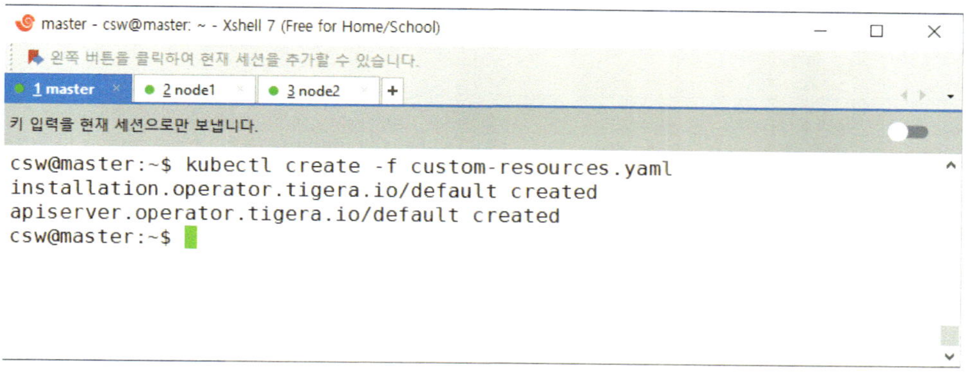

- kubectl create -f custom-resources.yaml
- Kubernetes 클러스터에 YAML 파일에 정의된 사용자 정의 리소스 적용

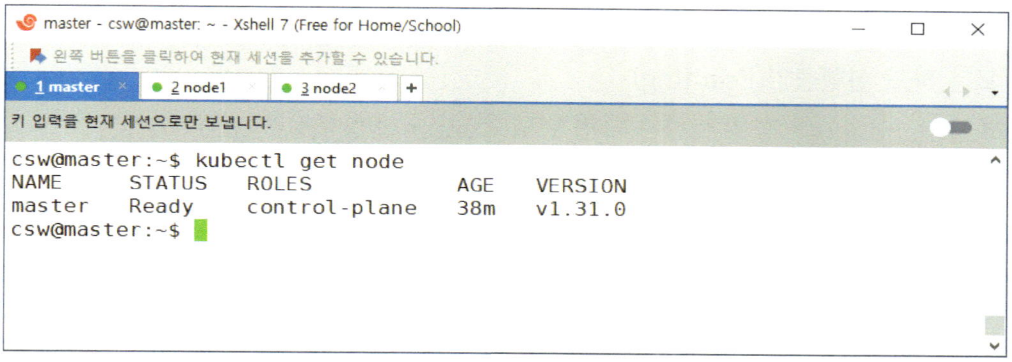

- kubectl get node # 제어 플레인 STATUS Ready, 준비 완료

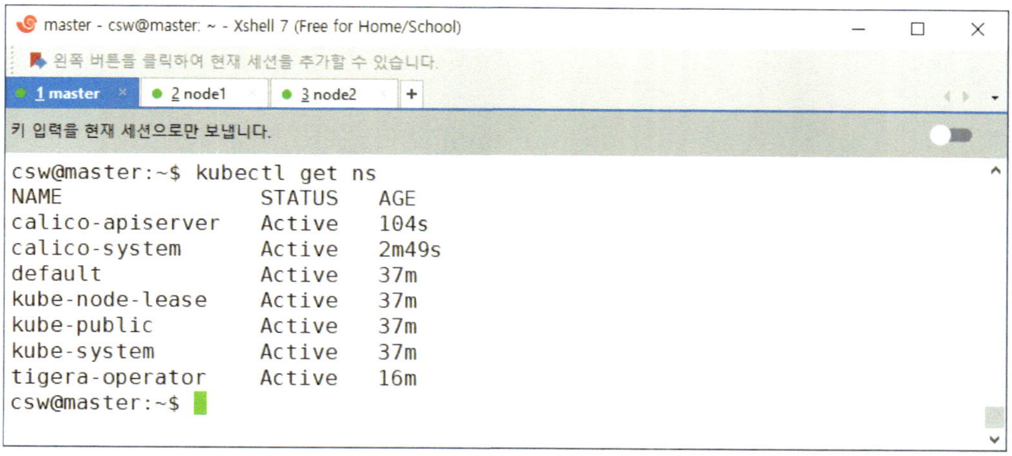

- Kubernetes 클러스터에서 현재 사용 가능한 모든 네임스페이스(namespace)조회
- 칼리코 API 서버 등 모두 활성화 상태

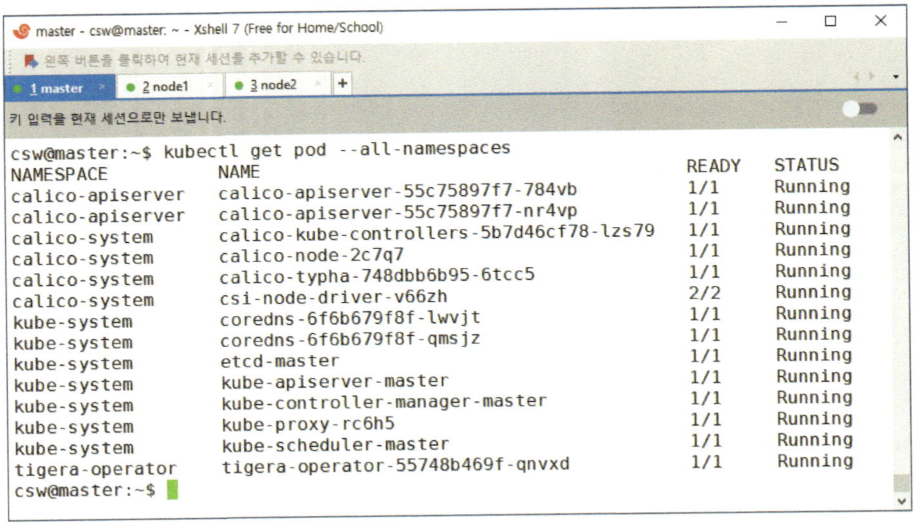

- 모든 파드 실행중임(Running)
- 펜딩(Pending)의 경우 시간 지나면 런닝(Running) 상태로 변경됨

②. **쿠버네티스 클러스터 구성**

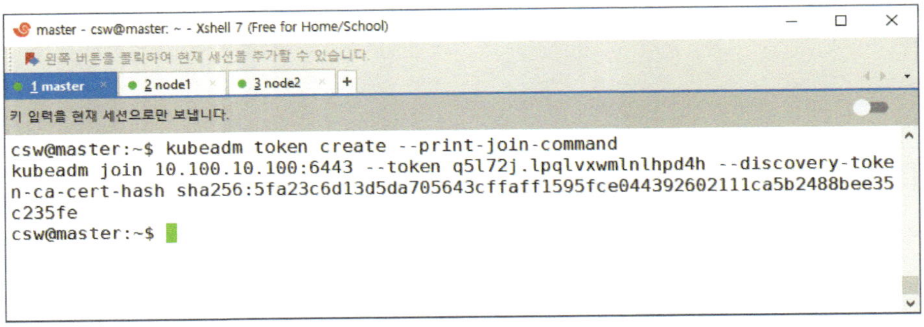

- kubeadm token create --print-join-command # 마스터에서
- 새로운 노드를 클러스터에 가입(join)시키기 위한 명령 생성 # 명령 복사

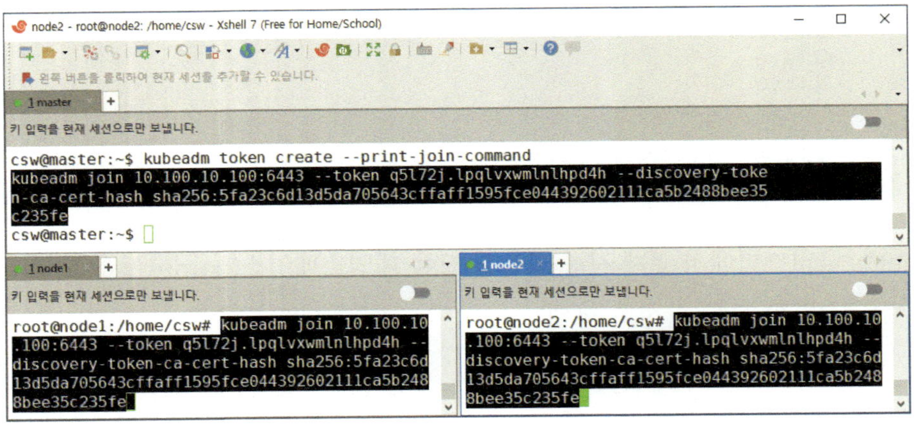

- kubeadm join 10.100.2.105:6443 --token ~~~
- 마스터의 kubeam join 명령 복사하여 노드1 및 노드2에 붙여넣고 실행

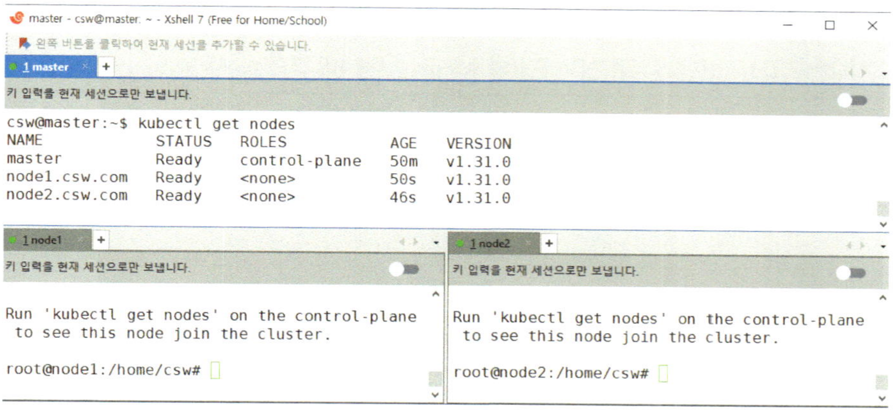

- 마스터에서 노드 준비(Ready) 상태 확인
- Not Ready의 경우 시간 지나면 Ready 상태로 전환
- 쿠버네티스 클러스터 구성 완료

③. kubectl 자동 완성 기능 활성화(마스터에서)

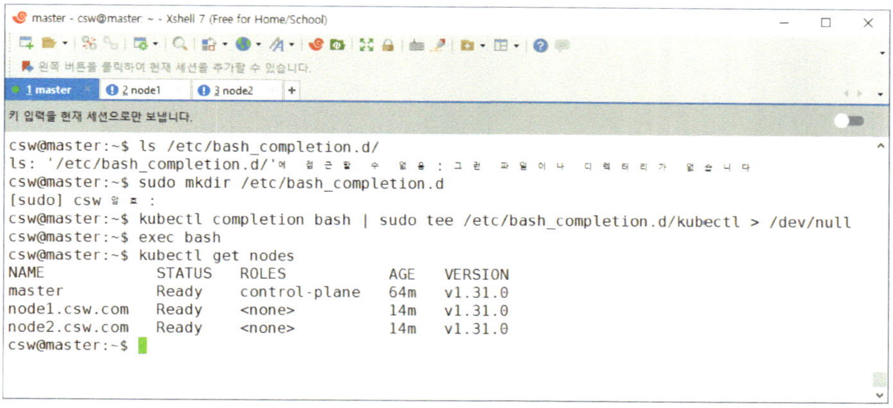

- ls /etc/bash_completion.d/ # 디렉토리 없는 경우 아래 명령으로 생성
- sudo mkdir /etc/bash_completion.d
- kubectl completion bash: kubectl 명령어의 Bash 자동 완성 스크립트 생성
- Bash 셸에서 탭을 사용하여 kubectl 명령어 및 옵션 자동 완성
- sudo tee /etc/bash_completion.d/kubectl: 스크립트를 kubectl 파일에 저장
- '〉/dev/null': 표준 출력을 화면에 표시하지 않음
- kubectl 명령어의 Bash 자동 완성 기능을 모든 사용자에게 활성화
- exec bash: 현재 쉘 다시 시작(변경 사항 적용)

- kubec[Tab] get no[Tab]

11.3.5 튜토리얼: 쿠버네티스 클러스터에 Nginx 앱 배포(Deployment)하기

①. Nginx 컨테이너 앱 설정 my-nginx.yaml 작성

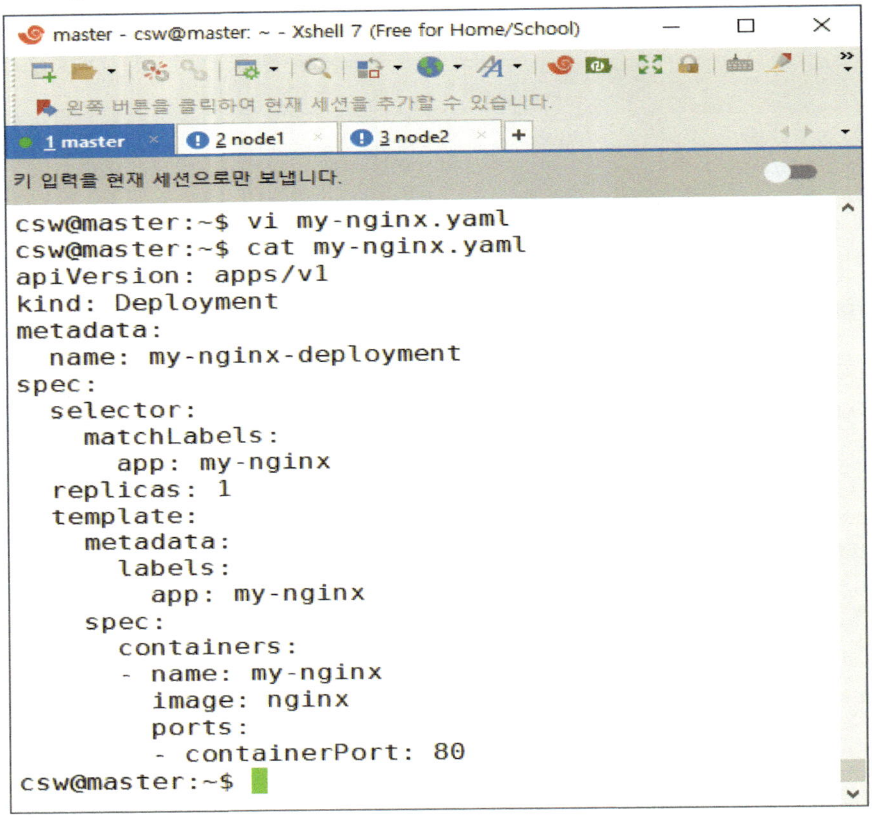

- vi my-nginx.yaml # 마스터에서
- Kubernetes 클러스터에 Nginx 앱 배포를 위한 Deployment 리소스 정의
- metadata.name: 디플로이 고유 이름(my-nginx-deployment)
- selector.matchLabels: 디플로이의 Pod 식별 라벨 셀렉터(my-nginx)
- replicas: 배포되는 Pod의 복제본 개수 지정(파드 1개)
- template.metadata.labels: Pod 라벨로 Selector와 일치해야 함(my-nginx)
- containers: Pod에 포함될 컨테이너 정의(my-nginx)
- image: 컨테이너에 사용할 이미지로 도커 허브(기본)에 있는 nginx로 지정
- ports: 컨테이너가 열어둘 포트 지정(80)

② . Nginx 컨테이너 앱 배포

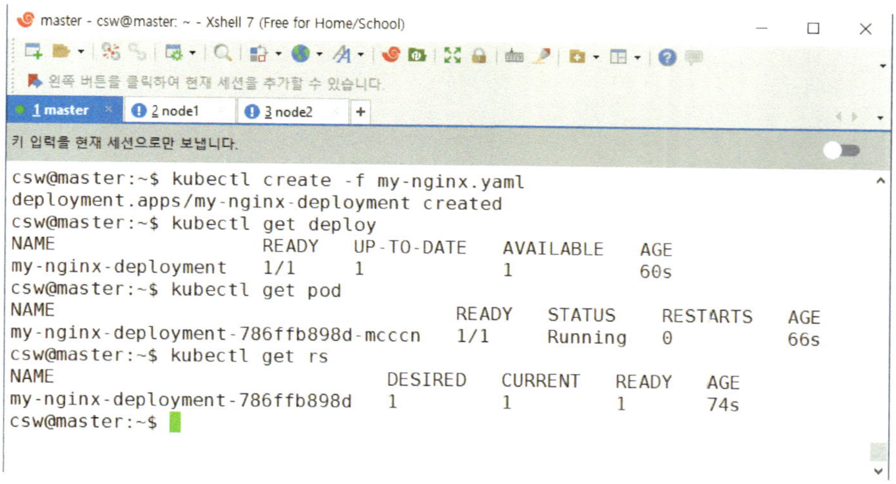

- kubectl create -f my-nginx.yaml # 매니페스트 야물 파일 실행
- kubectl get deploy # 디플로이 확인
- kubectl get pod # 파드 확인
- kubectl get rs # 레플리카셋 확인

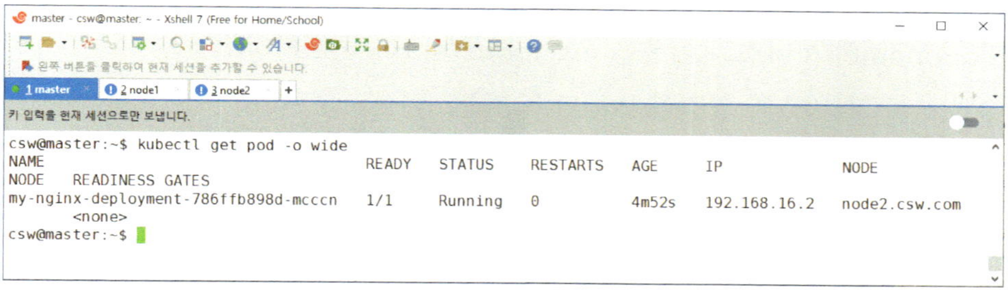

- kubectl get pod –o wide # 파드 관련 자세한 사항을 넓게 출력
- 파드가 node2에서 실행중임

③. 앱 접속을 위한 서비스 설정 my-nginx-service.yaml 작성

```
csw@master:~$ vi my-nginx-service.yaml
csw@master:~$ cat my-nginx-service.yaml
apiVersion: v1
kind: Service
metadata:
  name: my-nginx-service
spec:
  selector:
    app: my-nginx
  ports:
    - protocol: TCP
      port: 80
      targetPort: 80
csw@master:~$
```

- 쿠버네티스 서비스: 컨테이너 앱 접속 방법 정의 리소스: 포트 번호, 프로토콜 등
- 클라이언트에서 쿠버네티스 파드 Nginx 접속을 위한 Service 리소스 정의
- apiVersion: 사용할 Kubernetes API 버전을 v1으로 지정
- kind: 생성할 리소스의 종류를 Service로 지정
- metadata.name: 서비스의 이름을 my-nginx-service로 지정
- spec.selector: 서비스가 연결할 Pod로 "app: my-nginx" 라벨 Pod 지정
- spec.ports: 서비스 TCP 80번 열고 이 포트를 Pod 내 컨테이너 80번에 포워딩

④. 서비스 공개

```
csw@master:~$ kubectl apply -f my-nginx-service.yaml
service/my-nginx-service created
csw@master:~$ kubectl get svc -o wide
NAME               TYPE        CLUSTER-IP     EXTERNAL-IP   PORT(S)   AGE   SELECTOR
kubernetes         ClusterIP   10.96.0.1      <none>        443/TCP   81m   <none>
my-nginx-service   ClusterIP   10.105.7.254   <none>        80/TCP    19s   app=my-nginx
csw@master:~$
```

- kubectl apply -f my-nginx-service.yaml # 서비스 야물 파일 적용
- kubectl get svc -o wide
- my-nginx-service 서비스에 연결된 파드: (SELECTOR app=)my-nginx
- my-nginx-service 서비스의 클러스터 IP: 10.105.7.2254
- 외부에서 my-nginx-service 서비스의 접근 포트: 80

⑤. 앱 서비스 동작 확인

```
csw@master:~$ curl 10.105.7.254:80
<!DOCTYPE html>
<html>
<head>
<title>Welcome to nginx!</title>
<style>
html { color-scheme: light dark; }
body { width: 35em; margin: 0 auto;
font-family: Tahoma, Verdana, Arial, sans-serif; }
</style>
</head>
<body>
<h1>Welcome to nginx!</h1>
<p>If you see this page, the nginx web server is successfully installed and
working. Further configuration is required.</p>

<p>For online documentation and support please refer to
<a href="http://nginx.org/">nginx.org</a>.<br/>
Commercial support is available at
<a href="http://nginx.com/">nginx.com</a>.</p>

<p><em>Thank you for using nginx.</em></p>
</body>
</html>
csw@master:~$
```

- curl 10.105.7.254:80 # 공개된 클러스터 내 Nginx 서비스 접속 확인

⑥. 앱 서비스 종료하기

```
csw@master:~$ kubectl get svc
NAME               TYPE        CLUSTER-IP     EXTERNAL-IP   PORT(S)   AGE
kubernetes         ClusterIP   10.96.0.1      <none>        443/TCP   86m
my-nginx-service   ClusterIP   10.105.7.254   <none>        80/TCP    5m38s
csw@master:~$ kubectl delete service my-nginx-service
service "my-nginx-service" deleted
csw@master:~$ kubectl get deploy
NAME                  READY   UP-TO-DATE   AVAILABLE   AGE
my-nginx-deployment   1/1     1            1           14m
csw@master:~$ kubectl delete deploy my-nginx-deployment
deployment.apps "my-nginx-deployment" deleted
csw@master:~$ kubectl get pod
No resources found in default namespace.
csw@master:~$
```

- 서비스 확인 및 삭제
- 디플로이 확인 및 삭제
- 파드 자동 삭제 됨

12

kubectl 명령어 사용법

12.1 kubectl 도움말

12.2 워드프레스 웹 앱

12.3 기본 명령어

12.1 kubectl 도움말

Chapter 12. kubectl 명령어 사용법

12.1.1 클러스터 시작

- 마스터, 노드1, 노드2 시작

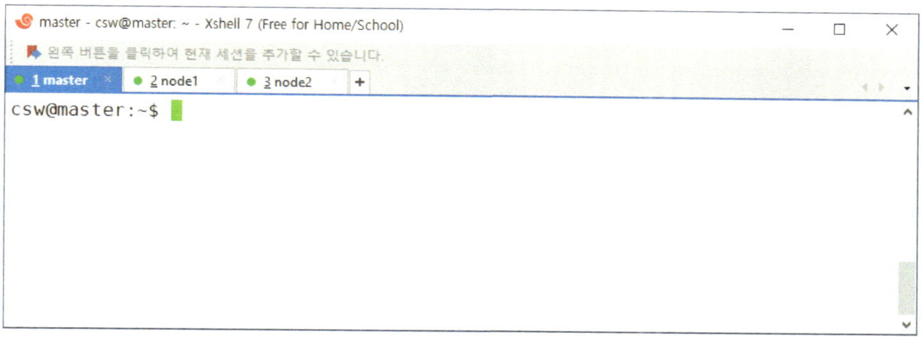

12.1.2 kubeclt 도움말

- 'kubectl --help' 또는 'kubectl -h'

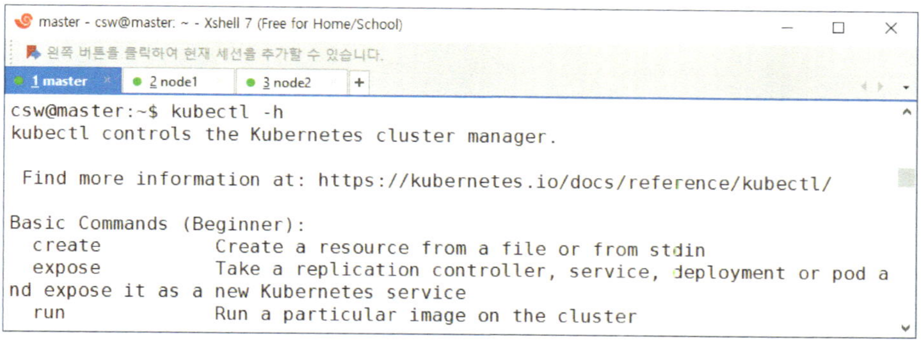

- Kubernetes 클러스터 관리 도구인 kubectl의 사용법을 보여주는 명령어
- kubectl 명령어의 기본 구조: 어떤 형식으로 명령어를 입력해야 하는지 표시
- 주요 서브 명령어 목록: get, describe, create, delete 등 나열 및 설명
- 각 서브 명령어의 상세 옵션(flags)에 대한 설명을 제공
- 출력 형식: kubectl 명령어의 결과 출력 형식 JSON, YAML 등 정보 제공

12.1.3 kubeclt [서브 명령어] 도움말

- kubectl [서브 명령어] -h

```
csw@master:~$ kubectl get -h | more
Display one or many resources.

 Prints a table of the most important information about the specified resou
rces. You can filter the list using a label selector and the --selector fla
g. If the desired resource type is namespaced you will only see results in
the current namespace if you don't specify any namespace.

 By specifying the output as 'template' and providing a Go template as the
value of the --template flag, you can filter the attributes of the fetched
resources.

Use "kubectl api-resources" for a complete list of supported resources.

Examples:
  # List all pods in ps output format
  kubectl get pods

  # List all pods in ps output format with more information (such as node n
ame)
  kubectl get pods -o wide

  # List a single replication controller with specified NAME in ps output f
ormat
  kubectl get replicationcontroller web

  # List deployments in JSON output format, in the "v1" version of the "app
s" API group
```

- kubectl get -h: 리소스(Pod 등) 정보 조회 get 명령어 사용법 보여줌
- get 명령어의 기본 구조: 어떤 형식으로 get 명령어 입력해야 하는지 보여줌
- 조회 가능한 리소스 종류: Pod, Deployment, Service, Node, ReplicaSet, ConfigMap 등
- 출력 형식: JSON, YAML, wide 등 다양한 출력 형식 옵션을 설명

- 선택적 필터링: label, field selector 등 사용하여 특정 조건에 맞는 리소스만 조회하는 방법을 설명
- 정렬 및 페이지네이션: 출력 결과를 특정 기준으로 정렬하거나 페이지 단위로 나누어 보는 방법을 설명

12.2 워드프레스 웹 앱

Chapter 12. kubectl 명령어 사용법

12.2.1 앱 정의

- **앱**
  - 워드프레스 웹 사이트 앱: 4개 리소스의 그룹(2개 서비스와 2개 디플로이)
  - MariaDB 기반 mysql 데이터베이스: 워드프레스에 데이터 저장소 제공
  - WordPress 기반 웹 앱: 사용자에 아파치 웹 서버 기반 웹 서비스 제공
- **구성 리소스**
  - mysql 디플로이: MySQL 파드 생성 및 관리
  - mysql 서비스: MySQL 파드 네트워크 연결
  - wordpress 디플로이: 워드프레스 파드 생성 및 관리
  - wordpress 서비스: 워드프레스 파드 네트워크 연결
- **앱-리소스 연결**
  - app 레이블: 리소스의 앱 정의
  - 'app: myapp': 리소스는 myapp 앱에 포함되게 됨
  - 4개 리소스 모두 동일
- **서비스-파드 연결**
  - 서비스 셀렉터에 일치하는 파드를 디플로이에서 검색 연결
  - 서비스 스펙 셀렉터: 서비스가 노출(연결)할 파드
  - 디플로이 스펙 셀렉터 매치레이블: 디플로이가 관리할(매칭) 파드
  - 디플로이 스펙 템플릿 메타데이터 레이블: 디플로이가 생성할 파드
- **앱의 4개 리소스 정의 파일 이름**

- 쿠버네티스 버전: 1.31
- mysql-deployment.yaml
- mysql-service.yaml
- wordpress-deployment.yaml
- wordpress-service.yaml

12.2.2 리소스 정의

- **mysql-deployment.yaml**
  - mysql 디플로이 정의

```
apiVersion: apps/v1          # 리소스의 쿠버네티스 API 버전 지정
kind: Deployment             # 리소스 유형 디플로이(파드 배포)
metadata:                    # 디플로이 부가정보(메타데이터) 지정
  name: mysql                # 디플로이 이름 mysql
  labels:
    app: myapp       # app 레이블: 리소스 그룹화(디플로이가 속한 앱)
    tier: mysql      # 추가 tier 레이블: 앱에서 디플로이 역할 표시
spec:                        # 디플로이 실제동작(스펙) 지정
  selector:                  # 디플로이가 관리할 파드 선택기
    matchLabels:             # 일치레이블 선택방식 지정
      app: myapp
      tier: mysql
  template:                  # 생성 및 실행할 파드 정의
    metadata:
      labels:        # 생성할 파드에 부여할 레이블
        app: myapp
        tier: mysql
    spec:                    # 파드가 생성할 컨테이너 스펙 지정
      containers:            # 파드가 생성할 컨테이너
      - image: mariadb:10.8 # 베이스 이미지
```

```
      name: mysql              # 컨테이너 이름
      env:                     # 컨테이너 환경 설정
        - name: MYSQL_DATABASE
          value: wordpress          # 데이터베이스 이름
        - name: MYSQL_ROOT_PASSWORD
          value: password           # 루트 사용자 암호
      ports:
        - containerPort: 3306       # 컨테이너 공개 포트
          name: mysql               # 포트 이름
```

- **mysql-service.yaml**
  - mysql 서비스 정의

```
apiVersion: v1
kind: Service                  # 리소스 유형 서비스(파드 집합 대표)
metadata:
  name: mysql                  # wordpress-mysql 서비스
  labels:
    app: myapp          # 리소스 그룹화(리소스가 속한 앱 myapp)
spec:
  ports:
    - port: 3306               # 서비스 공개 포트
  selector:                    # 서비스가 검색하여 노출할 파드 선택
    app: myapp
    tier: mysql
```

- **mysql 디플로이**
  - MariaDB 실행: 이미지 버전 10.8
  - MYSQL_DATABASE: 데이터베이스 wordpress
  - MYSQL_ROOT_PASSWORD: 루트 사용자 암호 passowrd
  - MySQL 컨테이너: 포트 3306에서 실행
- **mysql 서비스**

- mysql 디플로이 네트워크 연결점
- Selector 설정: mysql 디플로이 내 일치 파드 검색
- 포트 3306 노출: MariaDB 요청 트래픽을 mysql 디플로이로 라우팅
- 내부적으로만 공개: 외부 공개하지 않음

• wordpress-deployment.yaml
  - wordpress 디플로이 정의

```
apiVersion: apps/v1
kind: Deployment
metadata:
  name: wordpress              # 디플로이 이름
  labels:
    app: myapp                 # 리소스 그룹화
    tier: frontend             # 디플로이 frontend 역할 지정
spec:
  selector:
    matchLabels:
      app: myapp
      tier: frontend
  template:
    metadata:
      labels:
        app: myapp
        tier: frontend
    spec:
      containers:
        - image: wordpress:latest
          name: wordpress
          env:
            - name: WORDPRESS_DB_HOST
              value: mysql.default.svc.cluster.local #mysql 서비스의 전체 DNS 이름
            - name: WORDPRESS_DB_NAME
```

```
        value: wordpress        # 데이터베이스 이름
      - name: WORDPRESS_DB_USER
        value: root             # 데이터베이스 접속 사용자 이름
      - name: WORDPRESS_DB_PASSWORD
        value: password             # 사용자 암호
    ports:
      - containerPort: 80
        name: wordpress
```

- **wordpress-service.yaml**
  - wordpress 서비스 정의

```
apiVersion: v1
kind: Service
metadata:
  name: wordpress
  labels:
    app: myapp
spec:
  type: NodePort  # 노드포트 타입 서비스 - 외부 접속 허용
  ports:
    - port: 80
  selector:
    app: myapp
    tier: frontend
```

- **wordpress 디플로이**
  - wordpress 실행: 이미지 버전 최신(latest)
  - wordpress 컨테이너는 mysql 서비스 사용
  - DB 호스트 주소 및 관련된 환경 변수들 설정
  - 'default', 'cluster.local': 기본 네임스페이스, 기본 도메인 이름
  - wordpress 컨테이너: 포트 80에서 실행

- **wordpress 서비스**
  - wordpress 디플로이 네트워크 연결점
  - NodePort 유형 서비스: 외부에 포트 80을 통해 wordpress 서비스 공개
  - 포트 80 노출: HTTP 요청 트래픽을 wordpress 디플로이로 라우팅
- **전체 요약**
  - app: myapp 앱의 서비스 wordpress는 포트 80에 들어오는 요청을 셀렉터app: myapp, tier:frontend에 일치하는 파드에 전달하고,
  - app: myapp, tier: frontend 파드는 wordpress 컨테이너의 환경 변수 설정에 따라 DB 호스트 mysql, DB 네임 wordpress, DB 사용자 root, DB 루트 사용자 암호 password를 가지고 mysql 서비스 3306 포트에 접속하고,
  - mysql 서비스는 3306 포트에 들어오는 요청을 셀렉터 app: myapp, tier:mysql에 일치하는 파드에 전달하고,
  - app: myapp, tier:mysql 파드는 mysql 컨테이너 환경 변수 설정을 통과하는 컨테이너 포트 3306에 들어오는 요청을 데이터베이스 mysql에 연결

12.2.3 리소스 정의 파일 작성

```
apiVersion: apps/v1
kind: Deployment
metadata:
  name: mysql
  labels:
    app: myapp
    tier: mysql
spec:
  selector:
    matchLabels:
      app: myapp
      tier: mysql
  template:
    metadata:
      labels:
        app: myapp
        tier: mysql
    spec:
      containers:
      - image: mariadb:10.8
        name: mysql
        env:
        - name: MYSQL_DATABASE
          value: wordpress
        - name: MYSQL_ROOT_PASSWORD
          value: password
        ports:
        - containerPort: 3306
          name: mysql
:wq!
```

①. **mysql-deployment.yaml**

- pwd
- mkdir myapp
- cd myapp
- vi mysql-deployment.yaml

```
apiVersion: v1
kind: Service
metadata:
  name: mysql
  labels:
    app: myapp
spec:
  ports:
    - port: 3306
  selector:
    app: myapp
    tier: mysql
~
~
~
:wq!
```

②. **mysql-service.yaml**

- vi mysql-service.yaml

```
apiVersion: apps/v1
kind: Deployment
metadata:
  name: wordpress
  labels:
    app: myapp
    tier: frontend
spec:
  selector:
    matchLabels:
      app: myapp
      tier: frontend
  template:
    metadata:
      labels:
        app: myapp
        tier: frontend
    spec:
      containers:
        - image: wordpress:latest
          name: wordpress
          env:
            - name: WORDPRESS_DB_HOST
              value: mysql.default.svc.cluster.local
            - name: WORDPRESS_DB_NAME
              value: wordpress
            - name: WORDPRESS_DB_USER
              value: root
            - name: WORDPRESS_DB_PASSWORD
              value: password
          ports:
            - containerPort: 80
              name: wordpress
~
~
:wq!
```

③. wordpress-service.yaml

- vi wordpress-deployment.yaml

12.3 기본 명령어

Chapter 12. kubectl 명령어 사용법

12.3.1 api-resources

- kubectl api-resources
- 클러스터의 모든 API 리소스 확인

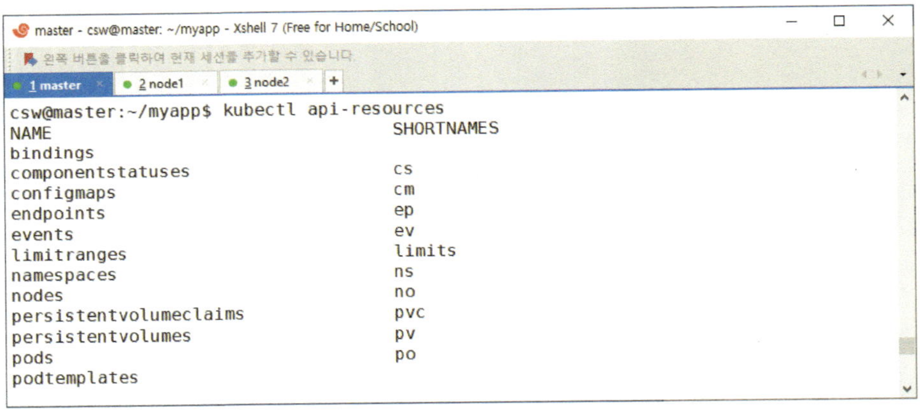


```
csw@master:~/myapp$ kubectl api-resources
NAME                                    SHORTNAMES
bindings
componentstatuses                       cs
configmaps                              cm
endpoints                               ep
events                                  ev
limitranges                             limits
namespaces                              ns
nodes                                   no
persistentvolumeclaims                  pvc
persistentvolumes                       pv
pods                                    po
podtemplates
```

- NAME: 리소스 이름 “pods”, “services”, “deployments” 등
- APIVERSION: 리소스가 속한 API 버전 v1, apps/v1 등
- NAMESPACED: ‘true’면 네임스페이스 내, ‘false’면 클러스터 전체에서 사용
- KIND: 리소스 종류 “Pod”, “Service”, “Deployment” 등

12.3.2 apply

- **kubectl apply -f 〈리소스 정의 파일이나 디렉토리 경로〉**
  - 쿠버네티스 클러스터에 리소스 배포

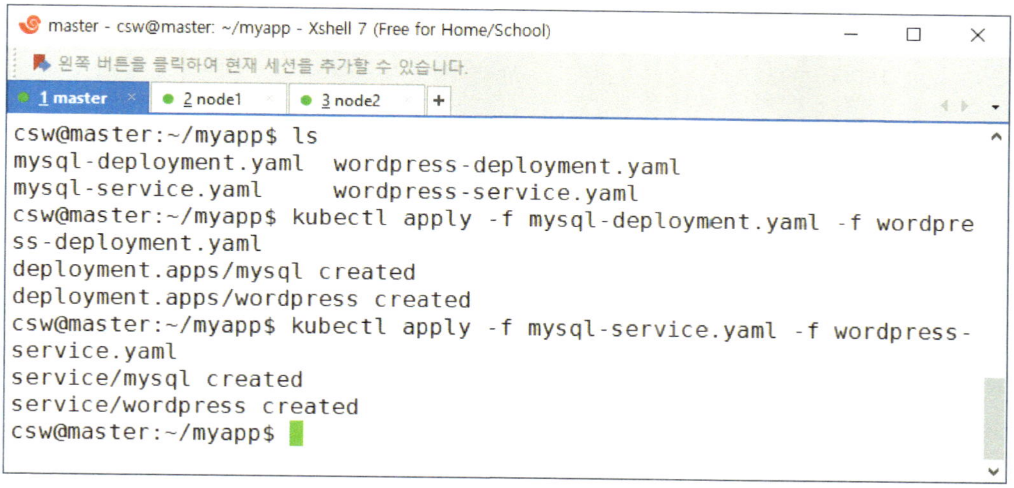

  - 디플로이 2개 및 서비스 2개 배포
  - ls
  - kubectl apply -f mysql-deployment.yaml -f wordpress-deployment.yaml
  - kubectl apply -f mysql-service.yaml -f wordpress-service.yaml

12.3.3 get

①. **kubectl get node**
  - 클러스터의 모든 노드 목록 조회
  - kubectl get nodes
  - kubectl get nodes -o wide

```
csw@master:~/myapp$ kubectl get nodes
NAME           STATUS   ROLES           AGE     VERSION
master         Ready    control-plane   5d17h   v1.31.0
node1.csw.com  Ready    <none>          5d16h   v1.31.0
node2.csw.com  Ready    <none>          5d16h   v1.31.0
csw@master:~/myapp$ kubectl get nodes -o wide
NAME           STATUS   ROLES           AGE     VERSION   INTERNAL-IP
master         Ready    control-plane   5d17h   v1.31.0   10.100.10.100
node1.csw.com  Ready    <none>          5d16h   v1.31.0   10.100.10.101
node2.csw.com  Ready    <none>          5d16h   v1.31.0   10.100.10.102
csw@master:~/myapp$
```

- master 노드: 제어 중심(control-plane) 역할
- node1, node2: 워커 노드로 앱 컨테이너 실행
- '-o wide': 출력을 넓게하여 노드 IP 주소, OS 이미지 등 추가 정보 표시

②. **kubectl get pod**

- 실행 중인 모든 파드 목록 표시
- kubectl get pod
- kubectl get pod -o wide

```
csw@master:~/myapp$ kubectl get pod
NAME                          READY   STATUS    RESTARTS   AGE
mysql-84f785dc6d-xrs29        1/1     Running   0          5m41s
wordpress-755fbc54d5-4cdj9    1/1     Running   0          5m41s
csw@master:~/myapp$ kubectl get pod -o wide
NAME                          READY   STATUS    RESTARTS   AGE     IP             NODE
mysql-84f785dc6d-xrs29        1/1     Running   0          5m46s   192.168.16.5   node2.csw.com
wordpress-755fbc54d5-4cdj9    1/1     Running   0          5m46s   192.168.16.6   node2.csw.com
csw@master:~/myapp$
```

- 2 개 파드가 노드2에서 실행중
- '-o wide': 파드 IP 주소, 실행 노드 등 추가 정보 표시

③. **kubectl get deploy**

- 실행중인 모든 디플로이 목록 표시
- kubectl get deploy
- kubectl get deploy -o wide

```
csw@master:~/myapp$ kubectl get deploy
NAME        READY   UP-TO-DATE   AVAILABLE   AGE
mysql       1/1     1            1           9m11s
wordpress   1/1     1            1           9m11s
csw@master:~/myapp$ kubectl get deploy -o wide
NAME        READY   UP-TO-DATE   AVAILABLE   AGE     CONTAINERS   IMAGES             SELECTOR
mysql       1/1     1            1           9m16s   mysql        mariadb:10.8       app=myapp,tier=mysql
wordpress   1/1     1            1           9m16s   wordpress    wordpress:latest   app=myapp,tier=frontend
csw@master:~/myapp$
```

- 2 개 디플로이 실행중
- '-o wide': 디플로이 컨테이너, 이미지, 셀렉터 등 추가 정보 표시

④. **kubectl get svc**

- 실행중인 모든 서비스 목록 표시
- kubectl get svc
- kubectl get svc -o wide

```
csw@master:~/myapp$ kubectl get svc
NAME         TYPE        CLUSTER-IP      EXTERNAL-IP   PORT(S)        AGE
kubernetes   ClusterIP   10.96.0.1       <none>        443/TCP        5d17h
mysql        ClusterIP   10.111.42.62    <none>        3306/TCP       10m
wordpress    NodePort    10.105.34.40    <none>        80:30473/TCP   10m
csw@master:~/myapp$ kubectl get svc -o wide
NAME         TYPE        CLUSTER-IP      EXTERNAL-IP   PORT(S)        AGE     SELECTOR
kubernetes   ClusterIP   10.96.0.1       <none>        443/TCP        5d17h   <none>
mysql        ClusterIP   10.111.42.62    <none>        3306/TCP       10m     app=myapp,tier=mysql
wordpress    NodePort    10.105.34.40    <none>        80:30473/TCP   10m     app=myapp,tier=frontend
csw@master:~/myapp$
```

- 2 개 서비스 실행중
- '-o wide': 서비스 타입, IP 주소, 포트, 셀렉터 등 표시
- wordpress: 노드포트 타입 서비스로 80번 공개 포트를 통해 외부 접속 가능

⑤. **kubectl get pod,svc**

- 2 개 리소스 조회
- kubectl get pod,svc

```
csw@master:~/myapp$ kubectl get pod,svc
NAME                             READY   STATUS    RESTARTS   AGE
pod/mysql-84f785dc6d-xrs29       1/1     Running   0          13m
pod/wordpress-755fbc54d5-4cdj9   1/1     Running   0          13m

NAME                 TYPE        CLUSTER-IP     EXTERNAL-IP   PORT(S)        AGE
service/kubernetes   ClusterIP   10.96.0.1      <none>        443/TCP        5d17h
service/mysql        ClusterIP   10.111.42.62   <none>        3306/TCP       13m
service/wordpress    NodePort    10.105.34.40   <none>        80:30473/TCP   13m
csw@master:~/myapp$
```

⑥. kubectl get all

- 모든 리소스 조회: 파드, 서비스, 디플로이, 레플리카셋, 잡 등
- kubectl get all

```
csw@master:~/myapp$ kubectl get all
NAME                                READY   STATUS    RESTARTS   AGE
pod/mysql-84f785dc6d-xrs29          1/1     Running   0          14m
pod/wordpress-755fbc54d5-4cdj9      1/1     Running   0          14m

NAME                   TYPE        CLUSTER-IP      EXTERNAL-IP   PORT(S)        AGE
service/kubernetes     ClusterIP   10.96.0.1       <none>        443/TCP        5d17h
service/mysql          ClusterIP   10.111.42.62    <none>        3306/TCP       14m
service/wordpress      NodePort    10.105.34.40    <none>        80:30473/TCP   14m

NAME                        READY   UP-TO-DATE   AVAILABLE   AGE
deployment.apps/mysql       1/1     1            1           14m
deployment.apps/wordpress   1/1     1            1           14m

NAME                                   DESIRED   CURRENT   READY   AGE
replicaset.apps/mysql-84f785dc6d       1         1         1       14m
replicaset.apps/wordpress-755fbc54d5   1         1         1       14m
csw@master:~/myapp$
```

⑦. kubectl get pod –o yaml

- 파드 목록을 야물 형식으로 출력

```
csw@master:~/myapp$ kubectl get pod -o yaml
apiVersion: v1
items:
- apiVersion: v1
  kind: Pod
  metadata:
    annotations:
      cni.projectcalico.org/containerID: 5f9cf0e10e431edbd344eb25847baed2531a9fb2843b
66286f11d80e75ca8a4a
      cni.projectcalico.org/podIP: 192.168.16.5/32
      cni.projectcalico.org/podIPs: 192.168.16.5/32
    creationTimestamp: "2024-09-03T23:39:56Z"
    generateName: mysql-84f785dc6d-
    labels:
      app: myapp
      pod-template-hash: 84f785dc6d
      tier: mysql
    name: mysql-84f785dc6d-xrs29
```

⑧. kubectl get pod --show-labels

- 파드 목록을 파드 라벨과 함께 출력

```
csw@master:~/myapp$ kubectl get pod --show-labels
NAME                         READY   STATUS    RESTARTS   AGE   LABELS
mysql-84f785dc6d-xrs29       1/1     Running   0          18m   app=myapp,pod-template-hash=84f785dc6d,tier=mysql
wordpress-755fbc54d5-4cdj9   1/1     Running   0          18m   app=myapp,pod-template-hash=755fbc54d5,tier=frontend
csw@master:~/myapp$
```

12.3.4 describe

①. **kubectl describe node [노드명]**

- 특정 노드 세부 정보 표시: 노드의 자원 할당, 레이블, 조건 등

```
csw@master:~/myapp$ kubectl describe node master
Name:               master
Roles:              control-plane
Labels:             beta.kubernetes.io/arch=amd64
                    beta.kubernetes.io/os=linux
                    kubernetes.io/arch=amd64
                    kubernetes.io/hostname=master
                    kubernetes.io/os=linux
                    node-role.kubernetes.io/control-plane=
                    node.kubernetes.io/exclude-from-external-load-bal
```

②. **kubectl describe pod [파드명]**

- 특정 파드 세부 정보 표시: 파드의 네임스페이스, 서비스 계정, 레이블 등
- kubectl get pod
- kubectl describe pod mysql-84f785dc6d-xrs29

```
csw@master:~/myapp$ kubectl get pod
NAME                         READY   STATUS    RESTARTS   AGE
mysql-84f785dc6d-xrs29       1/1     Running   0          21m
wordpress-755fbc54d5-4cdj9   1/1     Running   0          21m
csw@master:~/myapp$ kubectl describe pod mysql-84f785dc6d-xrs29
Name:             mysql-84f785dc6d-xrs29
Namespace:        default
Priority:         0
Service Account:  default
Node:             node2.csw.com/10.100.10.102
```

12.3.5 logs

- **kubectl logs 파드명**
  - 특정 파드의 로그 확인: 파드에서 실행 중인 컨테이너의 로그 확인
  - kubectl logs mysql-84f785dc6d-xrs29

```
csw@master:~/myapp$ kubectl logs mysql-84f785dc6d-xrs29
2024-09-03 23:40:10+00:00 [Note] [Entrypoint]: Entrypoint script for MariaDB Server 1:10.8.8+maria~ubu2204 started.
2024-09-03 23:40:10+00:00 [Note] [Entrypoint]: Switching to dedicated user 'mysql'
2024-09-03 23:40:10+00:00 [Note] [Entrypoint]: Entrypoint script for MariaDB Server 1:10.8.8+maria~ubu2204 started.
2024-09-03 23:40:11+00:00 [Note] [Entrypoint]: Initializing database files


PLEASE REMEMBER TO SET A PASSWORD FOR THE MariaDB root USER !
To do so, start the server, then issue the following command:
```

12.3.6 exec

- **kubectl exec -it 〈파드명〉 -- 〈명령〉**
  - 실행 중인 파드 내 컨테이너에서 명령 실행
  - kubectl get pod
  - kubectl get pod wordpress-755fbc54d5-4cdj9 -o wide
  - curl 192.168.16.6
  - kubectl exec -it wordpress-755fbc54d5-4cdj9 -- /bin/bash
  - echo "Welcome to CSW in JEIU" 〉 index.php
  - cat index.php
  - exit
  - curl 192.168.16.6

```
csw@master:~/myapp$ kubectl get pod
NAME                         READY   STATUS    RESTARTS   AGE
mysql-84f785dc6d-xrs29       1/1     Running   0          29m
wordpress-755fbc54d5-4cdj9   1/1     Running   0          29m
csw@master:~/myapp$ kubectl get pod wordpress-755fbc54d5-4cdj9 -o wide
NAME                         READY   STATUS    RESTARTS   AGE   IP             NODE            NOMINATED NODE   READINESS GATES
wordpress-755fbc54d5-4cdj9   1/1     Running   0          29m   192.168.16.6   node2.csw.com   <none>           <none>
csw@master:~/myapp$ curl 192.168.16.6
csw@master:~/myapp$ kubectl exec -it wordpress-755fbc54d5-4cdj9 -- /bin/bash
root@wordpress-755fbc54d5-4cdj9:/var/www/html# echo "Welcome to CSW in JEIU" > index.php
root@wordpress-755fbc54d5-4cdj9:/var/www/html# cat index.php
Welcome to CSW in JEIU
root@wordpress-755fbc54d5-4cdj9:/var/www/html# exit
exit
csw@master:~/myapp$ curl 192.168.16.6
Welcome to CSW in JEIU
csw@master:~/myapp$
```

- '-it': 터미널과 컨테이너 간 상호작용 가능
- wordpress 파드 내 컨테이너에서 /bin/bash 명령 실행
- 실행 중인 컨테이너의 index.php 수정
- curl 명령으로 파드 접속 및 웹 페이지 확인

12.3.7 explain

- **kubectl explain 리소스명**
  - 리소스의 API 버전 확인
  - kubectl explain pod

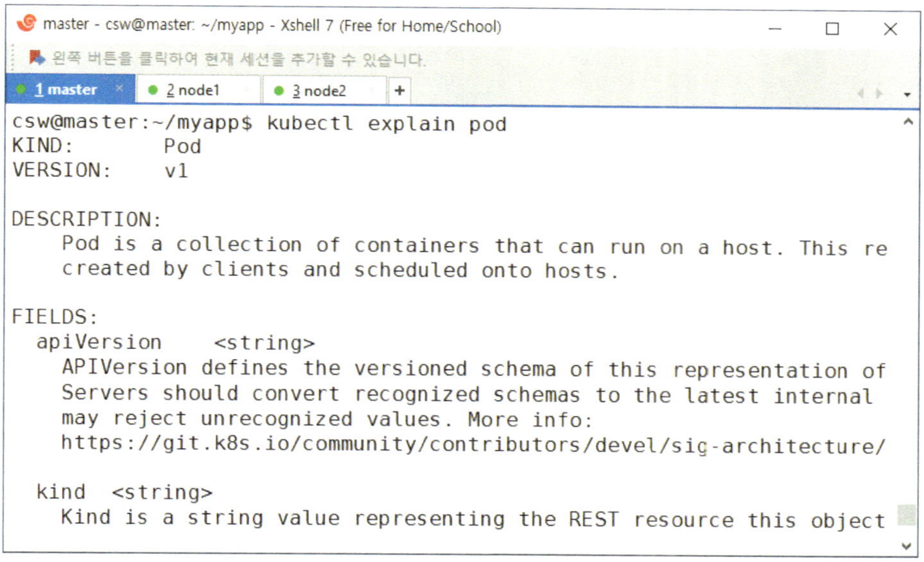


```
csw@master:~/myapp$ kubectl explain pod
KIND:       Pod
VERSION:    v1

DESCRIPTION:
    Pod is a collection of containers that can run on a host. This re
    created by clients and scheduled onto hosts.

FIELDS:
  apiVersion    <string>
    APIVersion defines the versioned schema of this representation of
    Servers should convert recognized schemas to the latest internal
    may reject unrecognized values. More info:
    https://git.k8s.io/community/contributors/devel/sig-architecture/

  kind  <string>
    Kind is a string value representing the REST resource this object
```

12.3.8 delete

①. kubectl delete 리소스타입 리소스명1 리소스명2 ...

- 실행 중인 리소스 삭제
- 파드를 완전히 삭제하려면 상위 디플로이 먼저 삭제

```
master - csw@master: ~/myapp - Xshell 7 (Free for Home/School)
csw@master:~/myapp$ kubectl get deploy
NAME        READY   UP-TO-DATE   AVAILABLE   AGE
mysql       1/1     1            1           38m
wordpress   1/1     1            1           38m
csw@master:~/myapp$ kubectl delete deploy mysql wordpress
deployment.apps "mysql" deleted
deployment.apps "wordpress" deleted
csw@master:~/myapp$ kubectl get pod
No resources found in default namespace.
csw@master:~/myapp$ kubectl get svc
NAME         TYPE        CLUSTER-IP      EXTERNAL-IP   PORT(S)        AGE
kubernetes   ClusterIP   10.96.0.1       <none>        443/TCP        5d18h
mysql        ClusterIP   10.111.42.62    <none>        3306/TCP       38m
wordpress    NodePort    10.105.34.40    <none>        80:30473/TCP   38m
csw@master:~/myapp$ kubectl delete svc mysql wordpress
service "mysql" deleted
service "wordpress" deleted
csw@master:~/myapp$
```

- kubectl get deploy
- kubectl delete deploy mysql wordpress
- kubectl get svc
- kubectl delete svc mysql wordpress

②. kubectl delete –f 리소스정의파일

- 파일에 정의된 모든 리소스를 클러스터에서 삭제
- 파일 자체는 삭제되지 않음
- ls
- kubectl get all
- kubectl apply -f mysql-deployment.yaml
  -f wordpress-deployment.yaml -f mysql-service.yaml
  -f wordpress-service.yaml
- kubectl get pod
- kubectl delete -f mysql-deployment.yaml
  -f wordpress-deployment.yaml -f mysql-service.yaml

-f wordpress-service.yaml

- kubectl get pod
- ls

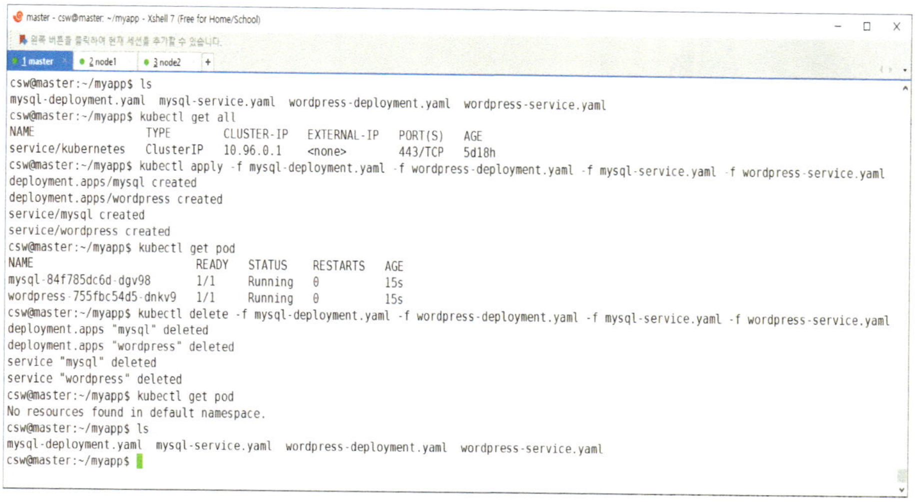

```
csw@master:~/myapp$ ls
mysql-deployment.yaml  mysql-service.yaml  wordpress-deployment.yaml  wordpress-service.yaml
csw@master:~/myapp$ kubectl get all
NAME                 TYPE        CLUSTER-IP   EXTERNAL-IP   PORT(S)   AGE
service/kubernetes   ClusterIP   10.96.0.1    <none>        443/TCP   5d18h
csw@master:~/myapp$ kubectl apply -f mysql-deployment.yaml -f wordpress-deployment.yaml -f mysql-service.yaml -f wordpress-service.yaml
deployment.apps/mysql created
deployment.apps/wordpress created
service/mysql created
service/wordpress created
csw@master:~/myapp$ kubectl get pod
NAME                         READY   STATUS    RESTARTS   AGE
mysql-84f785dc6d-dgv98       1/1     Running   0          15s
wordpress-755fbc54d5-dnkv9   1/1     Running   0          15s
csw@master:~/myapp$ kubectl delete -f mysql-deployment.yaml -f wordpress-deployment.yaml -f mysql-service.yaml -f wordpress-service.yaml
deployment.apps "mysql" deleted
deployment.apps "wordpress" deleted
service "mysql" deleted
service "wordpress" deleted
csw@master:~/myapp$ kubectl get pod
No resources found in default namespace.
csw@master:~/myapp$ ls
mysql-deployment.yaml  mysql-service.yaml  wordpress-deployment.yaml  wordpress-service.yaml
csw@master:~/myapp$
```

13 네임스페이스와 템플릿

13.1 네임스페이스

Chapter 13. 네임스페이스와 템플릿

13.1.1 네임스페이스 개념

- **네임스페이스란?**
  - 클러스터를 목적에 따라 논리적으로 분리한 가상 클러스터
- **네임스페이스 목적**
  - 리소스 분리: 프로젝트별 네임스페이스를 생성하여 독립적으로 관리
  - 권한 제어: 네임스페이스별 액세스 권한 설정하여 프로젝트 접근 권한 부여
  - 환경 분리: 개발, 테스트, 프로덕션 등 환경별 네임스페이스 사용
  - 모니터링 및 로깅: 네임스페이스별 리소스 사용량 모니터링 및 로그 수집
- **기본 네임스페이스**
  - default 네임스페이스: 클러스터의 기본 네임스페이스
  - 리소스의 기본 위치: kubectl apply 명령에서 네임스페이스 지정 생략
  - 관리 및 사용: 관리자와 일반 사용자 모두 사용 가능
  - 삭제 가능

13.1.2 네임스페이스 조회

①. **클러스터의 모든 네임스페이스 조회**

- kubectl get namespaces

```
csw@master:~$ kubectl get namespaces
NAME                STATUS   AGE
calico-apiserver    Active   12d
calico-system       Active   12d
default             Active   12d
kube-node-lease     Active   12d
kube-public         Active   12d
kube-system         Active   12d
tigera-operator     Active   12d
csw@master:~$
```

- default: 기본 네임스페이스
- kube-system: kube-apiserver 등 컨트롤 플레인 컴포넌트 리소스
- kube-public: 컨피그맵 등 클러스터 관련 정보 저장 리소스

②. **디폴트 네임스페이스에서 실행 중인 파드 확인**

```
csw@master:~$ cat > nginx-pod.yaml
apiVersion: v1
kind: Pod
metadata:
  name: nginx
  labels:
    app: nginx
spec:
  containers:
  - name: nginx
    image: nginx:latest
    ports:
    - containerPort: 80
csw@master:~$ kubectl apply -f nginx-pod.yaml
pod/nginx created
csw@master:~$ kubectl get pod -n default
NAME    READY   STATUS    RESTARTS   AGE
nginx   1/1     Running   0          26s
csw@master:~$ kubectl get pod
NAME    READY   STATUS    RESTARTS   AGE
nginx   1/1     Running   0          32s
csw@master:~$
```

- cat 〉 nginx-pod.yaml
- kubectl apply -f nginx-pod.yaml

- kubectl get pod -n default
- kubectl get pod

③. 모든 네임스페이스에서 실행 중인 파드 확인

```
csw@master:~$ kubectl get pod --all-namespaces
NAMESPACE          NAME                                       READY   STATUS
calico-apiserver   calico-apiserver-55c75897f7-784vb          1/1     Running
calico-apiserver   calico-apiserver-55c75897f7-nr4vp          1/1     Running
calico-system      calico-kube-controllers-5b7d46cf78-lzs79   1/1     Running
calico-system      calico-node-2c7q7                          1/1     Running
calico-system      calico-node-8z29m                          1/1     Running
calico-system      calico-node-t792t                          1/1     Running
calico-system      calico-typha-748dbb6b95-6tcc5              1/1     Running
calico-system      calico-typha-748dbb6b95-r4zrx              1/1     Running
calico-system      csi-node-driver-njvcr                      2/2     Running
calico-system      csi-node-driver-sxszf                      2/2     Running
calico-system      csi-node-driver-v66zh                      2/2     Running
default            nginx                                      1/1     Running
kube-system        coredns-6f6b679f8f-lwvjt                   1/1     Running
kube-system        coredns-6f6b679f8f-qmsjz                   1/1     Running
```

- kubectl get pod --all-namespaces

13.1.3 새로운 네임스페이스 생성

①. CLI 명령어

```
csw@master:~$ kubectl create namespace test
namespace/test created
csw@master:~$ kubectl get namespaces
NAME               STATUS   AGE
calico-apiserver   Active   12d
calico-system      Active   12d
default            Active   12d
kube-node-lease    Active   12d
kube-public        Active   12d
kube-system        Active   12d
test               Active   11s
tigera-operator    Active   12d
csw@master:~$
```

- 새로운 test 네임스페이스 생성
- kubectl create namespace test
- kubectl get namespaces

②. YAML 파일

- kubectl create namespace development --dry-run=client –o yaml
- 클라이언트에 시뮬레이션 모드로 동작: 네임스페이스 만들지 않고 YAML 출력

```
csw@master:~$ kubectl create namespace development --dry-run=client -o yaml
apiVersion: v1
kind: Namespace
metadata:
  creationTimestamp: null
  name: development
spec: {}
status: {}
csw@master:~$ kubectl create namespace development --dry-run=client -o yaml > development-namespace.yaml
csw@master:~$ kubectl apply -f development-namespace.yaml
namespace/development created
csw@master:~$
```

- kubectl create namespace development --dry-run=client -o yaml 〉 development-namespace.yaml
- 리디렉션(〉) 통해 네임스페이스 생성용 development-ns.yaml 파일 작성
- kubectl apply –f development-namespace.yaml
- 새로운 development 네임스페이스 생성

13.1.4 네임스페이스 지정

①. CLI 명령어

- kubectl apply -f nginx-pod.yaml -n test
- kubectl get pod -n test

```
csw@master:~$ kubectl apply -f nginx-pod.yaml -n test
pod/nginx created
csw@master:~$ kubectl get pod -n test
NAME     READY   STATUS    RESTARTS   AGE
nginx    1/1     Running   0          11s
csw@master:~$
```

- 네임스페이스 test에서 파드 nginx 실행

②. YAML 파일

- vi nginx-pod.yaml

```
apiVersion: v1
kind: Pod
metadata:
  name: nginx
  namespace: development
  labels:
    app: nginx
spec:
  containers:
  - name: nginx
    image: nginx:latest
    ports:
    - containerPort: 80
:wq!
```

- nginx-pod.yaml 파일에서 메타데이터에 네임스페이스 development 설정

```
csw@master:~$ vi nginx-pod.yaml
csw@master:~$ kubectl apply -f nginx-pod.yaml
pod/nginx created
csw@master:~$ kubectl get pod -n development
NAME    READY   STATUS    RESTARTS   AGE
nginx   1/1     Running   0          16s
csw@master:~$
```

- 파드 nginx가 네임스페이스 development에서 실행 중임
- kubectl apply -f nginx-pod.yaml
- kubectl get pod -n development

13.1.5 기본 네임스페이스 변경

①. 클러스터 설정(컨피그) 정보 확인

```
csw@master:~$ kubectl config view
apiVersion: v1
clusters:
- cluster:
    certificate-authority-data: DATA+OMITTED
    server: https://10.100.10.100:6443
  name: kubernetes
contexts:
- context:
    cluster: kubernetes
    user: kubernetes-admin
  name: kubernetes-admin@kubernetes
current-context: kubernetes-admin@kubernetes
kind: Config
preferences: {}
users:
- name: kubernetes-admin
  user:
    client-certificate-data: DATA+OMITTED
    client-key-data: DATA+OMITTED
csw@master:~$
```

- kubectl config view
- 현재 설정된 kubeconfig 파일 내용 조회

②. 컨피그에 새로운 컨텍스트 추가

- 새로운 컨텍스트 test@kubernetes 추가

```
csw@master:~$ kubectl config set-context test@kubernetes
--cluster=kubernetes --user=kubernetes-admin --namespace=
test
Context "test@kubernetes" created.
csw@master:~$ kubectl config view
apiVersion: v1
clusters:
- cluster:
    certificate-authority-data: DATA+OMITTED
    server: https://10.100.10.100:6443
  name: kubernetes
contexts:
- context:
    cluster: kubernetes
    user: kubernetes-admin
  name: kubernetes-admin@kubernetes
- context:
    cluster: kubernetes
    namespace: test
    user: kubernetes-admin
  name: test@kubernetes
current-context: kubernetes-admin@kubernetes
kind: Config
preferences: {}
users:
- name: kubernetes-admin
  user:
    client-certificate-data: DATA+OMITTED
    client-key-data: DATA+OMITTED
csw@master:~$
```

- kubectl config set-context test@kubernetes
- '--cluster=kubernetes': 컨텍스트에서 사용할 클러스터를 kubernetes로 설정
- '--user=kubernetes-admin': 사용자를 kubernetes-admin로 지정
- '--namespace=test': 네임스페이스를 test로 지정

③. **컨텍스트 전환(Switch)**

- kubectl config use-context test@kubernetes
- kubectl config current-context

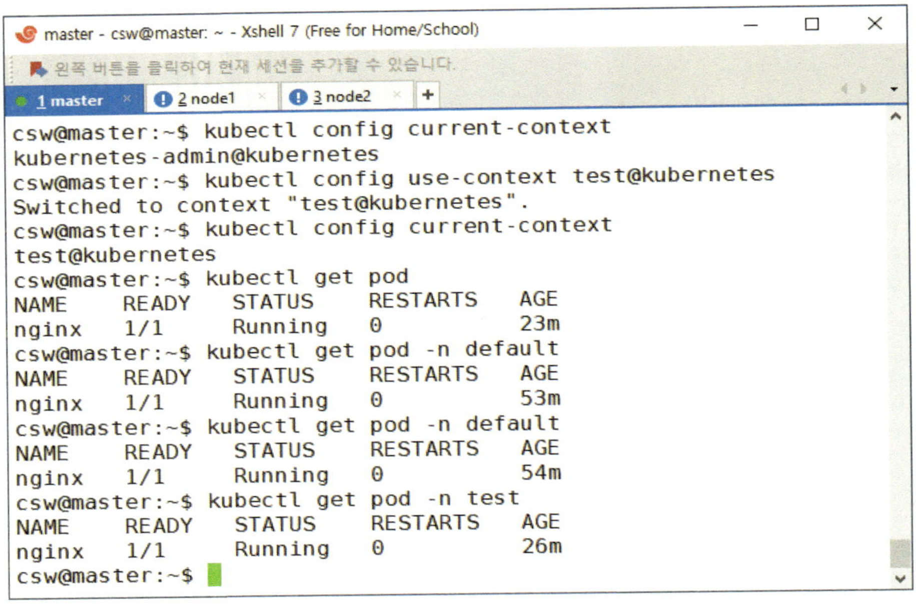

- 클러스터의 현재 작업 환경을 컨텍스트 test@kubernetes로 변경
- 지정 컨텍스트로 전환하여 해당 클러스터와 네임스페이스에서 작업
- 이후 kubectl 명령들은 해당 컨텍스트에 설정된 클러스터와 네임스페이스에서 실행

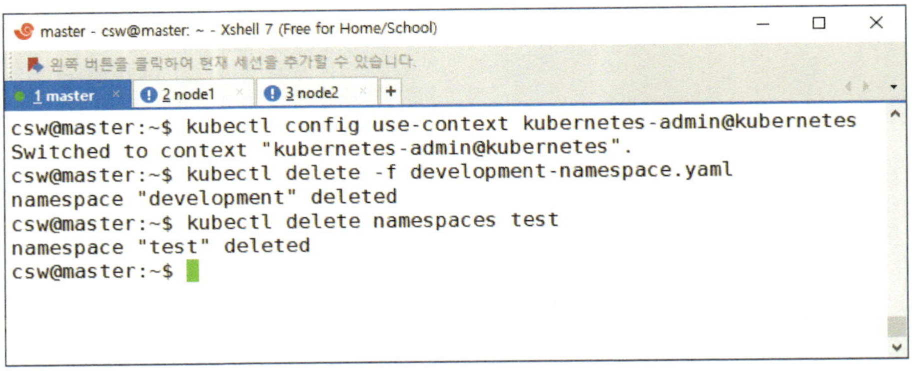

- 클러스터 작업 환경을 기본 컨텍스트 kubernetes-admin@kubernetes로 변경
- development-namespace.yaml 파일 삭제하여 네임스페이스 development 삭제
- kubectl delete namespace test 명령으로 네임스페이스 test 삭제

```
csw@master:~$ kubectl get namespaces
NAME               STATUS   AGE
calico-apiserver   Active   12d
calico-system      Active   12d
default            Active   12d
kube-node-lease    Active   12d
kube-public        Active   12d
kube-system        Active   12d
tigera-operator    Active   12d
csw@master:~$
```

- 네임스페이스 development, test 삭제됨

```
csw@master:~$ kubectl get all -n development
No resources found in development namespace.
csw@master:~$ kubectl get all -n test
No resources found in test namespace.
csw@master:~$ kubectl get all -n default
NAME        READY   STATUS    RESTARTS   AGE
pod/nginx   1/1     Running   0          69m

NAME                 TYPE        CLUSTER-IP   EXTERNAL-IP   PORT(S)   AGE
service/kubernetes   ClusterIP   10.96.0.1    <none>        443/TCP   12d
csw@master:~$
```

- 네임스페이스 development, test 내부 파드 등 모든 리소스도 삭제됨

```
csw@master:~$ kubectl delete pod nginx
pod "nginx" deleted
csw@master:~$ kubectl get all -n default
NAME                 TYPE        CLUSTER-IP   EXTERNAL-IP   PORT(S)   AGE
service/kubernetes   ClusterIP   10.96.0.1    <none>        443/TCP   12d
csw@master:~$
```

- kubectl delete pod nginx
- kubectl get all -n default

13.2 템플릿(Template)

Chapter 13. 네임스페이스와 템플릿

13.2.1 템플릿 개념

- **템플릿이란?**
  - 리소스 정의
  - YAML 또는 JSON 형식으로 작성
- **템플릿 목적**
  - 애플리케이션 정의: 파드, 서비스, 볼륨, 컨피그맵 등 앱 구성 리소스 정의
  - 재사용성: 비슷한 종류의 앱을 반복적으로 배포 가능
  - 표준화 및 관리 용이성: 앱 구성 표준화하여 일관된 방식으로 앱 관리
  - 파라미터화 및 다양한 환경 지원: 개발, 테스트, 프로덕션 환경별 설정 가능

13.2.2 YAML 형식 템플릿

- **기본 구조**

```
apiVersion:
kind:
metadata:
spec:
```

- **내용**
  - apiVersion: 사용할 쿠버네티스 API 버전 "v1", "apps/v1" 등 지정

- kind: "Pod", "Service", "Deployment" 등 리소스 타입 지정
- metadata: 리소스의 이름과 라벨 등 메타데이터 정의
- spec: 파드는 컨테이너, 디플로이는 레플리카 수 등 리소스 세부사항 정의

- **YAML 데이터 구조**

```
name: Chun   #스칼라
fruits:      #시퀀스
  - apple
  - banana
  - orange
person:      #맵
  name: Chun
  age: 30
  city: Incheon
```

- YAML 데이터 형식: 키-값
- 스칼라 name: 단일 값 Chun
- 시퀀스 fruits: 순서가 있는 값들 목록 [apple, banana, orange]
- 맵 person: 키-값들 집합 [name: Chun, age: 30, city: Incheon]

14 파드(Pod)

14.1 단일 컨테이너 파드

Chapter 14. 파드(Pod)

14.1.1 파드 정의

①. **요구사항**

- 아래 조건을 만족하는 MariaDB 컨테이너 실행

키	값
파드 이름	mariadb-pod
파드 라벨	app: mariadb
컨테이너 이름	mariadb-container
컨테이너 이미지	mariadb
컨테이너 환경 변수 (변수명 name: 설정값 value)	MYSQL_ROOT_PASSWORD: rootpassword MYSQL_DATABASE: shopping_db MYSQL_USER: csw MYSQL_PASSWORD: j1234
컨테이너 공개 포트	containerPort: 3306

②. YAML 파일 작성

- vi mariabdb-pod.yaml

```
csw@master:~$ pwd
/home/csw
csw@master:~$ mkdir pod
csw@master:~$ cd pod
csw@master:~/pod$ vi mariadb-pod.yaml
csw@master:~/pod$ cat mariadb-pod.yaml
apiVersion: v1
kind: Pod
metadata:
  name: mariadb-pod
  labels:
    app: mariadb
spec:
  containers:
    - name: mariadb-container
      image: mariadb
      env:
        - name: MYSQL_ROOT_PASSWORD
          value: rootpassword
        - name: MYSQL_DATABASE
          value: shopping_db
        - name: MYSQL_USER
          value: csw
        - name: MYSQL_PASSWORD
          value: j1234
      ports:
        - containerPort: 3306

csw@master:~/pod$
```

- MYSQL_ROOT_PASSWORD: MariaDB 루트 사용자 암호 설정(필수적)
- MYSQL_DATABASE: 애플리케이션에서 사용할 DB 이름 설정
- MYSQL_USER: DB에 접근할 사용자 이름 설정
- MYSQL_PASSWORD: 사용자의 DB 접근 암호 설정
- containerPort: MariaDB 컨테이너가 사용할(노출할) 포트 정의, 클러스터 내에서 다른 파드나 서비스가 이 포트를 통해 이 컨테이너에 접근

14.1.2 파드 실행

①. **파드 생성**

- kubectl apply -f mariadb-pod.yaml

```
csw@master:~/pod$ kubectl apply -f mariadb-pod.yaml
pod/mariadb-pod created
csw@master:~/pod$ kubectl get pod mariadb-pod
NAME          READY   STATUS              RESTARTS   AGE
mariadb-pod   0/1     ContainerCreating   0          12s
csw@master:~/pod$ kubectl get pod mariadb-pod
NAME          READY   STATUS    RESTARTS   AGE
mariadb-pod   1/1     Running   0          33s
csw@master:~/pod$
```

- 잠시 후 배포 요청한 파드 실행됨

②. **파드 접속**

- kubectl exec -it mariadb-pod -- /bin/bash

```
csw@master:~/pod$ kubectl exec -it mariadb-pod -- /bin/bash
root@mariadb-pod:/# env
KUBERNETES_SERVICE_PORT_HTTPS=443
KUBERNETES_SERVICE_PORT=443
HOSTNAME=mariadb-pod
PWD=/
MYSQL_ROOT_PASSWORD=rootpassword
MYSQL_PASSWORD=j1234
MYSQL_USER=csw
HOME=/root
```

- env: 컨테이너 환경 변수 설정 확인
- MYSQL_ROOT_PASSWORD 등 환경 변수 설정됨

```
MYSQL_DATABASE=shopping_db
KUBERNETES_PORT_443_TCP_ADDR=10.96.0.1
KUBERNETES_SERVICE_HOST=10.96.0.1
KUBERNETES_PORT=tcp://10.96.0.1:443
KUBERNETES_PORT_443_TCP_PORT=443
PATH=/usr/local/sbin:/usr/local/bin:/usr/sbin:/usr/bin:/sbin:/bin
_=/usr/bin/env
root@mariadb-pod:/# exit
exit
csw@master:~/pod$
```

- exit: 파드 접속 종료

- **파드 삭제**
    - kubectl delete -f mariadb-pod.yaml

```
csw@master:~/pod$ kubectl delete -f mariadb-pod.yaml
pod "mariadb-pod" deleted
csw@master:~/pod$ kubectl get pod
No resources found in default namespace.
csw@master:~/pod$ kubectl get pod mariadb-pod
Error from server (NotFound): pods "mariadb-pod" not found
csw@master:~/pod$
```

- 레플리카셋이 관리하는 파드 nginx-deployment-7c94f5ddd6-c6hm4 등 생성

③. **디플로이 업데이트**

- vi nginx-deployment.yaml

```
    metadata:
      labels:
        app: nginx
    spec:
      containers:
      - name: nginx
        image: nginx:1.18
        ports:
        - containerPort: 80
:wq!
```

- nginx 버전을 1.14에서 1.18로 업데이트
- kubectl apply -f nginx-deployment.yaml
- kubectl get deploy,rs,pod

```
csw@master:~/deployment$ kubectl apply -f nginx-deployment.yaml
deployment.apps/nginx-deployment created
csw@master:~/deployment$ kubectl get deploy,pod,rs
NAME                               READY   UP-TO-DATE   AVAILABLE   AGE
deployment.apps/nginx-deployment   3/3     3            3           7s

NAME                                    READY   STATUS    RESTARTS   AGE
pod/nginx-deployment-c6554cb58-cvjwz    1/1     Running   0          7s
pod/nginx-deployment-c6554cb58-l7wzd    1/1     Running   0          7s
pod/nginx-deployment-c6554cb58-vx67h    1/1     Running   0          7s

NAME                                         DESIRED   CURRENT   READY   AGE
replicaset.apps/nginx-deployment-c6554cb58   3         3         3       7s
csw@master:~/deployment$
```

- 새로운 레플리카셋 nginx-deployment-c6554cb58 생성
- 신규 레플리카셋이 관리하는 새로운 파드들 성성

15.1.3 디플로이 버전 관리(rollout)

①. **디플로이 롤아웃 이력(history) 확인**

- kubectl rollout history deploy nginx-deployment
- kubectl rollout history deploy nginx-deployment --revision=2

```
csw@master:~/deployment$ kubectl rollout history deploy nginx-deployment
deployment.apps/nginx-deployment
REVISION  CHANGE-CAUSE
1         <none>
2         <none>

csw@master:~/deployment$ kubectl rollout history deploy nginx-deployment --revision=2
deployment.apps/nginx-deployment with revision #2
Pod Template:
  Labels:       app=nginx
        pod-template-hash=c6554cb58
  Containers:
   nginx:
    Image:      nginx:1.18
    Port:       80/TCP
    Host Port:  0/TCP
    Environment:        <none>
    Mounts:     <none>
  Volumes:      <none>
  Node-Selectors:       <none>
  Tolerations:  <none>

csw@master:~/deployment$
```

- 리비전 2개: 현재 리비전 2
- '--revision=2': 리비전 2 상세 이력 확인

②. 바로 이전 버전으로 롤백

- kubectl rollout undo deploy nginx-deployment

```
csw@master:~/deployment$ kubectl rollout undo deploy nginx-deployment
deployment.apps/nginx-deployment rolled back
csw@master:~/deployment$ kubectl get deploy,pod,rs
NAME                               READY   UP-TO-DATE   AVAILABLE   AGE
deployment.apps/nginx-deployment   3/3     3            3           3m16s

NAME                                    READY   STATUS    RESTARTS   AGE
pod/nginx-deployment-7c94f5ddd6-2www8   1/1     Running   0          28s
pod/nginx-deployment-7c94f5ddd6-96ff8   1/1     Running   0          30s
pod/nginx-deployment-7c94f5ddd6-bj4j5   1/1     Running   0          27s

NAME                                          DESIRED   CURRENT   READY   AGE
replicaset.apps/nginx-deployment-7c94f5ddd6   3         3         3       3m16s
replicaset.apps/nginx-deployment-c6554cb58    0         0         0       2m54s
csw@master:~/deployment$
```

- 레플리카셋 nginx-deployment-7c94f5ddd6로 복귀

③. 실행 중인 디플로이 설정 확인

- kubectl edit deploy nginx-deployment

```
      creationTimestamp: null
      labels:
        app: nginx
    spec:
      containers:
      - image: nginx:1.14
        imagePullPolicy: IfNotPresent
        name: nginx
        ports:
        - containerPort: 80
          protocol: TCP
        resources: {}
        terminationMessagePath: /dev/termination-log
        terminationMessagePolicy: File
                                                    39,1          57%
```

- nginx 버전 1.14로 복귀
- ':q!'

④. **실행 중인 파드 삭제**

- kubectl delete -f nginx-deployment.yaml

```
csw@master:~/deployment$ kubectl delete -f nginx-deployment.yaml
deployment.apps "nginx-deployment" deleted
csw@master:~/deployment$ kubectl get deploy,pod,rs
No resources found in default namespace.
csw@master:~/deployment$
```

15.2 디플로이 업데이트 전략

Chapter 15. 디플로이먼트(Deployment)

15.2.1 롤링 업데이트

①. 요구사항

키	값
디플로이 배포 전략 유형(type)	RollingUpdate
최대 기존 파드 종료 개수(maxUnavailable)	2
최대 신규 파드 생성 개수(maxSurge)	5
리비전 이력 최대 개수(revisionHistoryLimit)	5

- maxUnavailable: 최대로 한 번에 종료할 수 있는 기존 파드 개수
- maxSurge: 최대로 한 번에 생성할 수 있는 신규 파드 개수
- revisionHistoryLimit: 최대로 디플로이가 관리하는 리비전(이전 버전) 개수

②. 롤링 업데이트 전략 반영

- vi nginx-rollupdate-deployment.yaml

```
csw@master:~/deployment$ vi nginx-rollupdate-deployment.yaml
csw@master:~/deployment$ cat nginx-rollupdate-deployment.yaml
apiVersion: apps/v1
kind: Deployment
metadata:
  name: nginx-deployment
  labels:
    app: nginx
spec:
  replicas: 3
  selector:
    matchLabels:
      app: nginx
  strategy:
    type: RollingUpdate
    rollingUpdate:
      maxUnavailable: 2
      maxSurge: 2
  template:
    metadata:
      labels:
        app: nginx
    spec:
      containers:
      - name: nginx
        image: nginx:1.14
        ports:
        - containerPort: 80
  revisionHistoryLimit: 5
csw@master:~/deployment$
```

15.2.2 nginx 디플로이 실행

①. 디플로이 실행 및 확인

```
csw@master:~/deployment$ kubectl apply -f nginx-rollupdate-deployment.yaml
deployment.apps/nginx-deployment created
csw@master:~/deployment$ kubectl get deploy,pod,rs
NAME                               READY   UP-TO-DATE   AVAILABLE   AGE
deployment.apps/nginx-deployment   3/3     3            3           9s

NAME                                    READY   STATUS    RESTARTS   AGE
pod/nginx-deployment-7c94f5ddd6-d8lcv   1/1     Running   0          9s
pod/nginx-deployment-7c94f5ddd6-tpcvs   1/1     Running   0          9s
pod/nginx-deployment-7c94f5ddd6-zf4rp   1/1     Running   0          9s

NAME                                          DESIRED   CURRENT   READY   AGE
replicaset.apps/nginx-deployment-7c94f5ddd6   3         3         3       9s
csw@master:~/deployment$
```

- 디플로이 nginx-deployment 생성
- 디플로이가 관리하는 레플리카셋 nginx-deployment-7c94f5ddd6 생성

- 레플리카셋이 관리하는 파드 nginx-deployment-65fcddc477-d8lcv 등 생성

②. **디플로이 업데이트**

- kubectl set image deployment/nginx-deployment nginx=nginx:latest
- 컨테이너 이미지 버전 업데이트
- set의 경우 디플로이 재시작없이 즉시 반영

```
csw@master:~/deployment$ kubectl set image deployment/nginx-deployment nginx=nginx:latest
deployment.apps/nginx-deployment image updated
csw@master:~/deployment$ kubectl get deploy,pod,rs
NAME                               READY   UP-TO-DATE   AVAILABLE   AGE
deployment.apps/nginx-deployment   3/3     3            3           2m41s

NAME                                   READY   STATUS    RESTARTS   AGE
pod/nginx-deployment-bf56f49c-7j25x    1/1     Running   0          7s
pod/nginx-deployment-bf56f49c-srxtp    1/1     Running   0          7s
pod/nginx-deployment-bf56f49c-zf6qm    1/1     Running   0          7s

NAME                                          DESIRED   CURRENT   READY   AGE
replicaset.apps/nginx-deployment-7c94f5ddd6   0         0         0       2m41s
replicaset.apps/nginx-deployment-bf56f49c     3         3         3       7s
csw@master:~/deployment$
```

- 새로운 레플리카셋 nginx-deployment-bf56f49c 생성
- kubectl get events --field-selector involvedObject.kind=Deployment,involvedObject.name=nginx-deployment

```
csw@master:~/deployment$ kubectl get events --field-selector involvedObject.kind=Deployment,involvedObject.name=nginx-deployment
LAST SEEN   TYPE     REASON              OBJECT                        MESSAGE
34m         Normal   ScalingReplicaSet   deployment/nginx-deployment   Scaled up replica set nginx-deployment-7c94f5ddd6 to 3
28m         Normal   ScalingReplicaSet   deployment/nginx-deployment   Scaled up replica set nginx-deployment-c6554cb58 to 1
28m         Normal   ScalingReplicaSet   deployment/nginx-deployment   Scaled down replica set nginx-deployment-7c94f5ddd6 to 2 from 3
28m         Normal   ScalingReplicaSet   deployment/nginx-deployment   Scaled up replica set nginx-deployment-c6554cb58 to 2 from 1
27m         Normal   ScalingReplicaSet   deployment/nginx-deployment   Scaled down replica set nginx-deployment-7c94f5ddd6 to 1 from 2
27m         Normal   ScalingReplicaSet   deployment/nginx-deployment   Scaled up replica set nginx-deployment-c6554cb58 to 3 from 2
27m         Normal   ScalingReplicaSet   deployment/nginx-deployment   Scaled down replica set nginx-deployment-7c94f5ddd6 to 0 from 1
27m         Normal   ScalingReplicaSet   deployment/nginx-deployment   Scaled up replica set nginx-deployment-c6554cb58 to 3
23m         Normal   ScalingReplicaSet   deployment/nginx-deployment   Scaled up replica set nginx-deployment-7c94f5ddd6 to 3
22m         Normal   ScalingReplicaSet   deployment/nginx-deployment   Scaled up replica set nginx-deployment-c6554cb58 to 1
22m         Normal   ScalingReplicaSet   deployment/nginx-deployment   Scaled down replica set nginx-deployment-7c94f5ddd6 to 2 from 3
22m         Normal   ScalingReplicaSet   deployment/nginx-deployment   Scaled up replica set nginx-deployment-c6554cb58 to 2 from 1
22m         Normal   ScalingReplicaSet   deployment/nginx-deployment   Scaled down replica set nginx-deployment-7c94f5ddd6 to 1 from 2
22m         Normal   ScalingReplicaSet   deployment/nginx-deployment   Scaled up replica set nginx-deployment-c6554cb58 to 3 from 2
22m         Normal   ScalingReplicaSet   deployment/nginx-deployment   Scaled down replica set nginx-deployment-7c94f5ddd6 to 0 from 1
20m         Normal   ScalingReplicaSet   deployment/nginx-deployment   Scaled up replica set nginx-deployment-7c94f5ddd6 to 1 from 0
20m         Normal   ScalingReplicaSet   deployment/nginx-deployment   Scaled down replica set nginx-deployment-c6554cb58 to 2 from 3
20m         Normal   ScalingReplicaSet   deployment/nginx-deployment   (combined from similar events): Scaled down replica set nginx-de
1
7m40s       Normal   ScalingReplicaSet   deployment/nginx-deployment   Scaled up replica set nginx-deployment-7c94f5ddd6 to 3
5m6s        Normal   ScalingReplicaSet   deployment/nginx-deployment   Scaled up replica set nginx-deployment-bf56f49c to 2
5m6s        Normal   ScalingReplicaSet   deployment/nginx-deployment   Scaled down replica set nginx-deployment-7c94f5ddd6 to 1 from 3
5m6s        Normal   ScalingReplicaSet   deployment/nginx-deployment   Scaled up replica set nginx-deployment-bf56f49c to 3 from 2
5m4s        Normal   ScalingReplicaSet   deployment/nginx-deployment   Scaled down replica set nginx-deployment-7c94f5ddd6 to 0 from 1
csw@master:~/deployment$
```

- 결과에서 마지막 5줄 참고
- 기존 레플리카셋 nginx-deployment-7c94f5ddd6 파드 3개 중에서 한 번에
- 신규 레플리카셋 nginx-deployment-bf56f49c로 파드 2개 업데이트

15.2.3 nginx 디플로이 버전 관리

①. 디플로이 롤아웃 이력(history) 확인

- kubectl rollout history deploy nginx-deployment

```
csw@master:~/deployment$ kubectl rollout history deploy nginx-deployment
deployment.apps/nginx-deployment
REVISION  CHANGE-CAUSE
1         <none>
2         <none>

csw@master:~/deployment$ kubectl rollout history deploy nginx-deployment --revision=2
deployment.apps/nginx-deployment with revision #2
Pod Template:
  Labels:       app=nginx
        pod-template-hash=bf56f49c
  Containers:
   nginx:
    Image:      nginx:latest
    Port:       80/TCP
    Host Port:  0/TCP
    Environment:        <none>
    Mounts:     <none>
  Volumes:      <none>
  Node-Selectors:       <none>
  Tolerations:  <none>

csw@master:~/deployment$
```

- nginx:latest 버전 업데이트 확인

②. 바로 이전 버전으로 롤백

- kubectl rollout undo deploy nginx-deployment

```
csw@master:~/deployment$ kubectl rollout undo deploy nginx-deployment
deployment.apps/nginx-deployment rolled back
csw@master:~/deployment$ kubectl get deploy,pod,rs
NAME                               READY   UP-TO-DATE   AVAILABLE   AGE
deployment.apps/nginx-deployment   3/3     3            3           13m

NAME                                    READY   STATUS    RESTARTS   AGE
pod/nginx-deployment-7c94f5ddd6-bhld5   1/1     Running   0          19s
pod/nginx-deployment-7c94f5ddd6-hpw8p   1/1     Running   0          19s
pod/nginx-deployment-7c94f5ddd6-vmbpc   1/1     Running   0          19s

NAME                                          DESIRED   CURRENT   READY   AGE
replicaset.apps/nginx-deployment-7c94f5ddd6   3         3         3       13m
replicaset.apps/nginx-deployment-bf56f49c     0         0         0       11m
csw@master:~/deployment$
```

- 레플리카셋 xxxx-bf56f49c에서 xxxx-7c94f5ddd6로 복귀

③. 실행 중인 디플로이 설정 확인

- kubectl edit deploy nginx-deployment

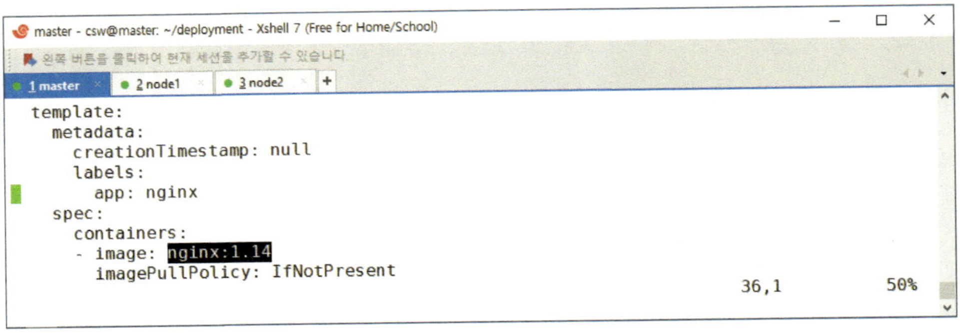

- nginx 버전 1.14로 복귀
- ':q!'

④. **실행 중인 파드 삭제**

- kubectl delete -f nginx-deployment.yaml

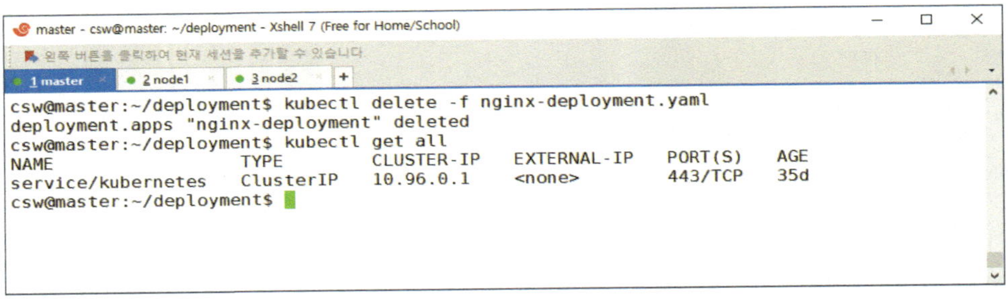

16 서비스(Service)

16.1 쿠버네티스 서비스 기본 개념

Chapter 16. 서비스(Service)

16.1.1 서비스 개념

- 파드는 생성 및 삭제 등 유동적 특성으로 직접 통신 방식 부적절
- 서비스는 동일한 파드들 집합을 대변하고
- 파드 집합 내외부 단일 통신 창구 역할
- 서비스에 가상 IP 할당: ClusterIP
- 서비스를 통해 파드 접근

16.1.2 서비스 유형

- **ClusterIP 서비스**
  - 쿠버네티스의 기본 서비스
  - 클러스터 내부에서 접근
  - 내부 파드들이 가상 IP 주소를 통해 서비스에 접근
- **NodePort 서비스**
  - 클러스터 외부에서 접근
  - 30000-32767 범위의 포트 사용
  - 노드 IP 주소와 포트 사용하여 접근
  - 외부에서 임의 노드로 접근하여도 파드가 실행 중인 노드로 라우팅

16.1.3 선택자 및 레이블

- 파드를 서비스에 연결하는 방법
- 레이블 기반 매칭 및 선택적 파드 노출
- 특정 레이블 가진 파드를 선택
- 서비스가 연결할 파드 집합 결정

16.1.4 포트 매핑

- 서비스 포트와 파드 포트 간 연결 설정
- 외부 트래픽을 파드 포트로 전달

16.2 클러스터IP 서비스(CluserIP)

Chapter 16. 서비스(Service)

16.2.1 리소스 정의

①. 요구사항

- 내부 비지박스에서 레디스 서비스를 통해 레디스 디플로이에 접근

리소스	설정
레디스 디플로이	레디스 데이터베이스 서버 실행
레디스 서비스	클러스터IP 서비스로 레디스 디플로이 연결
비지박스 디플로이	레디스 서비스 이름 통해 레디스 데이터베이스 접근

②. 레디스 디플로이 및 서비스 정의

```
csw@master:~$ pwd
/home/csw
csw@master:~$ mkdir service
csw@master:~$ cd service
csw@master:~/service$ vi clusterip-redis.yaml
csw@master:~/service$ cat clusterip-redis.yaml
apiVersion: apps/v1
kind: Deployment
metadata:
  name: redis-deployment
spec:
  replicas: 1
  selector:
    matchLabels:
      app: redis
  template:
    metadata:
      labels:
        app: redis
    spec:
      containers:
      - name: redis
        image: redis:6.0.5
        ports:
        - containerPort: 6379
---
apiVersion: v1
kind: Service
metadata:
  name: redis-service
spec:
  selector:
    app: redis
  ports:
  - protocol: TCP
    port: 6379
    targetPort: 6379
csw@master:~/service$
```

- 레디스 디플로이: 레디스 DB 서버 실행, 단일 인스턴스, 6379 포트 공개
- 레디스 서비스: 6379 포트 노출, 타겟포트 6379 통해 app: redis 파드 연결

③. **비지박스 디플로이 정의**

```
csw@master:~/service$ vi clusterip-busybox.yaml
csw@master:~/service$ cat clusterip-busybox.yaml
apiVersion: apps/v1
kind: Deployment
metadata:
  name: busybox
spec:
  replicas: 2
  selector:
    matchLabels:
      app: busybox
  template:
    metadata:
      labels:
        app: busybox
    spec:
      containers:
      - name: busybox
        image: busybox:latest
        command: ["sleep", "infinity"]
        env:
        - name: REDIS_HOST
          value: redis-service
csw@master:~/service$
```

- 컨테이너 비지박스 실행, sleep infinity 명령으로 파드 계속 실행
- REDIS_HOST 환경 변수에 redis-service 서비스 이름 설정
- 서비스의 클러스터 내부 DNS 이름: 서비스명.네임스페이스.svc.cluster.local
- 서비스명: 서비스 리소스의 'metada.name'에 해당
- 네임스페이스: 서비스가 배포된 네임스페이스 기본은 default
- 'svc.cluster,local': 쿠버네티스 클러스터 내브 도메인
- 파드에서 'redis-service' 서비스에 접속하려면
- redis-service.default.svc.cluster.local이라는 DNS 이름으로 조회

16.2.2 디플로이 및 서비스 실행

①. **레디스 및 비지박스 실행**

```
csw@master:~/service$ kubectl apply -f clusterip-redis.yaml
deployment.apps/redis-deployment created
service/redis-service created
csw@master:~/service$ kubectl apply -f clusterip-busybox.yaml
deployment.apps/busybox created
csw@master:~/service$ kubectl get pod
NAME                                READY   STATUS    RESTARTS   AGE
busybox-644bfc5675-d2ckz            1/1     Running   0          10s
busybox-644bfc5675-px5sx            1/1     Running   0          10s
redis-deployment-57f7dc88cc-vvwvv   1/1     Running   0          25s
csw@master:~/service$
```

- 비지박스 파드 2개 및 레디스 파드 1개 실행

②. 내부 파드 간 연결

```
csw@master:~/service$ kubectl exec -it busybox-644bfc5675-d2ckz -- printenv | grep REDIS_HOST
REDIS_HOST=redis-service
csw@master:~/service$ kubectl exec -it busybox-644bfc5675-d2ckz -- /bin/sh
/ # telnet redis-service 6379
Connected to redis-service
SET mykey "myvalue"
+OK
GET mykey
$7
myvalue
quit
+OK
Connection closed by foreign host
/ # exit
command terminated with exit code 1
csw@master:~/service$
```

- 비지박스 디플로이 REDIS_HOST 환경변수 설정 확인: 서비스 redis-service
- 'xxxx -- /bin/sh': 비지박스 디플로이 파드 컨테이너에서 /bin/sh 실행
- telnet redis-service 6379: 텔넷으로 redis-service 6379포트에 원격접속
- 원격접속 후 SET, GET 작업

③. 디플로이 및 서비스 삭제

```
csw@master:~/service$ kubectl delete -f clusterip-redis.yaml
deployment.apps "redis-deployment" deleted
service "redis-service" deleted
csw@master:~/service$ kubectl delete -f clusterip-busybox.yaml.yaml
error: the path "clusterip-busybox.yaml.yaml" does not exist
csw@master:~/service$ kubectl delete -f clusterip-busybox.yaml
deployment.apps "busybox" deleted
csw@master:~/service$ kubectl get pod
NAME                       READY   STATUS        RESTARTS   AGE
busybox-644bfc5675-d2ckz   1/1     Terminating   0          7m41s
busybox-644bfc5675-px5sx   1/1     Terminating   0          7m41s
csw@master:~/service$ kubectl get pod
No resources found in default namespace.
csw@master:~/service$
```

16.3 노드포트 서비스(NodePort)

Chapter 16. 서비스(Service)

16.3.1 리소스 정의

①. **요구사항**

- 외부에서 노드포트 엔진엑스 서비스를 통해 엔진엑스 디플로이에 접근

리소스	설정
엔진엑스 디플로이	최신 엔진엑스 이미지 사용, 컨테이너 포트 80 공개
엔진엑스 서비스	노드포트 30009를 외부에 공개하여 라우팅

②. **노드포트 엔진엑스 정의**

```
csw@master:~/service$ vi nodeport-nginx.yaml
csw@master:~/service$ cat nodeport-nginx.yaml
apiVersion: apps/v1
kind: Deployment
metadata:
  name: nginx-deployment
spec:
  replicas: 1
  selector:
    matchLabels:
      app: nginx
  template:
    metadata:
      labels:
        app: nginx
    spec:
      containers:
      - name: nginx
        image: nginx:latest
        ports:
        - containerPort: 80
---
apiVersion: v1
kind: Service
metadata:
  name: nginx-service
spec:
  type: NodePort
  selector:
    app: nginx
  ports:
  - protocol: TCP
    port: 80
    targetPort: 80
    nodePort: 30009
csw@master:~/service$
```

- 포트 80은 내부에 공개
- 타겟포트 80 통해 app: nginx 파드의 컨테이너에 연결
- 노드 포트 30009은 외부에 공개하여 외부에서 엔진엑스 서비스에 접근

16.3.2 노드포트 엔진엑스 실행

①. 엔진엑스 디플로이 및 노트포트 엔진엑스 서비스 실행

```
csw@master:~/service$ kubectl apply -f nodeport-nginx.yaml
deployment.apps/nginx-deployment created
service/nginx-service created
csw@master:~/service$ kubectl get svc
NAME            TYPE        CLUSTER-IP      EXTERNAL-IP   PORT(S)        AGE
kubernetes      ClusterIP   10.96.0.1       <none>        443/TCP        39d
nginx-service   NodePort    10.108.50.219   <none>        80:30009/TCP   9s
csw@master:~/service$ kubectl get node -o wide
NAME            STATUS   ROLES           AGE   VERSION   INTERNAL-IP     EXTERNAL-IP
master          Ready    control-plane   39d   v1.31.0   10.100.10.100   <none>
node1.csw.com   Ready    <none>          39d   v1.31.0   10.100.10.101   <none>
node2.csw.com   Ready    <none>          39d   v1.31.0   10.100.10.102   <none>
csw@master:~/service$ curl http://10.100.10.101:3009
curl: (7) Failed to connect to 10.100.10.101 port 3009 after 0 ms: Couldn
't connect to server
csw@master:~/service$ curl http://10.100.10.101:30009
<!DOCTYPE html>
<html>
<head>
<title>Welcome to nginx!</title>
<style>
```

- 노드포트 타입 엔진엑스 서비스 생성 확인
- 노드포트 80:30009/TCP 확인
- 엔진엑스 서비스는 클러스터 내부에서 80번 포트로 접근 가능
- 엔진엑스 서비스는 클러스터 외부에서 30009번 포트로 접근 가능
- curl 통해 외부에서 노드1 30009 포트로 서비스 연결 확인

```
csw@master:~/service$ curl http://10.100.10.102:30009
<!DOCTYPE html>
<html>
<head>
<title>Welcome to nginx!</title>
<style>
html { color-scheme: light dark; }
body { width: 35em; margin: 0 auto;
font-family: Tahoma, Verdana, Arial, sans-serif; }
</style>
</head>
<body>
<h1>Welcome to nginx!</h1>
```

- curl 통해 외부에서 노드2 30009 포트로도 서비스 연결 확인
- kubectl delete -f nodeport-nginx.yaml
- kubectl get pod

17

인그레스(Ingress)

17.1 쿠버네티스 인그레스 기본 개념

Chapter 17. 인그레스(Ingress)

17.1.1 인그레스 기능

- 라우팅: 외부 요청을 URL이나 경로에 기반하여 여러 서비스에 라우팅

17.1.2 인그레스 구성 요소

- 루트 경로(Root Path): 외부 요청에 대한 라우팅 URL 패턴 정의
- 인그레스 리소스: 서비스를 관리하는 리소스
- 인그레스 컨트롤러: 인그레스 리소스를 처리하고 라우팅 로직 구현

17.1.3 엔진엑스 인그레스 컨트롤러

- 가장 널리 사용되는 인그레스 컨트롤러
- 베어 메탈 환경에 설치 가능
- https://kubernetes.github.io/ingress-nginx/deploy/#bare-metal-clusters

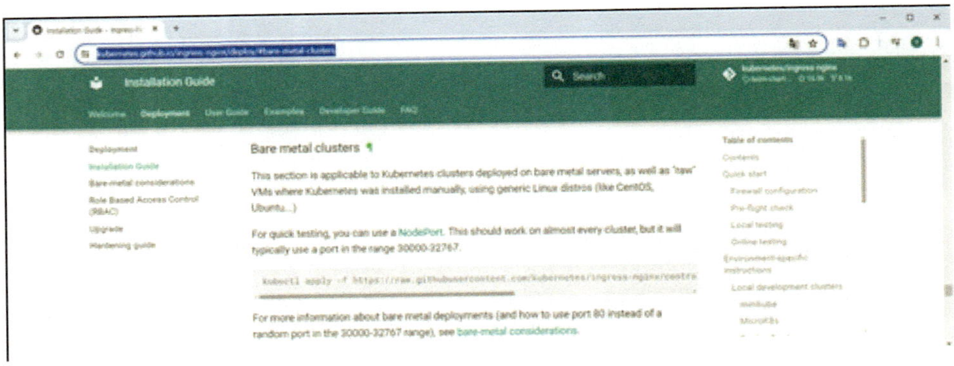
Installation Guide
Bare metal clusters
This section is applicable to Kubernetes clusters deployed on bare metal servers, as well as "raw" VMs where Kubernetes was installed manually, using generic Linux distros (like CentOS, Ubuntu...)
For quick testing, you can use a NodePort. This should work on almost every cluster, but it will typically use a port in the range 30000-32767.
For more information about bare metal deployments (and how to use port 80 instead of a random port in the 30000-32767 range), see bare-metal considerations.

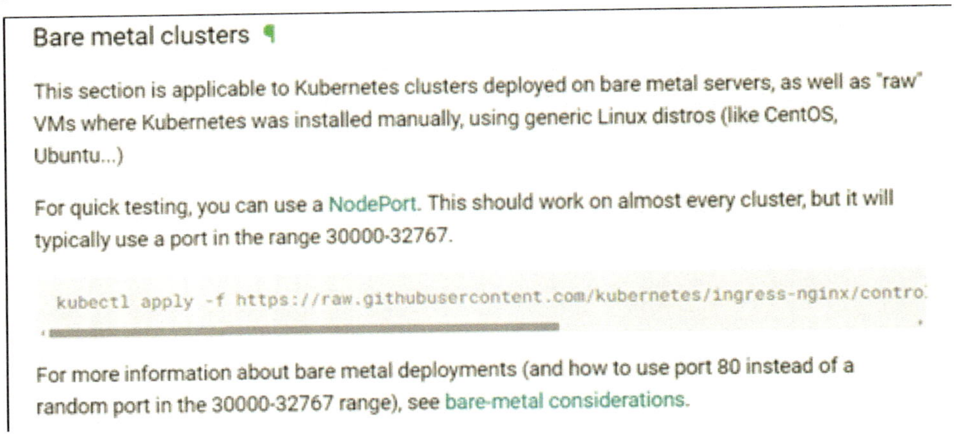
Bare metal clusters
This section is applicable to Kubernetes clusters deployed on bare metal servers, as well as "raw" VMs where Kubernetes was installed manually, using generic Linux distros (like CentOS, Ubuntu...)
For quick testing, you can use a NodePort. This should work on almost every cluster, but it will typically use a port in the range 30000-32767.
kubectl apply -f https://raw.githubusercontent.com/kubernetes/ingress-nginx/contro
For more information about bare metal deployments (and how to use port 80 instead of a random port in the 30000-32767 range), see bare-metal considerations.

17.2 엔진엑스 인그레스 컨트롤러 설치

Chapter 17. 인그레스(Ingress)

17.2.1 엔진엑스 인그레스 컨트롤러 다운로드

①. 베어-메탈 엔진엑스 인그레스 컨트롤러 다운로드

```
csw@master:~$ pwd
/home/csw
csw@master:~$ mkdir ingress
csw@master:~$ cd ingress
csw@master:~/ingress$ wget https://raw.githubusercontent.com/kubernetes/ingress-nginx/controller-v1.11.2/deploy/static/provider/baremetal/deploy.yaml
--2024-10-11 11:17:45--  https://raw.githubusercontent.com/kubernetes/ingress-nginx/controller-v1.11.2/deploy/static/provider/baremetal/deploy.yaml
raw.githubusercontent.com (raw.githubusercontent.com) 해석 중... 185.199.108.133, 185.199.109.133, 185.199.110.133, ...
다음으로 연결 중: raw.githubusercontent.com (raw.githubusercontent.com)|185.199.108.133|:443... 연결했습니다.
HTTP 요청을 보냈습니다. 응답 기다리는 중... 200 OK
길이: 16066 (16K) [text/plain]
저장 위치: 'deploy.yaml'

deploy.yaml           100%[=========================>]  15.69K  --.-KB/s    / 0.04s

2024-10-11 11:17:45 (371 KB/s) - 'deploy.yaml' 저장함 [16066/16066]

csw@master:~/ingress$ ls
deploy.yaml
csw@master:~/ingress$
```

- wget https://raw.githubusercontent.com/kubernetes/ingress-nginx/controller-v1.11.2/deploy/static/provider/baremetal/deploy.yaml

②. deploy.yaml 분석

- vi deploy.yaml

```
apiVersion: v1
kind: Namespace
metadata:
  labels:
    app.kubernetes.io/instance: ingress-nginx
    app.kubernetes.io/name: ingress-nginx
  name: ingress-nginx
---
apiVersion: v1
automountServiceAccountToken: true
```

- 네임스페이스 ingress-nginx 생성

```
---
apiVersion: apps/v1
kind: Deployment
metadata:
  labels:
    app.kubernetes.io/component: controller
    app.kubernetes.io/instance: ingress-nginx
    app.kubernetes.io/name: ingress-nginx
    app.kubernetes.io/part-of: ingress-nginx
    app.kubernetes.io/version: 1.11.2
  name: ingress-nginx-controller
  namespace: ingress-nginx
```

- 디플로이 ingress-nginx-controller 생성

```
  namespace: ingress-nginx
---
apiVersion: v1
kind: Service
metadata:
  labels:
    app.kubernetes.io/component: controller
    app.kubernetes.io/instance: ingress-nginx
    app.kubernetes.io/name: ingress-nginx
    app.kubernetes.io/part-of: ingress-nginx
    app.kubernetes.io/version: 1.11.2
  name: ingress-nginx-controller
  namespace: ingress-nginx
spec:
  ipFamilies:
  - IPv4
  ipFamilyPolicy: SingleStack
  ports:
  - appProtocol: http
    name: http
    port: 80
    protocol: TCP
    targetPort: http
  - appProtocol: https
    name: https
    port: 443
    protocol: TCP
    targetPort: https
  selector:
    app.kubernetes.io/component: controller
    app.kubernetes.io/instance: ingress-nginx
    app.kubernetes.io/name: ingress-nginx
  type: NodePort
---
                                                          343,19        53%
```

- 서비스 ingress-nginx-controller 생성
- 서비스 타입: 노드포트

17.2.2 엔진엑스 인그레스 컨트롤러 활용

①. 엔진엑스 인그레스 컨트롤러 실행

- kubectl apply -f deploy.yaml

```
csw@master:~/ingress$ kubectl apply -f deploy.yaml
namespace/ingress-nginx created
serviceaccount/ingress-nginx created
serviceaccount/ingress-nginx-admission created
role.rbac.authorization.k8s.io/ingress-nginx created
role.rbac.authorization.k8s.io/ingress-nginx-admission created
clusterrole.rbac.authorization.k8s.io/ingress-nginx created
clusterrole.rbac.authorization.k8s.io/ingress-nginx-admission created
rolebinding.rbac.authorization.k8s.io/ingress-nginx created
rolebinding.rbac.authorization.k8s.io/ingress-nginx-admission created
clusterrolebinding.rbac.authorization.k8s.io/ingress-nginx created
clusterrolebinding.rbac.authorization.k8s.io/ingress-nginx-admission created
configmap/ingress-nginx-controller created
service/ingress-nginx-controller created
service/ingress-nginx-controller-admission created
deployment.apps/ingress-nginx-controller created
job.batch/ingress-nginx-admission-create created
job.batch/ingress-nginx-admission-patch created
ingressclass.networking.k8s.io/nginx created
validatingwebhookconfiguration.admissionregistration.k8s.io/ingress-nginx-admission cre
ated
csw@master:~/ingress$
```

- 네임스페이스 ingress-nginx 생성
- 서비스 ingress-nginx-controller 생성

②. 인그레스 컨트롤로 리소스 확인

```
csw@master:~/ingress$ kubectl get pod,deploy,svc -n ingress-nginx
NAME                                          READY   STATUS      RESTARTS   AGE
pod/ingress-nginx-admission-create-5wtst      0/1     Completed   0          2m18s
pod/ingress-nginx-admission-patch-45k2r       0/1     Completed   1          2m18s
pod/ingress-nginx-controller-6484d48959-57bdk 1/1     Running     0          2m18s

NAME                                       READY   UP-TO-DATE   AVAILABLE   AGE
deployment.apps/ingress-nginx-controller   1/1     1            1           2m18s

NAME                                         TYPE        CLUSTER-IP      EXTERNAL-IP   PORT(S)
service/ingress-nginx-controller             NodePort    10.104.22.125   <none>        80:32047/TCP,443:30258/TCP
service/ingress-nginx-controller-admission   ClusterIP   10.108.22.18    <none>        443/TCP
csw@master:~/ingress$
```

- 파드 ingress-nginx-controller 생성
- 디플로이 ingress-nginx-controller 생성
- 서비스 ingress-nginx-controller 생성: 타입 노드포트(32047, 30258 할당)

③. 인그레스 컨트롤러 리소스들 삭제

```
csw@master:~/ingress$ kubectl delete -f deploy.yaml
namespace "ingress-nginx" deleted
serviceaccount "ingress-nginx" deleted
serviceaccount "ingress-nginx-admission" deleted
role.rbac.authorization.k8s.io "ingress-nginx" deleted
role.rbac.authorization.k8s.io "ingress-nginx-admission" deleted
clusterrole.rbac.authorization.k8s.io "ingress-nginx" deleted
clusterrole.rbac.authorization.k8s.io "ingress-nginx-admission" deleted
rolebinding.rbac.authorization.k8s.io "ingress-nginx" deleted
rolebinding.rbac.authorization.k8s.io "ingress-nginx-admission" deleted
clusterrolebinding.rbac.authorization.k8s.io "ingress-nginx" deleted
clusterrolebinding.rbac.authorization.k8s.io "ingress-nginx-admission" deleted
configmap "ingress-nginx-controller" deleted
service "ingress-nginx-controller" deleted
service "ingress-nginx-controller-admission" deleted
deployment.apps "ingress-nginx-controller" deleted
job.batch "ingress-nginx-admission-create" deleted
job.batch "ingress-nginx-admission-patch" deleted
ingressclass.networking.k8s.io "nginx" deleted
validatingwebhookconfiguration.admissionregistration.k8s.io "ingress-nginx-admission" d
eleted
^Ccsw@master:~/ingresskubectl get pod,deploy,svc -n ingress-nginx
No resources found in ingress-nginx namespace.
csw@master:~/ingress$
```

17.3 엔진엑스 인그레스 사용

Chapter 17. 인그레스(Ingress)

17.3.1 정의 파일 작성

①. **요구사항**

- 앱 및 블로그 서비스에 인그레스 통해 외부에서 접근

리소스	설정
인그레스 리소스	URL 기반하여 앱 및 블로그 서비스에 라우팅
앱 서비스	앱 디플로이 연결
앱 디플로이	엔진엑스 웹서버 최신버전 실행
블로그 서비스	블로그 디플로이 연결
블로그 디플로이	엔진엑스 웹서버 1.14 실행

②. 인그레스 리소스 정의 파일(ingress-resource.yaml)

- vi ingress-resource.yaml

```
csw@master:~/ingress$ vi ingress-resource.yaml
csw@master:~/ingress$ cat ingress-resource.yaml
apiVersion: networking.k8s.io/v1
kind: Ingress
metadata:
  name: my-ingress
  annotations:
    spec.ingressClassName: nginx
spec:
  rules:
    - host: node1.csw.com
      http:
        paths:
          - path: /
            pathType: Prefix
            backend:
              service:
                name: my-app-svc
                port:
                  number: 80
    - host: node2.csw.com
      http:
        paths:
          - path: /
            pathType: Prefix
            backend:
              service:
                name: my-blog-svc
                port:
                  number: 80
csw@master:~/ingress$
```

- **파일 헤더**
  - 'apiVersion: networking.k8s.io/v1': networking.k8s.io/v1 인그레스 사용
  - 'kind: Ingress': 리소스의 종류를 Ingress로 정의
- **메타데이터**
  - name: 인그레스 리소스의 이름을 my-ingress로 설정
  - annotations: 인그레스 컨트롤러의 인그레스 리소스 처리 방식 지정
  - spec: 인그레스 리소스의 동작 방식 정의
  - ingressClassName: 인그레스 컨트롤러가 사용해야 하는 컨트롤러 클래스 이름
  - nginx: Nginx 인그레스 컨트롤러를 사용해야 한다는 것을 의미
- **스펙:**
  - spec: 인그레스 리소스의 동작 방식 정의
- **규칙 (rules):**

- rules: 인그레스 리소스에 대한 규칙 목록 – 두 개 규칙 정의
- host: 호스트 이름 정의
- 첫 번째 규칙의 host는 k8s-node1.exam.com
- 두 번째 규칙의 host는 k8s-node2.exam.com
- http: 규칙이 HTTP 트래픽을 처리하도록 설정

• **경로 (paths): 각 규칙에서 매핑되는 경로 목록 정의**
  - path: 매핑되는 경로를 기본 경로 / (루트 경로)로 설정 – 정의된 경로와 일치하지 않는 모든 URL 요청 처리
  - 'pathType: Prefix': 프리픽스 경로 매핑 방식 설정
  - 요청 URL의 시작 부분이 정의된 경로와 일치하는지 확인

• **백엔드 서비스 (backend)**
  - backend: 경로에 매핑되는 백엔드 서비스 정의
  - service: 백엔드 서비스 이름 지정
  - 첫 번째 규칙의 backend.service.name은 my-app-svc
  - 두 번째 규칙의 backend.service.name은 my-blog-svc
  - port: 백엔드 서비스의 포트 지정
  - 'port.number: 80': 백엔드 서비스의 80번 포트를 사용하도록 설정

• **첫 번째 규칙**
  - k8s-node1.exam.com 호스트로 들어오는 모든 HTTP 트래픽을 my-app-svc 서비스의 80번 포트로 라우팅

• **두 번째 규칙**
  - k8s-node2.exam.com 호스트로 들어오는 모든 HTTP 트래픽을 my-blog-svc 서비스의 80번 포트로 라우팅

③. 앱 정의 파일(my-app-svc.yaml, my-app-deploy.yaml)

```
csw@master:~/ingress$ ls
deploy.yaml  ingress-resource.yaml
csw@master:~/ingress$ mkdir my-app
csw@master:~/ingress$ cd my-app/
csw@master:~/ingress/my-app$ vi my-app-svc.yaml
csw@master:~/ingress/my-app$ cat my-app-svc.yaml
apiVersion: v1
kind: Service
metadata:
  name: my-app-svc
spec:
  selector:
    app: my-app
  ports:
  - protocol: TCP
    port: 80
    targetPort: 8080
csw@master:~/ingress/my-app$
```

```
csw@master:~/ingress/my-app$ vi my-app-deploy.yaml
csw@master:~/ingress/my-app$ cat my-app-deploy.yaml
apiVersion: apps/v1
kind: Deployment
metadata:
  name: my-app
spec:
  replicas: 1
  selector:
    matchLabels:
      app: my-app
  template:
    metadata:
      labels:
        app: my-app
    spec:
      containers:
      - name: my-app
        image: nginx:latest
        ports:
        - containerPort: 8080
csw@master:~/ingress/my-app$
```

- 'spec:replicas: 1': 앱 파드 한 개 실행

④. 블로그 정의 파일(my-blog-svc.yaml, my-blog-deploy.yaml)

```
csw@master:~/ingress/my-app$ cd ..
csw@master:~/ingress$ mkdir my-blog
csw@master:~/ingress$ cd my-blog
csw@master:~/ingress/my-blog$ vi my-blog-svc.yaml
csw@master:~/ingress/my-blog$ cat my-blog-svc.yaml
apiVersion: v1
kind: Service
metadata:
  name: my-blog-svc
spec:
  selector:
    app: my-blog
  ports:
  - protocol: TCP
    port: 80
    targetPort: 8080
csw@master:~/ingress/my-blog$
```

```
csw@master:~/ingress/my-blog$ vi my-blog-deploy.yaml
csw@master:~/ingress/my-blog$ cat my-blog-deploy.yaml
apiVersion: apps/v1
kind: Deployment
metadata:
  name: my-blog
spec:
  replicas: 2
  selector:
    matchLabels:
      app: my-blog
  template:
    metadata:
      labels:
        app: my-blog
    spec:
      containers:
      - name: my-blog
        image: nginx:1.14
        ports:
        - containerPort: 8080
csw@master:~/ingress/my-blog$
```

- 'spec:replicas: 2': 블로그 파드 두 개 실행

17.3.2 배포

①. 기본 네임스페이스 변경

- 새로운 컨텍스트 ingress-admin@kubernetes 등록

```
csw@master:~/ingress/my-blog$ cd ..
csw@master:~/ingress$ kubectl config set-context ingress-admin@kubernetes --cluster=kub
ernetes --user=kubernetes-admin --namespace=ingress-nginx
Context "ingress-admin@kubernetes" created.
csw@master:~/ingress$ kubectl config view
apiVersion: v1
clusters:
- cluster:
    certificate-authority-data: DATA+OMITTED
    server: https://10.100.10.100:6443
  name: kubernetes
contexts:
- context:
    cluster: kubernetes
    namespace: ingress-nginx
    user: kubernetes-admin
  name: ingress-admin@kubernetes
- context:
    cluster: kubernetes
    user: kubernetes-admin
  name: kubernetes-admin@kubernetes
- context:
```

- 기본 컨텍스트를 ingress-admin@kubernetes로 변경

```
csw@master:~/ingress$ kubectl config use-context ingress-admin@kubernetes
Switched to context "ingress-admin@kubernetes".
csw@master:~/ingress$ kubectl config current-context
ingress-admin@kubernetes
csw@master:~/ingress$
```

- 이후 생성되는 모든 리소스는 ingress-nginx 네임스페이스에서 실행됨

②. 인그레스 컨트롤러 실행

```
csw@master:~/ingress$ kubectl apply -f deploy.yaml
namespace/ingress-nginx created
serviceaccount/ingress-nginx created
serviceaccount/ingress-nginx-admission created
role.rbac.authorization.k8s.io/ingress-nginx created
role.rbac.authorization.k8s.io/ingress-nginx-admission created
clusterrole.rbac.authorization.k8s.io/ingress-nginx created
clusterrole.rbac.authorization.k8s.io/ingress-nginx-admission created
rolebinding.rbac.authorization.k8s.io/ingress-nginx created
rolebinding.rbac.authorization.k8s.io/ingress-nginx-admission created
clusterrolebinding.rbac.authorization.k8s.io/ingress-nginx created
clusterrolebinding.rbac.authorization.k8s.io/ingress-nginx-admission created
configmap/ingress-nginx-controller created
service/ingress-nginx-controller created
service/ingress-nginx-controller-admission created
deployment.apps/ingress-nginx-controller created
job.batch/ingress-nginx-admission-create created
job.batch/ingress-nginx-admission-patch created
ingressclass.networking.k8s.io/nginx created
validatingwebhookconfiguration.admissionregistration.k8s.io/ingress-nginx-admission cre
ated
csw@master:~/ingress$
```

③. 앱 및 블로그 배포

```
csw@master:~/ingress$ kubectl apply -f my-app/
deployment.apps/my-app created
service/my-app-svc created
csw@master:~/ingress$ kubectl apply -f my-blog/
deployment.apps/my-blog created
service/my-blog-svc created
csw@master:~/ingress$ kubectl get all
NAME                                           READY   STATUS      RESTARTS   AGE
pod/ingress-nginx-admission-create-4dfqp       0/1     Completed   0          2m59s
pod/ingress-nginx-admission-patch-845s6        0/1     Completed   1          2m59s
pod/ingress-nginx-controller-6484d48959-74ff2  1/1     Running     0          2m59s
pod/my-app-6578f95969-pjgbz                    1/1     Running     0          76s
pod/my-blog-55c485479d-54rtq                   1/1     Running     0          64s
pod/my-blog-55c485479d-tfnbx                   1/1     Running     0          64s

NAME                                         TYPE        CLUSTER-IP       EXTERNAL-IP
PORT(S)                        AGE
service/ingress-nginx-controller             NodePort    10.98.163.159    <none>
80:32647/TCP,443:32669/TCP     2m59s
service/ingress-nginx-controller-admission   ClusterIP   10.106.57.219    <none>
443/TCP                        2m59s
service/my-app-svc                           ClusterIP   10.107.202.42    <none>
80/TCP                         76s
service/my-blog-svc                          ClusterIP   10.106.112.67    <none>
80/TCP                         64s

NAME                                       READY   UP-TO-DATE   AVAILABLE   AGE
deployment.apps/ingress-nginx-controller   1/1     1            1           2m59s
deployment.apps/my-app                     1/1     1            1           76s
deployment.apps/my-blog                    2/2     2            2           64s

NAME                                                  DESIRED   CURRENT   READY   AGE
replicaset.apps/ingress-nginx-controller-6484d48959   1         1         1       2m59s
replicaset.apps/my-app-6578f95969                     1         1         1       76s
replicaset.apps/my-blog-55c485479d                    2         2         2       64s

NAME                                      STATUS     COMPLETIONS   DURATION   AGE
job.batch/ingress-nginx-admission-create  Complete   1/1           6s         2m59s
job.batch/ingress-nginx-admission-patch   Complete   1/1           7s         2m59s
csw@master:~/ingress$
```

- 앱 파드 1 개 및 블로그 파드 2 개 실행 중
- 인그레스 엔진엑스 컨트롤러가 노드포트 서비스 타입으로 실행 중
- 노드 포트 31463 노출: 인그레스는 외부 요청을 이 포트 통해 서비스에 라우팅
- 앱 컨테이너(my-app) 1 개 및 블로그 컨테이너(my-blog) 2개 실행 중
- 레플리카셋이 앱 파드 1 개 실행 중
- 레플리카셋이 블로그 파드 2개 실행 중

④. **인그레스 리소스 적용**

```
master - csw@master: ~/ingress - Xshell 7 (Free for Home/School)
왼쪽 버튼을 클릭하여 현재 세션을 추가할 수 있습니다.
1 master   2 node1   3 node2   +

csw@master:~/ingress$ kubectl apply -f ingress-resource.yaml
ingress.networking.k8s.io/my-ingress created
csw@master:~/ingress$ kubectl get node
NAME            STATUS   ROLES           AGE   VERSION
master          Ready    control-plane   42d   v1.31.0
node1.csw.com   Ready    <none>          42d   v1.31.0
node2.csw.com   Ready    <none>          42d   v1.31.0
csw@master:~/ingress$ kubectl get ingress
NAME         CLASS    HOSTS                         ADDRESS   PORTS   AGE
my-ingress   <none>   node1.csw.com,node2.csw.com             80      36s
csw@master:~/ingress$ kubectl describe ingress my-ingress
Name:             my-ingress
Labels:           <none>
Namespace:        ingress-nginx
Address:
Ingress Class:    <none>
Default backend:  <default>
Rules:
  Host           Path  Backends
  ----           ----  --------
  node1.csw.com
                 /     my-app-svc:80 (192.168.20.30:8080)
  node2.csw.com
                 /     my-blog-svc:80 (192.168.16.48:8080,192.168.20.31:8080)
Annotations:     spec.ingressClassName: nginx
Events:          <none>
csw@master:~/ingress$
```

- 인그레스 my-ingress가 노드 node1에 오는 모든 요청을 앱 서비스로 라우팅
- 노드 node2에 오는 모든 요청을 블로그 서비스에 라우팅 중

⑤. 앱 및 블로그 연결

```
csw@master:~/ingress$ kubectl get svc ingress-nginx-controller
NAME                       TYPE       CLUSTER-IP     EXTERNAL-IP   PORT(S)
ingress-nginx-controller   NodePort   10.111.6.219   <none>        80:32521/TCP,443:30679/TCP
csw@master:~/ingress$ cat /etc/hosts
127.0.0.1 localhost
127.0.1.1 master.csw.com

# The following lines are desirable for IPv6 capable hosts
::1     ip6-localhost ip6-loopback
fe00::0 ip6-localnet
ff00::0 ip6-mcastprefix
ff02::1 ip6-allnodes
ff02::2 ip6-allrouters

10.100.10.100 master.csw.com master
10.100.10.101 node1.csw.com node1
10.100.10.102 node2.csw.com node2
csw@master:~/ingress$ curl node1.csw.com:32521
<html>
<head><title>404 Not Found</title></head>
<body>
<center><h1>404 Not Found</h1></center>
<hr><center>nginx</center>
</body>
</html>
csw@master:~/ingress$ curl node2.csw.com:32521
<html>
<head><title>404 Not Found</title></head>
<body>
<center><h1>404 Not Found</h1></center>
<hr><center>nginx</center>
</body>
</html>
csw@master:~/ingress$
```

- 인그레스 엔진엑스 컨트롤러 서비스가 노드 포트 32521 공개
- 어떤 노드든지 이 포트로 들어오는 외부 요청을 컨트롤러가 my-ingress에 전달하여 해당 서비스로 라우팅

⑥. 리소스 삭제

```
csw@master:~/ingress$ kubectl config use-context kubernetes-admin@kubernetes
Switched to context "kubernetes-admin@kubernetes".
csw@master:~/ingress$ kubectl delete namespaces ingress-nginx
namespace "ingress-nginx" deleted
^Ccsw@master:~/ingress$ kubectl get namespaces
NAME               STATUS   AGE
calico-apiserver   Active   42d
calico-system      Active   42d
default            Active   42d
kube-node-lease    Active   42d
kube-public        Active   42d
kube-system        Active   42d
tigera-operator    Active   42d
csw@master:~/ingress$ kubectl get all
NAME                 TYPE        CLUSTER-IP   EXTERNAL-IP   PORT(S)   AGE
service/kubernetes   ClusterIP   10.96.0.1    <none>        443/TCP   42d
csw@master:~/ingress$ kubectl get pod,deploy,svc -n ingress-nginx
No resources found in ingress-nginx namespace.
csw@master:~/ingress$
```

- 컨텍스트를 기본 컨텍스트로 변경: 디폴트 네임스페이스 사용
- 네임스페이스 인그레스 엔진엑스 삭제하여 포함된 모든 리소스 삭제

18 컨피그맵(ConfigMap)

18.1 쿠버네티스 컨피그맵 개념

Chapter 18. 컨피그맵(ConfigMap)

18.1.1 컨피그맵 개념

- **컨피그맵 기능**
  - 앱 설정 혹은 데이터 저장
  - 파드 내 컨테이너가 환경 변수 또는 볼륨 마운트로 액세스
  - 앱과 설정 분리
- **작동 방식**
  - 컨피그맵: 키-값 쌍 형태로 데이터 저장
  - 파드: 컨테이너 볼륨에 컨피그맵 마운트
  - 컨테이너: 환경 변수, 커맨드라인 인수, 설정 파일로 컨피그맵 데이터 사용

18.1.2 컨피그맵 사용

- **컨피그맵 정의**
  - YAML 파일 작성: configmap.yaml
  - 컨피그맵 등록: kubectl apply -f configmap.yaml
- **파드에 컨피그맵 마운트**
  - 파드 정의 YAML 파일에서 컨테이너 볼륨에 컨피그맵 마운트 내용 추가
  - 볼륨 마운트
- **컨테이너에서 컨피그맵 데이터 사용**
  - 환경 변수: env에 설정된 환경 변수 통해 값 전달

- 커맨드라인 인수: command: ["", ""]로 값 전달
- 설정 파일: volumeMounts에 마운트된 경로에 있는 설정 파일 연결

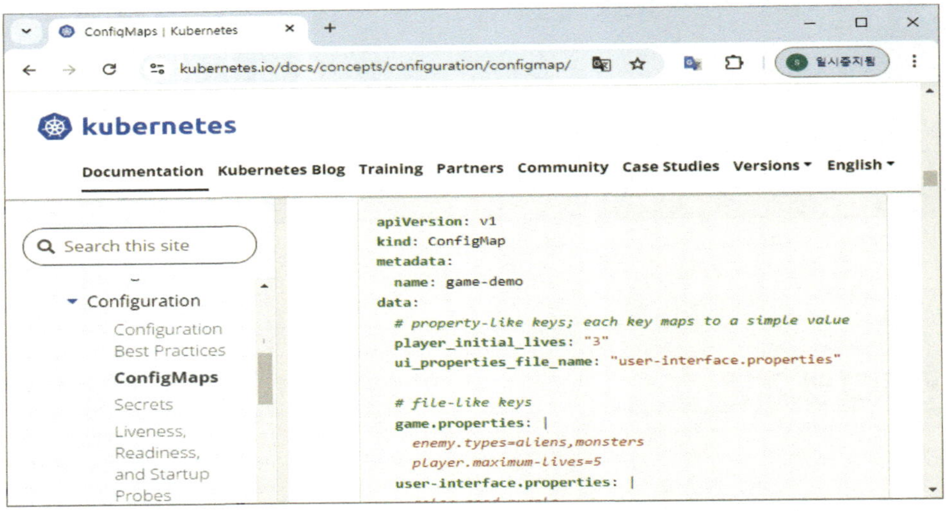

18.2 컨피그맵 활용

Chapter 18. 컨피그맵(ConfigMap)

18.2.1 컨피그맵 API 리소스 정의

①. **요구사항**

- 앱에 노트 포트 서비스 통해 외부에서 접근

리소스	설정
컨피그맵	환경 변수 및 설정 파일 타입 데이터 저장
앱 서비스	노드 포트 통해 앱 디플로이 연결
앱 디플로이	환경 변수 및 볼륨 마운트로 컨피그맵 참조

②. **컨피그맵 정의 파일(configmap.yaml)**

```
csw@master:~$ mkdir configmap
csw@master:~$ cd configmap/
csw@master:~/configmap$ vi configmap.yaml
csw@master:~/configmap$ cat configmap.yaml
apiVersion: v1
kind: ConfigMap
metadata:
  name: game-config
data:
  # property-like keys; referenced by environment variables
  player_initial_lives: "3"
  ui_properties_file_name: "user-interface.properties"

  # file-like keys; referenced by volume mount
  game.properties: |
    enemy.types=dogs,pigs
    player.maximum-lives=5
  user-interface.properties: |
    color.good=red
    color.bad=yellow
    allow.textmode=true
csw@master:~/configmap$
```

- game-config: 컨피그맵 이름(클러스터 내에서 고유)
- data: 컨피그맵에 포함될 데이터 정의, 각 항목은 키-값 쌍으로 구성

- player_initial_lives와 ui_properties_file_name: 키-값 형식 데이터(키) 정의
- 환경 변수 PLAYER_INITIAL_LIVES의 값을 3으로 설정,
- UI_PROPERTIES_FILE_NAME의 값을 user-interface.properties로 설정
- game.properties와 user-interface.properties: 파일 형식 데이터(키) 정의
- game.properties: 여러 줄의 데이터를 | 표시로 시작하여 정의,
- enemy.types와 player.maximum-lives 설정
- user-interface.properties: color.good, color.bad, allow.textmode 설정

③. 디플로이 정의 파일(game-deploy.yaml)

```
csw@master:~/configmap$ vi game-deploy.yaml
csw@master:~/configmap$ cat game-deploy.yaml
apiVersion: apps/v1
kind: Deployment
metadata:
  name: game-deployment
spec:
  replicas: 2  # Set replica count to 2
  selector:
    matchLabels:
      app: configmap-game
  template:
    metadata:
      labels:
        app: configmap-game
    spec:
      containers:
      - name: game
        image: alpine
        command: ["sleep", "3600"]
        env:
          - name: PLAYER_INITIAL_LIVES
            valueFrom:
              configMapKeyRef:
                name: game-config
                key: player_initial_lives
          - name: UI_PROPERTIES_FILE_NAME
            valueFrom:
              configMapKeyRef:
                name: game-config
                key: ui_properties_file_name
        volumeMounts:
        - name: config
          mountPath: "/config"
          readOnly: true
      volumes:
      - name: config
        configMap:
          name: game-config
          items:
          - key: "game.properties"
            path: "game.properties"
          - key: "user-interface.properties"
            path: "user-interface.properties"
csw@master:~/configmap$
```

- 디플로이 game-deployment 정의
- 디플로이는 레클리카 수에 따라 복제본 파드 2거 생성
- 파드는 이미지 alpine 기반 컨테이너 game 생성
- 파드는 컨테이너에서 사용할 볼륨 config 생성
- command: 컨테이너 실행 시 명령 지정, 3600초 동안 컨테이너 실행
- env 항목: 컨피그맵의 값을 컨테이너 환경 변수로 앱에 전달
- 컨피그맵 game-config의 키 player_initial_lives에서 값을 읽어와,
- 컨테이너 환경 변수 PLAYER_INITIAL_LIVES에 할당
- volumeMounts 항목: 컨피그맵을 파일로서 컨테이너 경로에 마운트
- 컨테이너 특정 경로에 마운트할 파드 볼륨 설정
- 파드 볼륨 config를 컨테이너 /config 경로에 읽기 전용으로 마운트
- volumes 항목:
- 파드 볼륨 config 정의
- 볼륨 config는 컨피그맵 game-config 참조하여 game.properties와 user-interface.properties의 키 값을
- 컨테이너 /config/game.properties와 /config/user-interface.properties 경로(파일)에 마운트(저장)

④. **서비스 정의 파일(game-svc.yaml)**

```
csw@master:~/configmap$ vi game-svc.yaml
csw@master:~/configmap$ cat game-svc.yaml
apiVersion: v1
kind: Service
metadata:
  name: game-service
spec:
  selector:
    app: configmap-game
  type: NodePort  # Use NodePort service type
  ports:
  - port: 80  # Define service port
    targetPort: 80  # Match container port
    nodePort: 30000  # Define a NodePort number
csw@master:~/configmap$
```

- 서비스 game-service 정의
- 파드 configmap-game 연결
- 서비스 타입: 노트포트
- 노드 포트 30000 공개

18.2.2 컨피그맵 사용

①. **컨피그맵 배포**

- kubectl apply -f configmap.yaml

```
csw@master:~/configmap$ ls
configmap.yaml  game-deploy.yaml  game-svc.yaml
csw@master:~/configmap$ kubectl apply -f configmap.yaml
configmap/game-config created
csw@master:~/configmap$ kubectl get configmaps
NAME               DATA   AGE
game-config        4      15s
kube-root-ca.crt   1      46d
csw@master:~/configmap$ kubectl describe configmap game-config
Name:         game-config
Namespace:    default
Labels:       <none>
Annotations:  <none>

Data
====
game.properties:
----
enemy.types=dogs,pigs
player.maximum-lives=5


player_initial_lives:
----
3

ui_properties_file_name:
----
user-interface.properties

user-interface.properties:
----
color.good=red
color.bad=yellow
allow.textmode=true



BinaryData
====

Events:  <none>
csw@master:~/configmap$ 
```

- 컨피그맵 game-config 배포됨
- 해당 컨피그맵에 데이터 game.properties, player_initial_lives,
- ui_properties_file_name, user-interface.properties 등 4 개 저장됨

②. **디플로이 및 앱 배포**

- kubectl apply -f game-deploy.yaml -f game-svc.yaml

```
csw@master:~/configmap$ kubectl apply -f game-deploy.yaml -f game-svc.yaml
deployment.apps/game-deployment created
service/game-service created
csw@master:~/configmap$ kubectl get svc,deploy,pod
NAME                    TYPE        CLUSTER-IP      EXTERNAL-IP   PORT(S)         AGE
service/game-service    NodePort    10.96.117.131   <none>        80:30000/TCP    17s
service/kubernetes      ClusterIP   10.96.0.1       <none>        443/TCP         46d

NAME                              READY   UP-TO-DATE   AVAILABLE   AGE
deployment.apps/game-deployment   2/2     2            2           17s

NAME                                   READY   STATUS    RESTARTS   AGE
pod/game-deployment-58786f887f-kvxbg   1/1     Running   0          17s
pod/game-deployment-58786f887f-zr6fz   1/1     Running   0          17s
csw@master:~/configmap$
```

- 노드포트 타입 서비스 game-service 실행 중: 모든 노드 포트 30000 공개
- 레플리카스 설정에 따라 파드 2개 game-deployment-xxxx 실행 중

③. **컨피그맵을 환경변수로 전달하여 참조**

- 첫 번째 파드에서 확인
- kubectl exec -it game-deployment-xxxx -- /bin/sh
- 상호작용 모드로 파드 내 컨테이너에서 /bin/sh 실행: 프롬프트 변경

```
NAME                                   READY   STATUS    RESTARTS   AGE
pod/game-deployment-58786f887f-kvxbg   1/1     Running   0          17s
pod/game-deployment-58786f887f-zr6fz   1/1     Running   0          17s
csw@master:~/configmap$ kubectl exec -it game-deployment-58786f887f-kvxbg -- /bin/sh
/ # env | grep PLAYER_INITIAL_LIVES
PLAYER_INITIAL_LIVES=3
/ # env | grep UI_PROPERTIES_FILE_NAME
UI_PROPERTIES_FILE_NAME=user-interface.properties
/ # exit
csw@master:~/configmap$
```

- 컨테이너 환경 변수 PLAYER_INITIAL_LIVES가
- 컨피그맵 game-config의 키 player_initial_lives에서 값을 읽어옴
- 앱에서 이 값 활용 가능
- UI_PROPERTIES_FILE_NAME도 마찬가지 과정을 따름

④. **컨피그맵을 볼륨으로 마운트하여 참조**

- 두 번째 파드에서 확인: 두 번째 파드에도 복제본 실행
- kubectl exec –it game-deployment-yyyy -- /bin/sh

```
master - csw@master: ~/configmap - Xshell 7 (Free for Home/School)
pod/game-deployment-58786f887f-kvxbg   1/1     Running   0          17s
pod/game-deployment-58786f887f-zr6fz   1/1     Running   0          17s
csw@master:~/configmap$ kubectl exec -it game-deployment-58786f887f-kvxbg -- /bin/sh
/ # env | grep PLAYER_INITIAL_LIVES
PLAYER_INITIAL_LIVES=3
/ # env | grep UI_PROPERTIES_FILE_NAME
UI_PROPERTIES_FILE_NAME=user-interface.properties
/ # exit
csw@master:~/configmap$ kubectl exec -it game-deployment-58786f887f-zr6fz -- /bin/sh
/ # ls -l /config
total 0
lrwxrwxrwx    1 root     root            22 Oct 15 02:41 game.properties -> ..data/game.pro
perties
lrwxrwxrwx    1 root     root            32 Oct 15 02:41 user-interface.properties -> ..dat
a/user-interface.properties
/ # cat /config/game.properties
enemy.types=dogs,pigs
player.maximum-lives=5
/ # cat /config/user-interface.properties
color.good=red
color.bad=yellow
allow.textmode=true
/ # exit
csw@master:~/configmap$
```

- 컨테이너 마운트 경로 확인: 두 개의 파일로 마운트되어 있음
- 파일 확인: 파일에 저장된 데이터 확인
- 앱에서 이 파일 활용 가능

⑤. **리소스 삭제**

- kubectl delete -f configmap.yaml
- kubectl delete -f game-deploy.yaml -f game-svc.yaml
- kubectl delete -f game-svc.yaml

```
master - csw@master: ~/configmap - Xshell 7 (Free for Home/School)
csw@master:~/configmap$ ls
configmap.yaml  game-deploy.yaml  game-svc.yaml
csw@master:~/configmap$ kubectl delete -f configmap.yaml
configmap "game-config" deleted
csw@master:~/configmap$ kubectl delete -f game-deploy.yaml -f game-svc.yaml
deployment.apps "game-deployment" deleted
service "game-service" deleted
csw@master:~/configmap$ kubectl get svc,deploy,pod
NAME                 TYPE        CLUSTER-IP   EXTERNAL-IP   PORT(S)   AGE
service/kubernetes   ClusterIP   10.96.0.1    <none>        443/TCP   46d
csw@master:~/configmap$
```

19

영구볼륨(PersistentVolume)

19.1 쿠버네티스 영구볼륨 개념

Chapter 19. 영구볼륨(PersistentVolume)

19.1.1 영구볼륨 개념

- **PV 기능**
  - 데이터 영구 저장
  - 파드에 스토리지 제공
  - 앱은 영구볼륨클레임(PVC)에 요청하여 영구볼륨(PV) 사용
- **PV 접근 모드**
  - ReadWriteOnce 모드: PV를 한 번에 한 노드에서만 읽기/쓰기 가능
  - ReadOnlyMany 모드: 여러 노드에서 읽기만 가능
  - ReadWriteMany: 여러 노드에서 읽기/쓰기 가능
- **PV 복구 정책**
  - Retain: PV가 삭제되어도 스토리지 유지
  - Delete: PV가 삭제되면 해당 스토리지 삭제

19.1.2 영구볼륨 사용

- **PV 정의**
  - 클러스터에 영구적으로 저장될 스토리지 설정
- **PVC 정의**
  - PV와 연결하고 앱에서 PV를 사용할 수 있도록 설정
- **앱 정의**

- PVC를 통해 PV를 사용하여 앱 데이터 저장할 수 있도록 설정

- **서비스 정의**
  - 앱 데이터를 서비스할 수 있도록 설정

19.2 영구볼륨 활용

Chapter 19. 영구볼륨(PersistentVolume)

19.2.1 영구볼륨 API 리소스 정의

①. 요구사항

- 앱 데이터를 호스트 경로에 영구 저장

리소스	설정
영구볼륨(PV)	호스트 경로의 디스크를 사용하여 1GB 용량 PV 생성
영구볼륨클레임(PVC)	해당 PV에 1GB 스토리지 요청
앱 디플로이	해당 PVC의 볼륨을 파드 내 컨테이너 경로에 마운트
앱 서비스	공개 포트로 파드 연결

②. 영구볼륨 정의(pv.yaml)

```
csw@master:~$ mkdir volume
csw@master:~$ cd volume
csw@master:~/volume$ vi pv.yaml
csw@master:~/volume$ cat pv.yaml
apiVersion: v1
kind: PersistentVolume
metadata:
  name: my-pv
spec:
  capacity:
    storage: 1Gi
  volumeMode: Filesystem
  accessModes:
    - ReadWriteOnce
  persistentVolumeReclaimPolicy: Retain
  storageClassName: csw-storage
  hostPath:
    path: "/mnt/data"
csw@master:~/volume$
```

- PV 리소스 정의
- 파일시스템 타입의 스토리지 1GB 제공(/mnt/data)

- storageClassName: PVC와 연결용 스토리지 클래스 이름 지정
- hostPath.path: PV에 마운트시킬 호스트(노드) 스토리지 경로 설정
- 해당 노드에 /mnt/data 디렉토리가 없는 경우 쿠버네티스가 PV의 요청을
- 충족시키기 위해 자동으로 해당 경로에 디렉토리 생성

③. 영구볼륨클레임 정의(pvc.yaml)

```
csw@master:~/volume$ vi pvc.yaml
csw@master:~/volume$ cat pvc.yaml
apiVersion: v1
kind: PersistentVolumeClaim
metadata:
  name: my-pvc
spec:
  accessModes:
    - ReadWriteOnce
  resources:
    requests:
      storage: 1Gi
  storageClassName: csw-storage
csw@master:~/volume$
```

- 접근 모드(accessModes): PV와 일치하는 접근 모드 지정(ReadWriteOnce)
- ~~~.requests.storage: PVC가 PV에 요청할 스토리지 용량 크기(1GB)
- spec.storageClassName: 사용할 스토리지 클래스 지정(해당 PV와 일치)

④. 서비스 정의(svc.yaml)

```
csw@master:~/volume$ vi svc.yaml
csw@master:~/volume$ cat svc.yaml
apiVersion: v1
kind: Service
metadata:
  name: my-app-service
spec:
  selector:
    app: my-app
  ports:
    - protocol: TCP
      port: 80
      targetPort: 80
  type: ClusterIP
csw@master:~/volume$
```

- 공개한 서비스 포트 80을 통해 my-app 파드의 타겟포트 80에 접근

⑤. 앱 정의(app.yaml)

```
csw@master:~/volume$ vi app.yaml
csw@master:~/volume$ cat app.yaml
apiVersion: apps/v1
kind: Deployment
metadata:
  name: my-app
spec:
  replicas: 1
  selector:
    matchLabels:
      app: my-app
  template:
    metadata:
      labels:
        app: my-app
    spec:
      containers:
        - name: my-app
          image: nginx
          volumeMounts:
            - name: my-volume
              mountPath: /data
      volumes:
        - name: my-volume
          persistentVolumeClaim:
            claimName: my-pvc
csw@master:~/volume$
```

- 레플리카 수에 따라 1개 파드 생성
- 파드는 볼륨 my-volume을 정의하고 PVC my-pvc에 연결
- 컨테이너는 볼륨 my-volume을 컨테이너 내 /data 경로에 마운트
- 컨테이너는 /data 경로를 사용하여 PVC에서 제공하는 스토리지에 접근 가능

19.2.2 볼륨 사용

①. 노드(호스트) 경로 확인

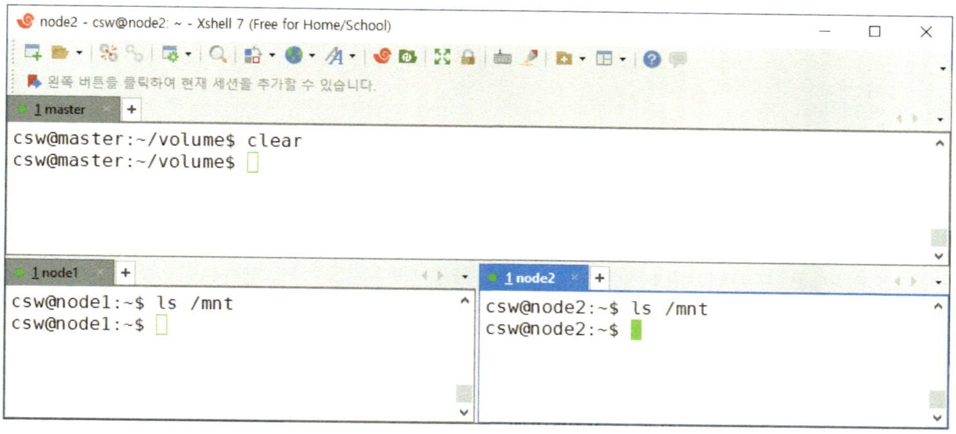

- 앱 배포 전이라 노드들에 마운트된 호스트 경로 없음

②. 앱 배포

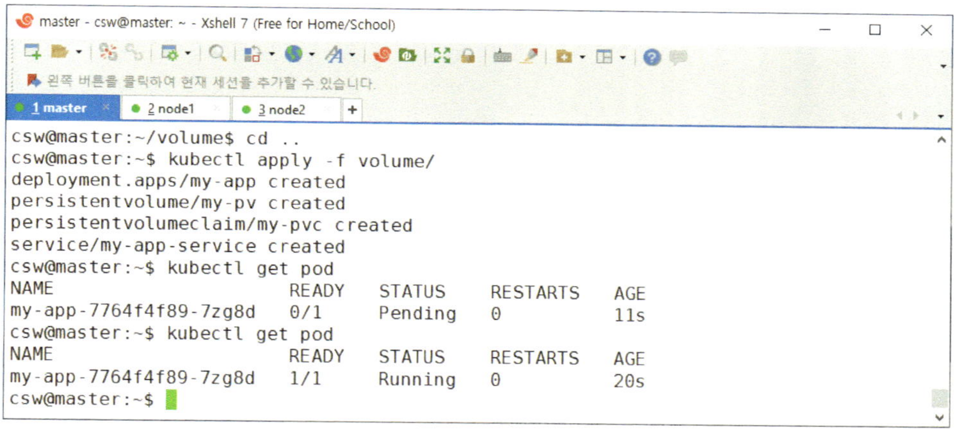

- 앱 배포 후 파드 1개 실행됨

③. 앱 실행 노드 확인

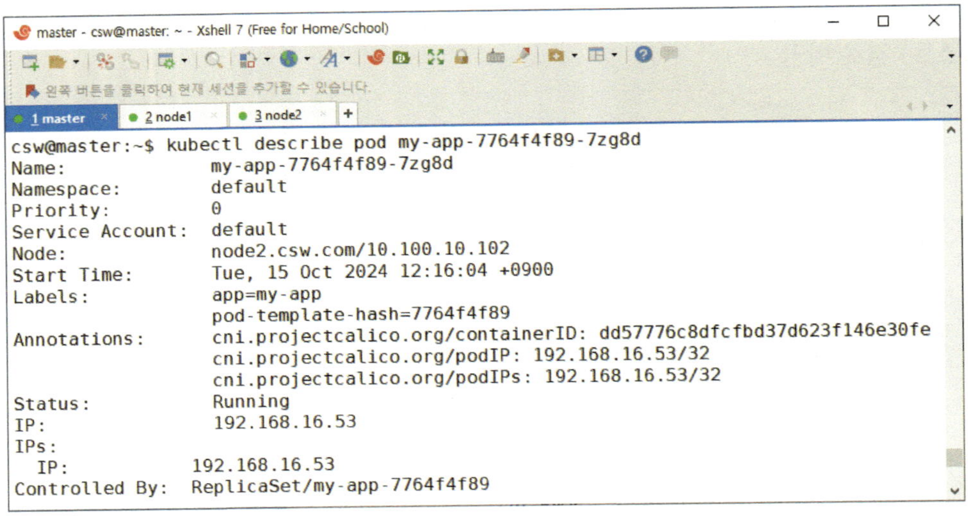

- 파드가 노드2에서 실행중 임

④. 실행 노드(호스트) 경로 확인

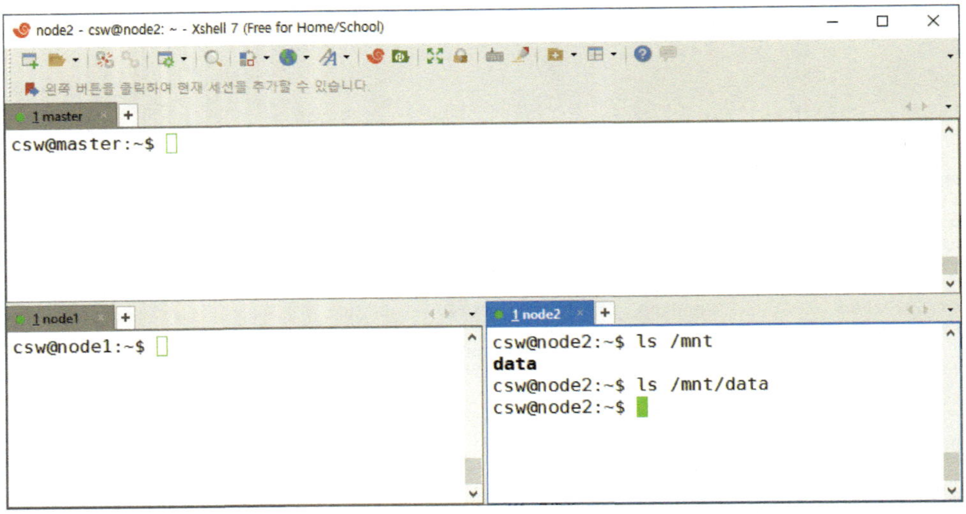

- 노드2에 마운트된 호스트 경로 /mnt/data 생성됨
- 쿠버네티스가 PV의 요청에 맞게 새로 생성함

⑤. **앱에서 볼륨 사용**

- 데이터 생성

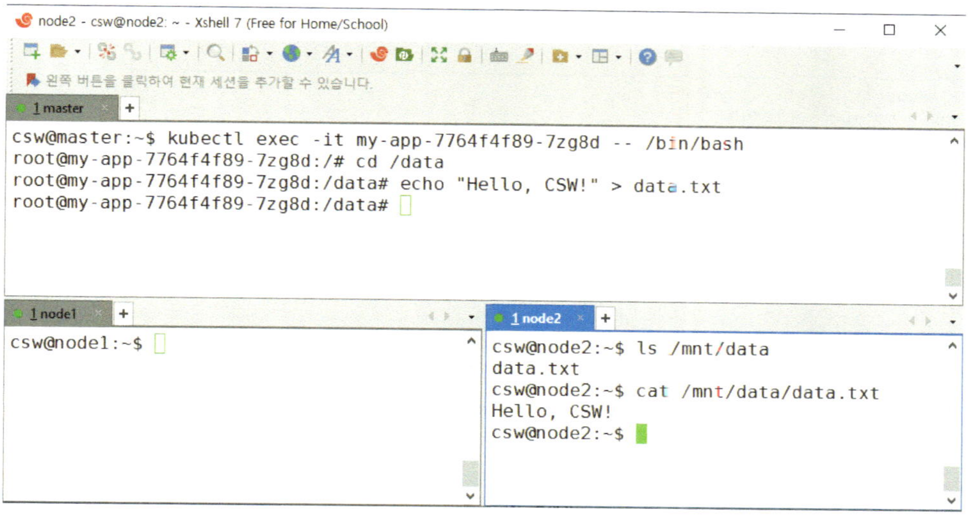

- 앱에서 /data 경로에 data.txt 파일 작성
- 앱 실행 중인 노드2의 마운트 경로 /mnt/data게 data.txt 파일 저장

⑥. **데이터 삭제**

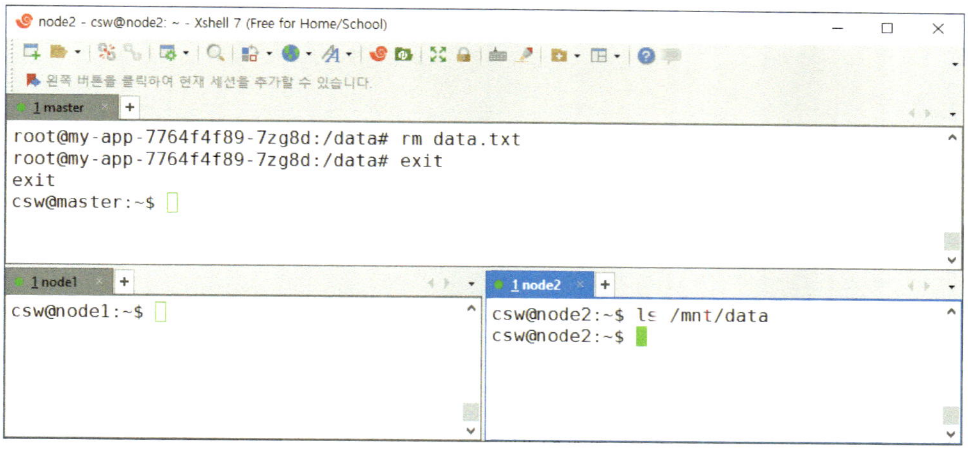

- 앱에서 data.txt 삭제
- 마운트 경로에도 반영되어 data.txt 삭제됨

⑦. 리소스 삭제

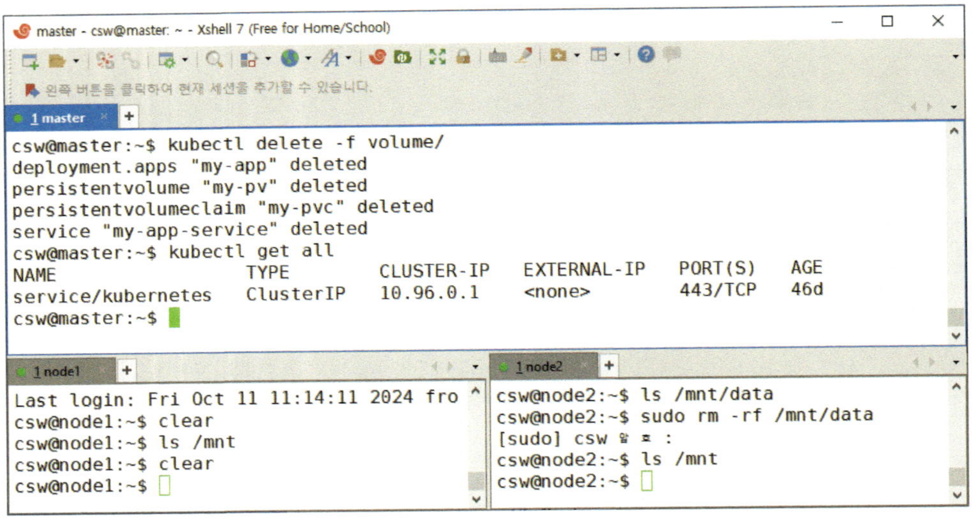

- PV 정의 시 영구볼륨리클레임정책을 Retain 복구모드로 설정
- PV 삭제 후에도 스토리지 유지
- 노드2에서 해당 스토리지 삭제

20

헬름(Helm)

20.1 헬름 개념

Chapter 20. 헬름(Helm)

20.1.1 주요 개념

- **기능**
  - 쿠버네티스 애플리케이션 패키지 관리자
  - 차트를 사용하여 애플리케이션 설치, 업그레이드, 관리
- **차트(Chart)**
  - 애플리케이션 패키지
  - 애플리케이션 설정 파일과 디렉토리 모음
  - chart.yaml, values.yaml, templates/, charts/ 등으로 구성
- **차트 저장소(Repository)**
  - 차트 저장 및 공유 공간
  - https://charts.bitnami.com/bitnami
  - https://prometheus-community.github.io/helm-charts 등
- **릴리즈(Release)**
  - 특정 차트 버전의 설치 인스턴스

20.1.2 헬름 차트 구조

- **chart.yaml**
  - 차트 메타데이터 : 차트 이름, 버전, 설명, 유지보수 정보 등 기술
- **values.yaml**

- 차트 기본 설정 값들 정의: 사용자 수정 가능
- 이 값들 참조하여 디플로이 등 쿠버네티스 리소스 생성

- templates/
  - 템플릿들 정의: _helpers.tpl 파일
  - 디플로이, 서비스 등 쿠버네티스 리소스 정의: 야뮬 파일
- charts/
  - 차트가 의존하는 다른 차트들 저장 디렉토리
  - 압축 파일 tgz 형식
  - 의존성 차트들은 requirements.yaml 파일에 명시
- README.md:
  - 차트 사용 방법, 구성 옵션, 특정 사항 등 기술
  - 차트 설치 및 관리 시 참고 사항 포함
- LICENSE
  - 차트 라이선스 정보 포함
  - 헬름 차트 공개 시 사용

20.2 저장소 차트 활용

Chapter 20. 헬름(Helm)

20.2.1 요구사항

- 헬름을 사용하여 비트나미 저장소의 엔진엑스 차트 실행

항목	설정
헬름 설치	설치 버전 3
차트 저장소 추가	비트나미(Binami) 저장소 추가
Nginx 차트 설치	서비스 유형을 NodePort, 파드 복제본 수를 1로 변경
Nginx 서비스 접속	공개 포트로 서비스 연결

20.2.2 헬름 설치

①. 스크립트 사용하여 설치

- https://helm.sh/docs/intro/install/

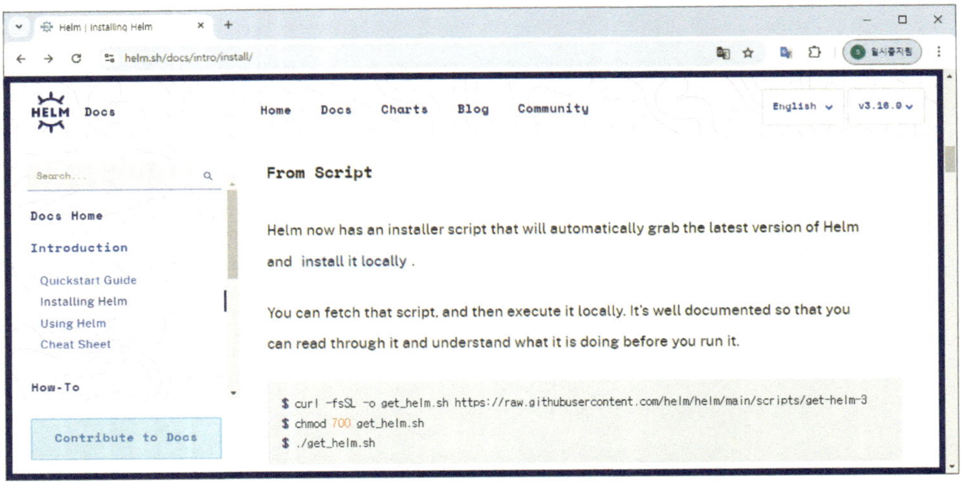

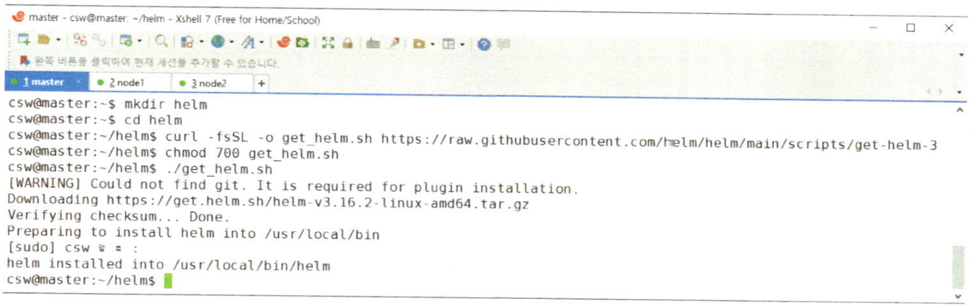

- curl -fsSL -o get_helm.sh https://~~~/get-helm-3
- 헬름 버전 3 설치 스크립트 get-helm-3를 헬름 깃허브 저장소에서 가져와
- 현재 디렉토리에 get_helm.sh라는 파일로 저장(-o)
- chmod 700 get_helm.sh: 사용자만 get_helm.sh 읽기, 쓰기, 실행 가능
- ./get_helm.sh: 현재 디렉토리의 get_helm.sh를 실행하여 헬름 설치

②. **버전 확인**

- helm version

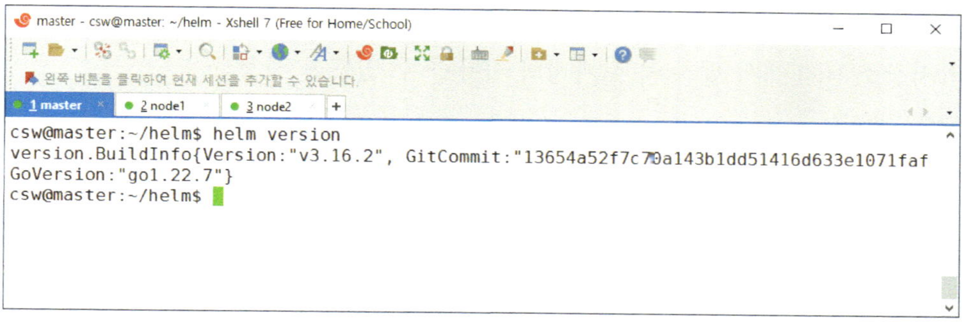

- 설치된 헬름 버전: 3.16.2

20.2.3 Nginx 차트 설치하기

①. **Bitnami 저장소 추가**

```
csw@master:~/helm$ helm repo list
Error: no repositories to show
csw@master:~/helm$ helm repo add bitnami https://charts.bitnami.com/bitnami
"bitnami" has been added to your repositories
csw@master:~/helm$ helm repo list
NAME    URL
bitnami https://charts.bitnami.com/bitnami
csw@master:~/helm$
```

- helm repo list: 시스템에 등록된 헬름 차트 저장소 목록 출력
- helm repo add bitnami https://charts.bitnami.com/bitnami
- bitnami: 시스템에 등록할 저장소 이름 설정
- https://charts.bitnami.com/bitnami: 헬름 차트 저장소 URL
- 시스템에 bitnami라는 이름으로 저장소 등록
- 해당 저장소 URL에서 헬름 차트 가져와 사용할 수 있도록 설정

②. **Nginx 차트 검색**

```
csw@master:~/helm$ helm search repo bitnami/nginx
NAME                                CHART VERSION   APP VERSION     DESCRIPTION
bitnami/nginx                       18.2.3          1.27.2          NGINX Open Source is a we
bitnami/nginx-ingress-controller    11.4.4          1.11.3          NGINX Ingress Controller
bitnami/nginx-intel                 2.1.15          0.4.9           DEPRECATED NGINX Open Sou
csw@master:~/helm$
```

- 등록된 차트 저장소 bintnami에서 nginx 관련된 헬름 차트 검색
- NAME 필드: 차트 이름, CHART VERSION: 차트 버전
- APP VERSION: 차트에서 사용하는 애플리케이션 버전

③. Nginx 차트 정보 확인

```
csw@master:~/helm$ helm show chart bitnami/nginx
annotations:
  category: Infrastructure
  images: |
    - name: git
      image: docker.io/bitnami/git:2.46.2-debian-12-r0
    - name: nginx
      image: docker.io/bitnami/nginx:1.27.2-debian-12-r0
    - name: nginx-exporter
      image: docker.io/bitnami/nginx-exporter:1.3.0-debian-12-r7
  licenses: Apache-2.0
apiVersion: v2
appVersion: 1.27.2
dependencies:
- name: common
  repository: oci://registry-1.docker.io/bitnamicharts
  tags:
  - bitnami-common
  version: 2.x.x
description: NGINX Open Source is a web server that can be also used as a reverse
  proxy, load balancer, and HTTP cache. Recommended for high-demanding sites due to
  its ability to provide faster content.
home: https://bitnami.com
```

- Chart.yaml 파일 기반하여 차트 이름, 버전 등 차트 기본 정보 출력

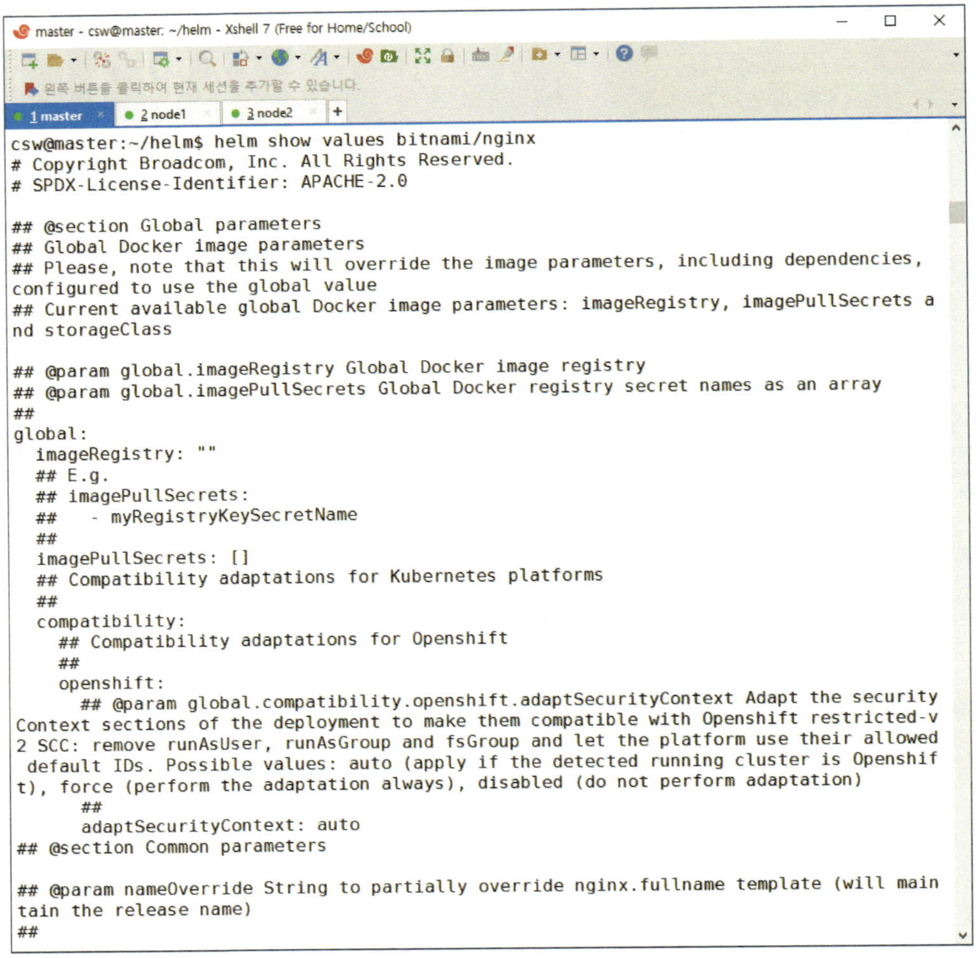

```
csw@master:~/helm$ helm show values bitnami/nginx
# Copyright Broadcom, Inc. All Rights Reserved.
# SPDX-License-Identifier: APACHE-2.0

## @section Global parameters
## Global Docker image parameters
## Please, note that this will override the image parameters, including dependencies,
configured to use the global value
## Current available global Docker image parameters: imageRegistry, imagePullSecrets a
nd storageClass

## @param global.imageRegistry Global Docker image registry
## @param global.imagePullSecrets Global Docker registry secret names as an array
##
global:
  imageRegistry: ""
  ## E.g.
  ## imagePullSecrets:
  ##   - myRegistryKeySecretName
  ##
  imagePullSecrets: []
  ## Compatibility adaptations for Kubernetes platforms
  ##
  compatibility:
    ## Compatibility adaptations for Openshift
    ##
    openshift:
      ## @param global.compatibility.openshift.adaptSecurityContext Adapt the security
Context sections of the deployment to make them compatible with Openshift restricted-v
2 SCC: remove runAsUser, runAsGroup and fsGroup and let the platform use their allowed
 default IDs. Possible values: auto (apply if the detected running cluster is Openshif
t), force (perform the adaptation always), disabled (do not perform adaptation)
      ##
      adaptSecurityContext: auto
## @section Common parameters

## @param nameOverride String to partially override nginx.fullname template (will main
tain the release name)
##
```

- nginx 차트에서 사용할 수 있는 기본 설정 값들 출력: 사용자가 변경 가능

④. Nginx 차트 구조 확인

```
csw@master:~/helm$ helm fetch bitnami/nginx --untar
csw@master:~/helm$ ls
get_helm.sh  nginx
csw@master:~/helm$ ls nginx/
Chart.lock  Chart.yaml  README.md  charts  templates  values.schema.json  values.yaml
csw@master:~/helm$ tree nginx/
nginx/
├── Chart.lock
├── Chart.yaml
├── README.md
├── charts
│   └── common
│       ├── Chart.yaml
│       ├── README.md
│       ├── templates
│       │   ├── _affinities.tpl
│       │   ├── _capabilities.tpl
│       │   ├── _compatibility.tpl
│       │   ├── _errors.tpl
│       │   ├── _images.tpl
│       │   ├── _ingress.tpl
│       │   ├── _labels.tpl
│       │   ├── _names.tpl
```

- helm fetch bitnami/nginx --untar
- bitnami/nginx 저장소에서 nginx 차트 다운로드 후 현재 디렉토리에 압축 해제
- tree nginx/
- nginx 디렉토리의 구조를 트리 형식으로 출력
- 여기서 다운로드는 헬름 차트 구조 파악용, 배포는 저장소의 차트 활용

⑤. Nginx 차트 배포

```
csw@master:~/helm$ helm install nginx bitnami/nginx \
> --set service.type=NodePort \
> --set replicaCount=1
NAME: nginx
LAST DEPLOYED: Mon Oct 21 11:28:45 2024
NAMESPACE: default
STATUS: deployed
REVISION: 1
TEST SUITE: None
NOTES:
CHART NAME: nginx
CHART VERSION: 18.2.3
APP VERSION: 1.27.2

** Please be patient while the chart is being deployed **
NGINX can be accessed through the following DNS name from within your cluster:

    nginx.default.svc.cluster.local (port 80)
```

- bitnami 저장소의 nginx 차트를 nginx라는 이름으로 배포

- 차트를 다운로드하지 않고 설치 후 실행만
- nginx: 배포 이름
- 배포 시 서비스 유형을 NodePort로,
- 파드 복제본 수를 1개로 설정
- 차트 저장소 bitnami에서 제공하는 nginx 차트를
- 서비스 유형과 복제본 수를 변경하여 nginx라는 이름으로 배포

⑥. Nginx 배포 확인

```
csw@master:~/helm$ kubectl get all
NAME                         READY   STATUS    RESTARTS   AGE
pod/nginx-5656f4757b-4zlb7   1/1     Running   0          4m7s

NAME                 TYPE        CLUSTER-IP     EXTERNAL-IP   PORT(S)
service/kubernetes   ClusterIP   10.96.0.1      <none>        443/TCP
service/nginx        NodePort    10.99.134.49   <none>        80:30497/TCP,443:30541/T

NAME                    READY   UP-TO-DATE   AVAILABLE   AGE
deployment.apps/nginx   1/1     1            1           4m7s

NAME                               DESIRED   CURRENT   READY   AGE
replicaset.apps/nginx-5656f4757b   1         1         1       4m7s
csw@master:~/helm$
```

- nginx 배포를 통해 파드 1개, 서비스 1개, 디플로이 1개, 레플리카셋 1개 생성됨
- nginx 서비스는 포트 30497을 통해 접속 가능

⑦. Nginx 서비스 액세스

```
csw@master:~/helm$ curl localhost:30497
<!DOCTYPE html>
<html>
<head>
<title>Welcome to nginx!</title>
<style>
html { color-scheme: light dark; }
body { width: 35em; margin: 0 auto;
font-family: Tahoma, Verdana, Arial, sans-serif; }
</style>
</head>
<body>
<h1>Welcome to nginx!</h1>
<p>If you see this page, the nginx web server is successfully installed and
```

- 노드 포트 30497을 통해 nginx 서비스에 연결

⑧. Nginx 배포 삭제

```
csw@master:~/helm$ helm list
NAME     NAMESPACE       REVISION        UPDATED                                  STATUS
nginx    default         1               2024-10-21 11:28:45.129528893 +0900 KST deployed
csw@master:~/helm$ helm uninstall nginx
release "nginx" uninstalled
csw@master:~/helm$ kubectl get all
NAME                 TYPE        CLUSTER-IP    EXTERNAL-IP   PORT(S)   AGE
service/kubernetes   ClusterIP   10.96.0.1     <none>        443/TCP   52d
csw@master:~/helm$
```

- helm list: 현재 설치된 배포 목록 조회
- REVISION: 배포 버전
- STATUS: 배포 상태
- nginx: 배포 이름
- CHART: 배포에 사용된 nginx 차트로 여기에 애플리케이션 정의되어 있음
- helm uninstall nginx: 배포 nginx에 관련된 모든 리소스 삭제
- 파드, 서비스, 디플로이, 레플리카셋 등 모두 삭제됨

20.3 사용자 차트 생성

Chapter 20. 헬름(Helm)

20.3.1 기본 차트 생성하기

①. **요구사항**

- 헬름을 사용하여 새로운 차트 mywebapp 생성

항목	설정
차트 이름	mywebapp
차트 배포	my-nginx
서비스 연결	my-nginx-mywebapp
차트 삭제	my-nginx

②. **mywebapp 차트 생성**

- helm create 〈chart-name〉

```
csw@master:~/helm$ ls
get_helm.sh  nginx
csw@master:~/helm$ mkdir myapp-chart
csw@master:~/helm$ cd myapp-chart/
csw@master:~/helm/myapp-chart$ helm create myapp
Creating myapp
csw@master:~/helm/myapp-chart$ ls
myapp
csw@master:~/helm/myapp-chart$ cd myapp/
csw@master:~/helm/myapp-chart/myapp$ ls
Chart.yaml  charts  templates  values.yaml
csw@master:~/helm/myapp-chart/myapp$
```

- 헬름 패키지 관리자를 사용하여 myapp이라는 이름의 헬름 차트 생성
- myapp 디렉토리 자동 생성, 여기에
- Chart.yaml, values.yaml 파일과 templates, charts 디렉토리도 자동 생성
- myapp 디렉토리로 이동

③. 차트 확인

- Chart.yaml

```
csw@master:~/helm/myapp-chart/myapp$ cat Chart.yaml
apiVersion: v2
name: myapp
description: A Helm chart for Kubernetes

# A chart can be either an 'application' or a 'library' chart.
#
# Application charts are a collection of templates that can be packaged into versioned
# to be deployed.
#
# Library charts provide useful utilities or functions for the chart developer. They'r
# a dependency of application charts to inject those utilities and functions into the
# pipeline. Library charts do not define any templates and therefore cannot be deploye
type: application

# This is the chart version. This version number should be incremented each time you m
# to the chart and its templates, including the app version.
# Versions are expected to follow Semantic Versioning (https://semver.org/)
version: 0.1.0

# This is the version number of the application being deployed. This version number sh
# incremented each time you make changes to the application. Versions are not expected
# follow Semantic Versioning. They should reflect the version the application is using
# It is recommended to use it with quotes.
appVersion: "1.16.0"
csw@master:~/helm/myapp-chart/myapp$
```

- 차트 네임: myapp
- 차트 타입: application
- 차트 버전: 0.1.0
- 애플리케이션 버전: 1.16.0
- values.yaml

```
csw@master:~/helm/myapp-chart/myapp$ cat values.yaml | more
# Default values for myapp.
# This is a YAML-formatted file.
# Declare variables to be passed into your templates.

# This will set the replicaset count more information can be found here: https://kuber
et/
replicaCount: 1

# This sets the container image more information can be found here: https://kubernetes
image:
  repository: nginx
  # This sets the pull policy for images.
  pullPolicy: IfNotPresent
```

- 차트 myapp의 기본 설정값 정의
- 레플리카 수: 1

- 이미지: 기본값 nginx, 이미지 풀 정책: 로컬에 이미지 없으면 풀
- 서비스 타입: 기본값 ClusterIP, 서비스 포트: 기본값 80
- templates 디렉토리의 deployment.yaml

```
csw@master:~/helm/myapp-chart/myapp$ ls templates/
NOTES.txt      deployment.yaml  ingress.yaml  serviceaccount.yaml
_helpers.tpl   hpa.yaml         service.yaml  tests
csw@master:~/helm/myapp-chart/myapp$ cat templates/deployment.yaml
apiVersion: apps/v1
kind: Deployment
metadata:
  name: {{ include "myapp.fullname" . }}
  labels:
    {{- include "myapp.labels" . | nindent 4 }}
spec:
  {{- if not .Values.autoscaling.enabled }}
  replicas: {{ .Values.replicaCount }}
  {{- end }}
```

- 디플로이 템플릿 정의: 디폴트 네임스페이스에 myapp라는 디플로이 생성
- value.yaml 파일 참고하여 레플리카 1개 복제
- {{ include "myapp.fullname" . }} : Go 언어 템플릿 통해 전체 이름 생성
- myapp.fullname라는 템플릿 함수의 실행 결과를 현재 템플릿(.)에 포함
- myapp.fullname 템플릿은 _helpers.tpl 파일에 정의되어 있음

```
csw@master:~/helm/myapp-chart/myapp$ cat templates/_helpers.tpl
{{/*
Expand the name of the chart.
*/}}
{{- define "myapp.name" -}}
{{- default .Chart.Name .Values.nameOverride | trunc 63 | trimSuffix "-" }}
{{- end }}

{{/*
Create a default fully qualified app name.
We truncate at 63 chars because some Kubernetes name fields are limited to this (by th
e DNS naming spec).
If release name contains chart name it will be used as a full name.
*/}}
{{- define "myapp.fullname" -}}
{{- if .Values.fullnameOverride }}
{{- .Values.fullnameOverride | trunc 63 | trimSuffix "-" }}
{{- else }}
{{- $name := default .Chart.Name .Values.nameOverride }}
```

- templates 디렉토리의 service.yaml

```
csw@master:~/helm/myapp-chart/myapp$ cat templates/service.yaml
apiVersion: v1
kind: Service
metadata:
  name: {{ include "myapp.fullname" . }}
  labels:
    {{- include "myapp.labels" . | nindent 4 }}
spec:
  type: {{ .Values.service.type }}
  ports:
    - port: {{ .Values.service.port }}
      targetPort: http
      protocol: TCP
      name: http
  selector:
    {{- include "myapp.selectorLabels" . | nindent 4 }}
csw@master:~/helm/myapp-chart/myapp$
```

- 서비스 템플릿 정의: 디폴트 네임스페이스에 myapp라는 서비스 생성
- 서비스 타입: values.yaml 파일의 서비스 타입 참조
- 서비스 포트: values.yaml 파일의 서비스 포트 참조

```
  # capabilities:
  #   drop:
  #   - ALL
  # readOnlyRootFilesystem: true
  # runAsNonRoot: true
  # runAsUser: 1000

# This is for setting up a service more information can be found here: https://kuberne
tes.io/docs/concepts/services-networking/service/
service:
  # This sets the service type more information can be founc here: https://kubernetes.
io/docs/concepts/services-networking/service/#publishing-services-service-types
  type: ClusterIP
  # This sets the ports more information can be found here: https://kubernetes.io/docs
/concepts/services-networking/service/#field-spec-ports
  port: 80
/service                                                          52,28         40%
```

④. **my-nginx 배포**

- helm install 릴리즈이름 차트경로

```
csw@master:~/helm/myapp-chart/myapp$ cd ..
csw@master:~/helm/myapp-chart$ helm install my-nginx myapp/
NAME: my-nginx
LAST DEPLOYED: Mon Oct 21 12:05:03 2024
NAMESPACE: default
STATUS: deployed
REVISION: 1
NOTES:
1. Get the application URL by running these commands:
  export POD_NAME=$(kubectl get pods --namespace default -l "app.kubernetes.io/name=my
-nginx" -o jsonpath="{.items[0].metadata.name}")
  export CONTAINER_PORT=$(kubectl get pod --namespace default $POD_NAME -o jsonpath="{
ainerPort}")
  echo "Visit http://127.0.0.1:8080 to use your application"
  kubectl --namespace default port-forward $POD_NAME 8080:$CONTAINER_PORT
csw@master:~/helm/myapp-chart$
```

- 'my-nginx': 릴리즈(실행된 차트 인스턴스)에 my-nginx라는 이름 지정
- 'myapp/': 실행할 차트가 위치한 디렉토리 경로
- 현재 디렉토리(./)에 있는 차트(myapp)를 가져옴
- 차트 내의 템플릿을 렌더링하고, 정의된 변수나 함수를 대체
- 템플릿 렌더링: YAML 파일 내 Go 언어 템플릿 {{ ~~~ }} 해석 및 결과 출력
- 렌더링된 템플릿을 기반으로 디플로이 등 YAML 매니페스트 생성
- 매니페스트를 클러스터에 적용하여 배포
- 디플로이, 서비스 등 필요한 리소스 생성
- 템플릿을 사용하여 리소스를 동적으로 생성하고 관리

⑤. **my-nginx 배포 확인**

```
csw@master:~/helm/myapp-chart$ kubectl get all
NAME                                  READY   STATUS    RESTARTS   AGE
pod/my-nginx-myapp-64bfff7f45-pkdtf   1/1     Running   0          94s

NAME                      TYPE        CLUSTER-IP      EXTERNAL-IP   PORT(S)   AGE
service/kubernetes        ClusterIP   10.96.0.1       <none>        443/TCP   52d
service/my-nginx-myapp    ClusterIP   10.100.163.213  <none>        80/TCP    94s

NAME                             READY   UP-TO-DATE   AVAILABLE   AGE
deployment.apps/my-nginx-myapp   1/1     1            1           94s

NAME                                        DESIRED   CURRENT   READY   AGE
replicaset.apps/my-nginx-myapp-64bfff7f45   1         1         1       94s
csw@master:~/helm/myapp-chart$
```

- my-nginx-myapp 서비스 배포됨

- my-nginx-myapp 디플로이 배포됨
- 레플리카 1개 복제됨

⑥. my-nginx-myapp 서비스 연결

```
master - csw@master: ~/helm/myapp-chart - Xshell 7 (Free for Home/School)
csw@master:~/helm/myapp-chart$ curl 10.100.163.213:80
<!DOCTYPE html>
<html>
<head>
<title>Welcome to nginx!</title>
<style>
    body {
        width: 35em;
        margin: 0 auto;
        font-family: Tahoma, Verdana, Arial, sans-serif;
    }
</style>
</head>
<body>
```

- 10.100.163.213에 배포된 서비스에 연결됨

⑦. my-nginx 배포 삭제

```
master - csw@master: ~/helm/myapp-chart - Xshell 7 (Free for Home/School)
csw@master:~/helm/myapp-chart$ helm uninstall my-nginx
release "my-nginx" uninstalled
csw@master:~/helm/myapp-chart$ kubectl get all
NAME                 TYPE        CLUSTER-IP   EXTERNAL-IP   PORT(S)   AGE
service/kubernetes   ClusterIP   10.96.0.1    <none>        443/TCP   52d
csw@master:~/helm/myapp-chart$
```

- myapp 차트 기반의 my-nginx 릴리즈 삭제
- my-nginx 릴리즈에 연관되어 배포된 모든 리소스 삭제됨

20.3.2 차트 수정하기

①. 요구사항

- values.yaml 파일 등 수정

항목	설정
복제본 수	2
서비스	- 타입: NodePort - 노드포트: 30001

- 변경 방법: vi로 편집

②. values.yaml 수정

```
csw@master:~/helm/myapp-chart$ cd myapp/
csw@master:~/helm/myapp-chart/myapp$ vi values.yaml
csw@master:~/helm/myapp-chart/myapp$ grep -A 9 'replicaCount' values.yaml | head -n 10
replicaCount: 2

# This sets the container image more information can be found here: https://kubernetes
oncepts/containers/images/
image:
  repository: nginx
  # This sets the pull policy for images.
  pullPolicy: IfNotPresent
  # Overrides the image tag whose default is the chart appVersion.
  tag: ""

csw@master:~/helm/myapp-chart/myapp$
```

- 복제본 수를 2로 변경

```
csw@master:~/helm/myapp-chart/myapp$ grep -A 9 'NodePort' values.yaml | head -n 10
  type: NodePort
  # This sets the ports more information can be found here: https://kubernetes.io/docs
/concepts/services-networking/service/#field-spec-ports
  port: 80
  nodePort: 30001

# This block is for setting up the ingress for more information can be found here: htt
ps://kubernetes.io/docs/concepts/services-networking/ingress/
ingress:
  enabled: false
  className: ""
  annotations: {}
csw@master:~/helm/myapp-chart/myapp$
```

- 서비스 타입을 NodePort로 변경
- nodePort 추가: 외부에서 노드의 IP 주소와 함께 사용하여 서비스에 접근

③. templates/service.yaml 수정

```
csw@master:~/helm/myapp-chart/myapp$ vi templates/service.yaml
csw@master:~/helm/myapp-chart/myapp$ grep -A 9 'ports' templates/service.yaml | head -n 10
  ports:
    - port: {{ .Values.service.port }}
      targetPort: http
      protocol: TCP
      name: http
      nodePort: {{ .Values.service.nodePort }}
  selector:
    {{- include "myapp.selectorLabels" . | nindent 4 }}
csw@master:~/helm/myapp-chart/myapp$
```

- values.yaml 파일의 nodePort 변경을 반영하도록

- service.yaml 파일의 ports 섹션에
- nodePort: {{ .Values.service.nodePort }} 설정

④. **my-nginx 차트 생성**

```
csw@master:~/helm/myapp-chart/myapp$ cd ..
csw@master:~/helm/myapp-chart$ ls
myapp
csw@master:~/helm/myapp-chart$ helm install my-nginx myapp/
NAME: my-nginx
LAST DEPLOYED: Mon Oct 21 12:30:55 2024
NAMESPACE: default
STATUS: deployed
REVISION: 1
NOTES:
1. Get the application URL by running these commands:
  export NODE_PORT=$(kubectl get --namespace default -o jsonpath="{.spec.ports[0].nodeP
" services my-nginx-myapp)
  export NODE_IP=$(kubectl get nodes --namespace default -o jsonpath="{.items[0].status
resses[0].address}")
  echo http://$NODE_IP:$NODE_PORT
csw@master:~/helm/myapp-chart$
```

- 수정된 파일들 반영하여 새로운 my-nginx 차트 생성

⑤. **my-nginx 배포 확인**

```
csw@master:~/helm/myapp-chart$ kubectl get all
NAME                                READY   STATUS    RESTARTS   AGE
pod/my-nginx-myapp-64bfff7f45-fbpnm   1/1     Running   0          59s
pod/my-nginx-myapp-64bfff7f45-z8bxw   1/1     Running   0          59s

NAME                     TYPE        CLUSTER-IP      EXTERNAL-IP   PORT(S)        AGE
service/kubernetes       ClusterIP   10.96.0.1       <none>        443/TCP        52d
service/my-nginx-myapp   NodePort    10.105.42.223   <none>        80:30001/TCP   59s

NAME                             READY   UP-TO-DATE   AVAILABLE   AGE
deployment.apps/my-nginx-myapp   2/2     2            2           59s

NAME                                        DESIRED   CURRENT   READY   AGE
replicaset.apps/my-nginx-myapp-64bfff7f45   2         2         2       59s
csw@master:~/helm/myapp-chart$
```

- NodePort 서비스가 노드의 30001 포트에서 실행됨
- 복제본 2 개 생성됨

⑥. my-nginx-mywebapp 서비스 연결

```
csw@master:~/helm/myapp-chart$ kubectl get node -o wide
NAME              STATUS   ROLES            AGE   VERSION   INTERNAL-IP
master            Ready    control-plane    52d   v1.31.0   10.100.10.100
node1.csw.com     Ready    <none>           52d   v1.31.0   10.100.10.101
node2.csw.com     Ready    <none>           52d   v1.31.0   10.100.10.102
csw@master:~/helm/myapp-chart$ curl http://10.100.10.101:30001
<!DOCTYPE html>
<html>
<head>
<title>Welcome to nginx!</title>
<style>
    body {
```

- 노드1의 IP 주소 10.100.10.101와 노드 포트 30001을 통해 서비스에 연결

⑦. my-nginx 배포 삭제

```
csw@master:~/helm/myapp-chart$ helm uninstall my-nginx
release "my-nginx" uninstalled
csw@master:~/helm/myapp-chart$ kubectl get all
NAME                 TYPE        CLUSTER-IP   EXTERNAL-IP   PORT(S)   AGE
service/kubernetes   ClusterIP   10.96.0.1    <none>        443/TCP   52d
csw@master:~/helm/myapp-chart$
```

21

젠킨스(Jenkins)

21.1 젠킨스(Jenkins) 개념

Chapter 21. 젠킨스(Jenkins)

21.1.1 젠킨스 개요

- **주요 기능**
  - 소프트웨어 개발 프로세스 자동화 도구
  - CI(Continuous Integration, 지속적 통합) 및
  - CD(Continuous Delivery, 지속적 배포) 지원 플랫폼
- **작동 방식**
  - 소스 코드 변경 감지: Git 저장소 지속적 모니터링 및 코드 변경 사항 감지
  - 빌드 및 테스트: 코드 변경 감지 시 자동으로 빌드 및 테스트 프로세스 실행
  - 쿠버네티스 배포: 테스트 성공 시 쿠버네티스에 자동 배포
  - 코드 변경 사항을 빠르고 안정적으로 프로덕션 환경에 적용

21.1.2 CI/CD 파이프라인 구현

- **젠킨스 서버 설치 및 설정**
  - 젠킨스 서버를 설치하고 Git 저장소, 쿠버네티스 클러스터 등 연결
- **빌드 및 테스트 작업 정의**
  - 젠킨스에서 빌드 및 테스트 작업을 위한 스크립트 또는 설정 정의
- **쿠버네티스 배포 설정**
  - 젠킨스에서 쿠버네티스 플러그인을 사용하여 배포 환경 등 설정
- **파이프라인 구성**

- 젠킨스에서 소스 코드 변경 감지, 빌드, 테스트, 쿠버네티스 배포 등의 작업을 순서대로 연결하는 파이프라인 구성

21.2 젠킨스 설치

Chapter 21. 젠킨스(Jenkins)

21.2.1 요구사항

- K8s에 젠킨스 설정

항목	설정
네임스페이스 생성	- 'devops-tools'
서비스 어카운트 생성	- serviceAccount.yaml - 생성된 devops-tools 네임스페이에 - 'jenkins-admin' 서비스 계정 생성하고 - 'jenkins-admin' 클러스터 역할 부여
로컬 영구 볼륨 생성	- volume.yaml - 스토리지 여유가 있는 워커 노드의 - '/mnt' 경로에 10GB 'local-storage' PV 생성하고 - PV에 3GB 스토리지 요청하는 PVC 생성 및 바인딩
디플로이 생성 및 배포	- deployment.yaml - 1개의 젠킨스 파드 (레플리카 1개) 배포 - 리소스 제한: 메모리 최대 2Gi, CPU 최대 1 코어 - 리소스 요청: 메모리 최소 500Mi, CPU 최소 500m - 서비스 계정: jenkins-admin 〈컨테이너 포트〉 - http 포트 (httpport): 8080 - JNLP 포트 (jnlpport): 50000

항목	설정
서비스 생성 및 배포	- service.yaml - 서비스 타입: NodePort 〈노드 포트〉 - 8080 트래픽을 위해 32000 - 50000 트래픽을 위해 32001 〈포트 매핑〉 - 서비스 포트: - 8080 - 50000 - 타겟 포트: - 8080 (젠킨스 Pod 컨테이너 포트) - 50000 (젠킨스 Pod 컨테이너 포트)

21.2.2 젠킨스 수동 설치

①. K8s에 젠킨스 설정 방법 사용

- https://www.jenkins.io/doc/book/installing/kubernetes/

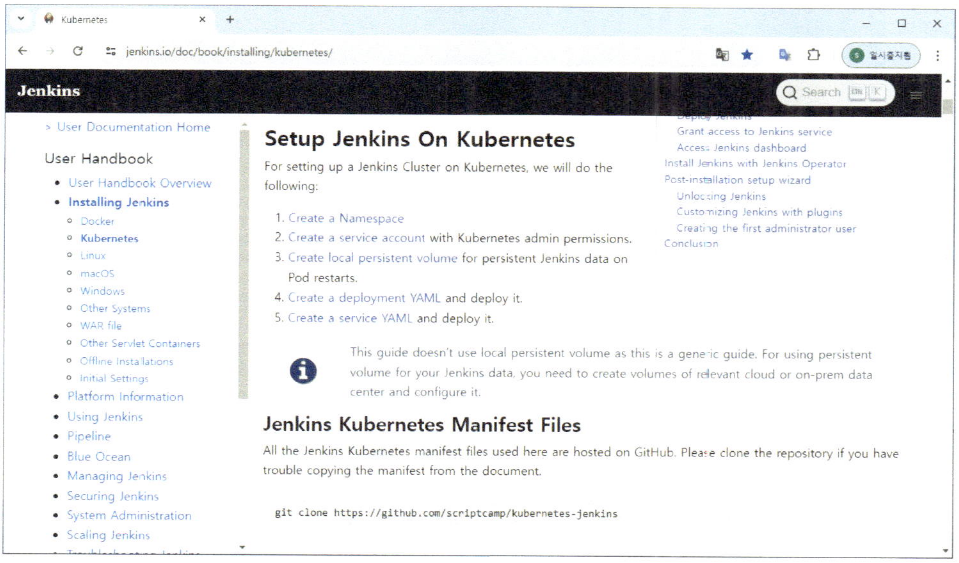

②. git 설치

- sudo apt install git

```
master - csw@master: ~ - Xshell 7 (Free for Home/School)
csw@master:~$ git --version
명령어 'git' 을(를) 찾을 수 없습니다. 그러나 다음을 통해 설치할 수 있습니다:
sudo apt install git
csw@master:~$ sudo apt install git
패키지 목록을 읽는 중입니다... 완료
의존성 트리를 만드는 중입니다... 완료
상태 정보를 읽는 중입니다... 완료
다음의 추가 패키지가 설치될 것입니다 :
  git-man liberror-perl
제안하는 패키지:
  git-daemon-run | git-daemon-sysvinit git-doc git-email git-gui gitk gitweb git-cvs
  git-mediawiki git-svn
다음 새 패키지를 설치할 것입니다:
  git git-man liberror-perl
0개 업그레이드, 3개 새로 설치, 0개 제거 및 175개 업그레이드 안 함.
0 바이트/4,804 k바이트 아카이브를 받아야 합니다.
이 작업 후 24.5 M바이트의 디스크 공간을 더 사용하게 됩니다.
계속 하시겠습니까? [Y/n] y
Selecting previously unselected package liberror-perl.
```

③. 젠킨스 쿠버네티스 매니페스트 파일 다운로드

- git clone https://github.com/scriptcamp/kubernetes-jenkins

```
master - csw@master: ~/jenkins - Xshell 7 (Free for Home/School)
csw@master:~$ pwd
/home/csw
csw@master:~$ mkdir jenkins
csw@master:~$ cd jenkins
csw@master:~/jenkins$ git clone https://github.com/scriptcamp/kubernetes-jenkins
'kubernetes-jenkins'에 복제합니다...
remote: Enumerating objects: 16, done.
remote: Counting objects: 100% (7/7), done.
remote: Compressing objects: 100% (7/7), done.
remote: Total 16 (delta 1), reused 0 (delta 0), pack-reused 9 (from 1)
오브젝트를 받는 중: 100% (16/16), 완료.
델타를 알아내는 중: 100% (1/1), 완료.
csw@master:~/jenkins$ ls
kubernetes-jenkins
csw@master:~/jenkins$ ls kubernetes-jenkins/
README.md        namespace.yaml  serviceAccount.yaml
deployment.yaml  service.yaml    volume.yaml
csw@master:~/jenkins$
```

- 네임스페이스, 서비스계정, 디플로이, 서비스, 볼륨 등 파일 다운로드 확인

④. 젠킨스 네임스페이스 생성

- kubectl apply -f kubernetes-jenkins/namespace.yaml

```
csw@master:~/jenkins$ cat kubernetes-jenkins/namespace.yaml
apiVersion: v1
kind: Namespace
metadata:
  name: devops-tools
csw@master:~/jenkins$ kubectl apply -f kubernetes-jenkins/namespace.yaml
namespace/devops-tools created
csw@master:~/jenkins$ kubectl get ns
NAME               STATUS   AGE
calico-apiserver   Active   54d
calico-system      Active   54d
default            Active   54d
devops-tools       Active   10s
kube-node-lease    Active   54d
kube-public        Active   54d
kube-system        Active   54d
tigera-operator    Active   54d
csw@master:~/jenkins$
```

- 네임스페이스 devops-tools 생성 확인

⑤. 서비스 계정 생성

- serviceAccount.yaml 파일 사용

```
csw@master:~/jenkins$ cd kubernetes-jenkins/
csw@master:~/jenkins/kubernetes-jenkins$ cat serviceAccount.yaml
---
apiVersion: rbac.authorization.k8s.io/v1
kind: ClusterRole
metadata:
  name: jenkins-admin
rules:
  - apiGroups: [""]
    resources: ["*"]
    verbs: ["*"]

---
apiVersion: v1
kind: ServiceAccount
metadata:
  name: jenkins-admin
  namespace: devops-tools

---
apiVersion: rbac.authorization.k8s.io/v1
kind: ClusterRoleBinding
metadata:
  name: jenkins-admin
roleRef:
  apiGroup: rbac.authorization.k8s.io
  kind: ClusterRole
  name: jenkins-admin
subjects:
- kind: ServiceAccount
  name: jenkins-admin
csw@master:~/jenkins/kubernetes-jenkins$
```

- 'jenkins-admin' 클러스터 역할을 'jenkins-admin' 서비스 계정에 바인딩
- 클러스터 내 모든 API 그룹([""])의 모든 리소스(["*"])에 대해 모든 작업(["*"]) 가능
- kubectl apply -f serviceAccount.yaml

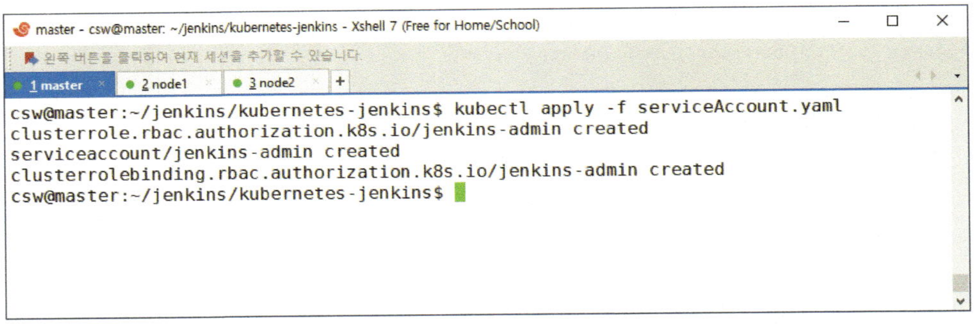

- 클러스터롤, 서비스어카운트, 클러스터롤바인딩 생성 확인

⑥. 로컬 영구 볼륨 생성

- volume.yaml 파일 사용

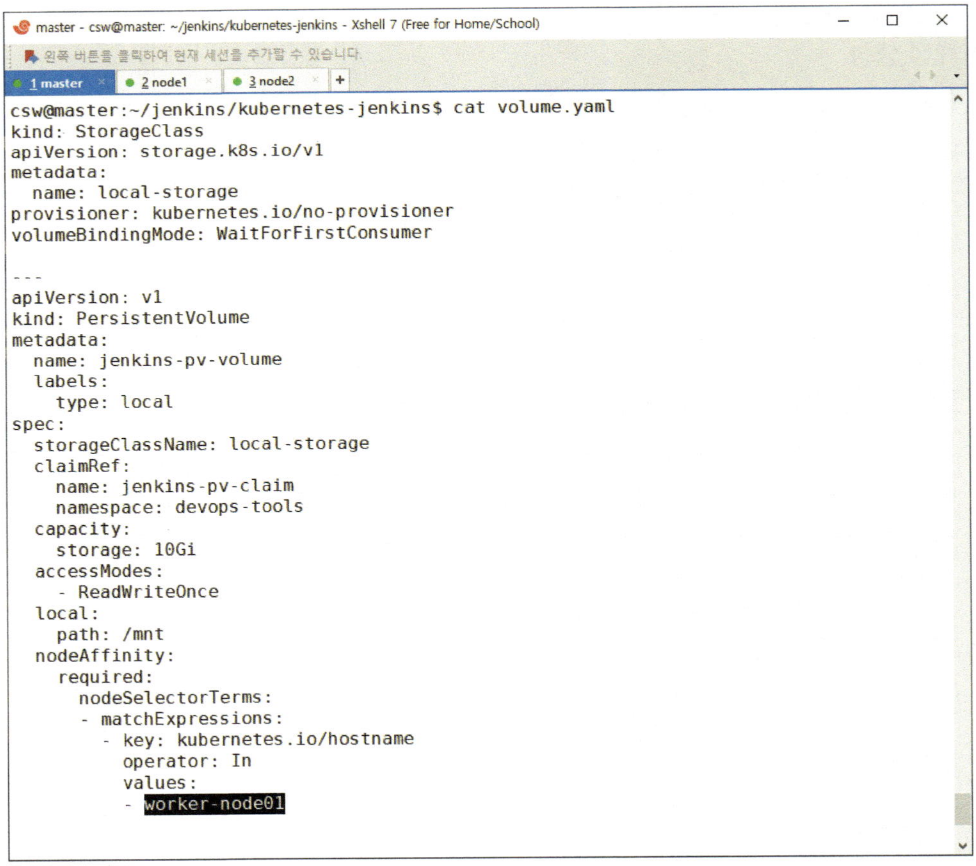

```
csw@master:~/jenkins/kubernetes-jenkins$ tail -13 volume.yaml
---
apiVersion: v1
kind: PersistentVolumeClaim
metadata:
  name: jenkins-pv-claim
  namespace: devops-tools
spec:
  storageClassName: local-storage
  accessModes:
    - ReadWriteOnce
  resources:
    requests:
      storage: 3Gicsw@master:~/jenkins/kubernetes-jenkins$
```

- 'local-storage'라는 스토리지 클래스 정의: 클러스터 내 특정 노드에만 존재
- provisioner: 자동으로 프로비저닝하지 않고, 존재하는 로컬 스토리지 사용
- 볼륨바인딩모드: 첫 번째 사용자가 해당 영구 볼륨(PV) 요청 때까지 대기
- 'jenkins-pv-volume'라는 PV 정의
- local-storage 사용하여 로컬 스토리지를 할당받음
- capacity: PV 용량 10GiB
- accessModes: 단일 노드에서 PV에 읽기/쓰기 접근 가능
- local.path: PV가 사용할 로컬 스토리지의 경로를 /mnt로 지정
- nodeAffinity: PV가 마운트될 노드 선택 조건 설정
- required: 필수 조건 설정
- nodeSelectorTerms: 노드 선택자 조건 지정
- matchExpressions: 일치 표현식 사용하여 노드 선택
- key: 노드 선택 키 지정, kubernetes.io/hostname를 사용하여 호스트 이름으로 선택 조건을 설정
- operator: 일치 연산자로 'In'을 사용하여 여러 값 비교
- values: 선택된 값들의 목록, 여기서는 worker-node01이라는 호스트 이름을 지정하여 해당 노드에만 PV가 바인딩될 수 있도록 지정함
- 본인 시스템 환경에 맞추어 'worker-node01' 수정 필요
- jenkins-pv-volume라는 PV를 생성하고, local-storage를 사용하여 /mnt 경로의 로컬 스토리지를 10GB 할당받으며, worker-node01이라는 호스트에서만 사용할 수 있도록 설정

- 'jenkins-pv-claim'라는 PVC 정의
- accessModes: PVC에 대한 접근 모드로 단일 노드에서 읽기/쓰기 접근 가능
- resources: PVC가 요청하는 리소스(스토리지)의 양 설정
- requests: 요청하는 리소스의 크기 지정
- storage: 스토리지 3GiB 요청
- jenkins-pv-claim라는 PVC를 생성하고, local-storage를 사용하여 3GB의 스토리지를 요청하며, 이 PVC는 이후 해당하는 PV와 바인딩되어 사용됨
- 디스크 여유가 있는 노드 확인
- df

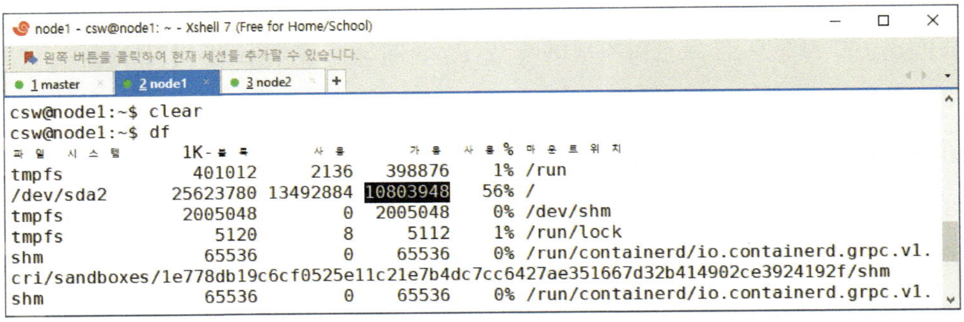

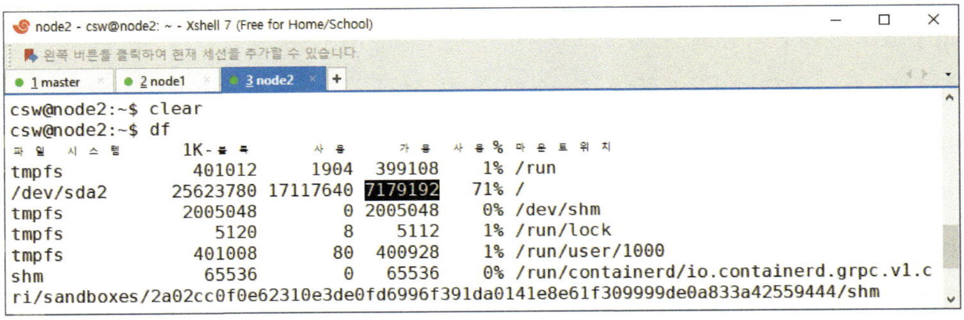

- 노드1의 가용 디스크: 약 10GB
- 로컬 스토리지 노드로 노드1 선택

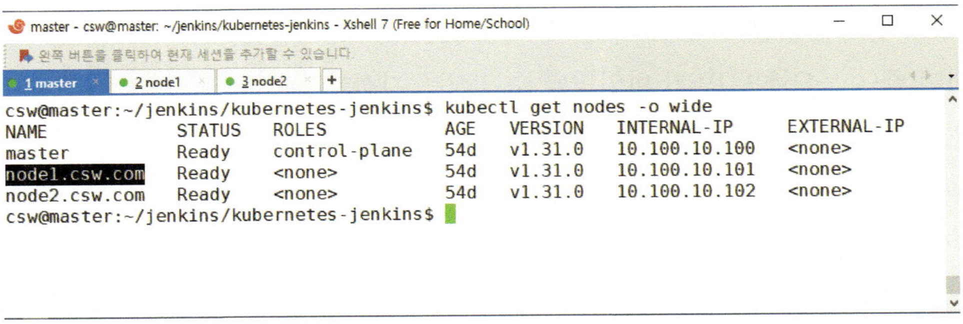

- volume.yaml 파일의 노드명 변경을 위해 노드1 네임 확인
- 노드1 호스트 네임 확인: node1.csw.com
- value.yaml 파일에서 'worker-node01'를 'node1.csw.com'로 수정

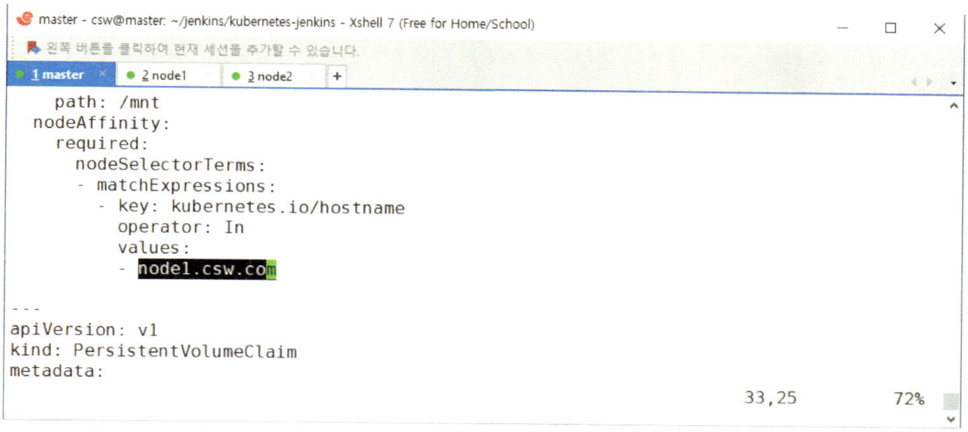

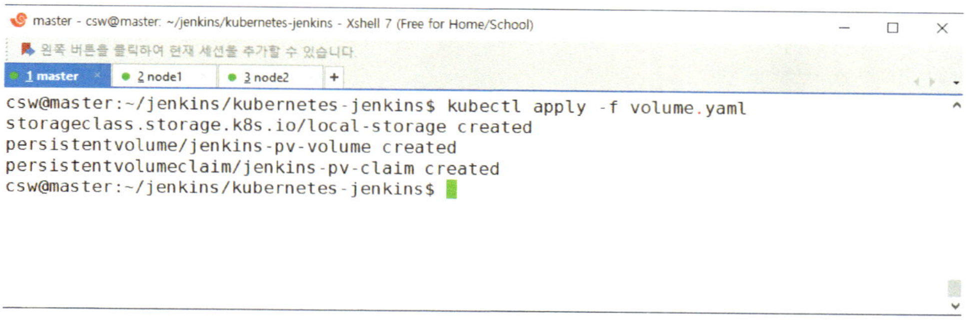

- 로컬 스토리지 생성
- 로컬 스토리지에 영구 볼륨 생성
- 로컬 스토리지에 영구 볼륨 요청 생성

⑦. 디플로이 생성

- deployment.yaml 사용: 파드 내 컨테이너에서 젠킨스 앱 서버 실행

```
csw@master:~/jenkins/kubernetes-jenkins$ cat deployment.yaml
apiVersion: apps/v1
kind: Deployment
metadata:
  name: jenkins
  namespace: devops-tools
spec:
  replicas: 1
  selector:
    matchLabels:
      app: jenkins-server
  template:
    metadata:
      labels:
        app: jenkins-server
    spec:
      securityContext:
            fsGroup: 1000
            runAsUser: 1000
      serviceAccountName: jenkins-admin
      containers:
        - name: jenkins
          image: jenkins/jenkins:lts
          resources:
            limits:
              memory: "2Gi"
              cpu: "1000m"
            requests:
              memory: "500Mi"
              cpu: "500m"
          ports:
            - name: httpport
              containerPort: 8080
            - name: jnlpport
              containerPort: 50000
          livenessProbe:
```

- metadata: jenkins 디플로이 정의, devops-tools 네임스페이스 소속
- replicas: 디플로이가 관리할 파드의 수를 1개로 설정
- matchLabels: 관리 대상 파드의 레이블을 app: jenkins-server로 설정
- template: 생성될 파드의 템플릿 정의 섹션
- securityContext: 파드 내 컨테이너가 어떤 권한으로 실행될지 보안 정의
- fsGroup 1000: 1000번 그룹의 권한으로 파일 시스템에 접근하도록 설정
- runAsUser 1000: 1000번 사용자의 권한으로 실행되도록 지정
- 파드 내 컨테이너가 1000번 사용자 및 1000번 그룹의 권한으로만 실행 제한
- 관례적으로 일반 사용자의 기본 ID는 1000번 할당
- 따라서 1000번을 사용하면 일반 사용자와 동일한 권한으로 컨테이너 실행함
- 파드 내에 jenkins라는 컨테이너 생성

- image: 컨테이너 이미지를 도커 허브 제공 jenkins/jenkins:lts 이미지로 지정
- limits: 최대 메모리는 2Gi, CPU는 1000m (즉, 1 CPU)로 설정
- requests: 최소 메모리는 500Mi, CPU는 500m (즉, 0.5 CPU)로 설정
- ports: 컨테이너가 노출할 포트 정의
- name: httpport(주로 사용, 웹)와 jnlpport(서버-클라이언트 방식) 포트 노출
- containerPort: 컨테이너 내부에서 사용할 포트 번호를 지정

```
        livenessProbe:
          httpGet:
            path: "/login"
            port: 8080
          initialDelaySeconds: 90
          periodSeconds: 10
          timeoutSeconds: 5
          failureThreshold: 5
        readinessProbe:
          httpGet:
            path: "/login"
            port: 8080
          initialDelaySeconds: 60
          periodSeconds: 10
          timeoutSeconds: 5
          failureThreshold: 3
        volumeMounts:
          - name: jenkins-data
            mountPath: /var/jenkins_home
    volumes:
      - name: jenkins-data
        persistentVolumeClaim:
            claimName: jenkins-pv-claimcsw@master:~/jenkins/kubernetes-jenkins$
```

- livenessProbe: 컨테이너의 상태 확인
- readinessProbe: 컨테이너의 준비 상태 확인
- volumeMounts: 컨테이너에 마운트할 볼륨 정의
- name: 볼륨의 이름 jenkins-data로 정의
- mountPath: 볼륨이 마운트될 경로를 /var/jenkins_home로 지정
- volumes: 파드에서 사용할 볼륨 정의
- name: 볼륨의 이름을 jenkins-data로 정의
- persistentVolumeClaim: PVC를 참조하여 볼륨 정의
- claimName: 사용할 PVC의 이름을 jenkins-pv-claim로 지정
- jenkins 디플로이를 생성하며,
- 젠킨스 애플리케이션을 실행하기 위해 필요한 컨테이너와 리소스를 정의하고,

jenkins-data PVC를 통해 데이터를 저장하기 위한 볼륨을 마운트

- kubectl apply -f deployment.yaml
- kubectl get deployments -n devops-tools
- kubectl describe deployments --namespace=devops-tools

```
csw@master:~/jenkins/kubernetes-jenkins$ kubectl apply -f deployment.yaml
deployment.apps/jenkins created
csw@master:~/jenkins/kubernetes-jenkins$ kubectl get deploy -n devops-tools
NAME      READY   UP-TO-DATE   AVAILABLE   AGE
jenkins   0/1     1            0           61s
csw@master:~/jenkins/kubernetes-jenkins$ kubectl get deploy -n devops-tools
NAME      READY   UP-TO-DATE   AVAILABLE   AGE
jenkins   1/1     1            1           107s
csw@master:~/jenkins/kubernetes-jenkins$ kubectl describe deploy jenkins -n devops-tools
Name:                   jenkins
Namespace:              devops-tools
CreationTimestamp:      Wed, 23 Oct 2024 12:29:40 +0900
Labels:                 <none>
Annotations:            deployment.kubernetes.io/revision: 1
Selector:               app=jenkins-server
Replicas:               1 desired | 1 updated | 1 total | 1 available | 0 unavailable
StrategyType:           RollingUpdate
MinReadySeconds:        0
RollingUpdateStrategy:  25% max unavailable, 25% max surge
Pod Template:
  Labels:           app=jenkins-server
  Service Account:  jenkins-admin
  Containers:
   jenkins:
    Image:       jenkins/jenkins:lts
    Ports:       8080/TCP, 50000/TCP
    Host Ports:  0/TCP, 0/TCP
    Limits:
      cpu:     1
      memory:  2Gi
    Requests:
      cpu:        500m
      memory:     500Mi
    Liveness:     http-get http://:8080/login delay=90s timeout=5s period=10s #success=1 #failure=5
    Readiness:    http-get http://:8080/login delay=60s timeout=5s period=10s #success=1 #failure=3
    Environment:  <none>
    Mounts:
      /var/jenkins_home from jenkins-data (rw)
  Volumes:
   jenkins-data:
```

- 디플로이 적용 후 일정 시간 지나서 레플리카 1개 준비됨
- jenkins 디플로이가 devops-tools 네임스페이스에 생성됨
- app=jenkins-server라는 레이블의 파드가 1개 복제되었고,
- 이 파드 내에 jenkins/jenkins:lts 이미지 기반의 컨테이너가 생성됨
- 컨테이너는 8080 포트와 50000 포트를 공개함
- 클러스터 내에서 8080 포트를 사용하여 젠킨스 서버에 접근 가능

⑧. 서비스 생성

- service.yaml 사용: jenkins-server 젠킨스 팟을 관리하는 서비스 생성

```
csw@master:~/jenkins/kubernetes-jenkins$ cat service.yaml
apiVersion: v1
kind: Service
metadata:
  name: jenkins-service
  namespace: devops-tools
  annotations:
      prometheus.io/scrape: 'true'
      prometheus.io/path:   /
      prometheus.io/port:   '8080'
spec:
  selector:
    app: jenkins-server
  type: NodePort
  ports:
    - port: 8080
      targetPort: 8080
      nodePort: 32000csw@master:~/jenkins/kubernetes-jenkins$
```

- devops-tools 네임스페이스에 jenkins-service 서비스 생성
- 프로메테우스 모니터링을 위한 어노테이션 설정
- prometheus.io/scrape: 해당 서비스를 프로메테우스 스크래핑 대상으로 지정
- prometheus.io/path: 프로메테우스가 데이터를 가져올 경로로 '/'를 지정
- prometheus.io.port: 프로메테우스가 데이터를 가져올 포트로 8080 지정
- selector: 서비스가 관리할 팟의 라벨을 "app: jenkins-server"로 선택
- type: 서비스 타입을 NodePort로 지정하여 서비스 포트를
- 노드의 특정 포트에 매핑하여 외부에서 직접 접근할 수 있도록 설정
- ports: 서비스 포트 정의
- port: 서비스 내부의 포트 번호로 젠킨스 서버가 노출하는 8080 포트 사용
- targetPort: 팟 내부의 컨테이너에서 서비스를 제공하는 포트 번호(8080)
- nodePort: 노드에서 서비스에 접근하기 위한 포트 번호로 32000번 설정
- 젠킨스 서비스 생성: jenkins-server라는 젠킨스 팟 관리 서비스 생성
- 노드 포트 노출: 젠킨스 서비스를 노드 포트 32000에 노출시켜 외부 접근 허용
- 프로메테우스 모니터링: 프로메테우스를 사용하여 젠킨스 서비스 모니터링
- 노드 IP 주소와 32000번 포트를 통해 브라우저에서 젠킨스 서비스 접속
- http://노드IP주소:32000

- vi service.yaml 수정

```
csw@master:~/jenkins/kubernetes-jenkins$ cat service.yaml
apiVersion: v1
kind: Service
metadata:
  name: jenkins-service
  namespace: devops-tools
  annotations:
      prometheus.io/scrape: 'true'
      prometheus.io/path:   /
      prometheus.io/port:   '8080'
spec:
  selector:
    app: jenkins-server
  type: NodePort
  ports:
    - port: 8080
      name: httpport
      targetPort: 8080
      nodePort: 32000
    - port: 50000
      name: jnlpport
      targetPort: 50000
      nodePort: 32001

csw@master:~/jenkins/kubernetes-jenkins$
```

- 디플로이의 ports에 맞추어 name: httpport 추가
- 디플로이의 jnlpport 정의에 맞추어 서비스 포트 50000번 정의 추가
- jnlpport의 경우 노드 포트 번호로 32001 지정
- kubectl apply -f service.yaml

```
csw@master:~/jenkins/kubernetes-jenkins$ kubectl apply -f service.yaml
service/jenkins-service created
csw@master:~/jenkins/kubernetes-jenkins$
```

- 젠킨스 서비스 배포

21.2.3 젠킨스 서비스 접속

①. 젠킨스 파드 및 admin 암호 확인

```
csw@master:~/jenkins/kubernetes-jenkins$ kubectl get pod -n devops-tools
NAME                       READY   STATUS    RESTARTS   AGE
jenkins-6846f7864d-5dl97   1/1     Running   0          20m
csw@master:~/jenkins/kubernetes-jenkins$ kubectl logs jenkins-6846f7864d-5dl97 -n devops-tools
Running from: /usr/share/jenkins/jenkins.war
webroot: /var/jenkins_home/war
2024-10-23 03:30:02.635+0000 [id=1]     INFO    winstone.Logger#logInternal: Beginning extractio
2024-10-23 03:30:04.332+0000 [id=1]     WARNING o.e.j.s.handler.ContextHandler#setContextPath: E
2024-10-23 03:30:04.453+0000 [id=1]     INFO    org.eclipse.jetty.server.Server#doStart: jetty-1
5bcc03; jvm 17.0.12+7
2024-10-23 03:30:05.046+0000 [id=1]     INFO    o.e.j.w.StandardDescriptorProcessor#visitServlet
2024-10-23 03:30:05.144+0000 [id=1]     INFO    o.e.j.s.s.DefaultSessionIdManager#doStart: Sessi
2024-10-23 03:30:06.311+0000 [id=1]     INFO    hudson.WebAppMain#contextInitialized: Jenkins ho
E")
2024-10-23 03:30:06.654+0000 [id=1]     INFO    o.e.j.s.handler.ContextHandler#doStart: Started
kins_home/war}
2024-10-23 03:30:06.735+0000 [id=1]     INFO    o.e.j.server.AbstractConnector#doStart: Started
2024-10-23 03:30:06.759+0000 [id=1]     INFO    org.eclipse.jetty.server.Server#doStart: Started
2024-10-23 03:30:06.800+0000 [id=25]    INFO    winstone.Logger#logInternal: Winstone Servlet En
2024-10-23 03:30:07.331+0000 [id=32]    INFO    jenkins.InitReactorRunner$1#onAttained: Started
2024-10-23 03:30:07.356+0000 [id=32]    INFO    jenkins.InitReactorRunner$1#onAttained: Listed a
2024-10-23 03:30:09.750+0000 [id=32]    INFO    jenkins.InitReactorRunner$1#onAttained: Prepared
2024-10-23 03:30:09.754+0000 [id=32]    INFO    jenkins.InitReactorRunner$1#onAttained: Started
2024-10-23 03:30:09.804+0000 [id=32]    INFO    jenkins.InitReactorRunner$1#onAttained: Augmente
2024-10-23 03:30:10.445+0000 [id=31]    INFO    jenkins.InitReactorRunner$1#onAttained: System c
2024-10-23 03:30:10.447+0000 [id=32]    INFO    jenkins.InitReactorRunner$1#onAttained: System c
2024-10-23 03:30:10.447+0000 [id=32]    INFO    jenkins.InitReactorRunner$1#onAttained: Loaded a
2024-10-23 03:30:10.452+0000 [id=31]    INFO    jenkins.InitReactorRunner$1#onAttained: Configur
2024-10-23 03:30:10.628+0000 [id=45]    INFO    hudson.util.Retrier#start: Attempt #1 to do the
2024-10-23 03:30:11.844+0000 [id=31]    INFO    jenkins.install.SetupWizard#init:

*************************************************************
*************************************************************
*************************************************************

Jenkins initial setup is required. An admin user has been created and a password generated.
Please use the following password to proceed to installation:

a13addfb691e497abcb9ae07cc59994d
```

- kubectl get pods -n devops-tools
- 배포된 젠킨스 파드 확인
- 이름: jenkins-6846f7864d-5dl97
- kubectl logs jenkins-6846f7864d-5dl97 -n devops-tools
- jenkins-6846f7864d-5dl97라는 젠킨스 파드의 로그 출력
- 로그 하단부에 젠킨스 초기 설정에 필요한 admin 사용자의 암호 확인
- 해당 암호를 복사 및 저장
- 웹에서 젠킨스 초기 설정

②. 웹 브라우저(http) 통해 젠킨스 서비스 접속

- kubectl describe pods -n devops-tools: 파드 실행 노드 확인

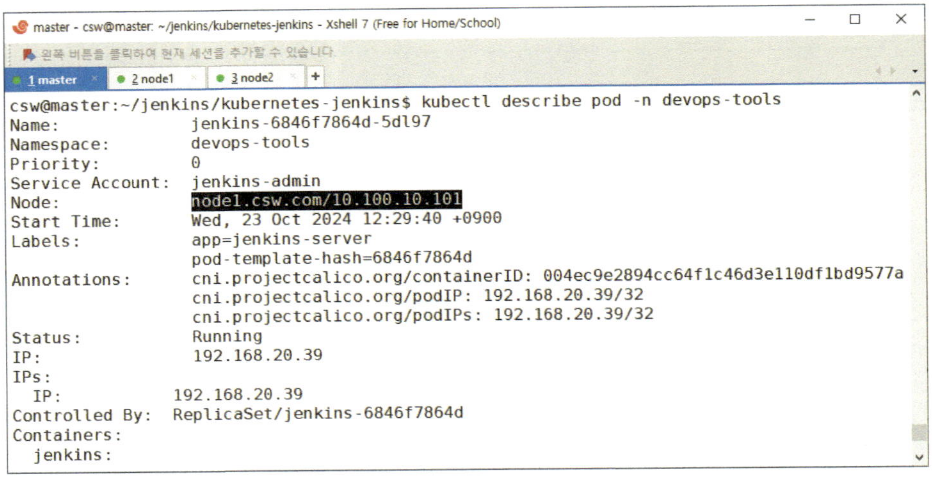

- 이 경우 노드1에서 실행중이며 IP 주소가 10.100.10.101임

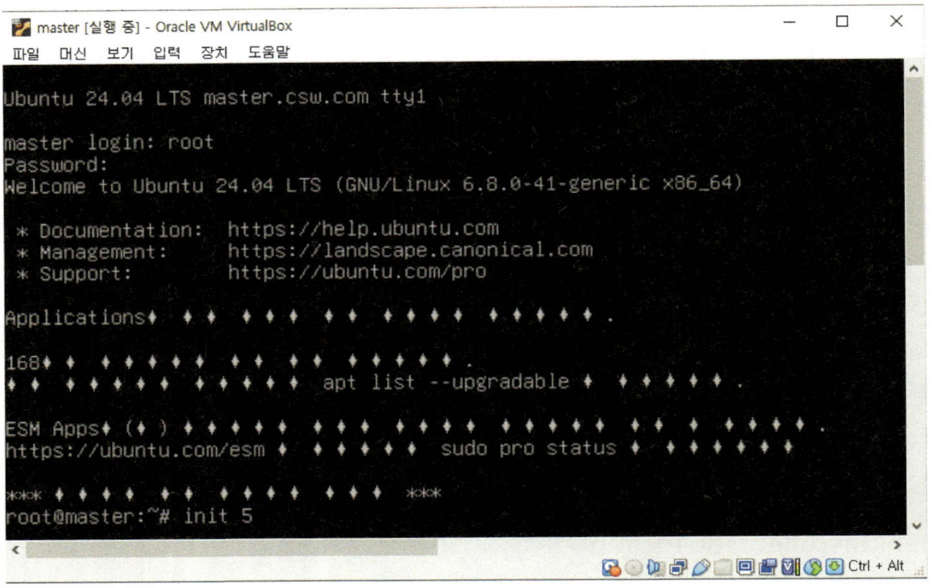

- 쿠버네티스 마스터 노드를 그래픽 모드로 부팅
- root로 로그인(암호 csw1234)
- init 5 후 csw 사용자로 로그인

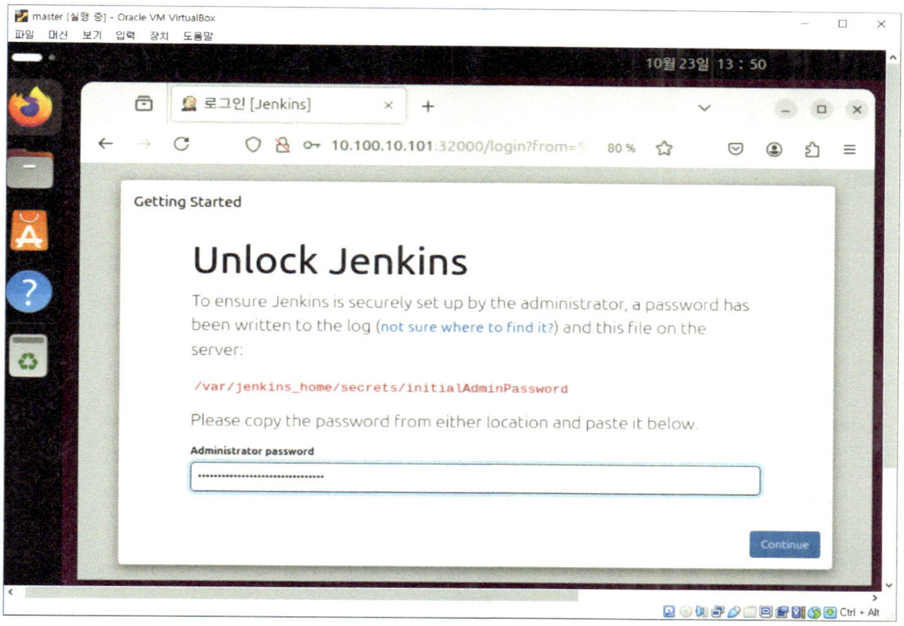

- 파이어폭스 실행 후 http://10.100.10.101:32000으로 젠킨스 서비스에 접속
- 젠킨스 설치 후 처음 접속 시 젠킨스 보안 초기 설정 요구 화면 나타남
- 저장해 두었던 젠킨스 admin 암호 입력하여 젠킨스 잠금 해제

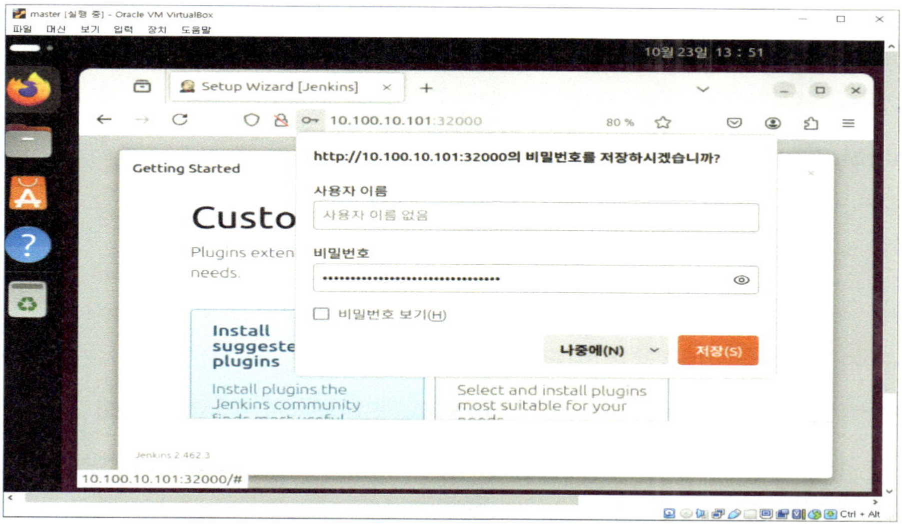

- 저장

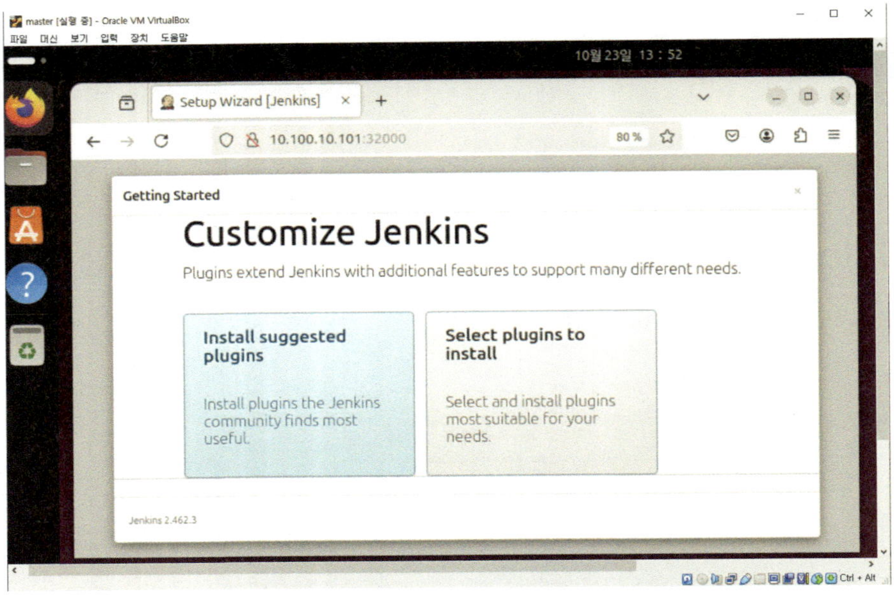

- 젠킨스 초기 설정 화면: 젠킨스를 사용자 환경에 맞게 초기 설정하는 단계
- 두 개 옵션 나타남
- Install suggested plugins:
- 젠킨스 커뮤니티에서 애용되고, 일반적으로 필요한 필수 플러그인들 자동 설치
- 기본적인 빌드, 테스트, 배포 기능을 위한 필수적인 플러그인들이 포함
- 약 1GB 정도 스토리지면 충분
- Select plugins to install:
- 설치할 플러그인 직접 선택
- 프로젝트의 특성이나 요구사항에 따라 필요한 플러그인만 선택하여 설치
- 예를 들어, 특정 버전 관리 시스템(Git, SVN 등)과 연동하기 위한 플러그인, 특정 빌드 도구(Maven, Gradle 등)와 연동하기 위한 플러그인 등 선택
- 처음 젠킨스를 사용하는 경우 Install suggested plugins를 선택하여 기본적인 플러그인을 설치하고, 이후 필요에 따라 추가적인 플러그인을 설치하는 것이 일반적임

- 'Install suggested plugins' 클릭

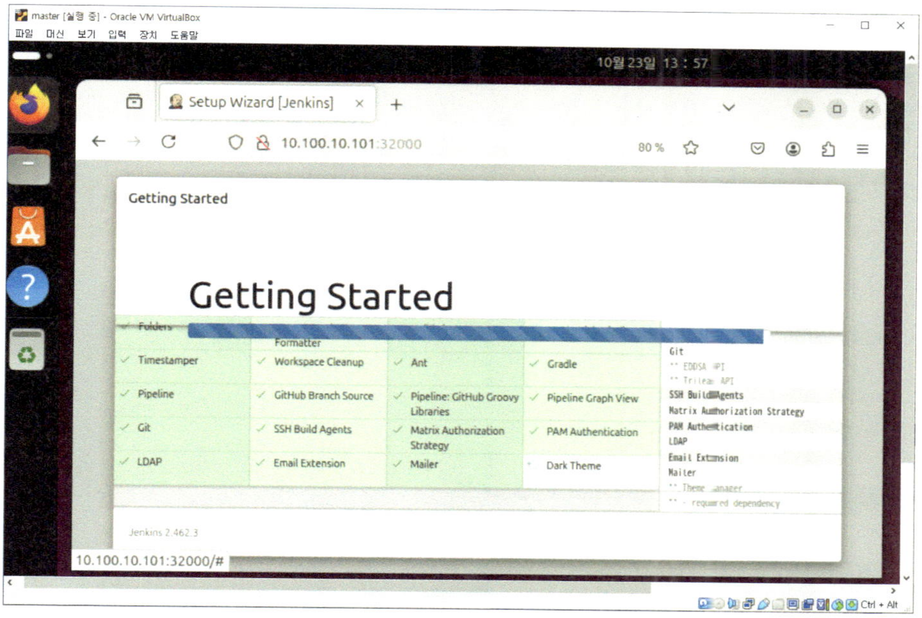

- 자동 설치되는 주요 플러그인 종류 및 기능
- 버전 관리 시스템 연동 플러그인: 분산 버전 관리 시스템인 Git
- 빌드 도구 통합 플러그인: Java 프로젝트 빌드 도구인 Maven
- 배포 플러그인: 컨테이너 환경에 애플리케이션을 배포하는 Deploy to container
- 플러그인 관리 플러그인: 젠킨스의 사용자 인터페이스 Blue Ocean
- 기타 플러그인:
- Email-ext: 빌드 결과를 이메일로 알림하는 기능을 제공
- JUnit Plugin: JUnit 테스트 결과를 분석하고 표시하는 기능을 제공

③. 최초 관리자 계정 생성

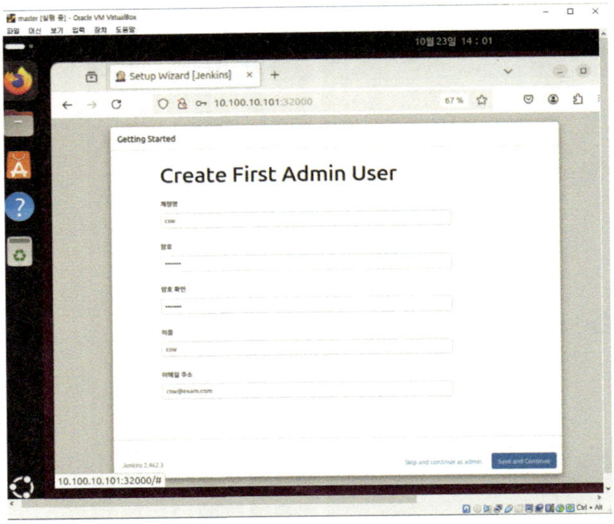

- 계정명: csw
- 암호: csw1234
- 암호 확인: csw1234
- 이름: csw
- 이메일 주소: csw@exam.com
- 저장하고 계속

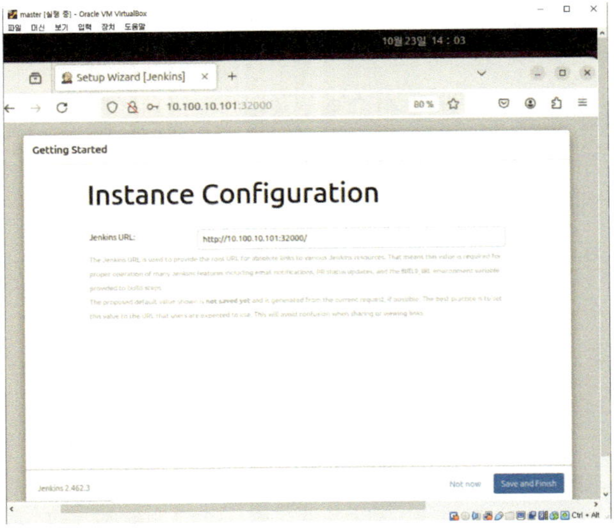

④. 젠킨스 인스턴스 초기 설정

- 젠킨스 URL: 젠킨스 접속 주소 자동 설정됨
- 저장하고 계속

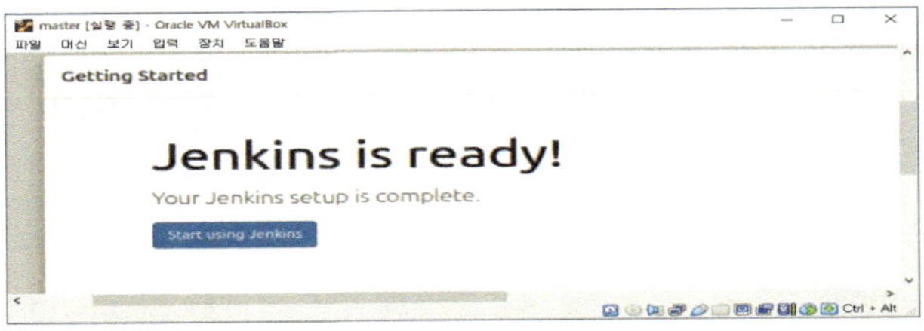

- 젠킨스 설정 완료
- 'Start using Jenkins' 클릭

⑤. **젠킨스 대시보드**

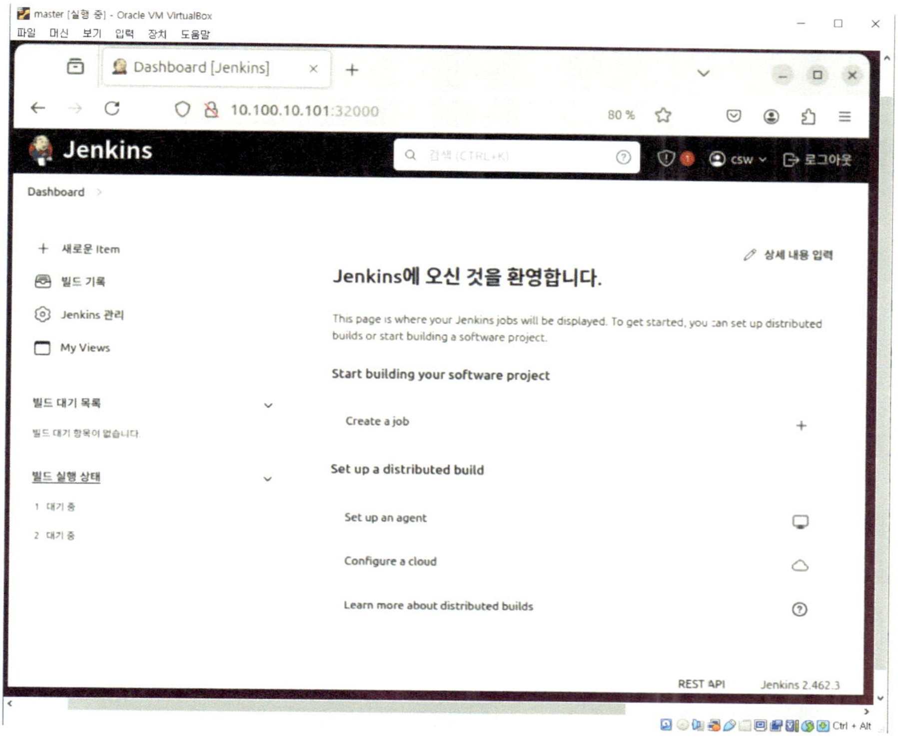

- 젠킨스 설치 성공적 완료 확인
- 설치된 플러그인 기반으로 기본적인 기능 사용 가능
- Git 저장소와 연동하여 프로젝트 관리
- 파이프라인 생성하여 빌드 및 배포 작동 자동화 등
- 젠킨스 기능 확장에 필요한 플러그인 추가 설치 가능
- 젠킨스 URL 등 젠킨스 기본 설정 변경 가능
- 마스터 그래픽 대시보드 유지

21.3 CI 빌드 구현

Chapter 21. 젠킨스(Jenkins)

21.3.1 요구사항

- Git 저장소와 젠킨스 연동

항목	설정
깃허브 웹훅 설정	- 노드1에 ngrok 설치 - ngrok 계정 생성 - 젠킨스(노드1 32000 포트)의 공공 URL 주소 획득 - 외부에서 젠킨스 서비스 접속 확인 - 깃허브에 웹훅을 위한 저장소 생성 - 저장소 정보: 이름, 공개 여부, 라이선스 등 - 저장소 웹훅 설정 - 저장소 웹훅 Payload URL에 젠킨스 URL 등록
젠킨스 잡 설정	- 새로운 잡 생성: Freestyle project - 잡 소스 코드 관리 설정: 깃허브 저장소 연동 - 잡 빌드 트리거 설정: 깃허브 훅 트리거 방식
CI 테스트	- 깃허브 저장소 업데이트 - 젠킨스 작업 빌드 확인

21.3.2 깃허브 웹훅 설정하기

①. **노드1 그래픽 모드 부팅 후 ngrok 사이트에 접속**

- 깃허브를 젠킨스에 인터넷 통해 연결하기 위해
- 젠킨스가 실행 중인 노드1의 공공 URL 필요

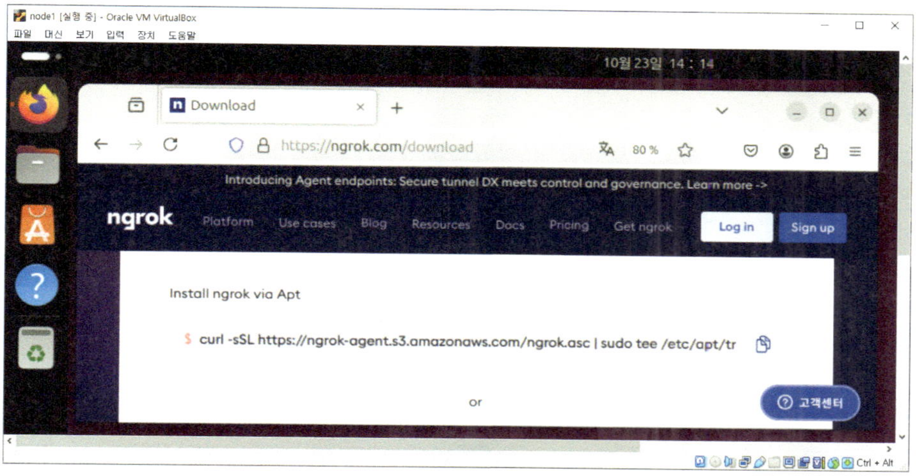

- 노드1에 root로 로그인 후 그래픽 모드로 부팅(init 5)
- csw 사용자로 로그인 후 파이어폭스 실행
- ngrok 사이트에 접속 후 Linux 선택
- 'Install ngrok via Apt' 명령 복사

②. ngrok 설치

- 노드1의 임시 공공 URL 취득 목적

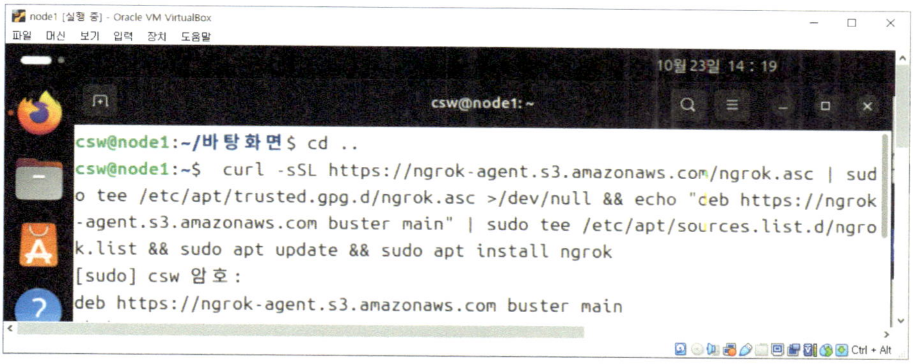

- 터미널 열어서 복사한 명령 붙여넣고 실행

③. ngrok 계정 생성

- 인증 토큰 발급 목적

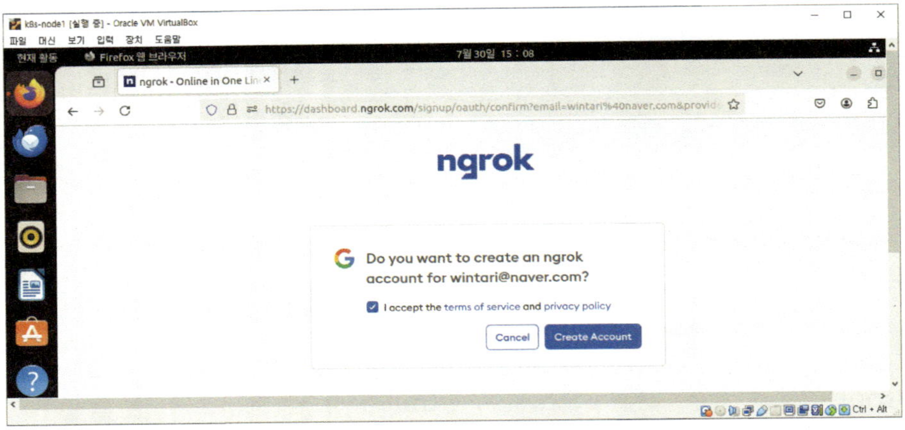

- 구글 계정으로 로그인
- 저작권 동의 후 계정 생성 선택

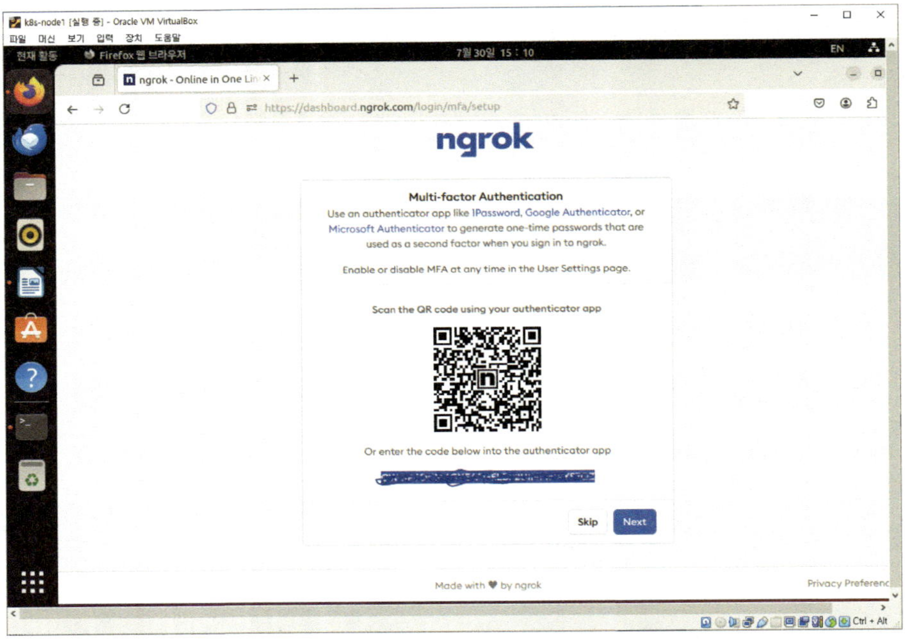

- 다단계 인증: 비밀번호 외에 추가 인증 단계 필요
- 'Skip'해도 계정 생성됨(이후 로그인하여 인증 토큰 사용 가능)

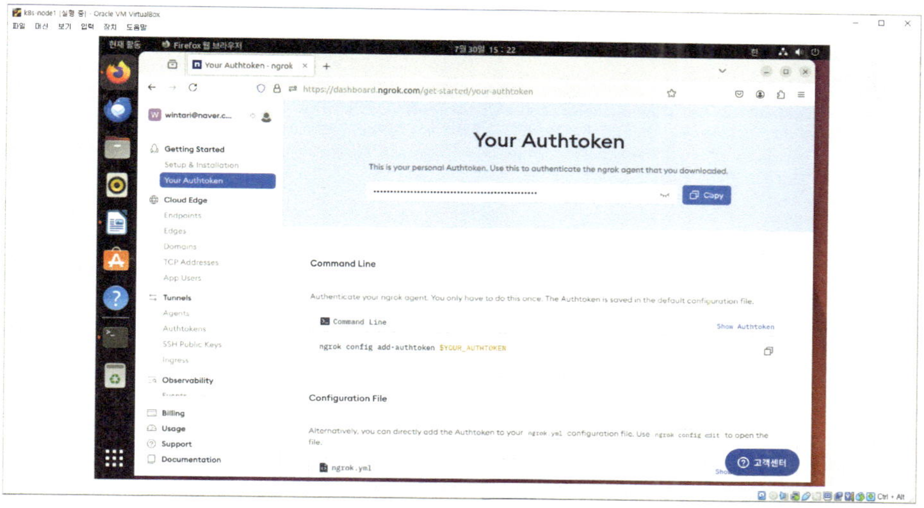

- 좌측 'Your Authtoken' 클릭
- 중앙 'Your Authtoken' 아래의 인증 토큰 복사 후 저장
- 중앙 'Command Line' 명령 복사: ngrok config add-authtoken $~~~

④. **노드1 32000 포트의 공공 URL 획득**

- 노드1에서 터미널 열고
- 복사한 'Command Line' 명령 붙여넣고
- 인증 토큰 복사

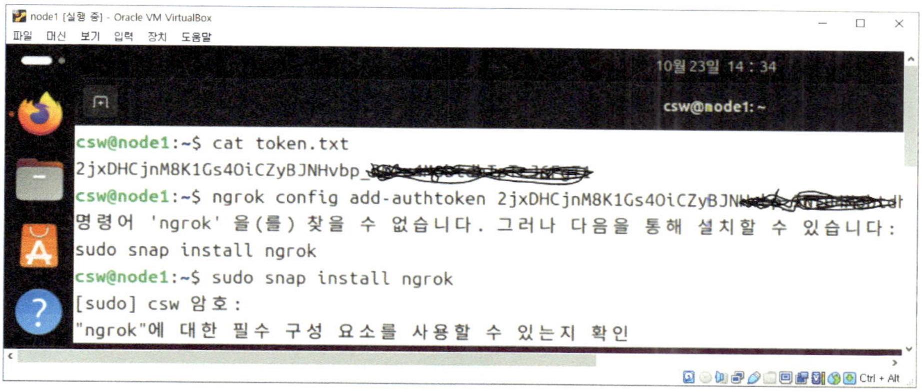

- ngrok 설치 후
- 다시 ngrok config 명령 수행

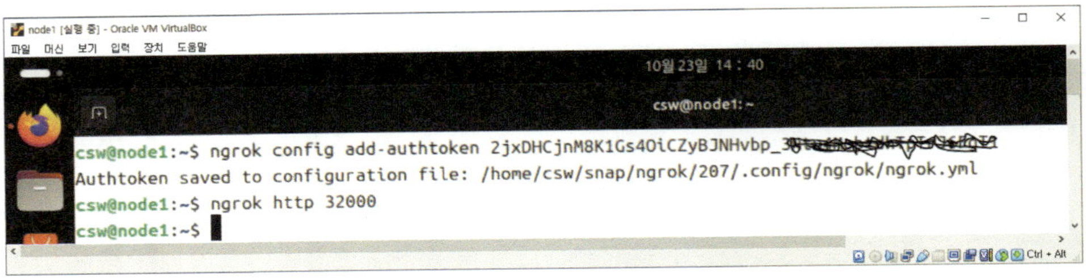

- ngrok config add-authtoken 인증토큰: ngrok 서비스 이용에 필요한 인증 토큰 등록
- ngrok http 32000: 노드1 32000 포트의 공공 URL 생성

- 임시 공공 URL 성공적으로 생성됨
- Forwarding 임시 공공 URL 주소: https://7~~~~~.free.app
- 공공 URL 복사
- ngrok 창 유지

⑤. 외부에서 젠킨스 서비스 접속 확인

- ngrok이 제공한 공공 URL 통해 젠킨스 서비스 접속

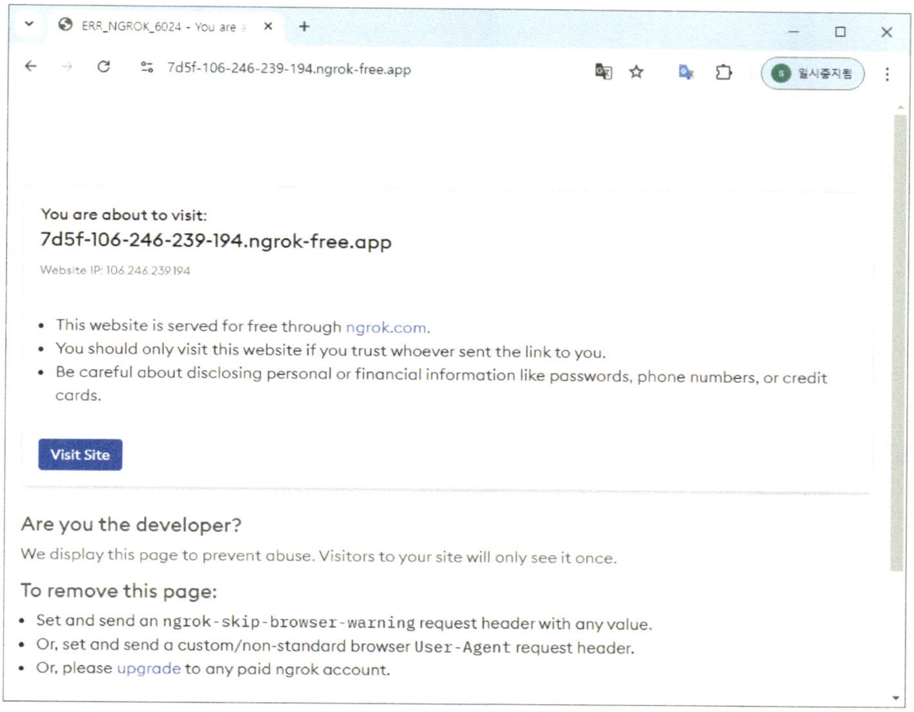

- 윈도우즈 브라우저 주소 창에 공공 URL 붙여넣기
- 'Visit Site' 클릭

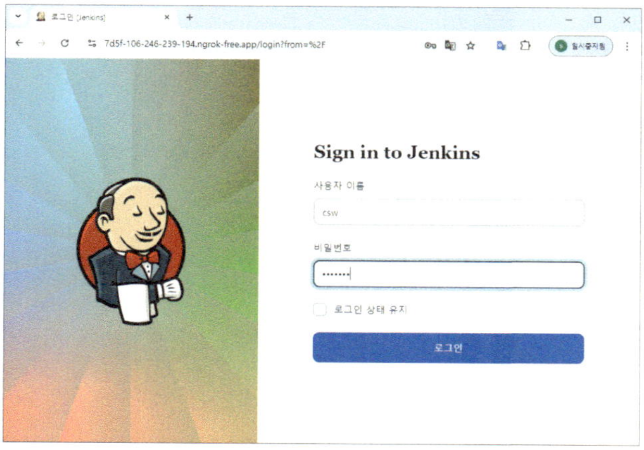

- 외부에서 젠킨스 서비스에 성공적으로 접속됨
- 사용자 이름: csw
- 비밀번호: csw1234
- 로그인

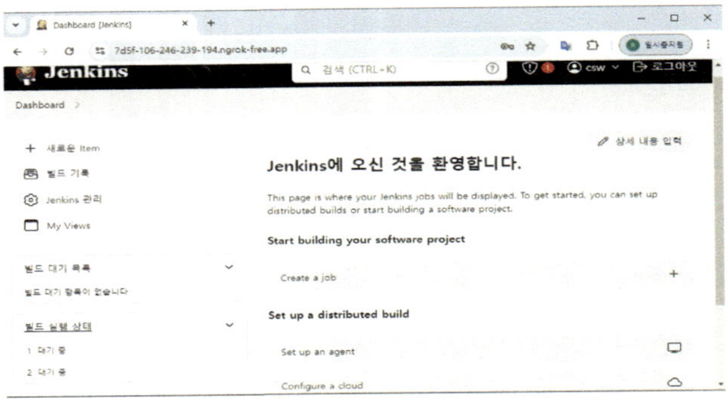

- 공공 URL 통해 외부에서 젠킨스에 접속 성공함

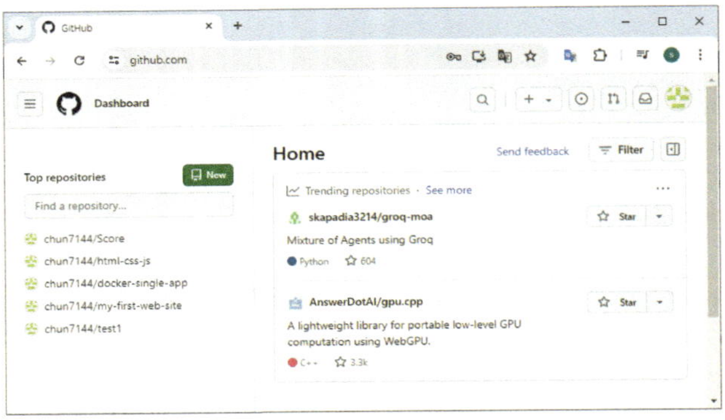

⑥. **깃허브에 웹훅을 위한 새 저장소 생성**

- 깃허브에 로그인
- 'New': 새 프로젝트를 위한 깃허브 저장소 생성

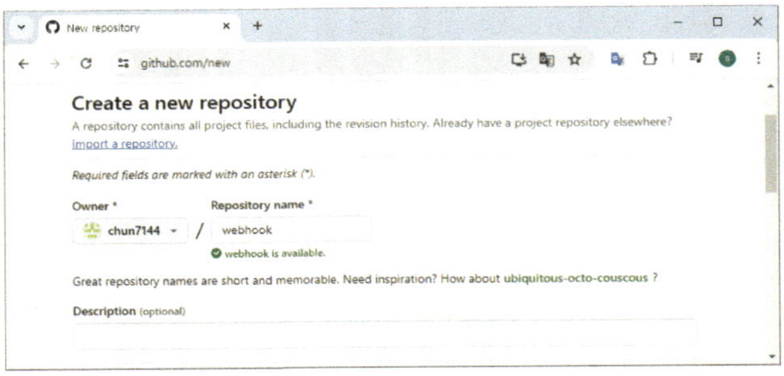

⑦. **저장소 설정**

- 새 저장소 이름: webhook

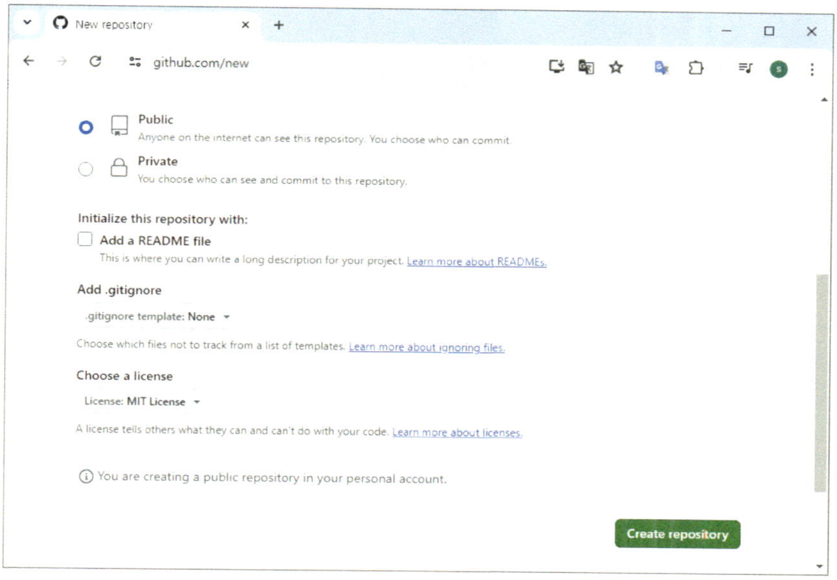

- 새 저장소 공개: Public
- MIT 라이선스 선택: 일반적이고, 상업적 이용도 가능, 수정 및 재배포 자유
- 저장소 생성 선택

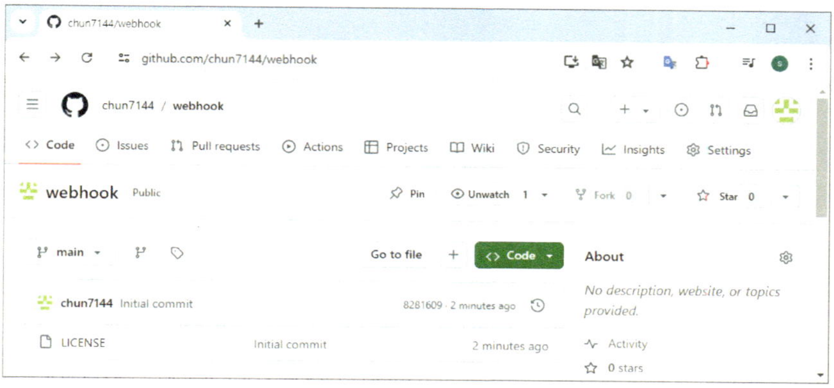

- main 브랜치에 webhook 저장소 생성됨

⑧. webhook 저장소의 코드 및 자동화 설정

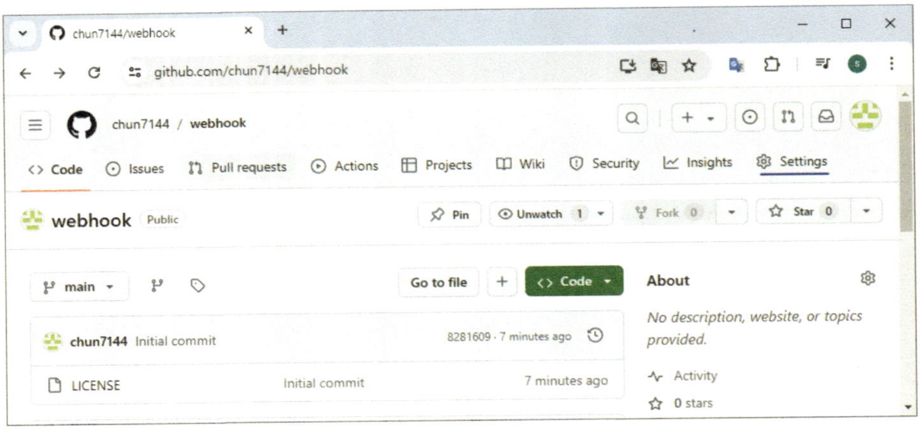

- webhook 저장소에서 상단 우측의 'Settings' 선택

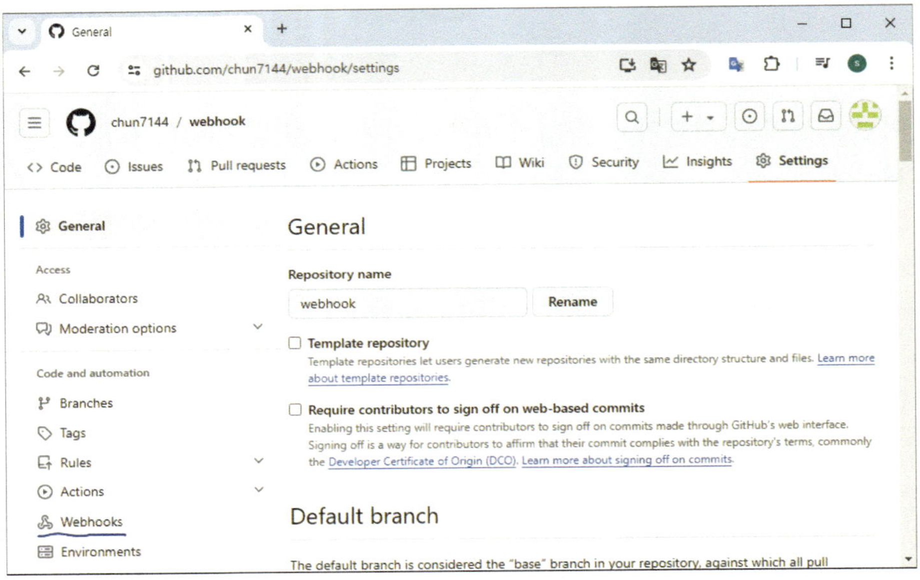

- 'Code and automation'에서 Webhooks 선택
- Webhooks: 깃허브 저장소에 발생하는 일들을 다른 서비스에 실시간 통보
-

⑨. 웹훅 설정

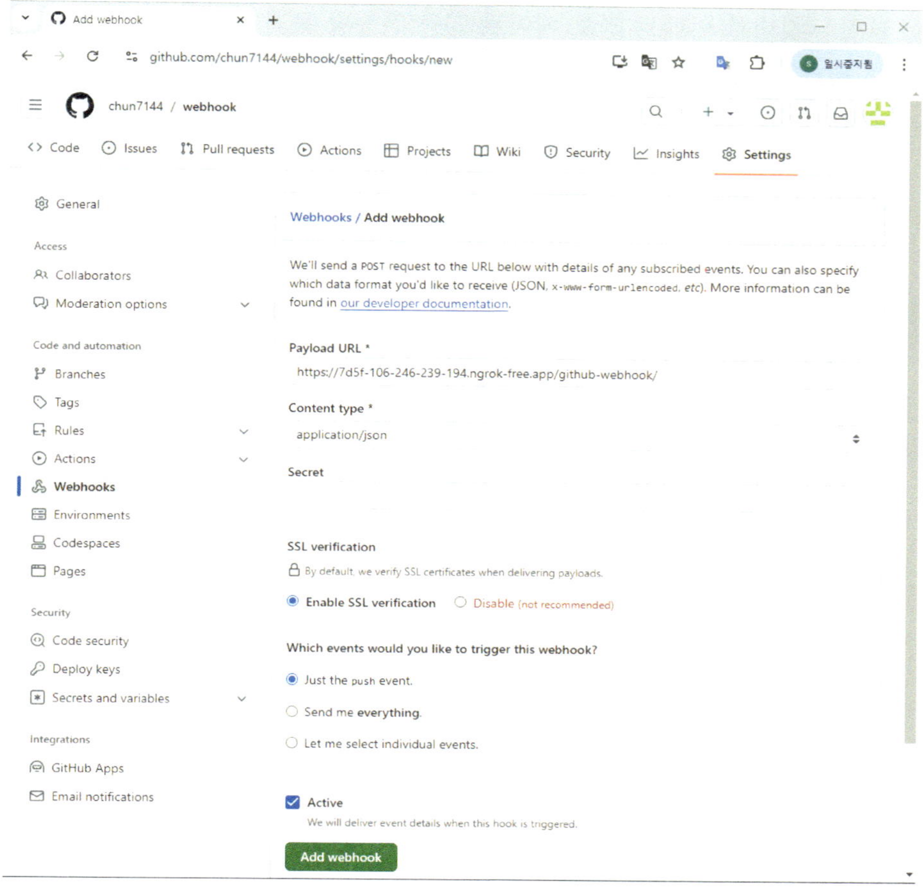

- Payload URL: 젠킨스 URL/github-webhook/
- 노드1 다운 시 재부팅 후 젠킨스 서비스의 새 URL 생성하여 사용
- Content type: application/json
- 젠킨스의 GitHub 플러그인은 JSON 형식의 웹훅 데이터를 받아들여 파싱하고,
- 이를 바탕으로 젠킨스 Job을 트리거하도록 설계되어 있음
- 'Add webhook' 선택

⑩. Payload URL 설정

- Payload URL: 깃허브 이벤트 정보(페이로드)를 전송할 목적지 주소
- 깃허브 발생 이벤트를 젠킨스 등 다른 서비스에 전달하여 자동화 작업 수행
- 젠킨스 깃허브 플러그인의 깃허브 훅 트리거 방법 참조

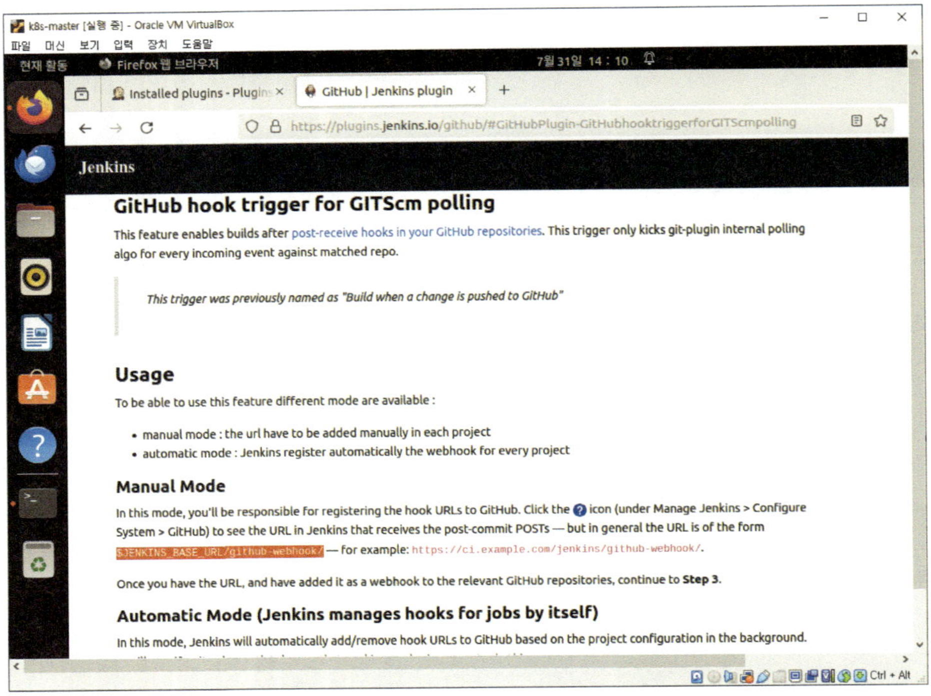

- 젠킨스/대시보드/젠킨스관리/플러그인/Installed plugins/Git Plugin
- Configuration/Push Notification From Repository/Git Hub
- 훅 URL을 깃허브에 등록하는 방법: 젠킨스 URL/github-webhook/

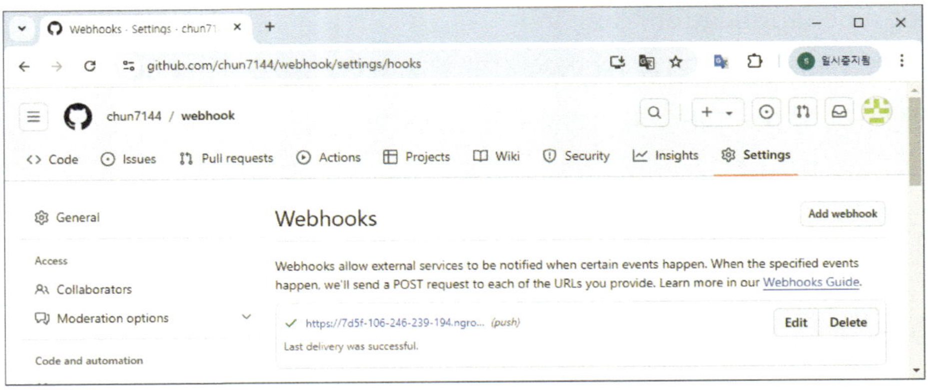

- webhook 저장소에 신규 웹훅 성공적으로 추가됨

- Last delivery was successful
- 실패 시 새로 고침, Payload URL 설정 확인 등 필요

21.3.3 젠킨스 설정

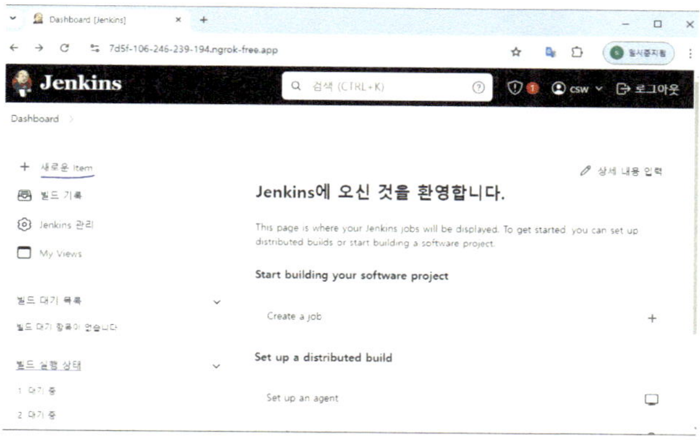

①. **새로운 아이템 생성**

- 윈도우에서 접속한 젠킨스 서비스에서 설정
- '새로운 Item' 선택

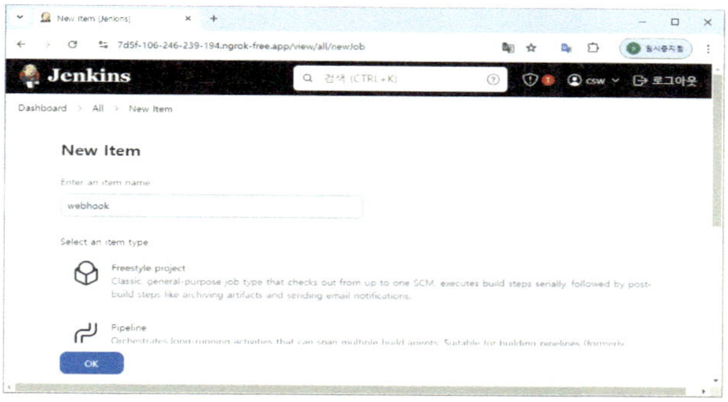

②. **새로운 잡 생성**

- 잡(Job): 특정 작업(빌드, 테스트, 배포 등) 수행 단위
- 잡 이름: webhook
- 잡 종류: Freestyle project
- 'OK' 선택

③. 잡 webhook 설정

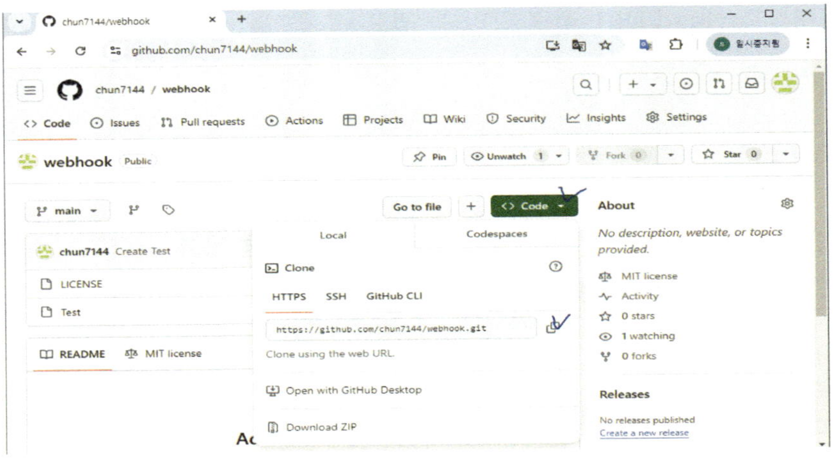

- 깃허브 webhook 저장소 주소 복사
- 깃허브 webhook 브랜치: main
- 소스 코드 관리(SCM): 젠킨스 잡이 코드를 어디에서 가져올지 설정

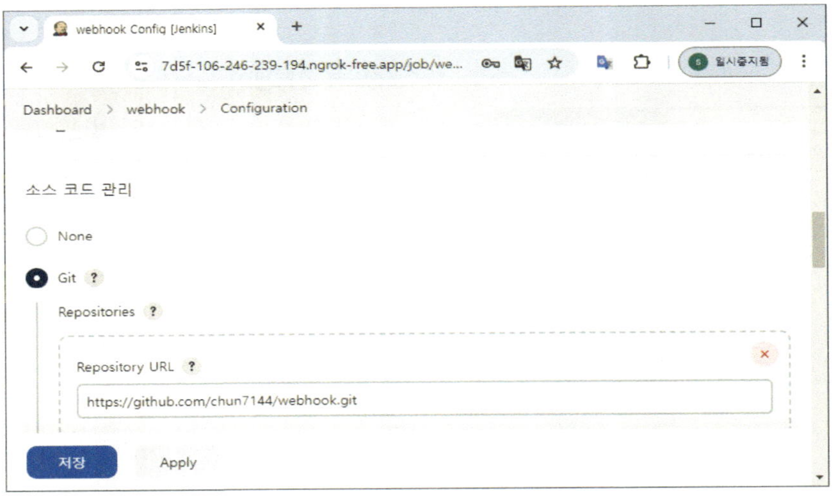

- Git 선택
- 저장소 Repository URL: 깃허브 webhook 저장소의 URL 붙여넣기

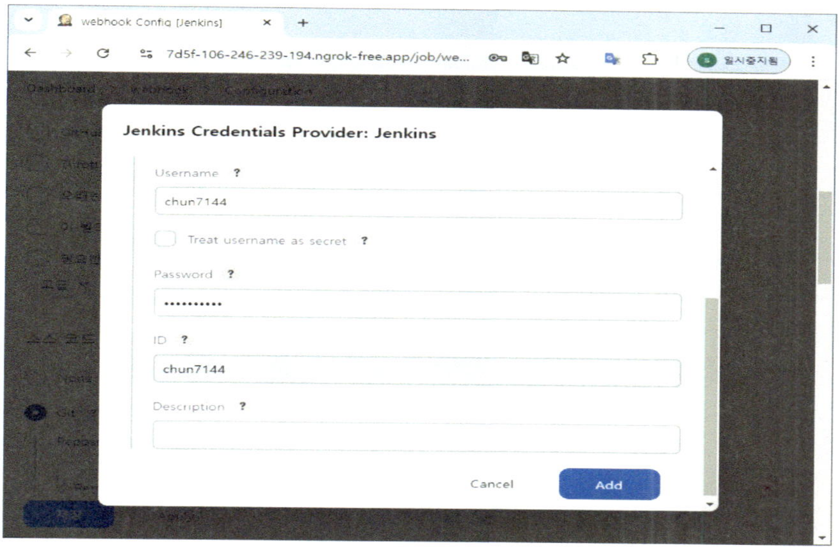

- 인증정보(Credentials): 'Add' 클릭
- Credentials Provider: Jenkins 선택
- Username, Password, ID: 깃허브 유저네임(아이디)와 비번 추가

- Credintials: 아이디와 비번 추가됨

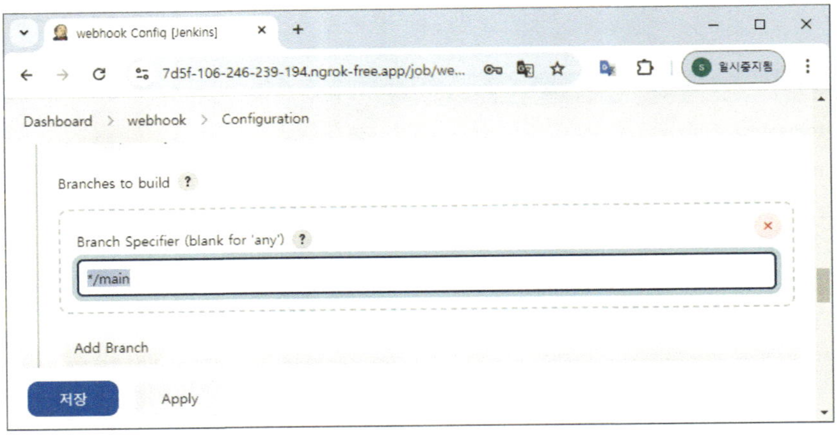

- 브랜치 설정
- 깃허브 저장소 webhook의 브랜치가 main임을 참조하여
- 젠킨스 잡 webhook이 빌드에 사용할 브랜치를 '*/main'으로 수정

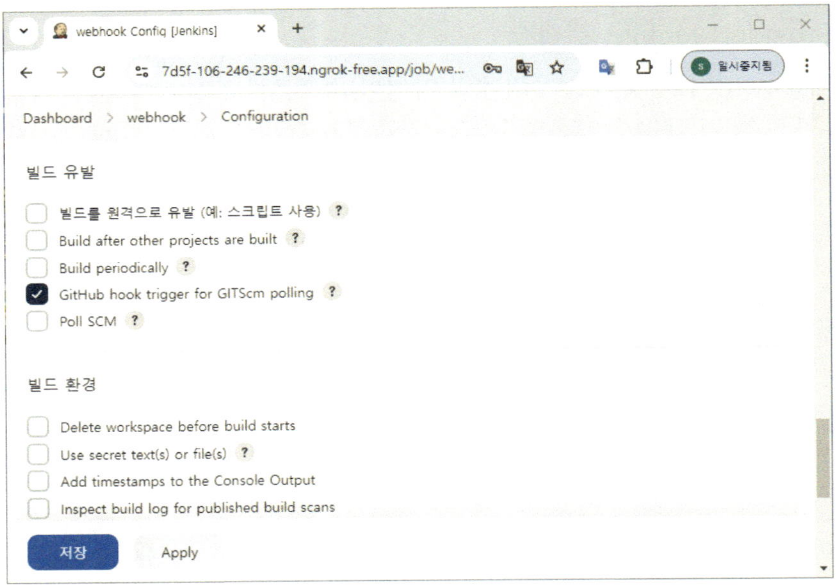

- 빌드 트리거: 특정 조건에 따라 빌드 자동 실행
- 'GitHub hook trigger' 체크: 깃허브에서 코드 변경 시 자동으로 빌드 실행
- '저장'

21.3.4 CI 테스트

①. 깃허브 저장소 업데이트

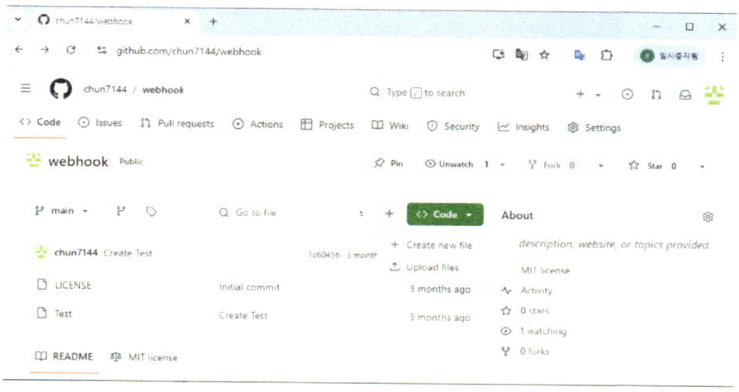

- 깃허브 저장소 webhook에 웹 인터페이스를 통해 새 파일 직접 생성
- '+' / 'Create new file'

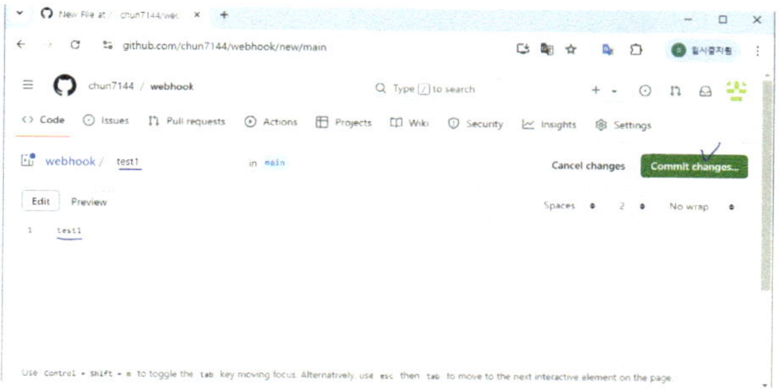

- 메인 브랜치에 해당 파일 커밋
- 'Commit changes...' 선택: 변경 사항 기록

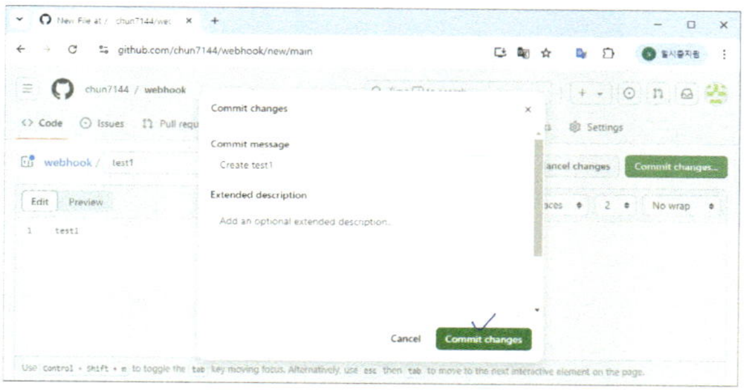

- 커밋 메시지 작성

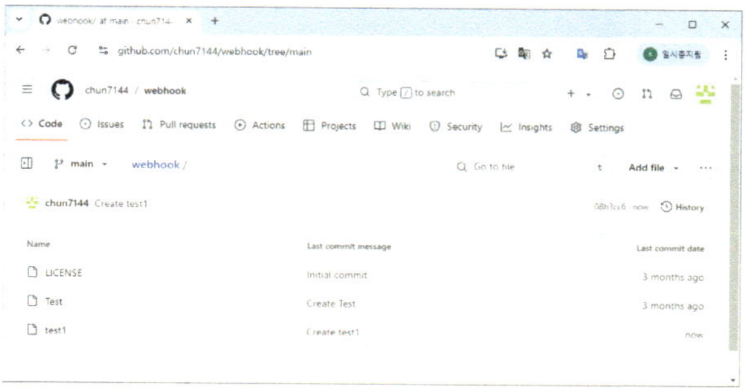

- 메인 브랜치에 test1 파일 추가됨
- 커밋을 통해 저장소 업데이트 수행함

②. 젠킨스 작업 webhook 빌드 확인

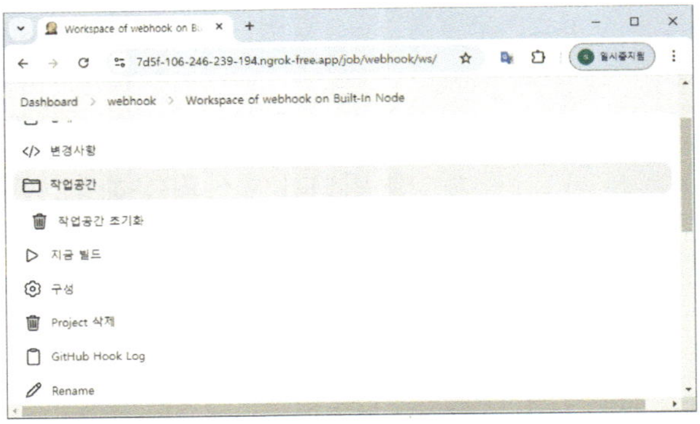

- 작업공간 선택

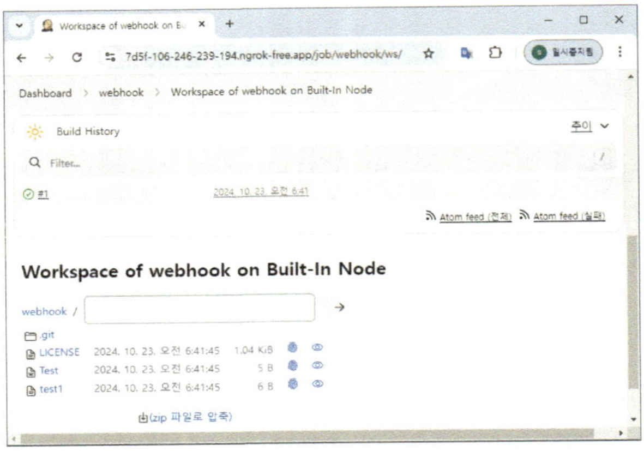

- 하단부에서 작업 webhook의 첫 번째 빌드 '#1' 생성 확인

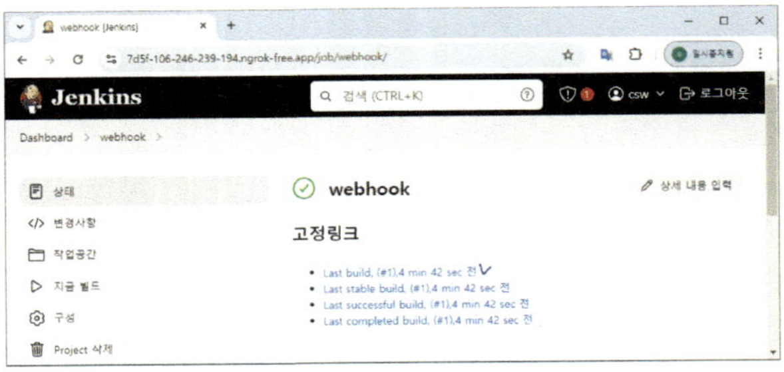

- 상태 선택 후 상위 링크 선택

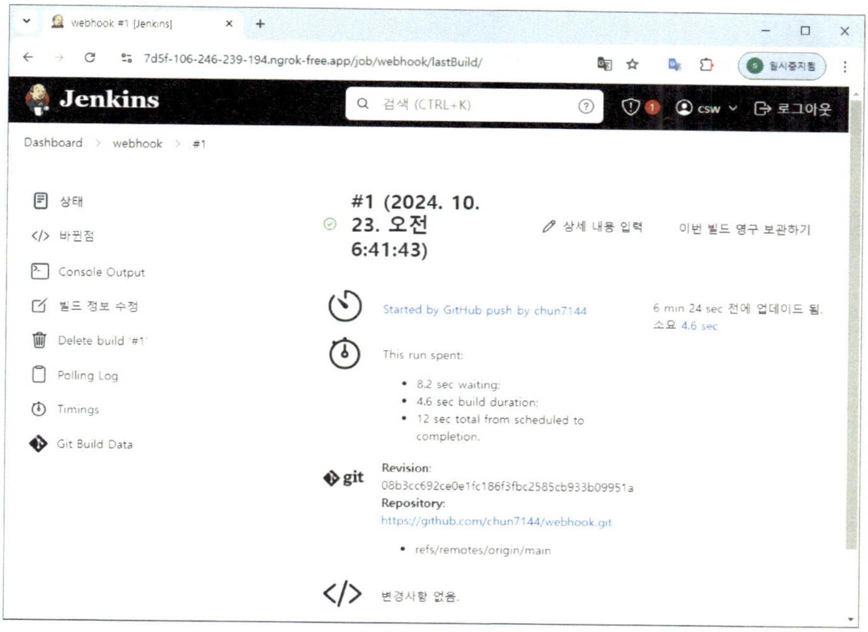

- '#1' 빌드가 chun7144의 깃허브 푸시에 의해 시작됨

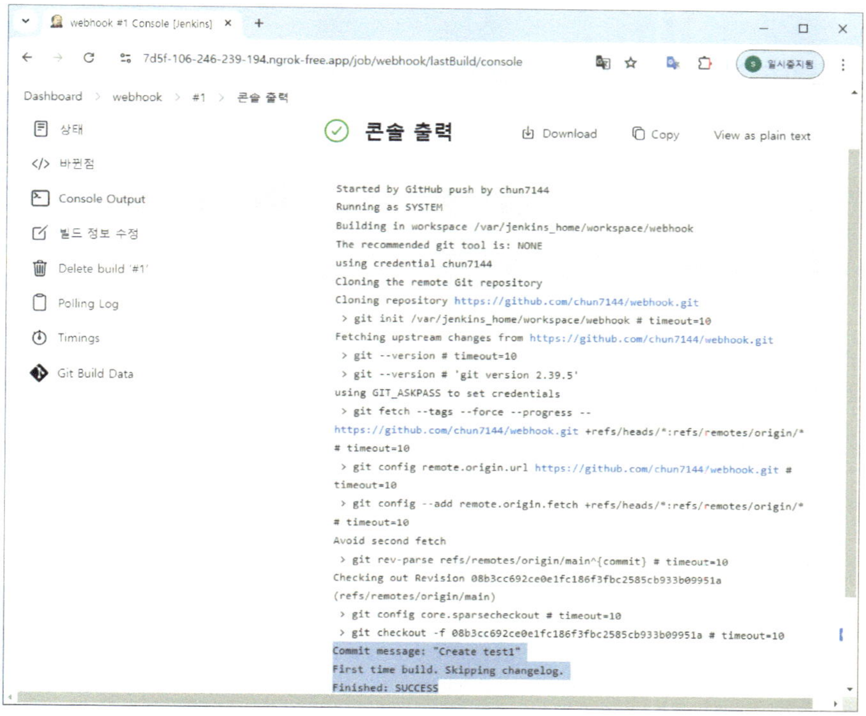

- 콘솔 출력에서 커밋 메시지, 성공 등 빌드 진행 과정 로그 확인

21.3.5 젠킨스 서비스 삭제

①. kubectl delete namespace devops-tools

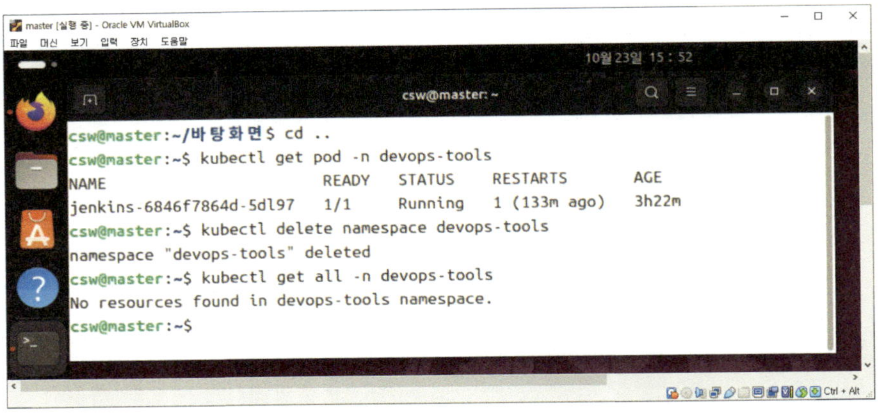

- devops-tools 네임스페이스 내 모든 리소스 삭제

②. 시스템 중지 시 조치 사항

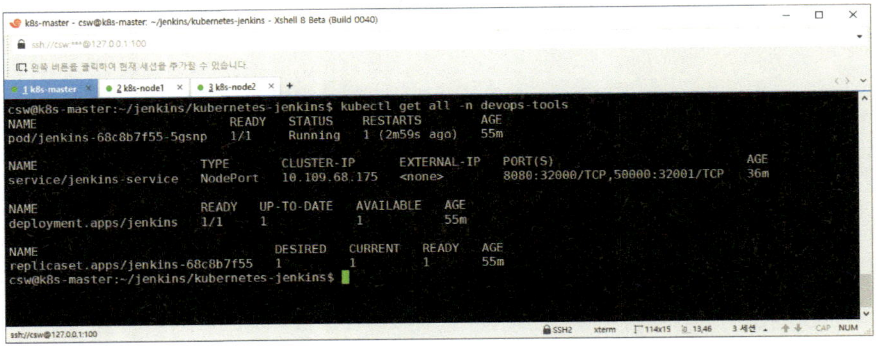

- 갑작스런 시스템 중지 시
- 재부팅 후 젠킨스 관련 리소스 실행 확인 후 계속 진행
- kubectl get all -n devops-tools
- 파드 1개, 서비스 1개, 디플로이 1개, 레플리카셋 1개

22 아르고 CD(Argo CD)

22.1 아르고 CD 개념

Chapter 22. 아르고 CD(Argo CD)

22.1.1 아르고 CD 개요

- **주요 기능**
  - 쿠버네티스 GitOps 도구: 애플리케이션 배포 및 관리
  - Git 저장소 애플리케이션의 원하는 상태(변경 사항)을 자동으로 감지하고
  - 쿠버네티스 클러스터에 지속적으로 동기화해주는 역할 수행
- **작동 방식**
  - Git 저장소: 애플리케이션 구성 정보(디플로이 등)를 YAML 파일 형태로 저장
  - Argo CD: Git 저장소를 주기적으로 감시하며 변경 사항 확인
  - 동기화: 변경 감지되면 클러스터 현재 상태와 차이점 파악 후 필요 변경 수행

22.1.2 CD 파이프라인 구현

- **깃 저장소 준비**
  - 애플리케이션의 구성 파일(디플로이, 서비스 등)을 YAML 형식으로 저장
  - 환경(개발, 스테이징, 프로덕션 등)별로 브랜치 또는 디렉토리 만들어 관리
- **아르고 CD 설치**
  - 쿠버네티스 클러스터에 아르고 CD 설치
  - 아르고 CD 서버 및 UI 구성
- **애플리케이션 정의**
  - 아르고 CD에서 관리할 애플리케이션 정의

- 깃 저장소의 URL, 브랜치, 경로 등 설정
- 각 애플리케이션에 대한 환경 변수, 시크릿 등 설정

• **동기화 설정**
  - 아르고 CD가 깃 저장소의 변경 사항 감지하고 클러스터에 동기화하도록 설정
  - 동기화 주기, 동기화 전략(자동, 수동 등) 설정

• **배포 전략 설정**
  - 롤백 등 배포 전략 설정
  - 헬름 등 도구를 활용하여 배포 관리

22.2 아르고 CD 설정

Chapter 22. 아르고 CD(Argo CD)

22.2.1 아르고 CD 설치

①. 참조 사이트

- https://argo-cd.readthedocs.io/en/stable/getting_started/

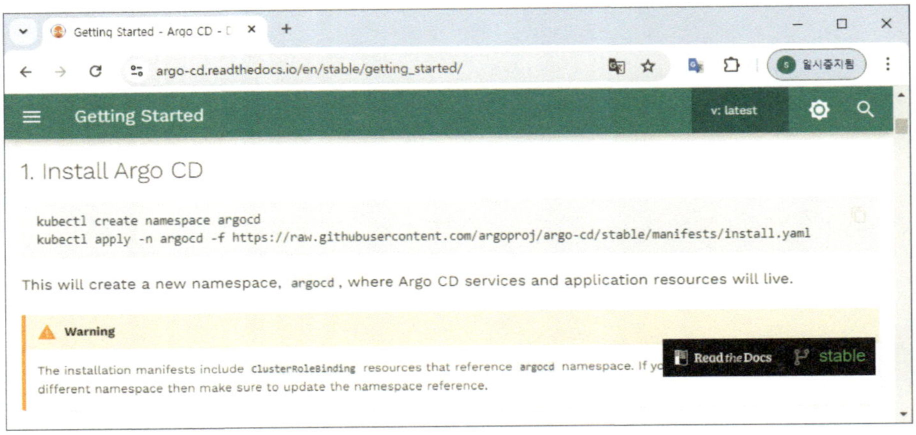

- 시작하기(Getting Started) 페이지의 아르고 CD 설치하기 참조

②. 네임스페이스 생성

- kubectl create namespace argocd
- 네임스페이스 argocd 생성: 아르고 CD 서비스 및 어플리케이션 리소스 상주

```
csw@master:~$ pwd
/home/csw
csw@master:~$ mkdir argocd
csw@master:~$ cd argocd
csw@master:~/argocd$ kubectl create namespace argocd
namespace/argocd created
csw@master:~/argocd$ kubectl apply -n argocd -f https://raw.githubusercontent.com/argopro
j/argo-cd/stable/manifests/install.yaml
customresourcedefinition.apiextensions.k8s.io/applications.argoproj.io created
customresourcedefinition.apiextensions.k8s.io/applicationsets.argoproj.io created
```

- kubectl apply -n argocd -f https://raw.githubusercontent.com/argoproj/argo-cd/stable/manifests/install.yaml
- 지정된 깃허브 URL에서 아르고 CD 설치 YAML 파일을 다운로드 및 분석 후
- 관련 리소스(디플로이 등)을 쿠버네티스 네임스페이스 argocd에 생성하여
- 아르고 CD 설치

③. **설치 확인**

- kubectl get pod -n argocd

```
csw@master:~/argocd$ kubectl get pod -n argocd
NAME                                                READY   STATUS    RESTARTS   AGE
argocd-application-controller-0                     1/1     Running   0          88s
argocd-applicationset-controller-d4df5c8f8-549xg    1/1     Running   0          88s
argocd-dex-server-5449fdc856-qzrbn                  1/1     Running   0          88s
argocd-notifications-controller-c75bf9cb6-6ppr9     1/1     Running   0          88s
argocd-redis-6d5dddc7cb-k8gq8                       1/1     Running   0          88s
argocd-repo-server-cd9d97db-kplr9                   1/1     Running   0          88s
argocd-server-7755999557-gjz66                      1/1     Running   0          88s
csw@master:~/argocd$
```

- 설치된 아르고 CD는 여러 개의 파드로 구성되어 실행됨
- 따라서 실행 중인 파드들 상태로 설치 성공 확인
- 모든 파드 READY가 1/1, STATUS는 Running 상태임
- 모든 파드 상태가 정상이므로 아르고 CD 설치 성공

④. **버전 확인**

- kubectl -n argocd exec -it argocd-server-7755999557-gjz66 -- /bin/sh
- argocd version
- exit

```
csw@master:~/argocd$ kubectl -n argocd exec -it argocd-server-7755999557-gjz66 -- /bin/sh
$ argocd version
argocd: v2.12.6+4dab5bd
  BuildDate: 2024-10-18T17:39:26Z
  GitCommit: 4dab5bd6a60adea12e084ad23519e35b710060a2
  GitTreeState: clean
  GoVersion: go1.22.4
  Compiler: gc
  Platform: linux/amd64
FATA[0000] Argo CD server address unspecified
$ exit
command terminated with exit code 1
csw@master:~/argocd$
```

- 인터랙티브하게 터미널을 사용하여 아르고 CD 서버 파드의 쉘에 접속
- 아르고 CD 버전: v2.12.6

22.2.2 아르고 CD 서비스

①. **서비스 확인**

- kubectl get service -n argocd

```
csw@master:~/argocd$ kubectl get service -n argocd
NAME                                      TYPE        CLUSTER-IP       EXTERNAL-IP   PORT(S)
argocd-applicationset-controller          ClusterIP   10.96.158.98     <none>        7000/TCP,8080/TCP
argocd-dex-server                         ClusterIP   10.102.29.107    <none>        5556/TCP,5557/TCP,5558/TCP
argocd-metrics                            ClusterIP   10.100.179.221   <none>        8082/TCP
argocd-notifications-controller-metrics   ClusterIP   10.107.0.60      <none>        9001/TCP
argocd-redis                              ClusterIP   10.111.20.68     <none>        6379/TCP
argocd-repo-server                        ClusterIP   10.98.116.17     <none>        8081/TCP,8084/TCP
argocd-server                             ClusterIP   10.99.9.208      <none>        80/TCP,443/TCP
argocd-server-metrics                     ClusterIP   10.103.192.125   <none>        8083/TCP
csw@master:~/argocd$
```

- 네임스페이스 argocd 내에서 실행 중인 서비스 조회
- 기본적으로 서비스 타입이 모두 클러스터IP임

- **서비스 타입 변경(외부 접근 허용)**
  - kubectl patch svc argocd-server -n argocd -p '{"spec": {"type": "NodePort"}}'

```
csw@master:~/argocd$ kubectl patch svc argocd-server -n argocd -p '{"spec": {"type": "NodePort"}}'
service/argocd-server patched
csw@master:~/argocd$ kubectl get service -n argocd
NAME                                      TYPE        CLUSTER-IP       EXTERNAL-IP   PORT(S)
                    AGE
argocd-applicationset-controller          ClusterIP   10.96.158.98     <none>        7000/TCP,8080
/TCP                9m54s
argocd-dex-server                         ClusterIP   10.102.29.107    <none>        5556/TCP,5557
/TCP,5558/TCP       9m54s
argocd-metrics                            ClusterIP   10.100.179.221   <none>        8082/TCP
                    9m54s
argocd-notifications-controller-metrics   ClusterIP   10.107.0.60      <none>        9001/TCP
                    9m54s
argocd-redis                              ClusterIP   10.111.20.68     <none>        6379/TCP
                    9m54s
argocd-repo-server                        ClusterIP   10.98.116.17     <none>        8081/TCP,8084
/TCP                9m53s
argocd-server                             NodePort    10.99.9.208      <none>        80:30304/TCP,
443:31945/TCP       9m53s
argocd-server-metrics                     ClusterIP   10.103.192.125   <none>        8083/TCP
```

- 서비스 argocd-server를 패치(수정)
- '-p': JSON 형식의 패치 데이터를 사용하여 서비스의 특정 필드 수정
- '{"spec": {"type": "NodePort"}}': spec 필드의 type 값을 NodePort로 변경

②. 서비스 argocd-server 변경 확인

- kubectl get service -n argocd
- NodePort로 변경됨: 클러스터 외부에서 argocd-server의 30304포트로 접근 가능

22.2.3 아르고 CD 웹 UI 접속

①. admin 사용자 초기 비밀번호 확인

- kubectl -n argocd get secret argocd-initial-admin-secret -o jsonpath="{.data.password}" | base64 -d

```
csw@master:~/argocd$ kubectl -n argocd get secret argocd-initial-admin-secret -o jsonpath=
"{.data.password}" | base64 -d
wYnxD1xMUf2RxQdPcsw@master:~/argocd$
```

- 'argocd-initial-admin-secret'라는 비밀(Secret) 객체를 가져오는데
- 출력 형식을 JSONPath로 지정하고 .data.password 필드 값만 출력

- base64로 인코딩된 문자열을 디코딩하여 원래의 비밀번호 출력
- 출력된 비밀번호: wYnxD1xMUf2RxQdP

②. **마스터 노드 그래픽 모드 부팅**

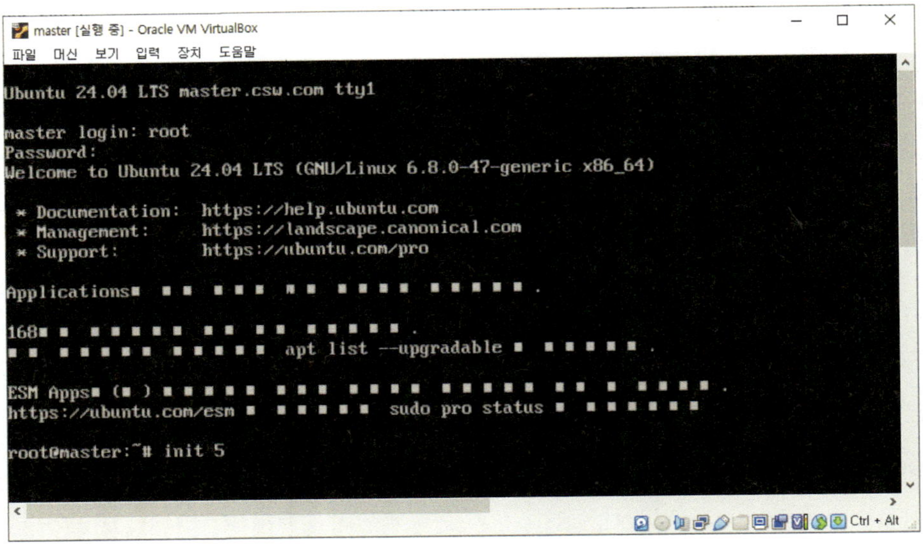

- master login: root
- Password: csw1234
- init 5

③. **웹 UI 접속**

- 파이어 폭스에서 아르고 CD 서버의 30304 포트에 연결
- https://localhost:30304

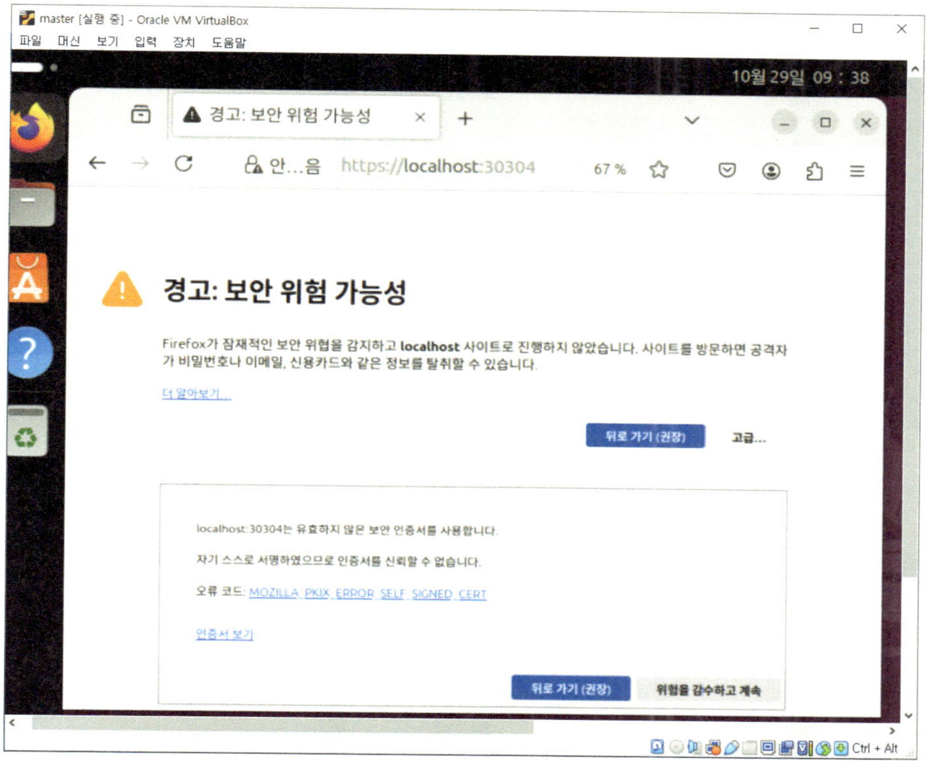

- 보안 위험 가능성 경고
- '고급...' 선택
- 아르고 CD(localhost:32243)는 기본적으로 자체 서명된 SSL 인증서를 사용
- 파이어 폭스 브라우저가 이를 신뢰하지 않기 때문에 보안 경고 표시
- '위험을 감수하고 계속' 선택

④. **관리자로 로그인**

- admin 사용자의 초기 비밀번호를 사용하여 로그인

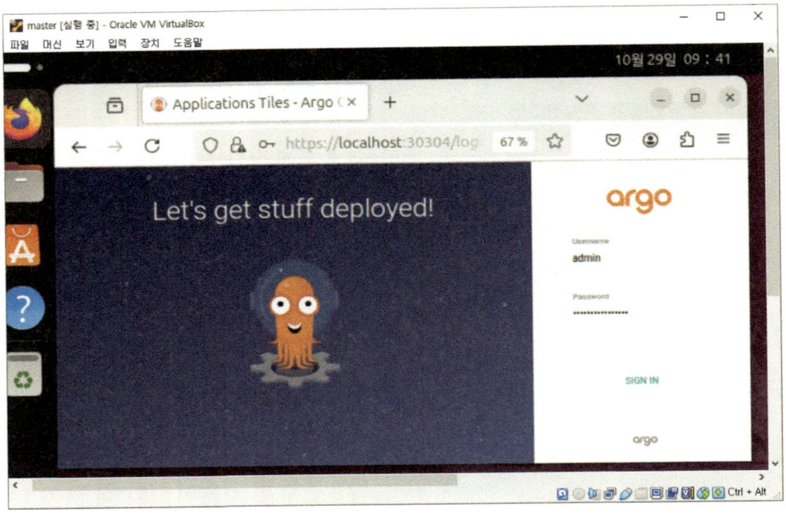

- Username: admin, Password: wYnxD1xMUf2RxQdP, SIGN IN

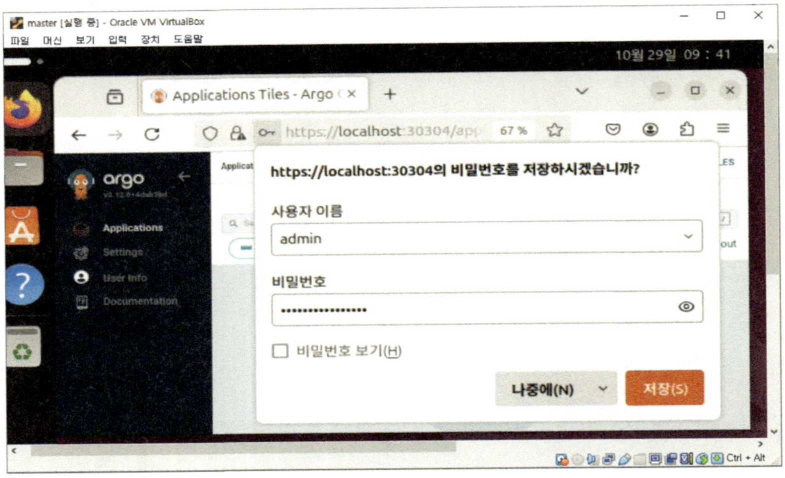

- 저장 후 로그아웃

22.2.4 관리자 비밀번호 변경

①. **아르고 CD 서버 파드에 접속**

- kubectl get deploy -n argocd
- kubectl exec -it -n argocd deployment/argocd-server -- /bin/bash

```
csw@master:~/argocd$ kubectl get deploy -n argocd
NAME                                READY   UP-TO-DATE   AVAILABLE   AGE
argocd-applicationset-controller    1/1     1            1           46m
argocd-dex-server                   1/1     1            1           46m
argocd-notifications-controller     1/1     1            1           46m
argocd-redis                        1/1     1            1           46m
argocd-repo-server                  1/1     1            1           46m
argocd-server                       1/1     1            1           46m
csw@master:~/argocd$ kubectl exec -it -n argocd deployment/argocd-server -- /bin/bash
argocd@argocd-server-7755999557-gjz66:~$
```

- 인터랙티브 터미널을 통해 아르고 CD 서버 디플로이 파드의 쉘에 접속

②. 아르고 CD CLI를 통해 아르고 CD 서버에 admin 로그인

- argocd login localhost:8080
- 'y'
- Username: admin
- Password: wYnxD1xMUf2RxQdP

```
argocd@argocd-server-7755999557-gjz66:~$ argocd login localhost:8080
WARNING: server certificate had error: tls: failed to verify certificate: x509: certificat
e signed by unknown authority. Proceed insecurely (y/n)? y
Username: admin
Password:
'admin:login' logged in successfully
Context 'localhost:8080' updated
argocd@argocd-server-7755999557-gjz66:~$
```

- argocd login: Argo CD CLI(argocd)의 로그인 명령(login)
- localhost:8080: 로그인하려는 Argo CD 서버의 주소
- 아르고 CD CLI의 로그인 명령을 사용하여 로컬 환경에서 실행중인
- 아르고 CD 서버(localhost:8080)에 로그인 요청
- 서버 인증서 오류 무시하고 진행 'y'
- 사용자 이름: admin
- 비밀번호: 초기 비밀번호 wYnxD1xMUf2RxQdP
- admin 로그인 성공

③. 아르고 CD CLI를 통해 admin 비밀번호 갱신

- argocd account update-password
- Enter password ~~~: wYnxD1xMUf2RxQdP
- Enter new password: csw1234.

- Confirm new password: csw1234.

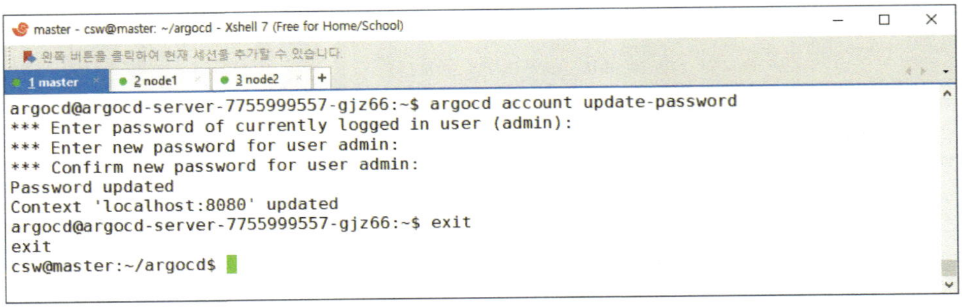

- 아르고 CD CLI를 통해 현재 로그인된 계정의 비밀번호 업데이트
- 현재 비밀번호 입력, 새로운 비밀번호 입력, 새로운 비밀번호 확인 입력
- 비밀번호 갱신됨

④. **새로운 비밀번호로 웹 UI 로그인**

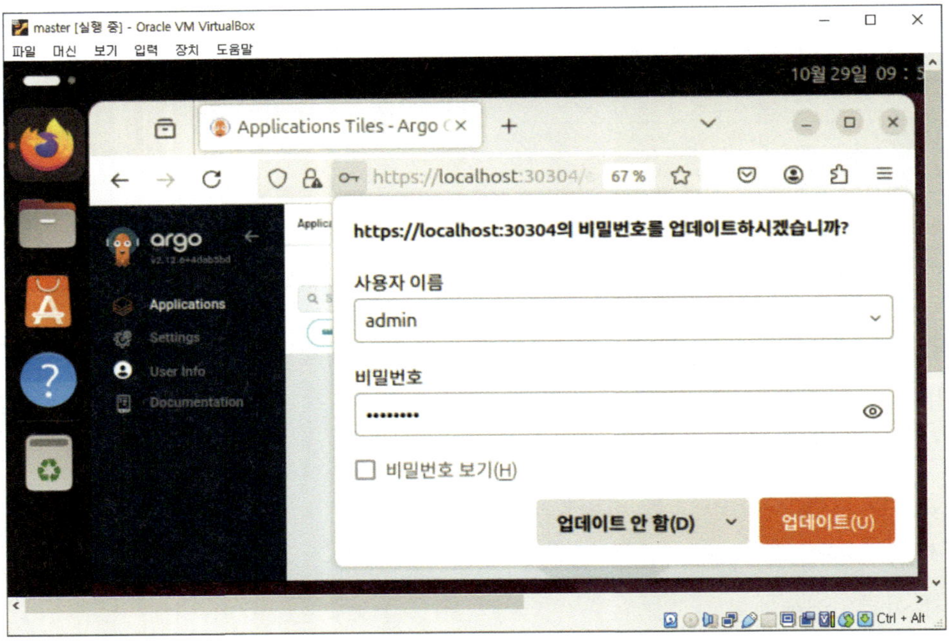

- 사용자 이름: admin, 비밀번호: csw1234.
- 업데이트

⑤. 아르고 CD 서비스 웹 UI 로그인

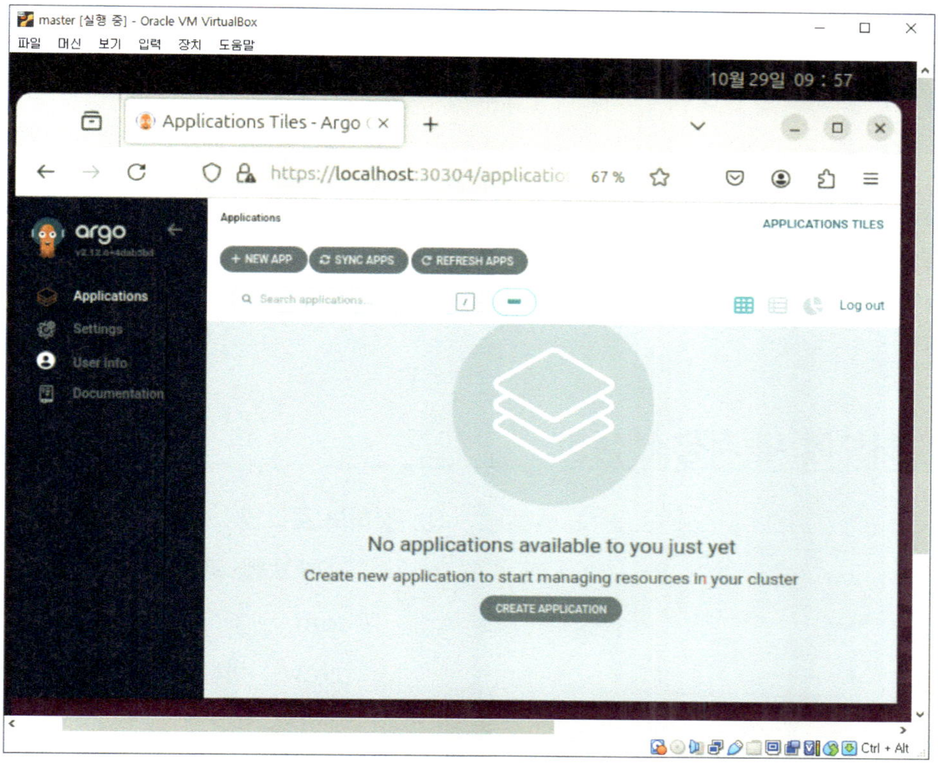

22.3 CD 빌드

Chapter 22. 아르고 CD(Argo CD)

22.3.1 깃허브에 새 저장소 생성

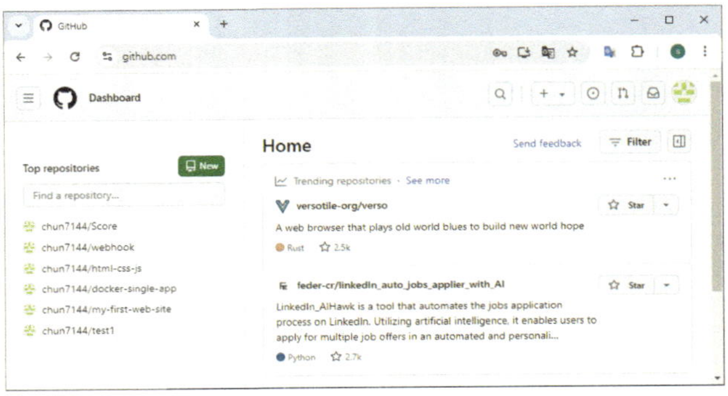

①. **깃허브 로그인**

- 깃허브에 로그인: github.com
- 'New': 새 프로젝트를 위한 깃허브 저장소 생성

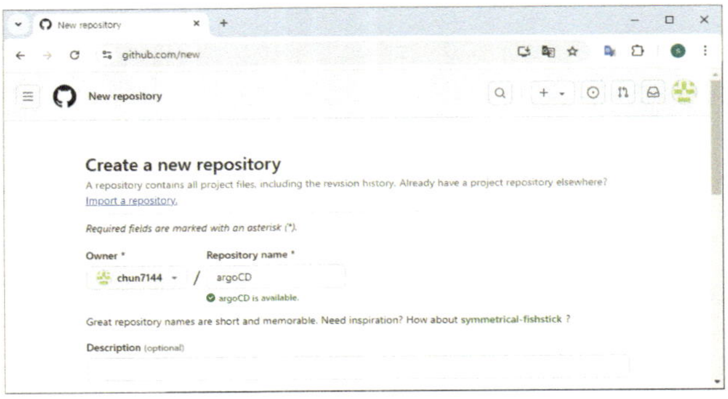

- 새 저장소 이름: argoCD

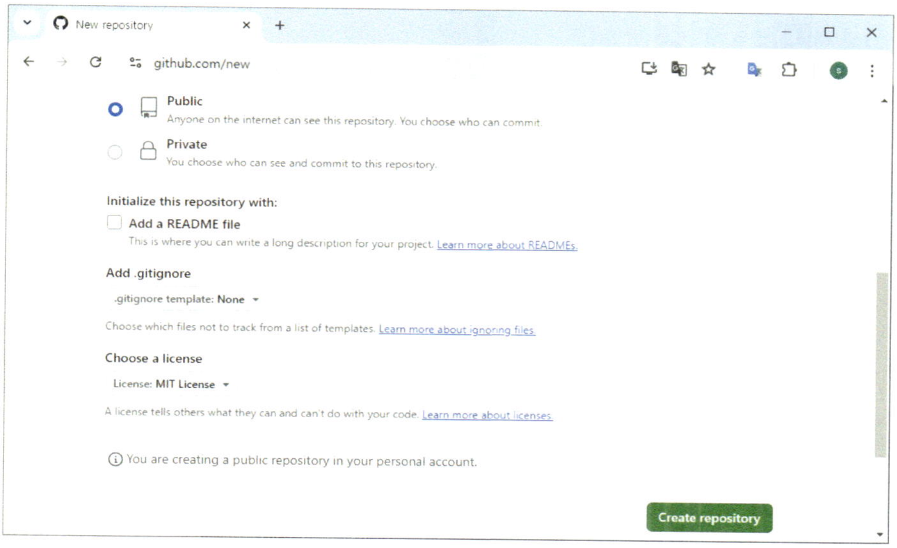

- 새 저장소 공개: Public
- MIT 라이선스 선택: 일반적이고, 상업적 이용도 가능, 수정 및 재배포 자유
- 저장소 생성 선택(Create repository)

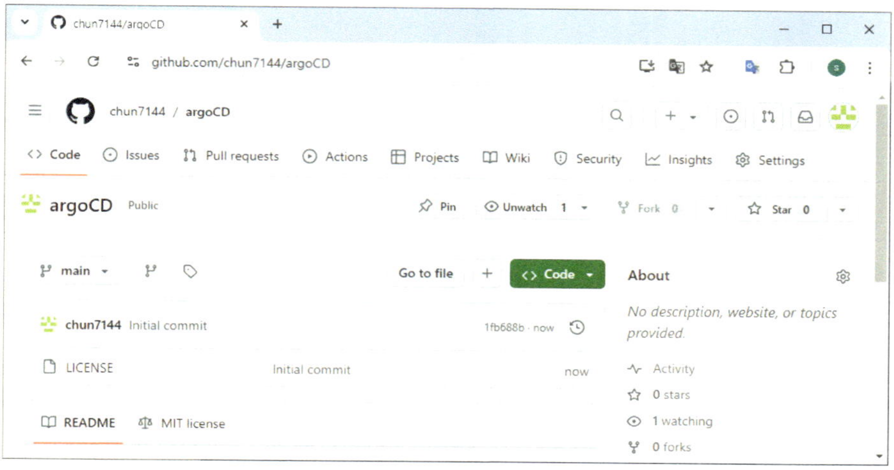

- main 브랜치에 argoCD 저장소 생성됨
- argoCD 저장소 주소: https://github.com/chun7144/argoCD.git
- argoCD 저장소 주소: Code 클릭 후 URL 복사

22.3.2 어플리케이션 생성

①. **헬름 차트 생성**

- helm create 〈chart-name〉

```
csw@master:~/argocd$ helm create myapp
Creating myapp
csw@master:~/argocd$ ls
myapp
csw@master:~/argocd$
```

- myapp 헬름 차트 생성: 이름에 '_' 사용하지 않도록 주의
- myapp 디렉토리 자동 생성
- Chart.yaml, values.yaml 파일과 templates, charts 디렉토리도 자동 생성

②. **차트 확인**

- cat Chart.yaml

```
csw@master:~/argocd$ cat ./myapp/Chart.yaml
apiVersion: v2
name: myapp
description: A Helm chart for Kubernetes

# A chart can be either an 'application' or a 'library' chart.
#
# Application charts are a collection of templates that can be packaged into versioned arc
hives
# to be deployed.
```

- 차트 네임: myapp
- 차트 타입: application

```
# Versions are expected to follow Semantic Versioning (https://semver.org/)
version: 0.1.0

# This is the version number of the application being deployed. This version number should
 be
# incremented each time you make changes to the application. Versions are not expected to
# follow Semantic Versioning. They should reflect the version the application is using.
# It is recommended to use it with quotes.
appVersion: "1.16.0"
csw@master:~/argocd$
```

- 차트 버전: 0.1.0
- 애플리케이션 버전: 1.16.0

- values.yaml

```
csw@master:~/argocd$ cat ./myapp/values.yaml
# Default values for myapp.
# This is a YAML-formatted file.
# Declare variables to be passed into your templates.

# This will set the replicaset count more information can be found here: https://kubernete
s.io/docs/concepts/workloads/controllers/replicaset/
replicaCount: 1

# This sets the container image more information can be found here: https://kubernetes.io/
docs/concepts/containers/images/
image:
  repository: nginx
  # This sets the pull policy for images.
  pullPolicy: IfNotPresent
  # Overrides the image tag whose default is the chart appVersion.
  tag: ""

# This is for the secretes for pulling an image from a private repository more information
 can be found here: https://kubernetes.io/docs/tasks/configure-pod-container/pull-image-pr
ivate-registry/
```

- 차트 myapp의 기본 설정값 정의
- 레플리카 수: 1
- 이미지: 기본값 nginx, 이미지 풀 정책: 로컬에 이미지 없으면 풀

```
  #   - ALL
  # readOnlyRootFilesystem: true
  # runAsNonRoot: true
  # runAsUser: 1000

# This is for setting up a service more information can be found here: https://kubernetes.
io/docs/concepts/services-networking/service/
service:
  # This sets the service type more information can be found here: https://kubernetes.io/d
ocs/concepts/services-networking/service/#publishing-services-service-types
  type: ClusterIP
  # This sets the ports more information can be found here: https://kubernetes.io/docs/con
cepts/services-networking/service/#field-spec-ports
  port: 80

# This block is for setting up the ingress for more information can be found here: https:/
/kubernetes.io/docs/concepts/services-networking/ingress/
ingress:
  enabled: false
  className: ""
  annotations: {}
```

- 서비스 타입: 기본값 ClusterIP, 서비스 포트: 기본값 80

22.3.3 로컬 깃 저장소 설정

①. 로컬 깃 저장소 초기화

- git init

```
csw@master:~/argocd$ git init
힌트: Using 'master' as the name for the initial branch. This default branch name
힌트: is subject to change. To configure the initial branch name to use in all
힌트: of your new repositories, which will suppress this warning, call:
힌트:
힌트:   git config --global init.defaultBranch <name>
힌트:
힌트: Names commonly chosen instead of 'master' are 'main', 'trunk' and
힌트: 'development'. The just-created branch can be renamed via this command:
힌트:
힌트:   git branch -m <name>
/home/csw/argocd/.git/ 안의 빈 깃 저장소를 다시 초기화했습니다
csw@master:~/argocd$
```

- 현재 디렉토리를 로컬 깃 저장소로 초기화
- 이후 해당 디렉토리에서 git 명령어를 사용하여 버전 관리 가능
- 현재 디렉토리에 .git이라는 숨겨진 하위 디렉토리 생성
- .git 디렉토리에 프로젝트의 모든 정보 저장

②. 원격 깃 저장소 연결

- git remote add origin https://github.com/chun7144/argoCD.git

```
csw@master:~/argocd$ git remote add origin https://github.com/chun7144/argoCD.git
csw@master:~/argocd$
```

- 로컬 깃 저장소(~/argocd)와 원격 깃 저장소(깃허브)를 연결
- git remote add: 새로운 원격 저장소 추가
- orgin: 새로 추가하는 원격 저장소의 별칭
- 깃허브주소/chun7144/argoCD.git: 실제 원격 저장소의 URL
- 이 경우 깃허브에 있는 chun7144 사용자의 argoCD 저장소를 가리킴

③. 파일 스테이징 및 커밋

- git add .
- git commit -m 'Initial commit of Helm chart'

```
csw@master:~/argocd$ git add .
csw@master:~/argocd$ git commit -m 'Initial commit of Helm chart'
[master (최상위-커밋) 526baa1] Initial commit of Helm chart
 Committer: csw <csw@master.csw.com>
이름과 전자메일 주소를 사용자 이름과 호스트 이름을 이용해서 자동으로
설정했습니다. 이 정보가 맞는지 확인하십시오. 이 메시지를 보지 않으려면 정보를
명시적으로 설정하십시오. 다음 명령어를 실행하고 편집기의 안내에 따라 설정
파일을 편집하십시오:

    git config --global --edit
```

- 'git add .': 현재 디렉토리와 그 하위 디렉토리에 있는
- 모든 변경된 파일들을 스테이징 영역에 추가
- 스테이징 영역: 변경된 파일들의 임시 저장 공간
- git commit: 스테이징 영역에 있는 변경 사항들을 하나의 커밋에 저장
- 로컬 저장소에 변경 사항을 기록
- 커밋: 스냅샷으로 저장하여 언제든지 과거 상태로 회귀 가능
- 여러 작업자들과 협업 시 각자의 변경 사항을 커밋으로 기록 및 공유
- '-m': 해당 커밋을 설명하는 메모

④. 로컬 브랜치 이름 변경

- git branch
- git branch -m master main
- 로컬 저장소의 브랜치 이름을 master에서 main으로 변경
- 일관성 유지를 위해 원격 저장소의 브랜치 이름에 맞추어 변경함

```
csw@master:~/argocd$ git branch
* master
csw@master:~/argocd$ git branch -m master main
csw@master:~/argocd$ git branch
* main
csw@master:~/argocd$
```

22.3.4 원격 깃 저장소 설정

①. 깃허브 개인 액세스 토큰(PAT) 설정

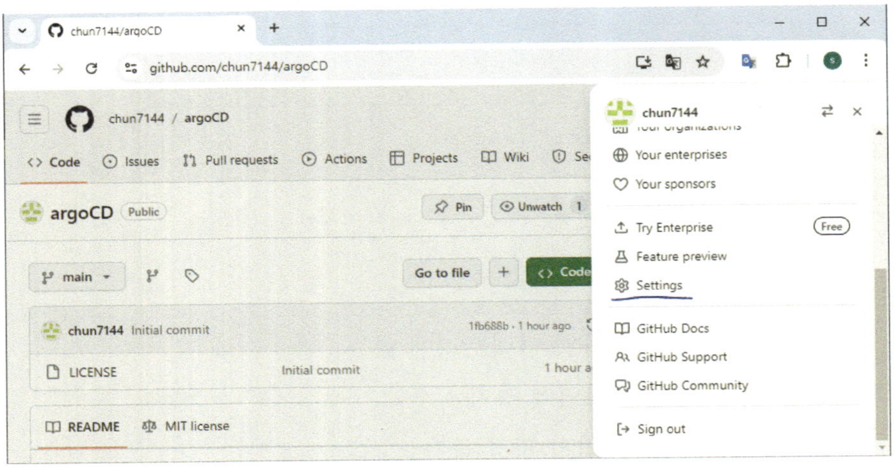

- 깃허브 우측 상단의 프로필 아이콘 클릭 후 Settings 선택

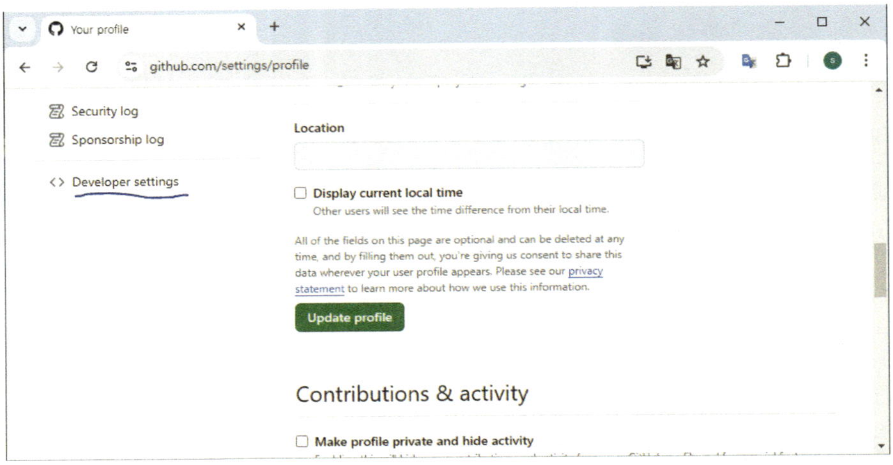

- 좌측 사이드바 하단에서 Developer settings 클릭

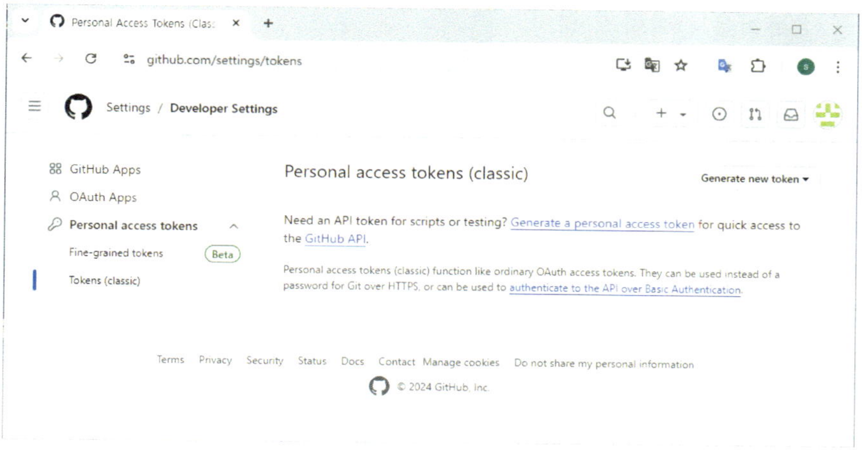

- 좌측 Personal access tokens 선택 후, Tokens (classic) 클릭
- 우측 상단 Generate new token 클릭 후, Generate new token (classic) 선택

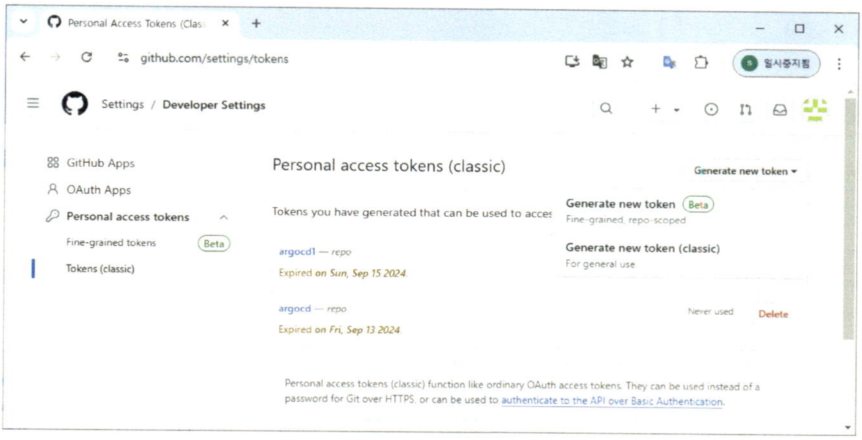

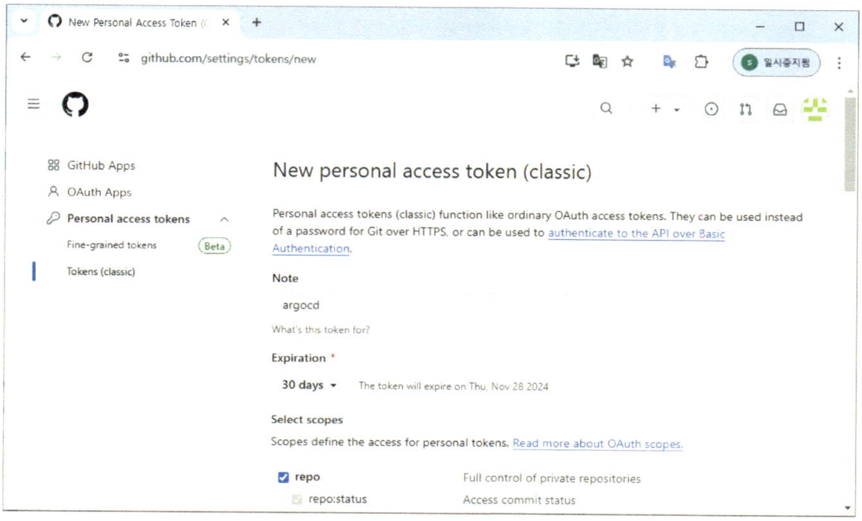

- Note: 토큰 생성 목적을 간략하게 설명
- Scope: 토큰 사용 범위 선택, repo에 체크

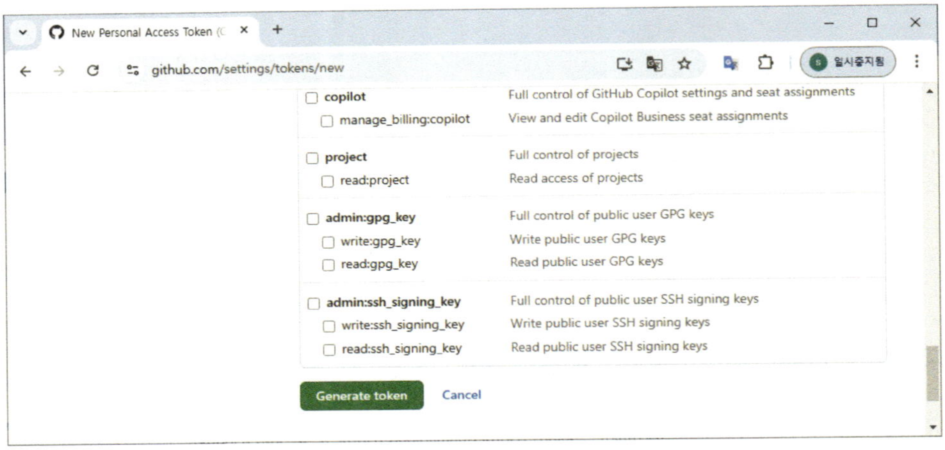

- 'Generate token' 클릭하여 토큰 생성

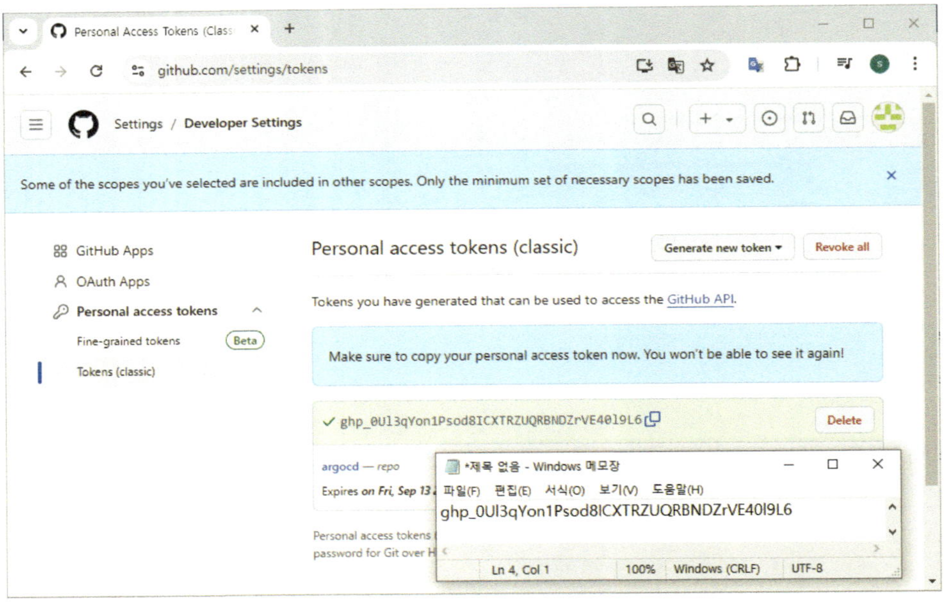

- PAT 토큰 생성됨
- 토큰 생성 화면에서 나가면 토큰이 보이지 않으므로 메모장에 복사
- PAT 토큰은 깃허브 로그인 시 사용자 암호 대신 사용되는 액세스 키

22.3.5 로컬 깃 저장소에서 원격 깃 저장소에 푸시

①. **원격 저장소에 푸시**

- git push origin main
- username: chun7144
- Password: 복사한 PAT 토큰 붙여넣기

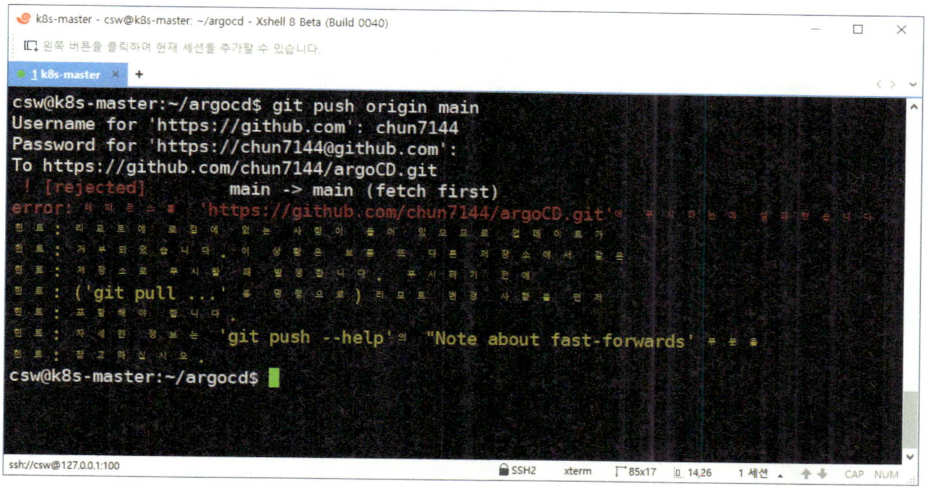

- "Updates were rejected because the remote contains work that you do not have locally 리모트에 로컬에 없는 사람이 들어 있으므로 업데이트가 거부되었습니다" 오류
- 오류 원인:
- 원격 저장소에 로컬 저장소에는 없는 변경 사항 존재: 다른 사람이 원격 저장소에 먼저 변경 사항을 반영했거나, 자동화된 프로세스에 의해 변경
- 브랜치가 분기된 상태: 로컬 브랜치와 원격 브랜치가 다른 방향으로 분기되어 충돌이 발생
- 해결 방안 예시:
- 방안 1 git fetch origin: 원격 저장소의 최신 정보 가져오기
- 방안 2 git rebase origin main: rebase를 사용하여 충돌 해결
- git push origin main: 변경 사항 push
- git config pull.rebase true
- git pull origin main

- git push origin main

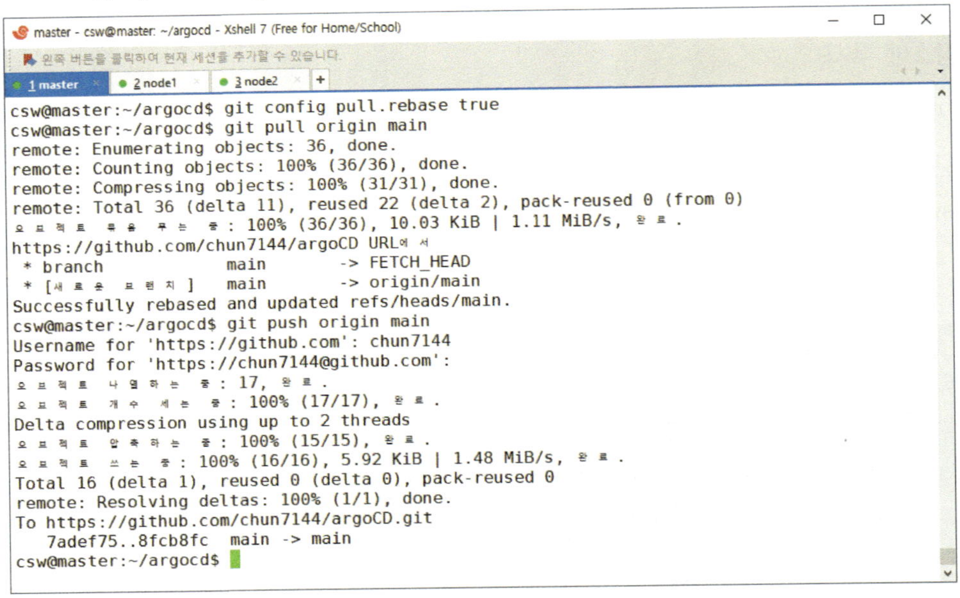

- git config pull.rebase true: pull 실행 시 rebase 작업 수행
- 로컬 브랜치를 원격 브랜치에 맞춰 업데이트
- 로컬 브랜치의 기저(시작점)을 원격 저장소의 최신 커밋으로 이동
- 이 과정에서 로컬 브랜치의 커밋들이 원격 저장소의 최신 커밋에서부터
- 시작된 것처럼 재정렬됨(선형적인 커밋 히스토리 유지)
- git pull origin main: 원격 저장소의 최신 변경 사항을 로컬로 가져옴
- 이 과정에서 rebase가 작동되어 로컬 브랜치가 원격 브랜치와 동기화
- git push origin main
- 로컬 브랜치와 원격 브랜치가 동기화된 상태이므로,
- 변경 사항을 원격 저장소에 성공적으로 반영

②. 원격 저장소 푸시 확인

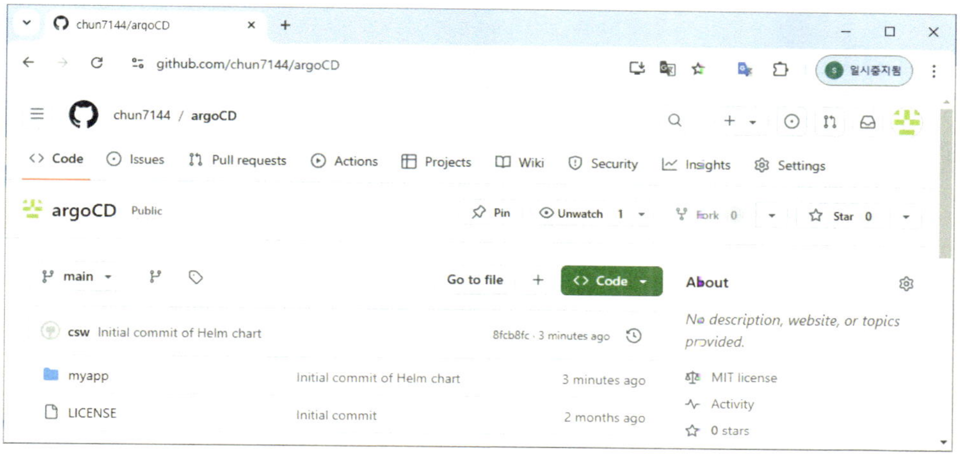

- 로컬 깃 저장소 myapp이 원격 깃 저장소에 같은 이름으로 푸시됨

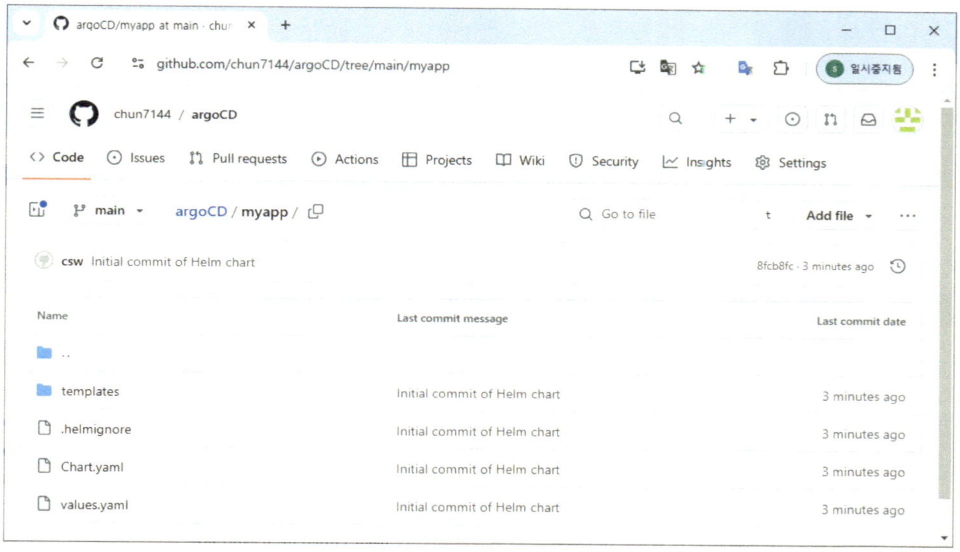

- myapp 하위 파일들도 확인됨

22.3.6 아르고 CD를 통해 어플리케이션 배포

①. 아르고 CD에 깃 저장소 등록

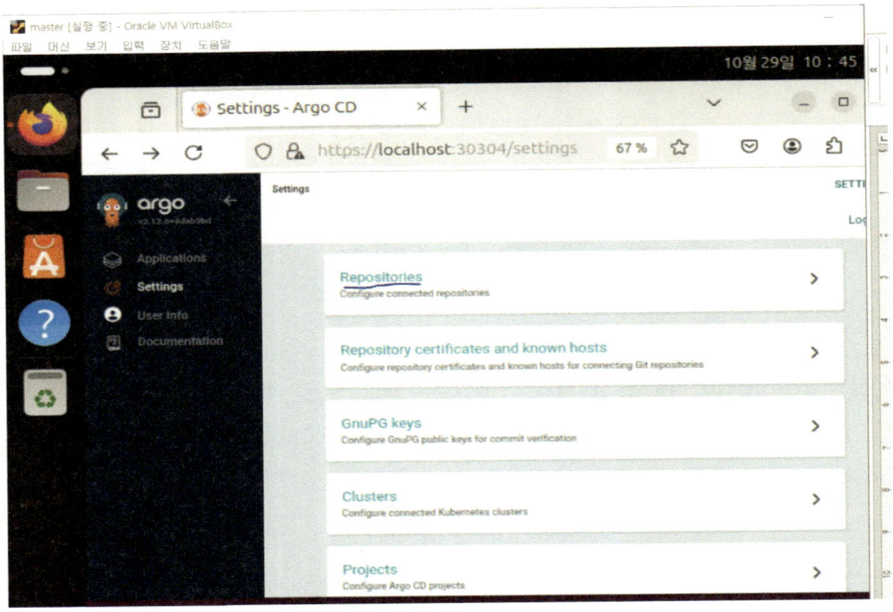

- 아르고 CD 로그인 후 좌측 Settings 선택 후 우측 Repositories 선택

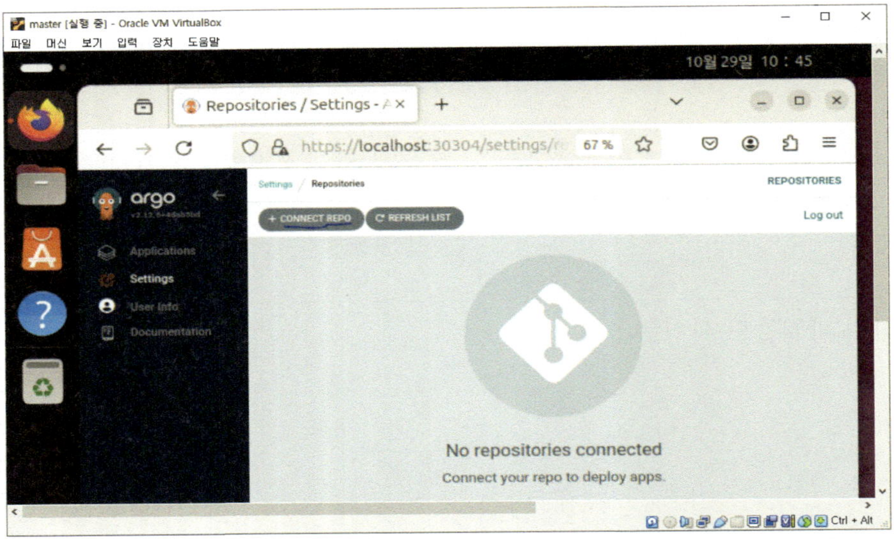

- CONNECT REPO 클릭

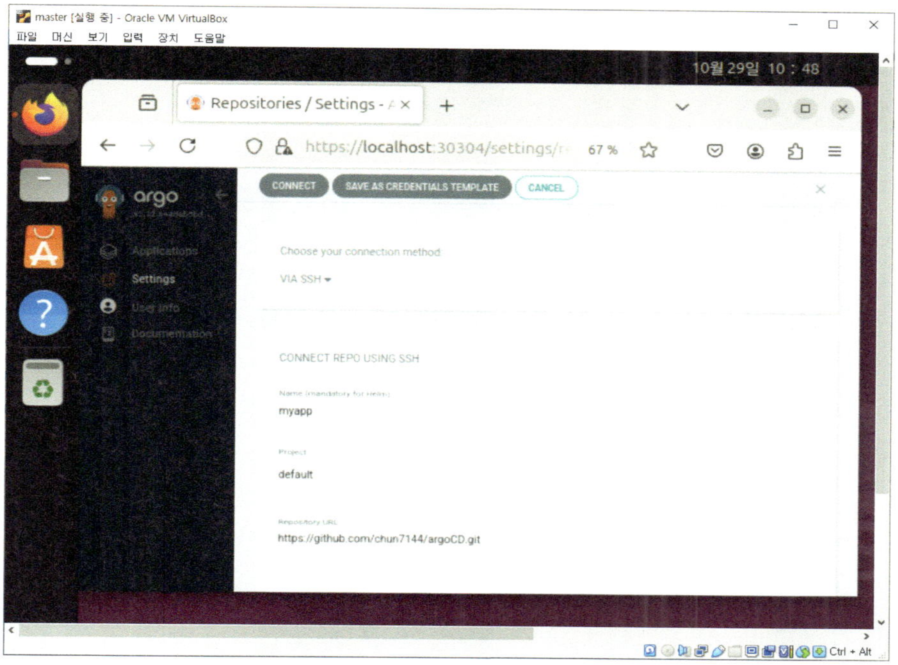

- connection method: VIA SSH
- Name(mandatory for Helm): 로컬에서 생성한 헬름 차트 myapp과 같아야함
- Project: default, 가능하면 프로젝트 관련 이름 사용
- Repository URL: https://github.com/chun7144/argoCD.git
- 아르고 CD에 연결할 깃 저장소 주소 입력 후
- 상단부 CONNECT 클릭

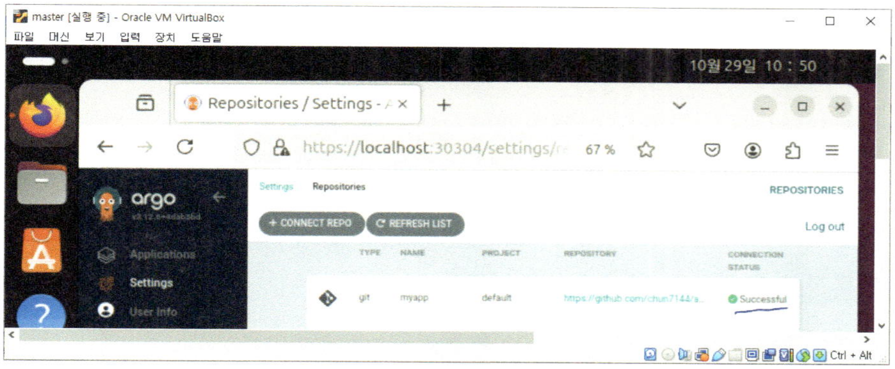

- 아르고 CD와 깃 저장소 연결 성공(Successful)

②. 어플리케이션 생성

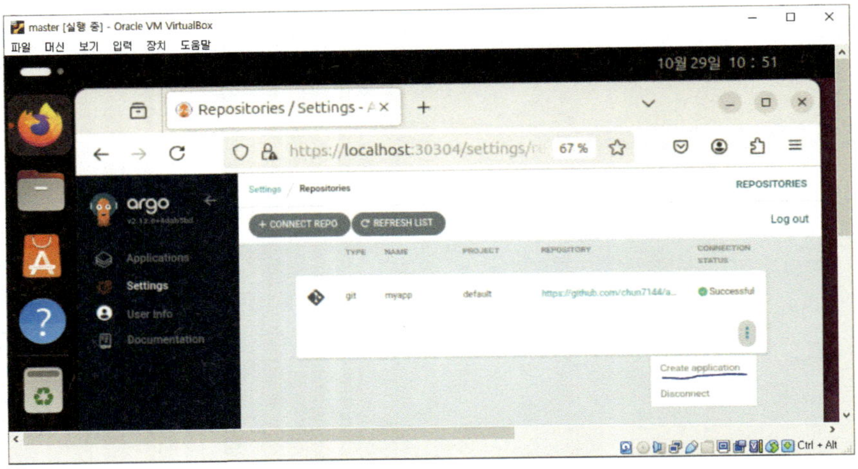

- Successful 아래의 ⋮ 마우스 우클릭 후 'Create application' 선택

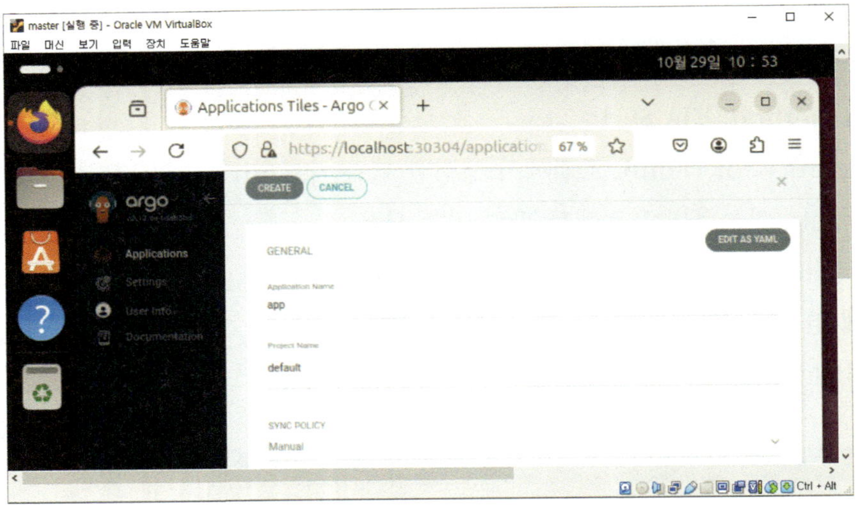

- GENERAL 파트 설정: 생성하는 어플리케이션의 기본 정보 설정
- Application Name: app
- 아르고 CD에서 어플리케이션 식별: 소문자, 숫자, 하이픈(-)만 사용

※ **헬름 차트 이름과 같지 않아야 함, '_' 사용 불가**

- Project Name: default
- 어플리케이션이 속할 프로젝트로,
- Argo CD CONNECT REPO 설정 시 등록했던 project 이름과 같아야 함
- SYNC POLICY: Manual

- 수동으로 동기화 버튼 클릭해야 어플리케이션 동기화됨

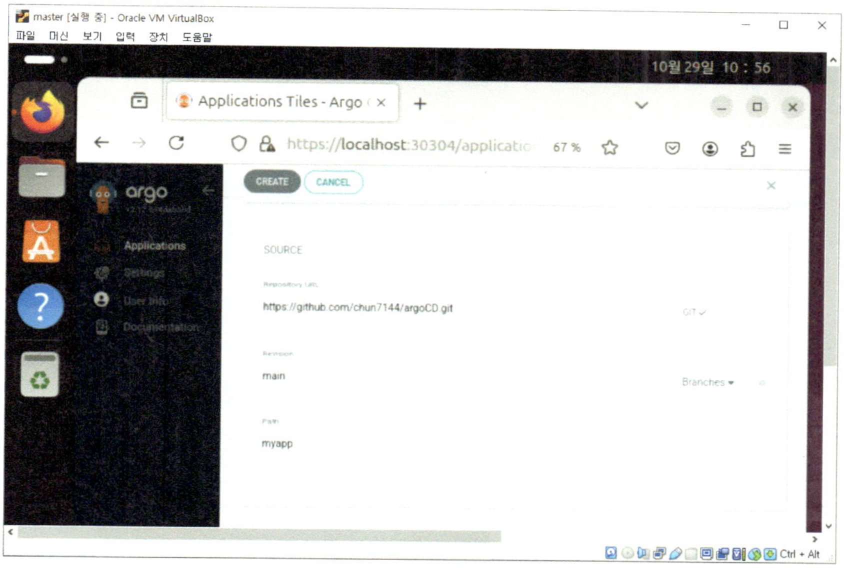

- SOURCE 파트 설정: 어플리케이션 소스 코드가 위치한 저장소 정보 설정
- Repository URL: https://github.com/chun7144/argoCD.git(자동 설정됨)
- 어플리케이션 소스 코드가 저장되어 있는 Git 저장소 URL
- Revision: main 선택
- 배포할 소스 코드의 버전 지정: 브랜치 이름 등
- Path: myapp 선택
- 저장소 내에서 실제 애플리케이션의 manifest 파일들이 위치한 경로를 지정
- 일반적으로 쿠버네티스 매니페스트 파일(Deployment, Service 등)들이
- 모여 있는 디렉토리 경로

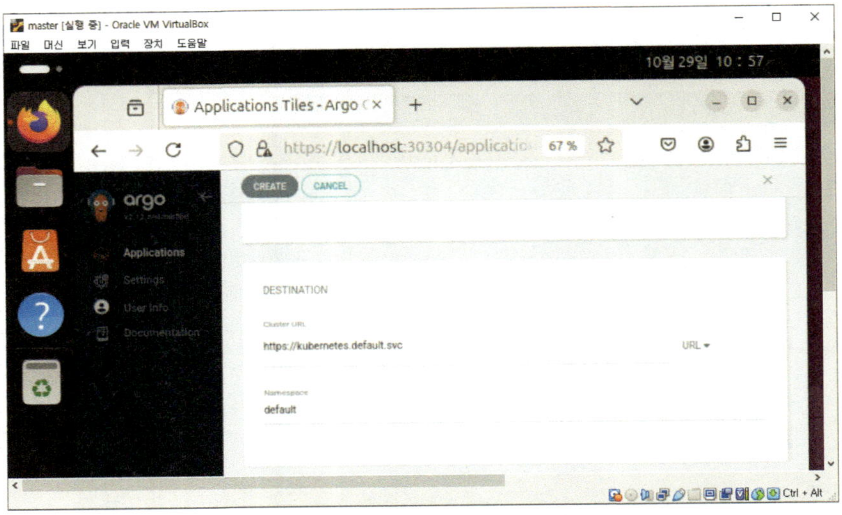

- DESTINATION 파트 설정: 어플리케이션을 배포할 클러스터 정보 설정
- Cluster URL: https://kubernetes.default.svc
- 어플리케이션 배포를 담당할 클러스터 API 서버 주소 입력
- 이 경우 현재 Argo CD가 설치된 클러스터에 애플리케이션을 배포하게 됨
- Namespace: default, 어플리케이션을 디폴트 네임스페이스에 배포

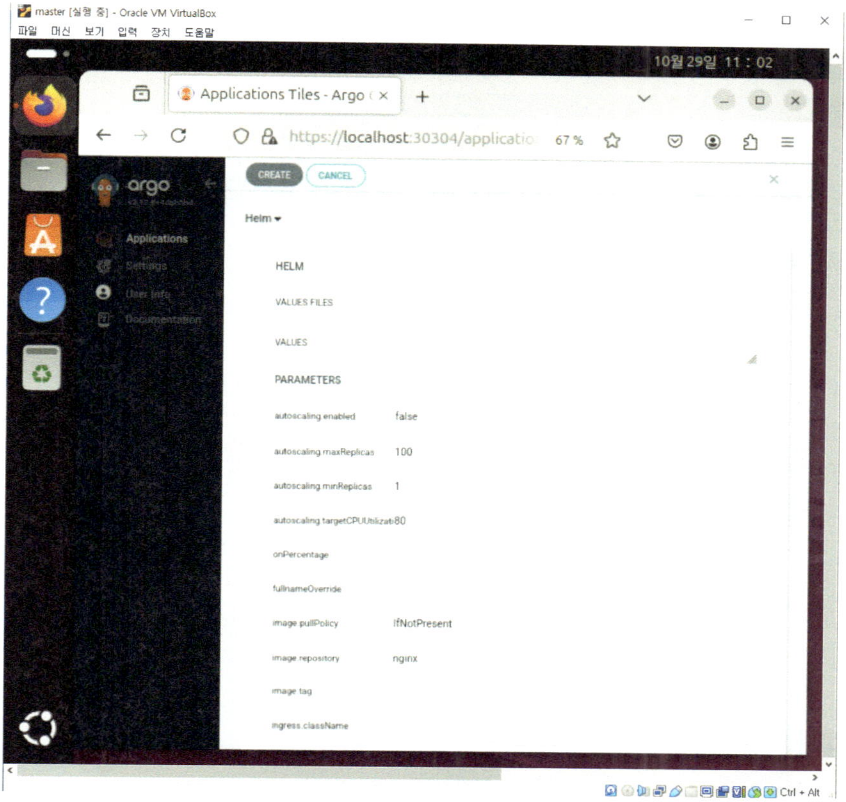

- Helm 파트 확인
- 깃 저장소와 헬름 차트가 정상적으로 읽히면 Helm 필드에 관련 정보 나타남

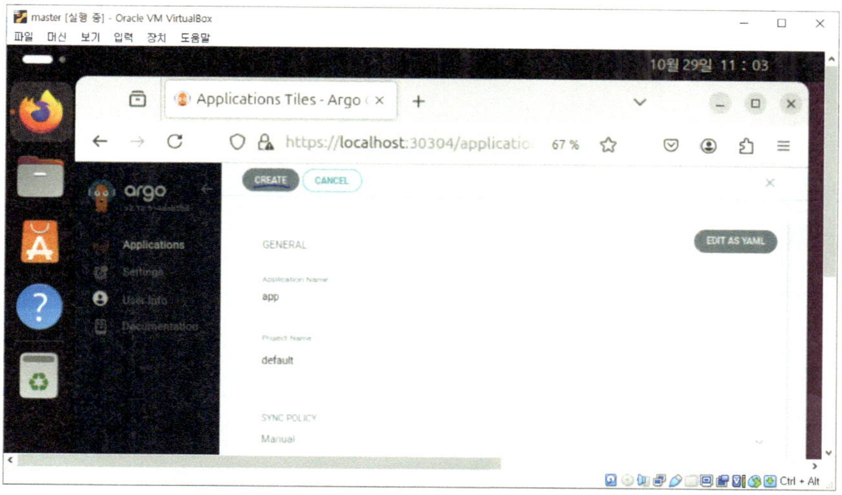

- 상단부 CREATE 클릭하여 어플리케이션 생성

③. 어플리케이션 배포

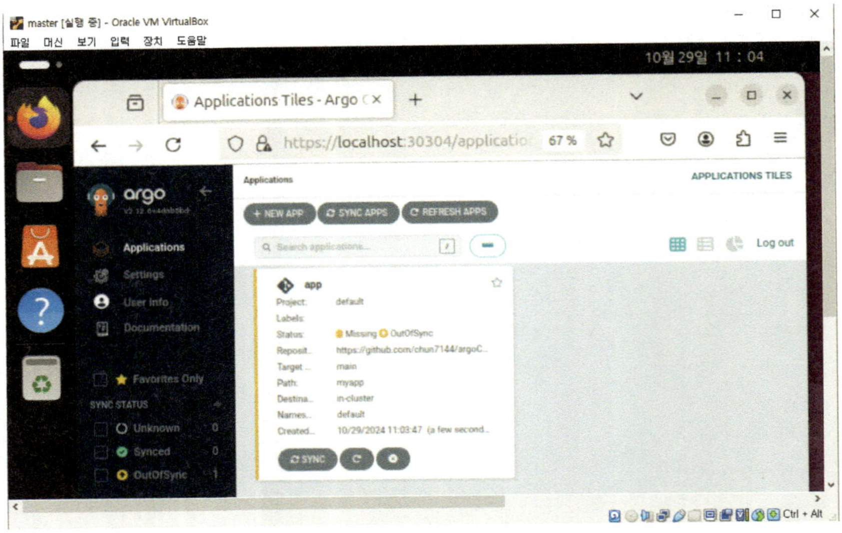

- 생성된 app 나타남
- app 하단 SYNC 클릭: 수동으로 app 배포 진행

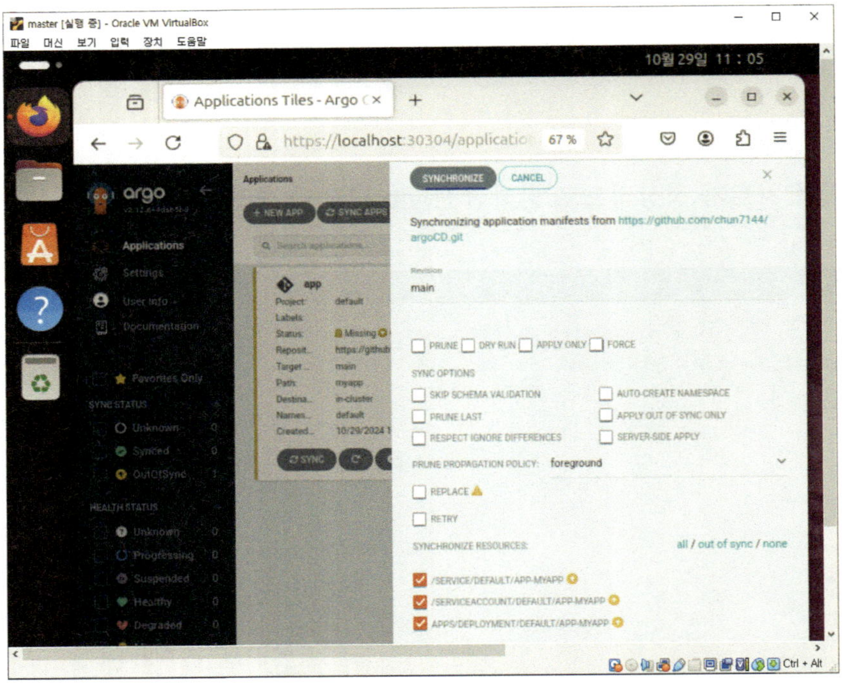

- 우측 상단 SYNCHRONIZE 선택
- 깃허브와 아르로 CD 어플리케이션 app 간 동기화 진행

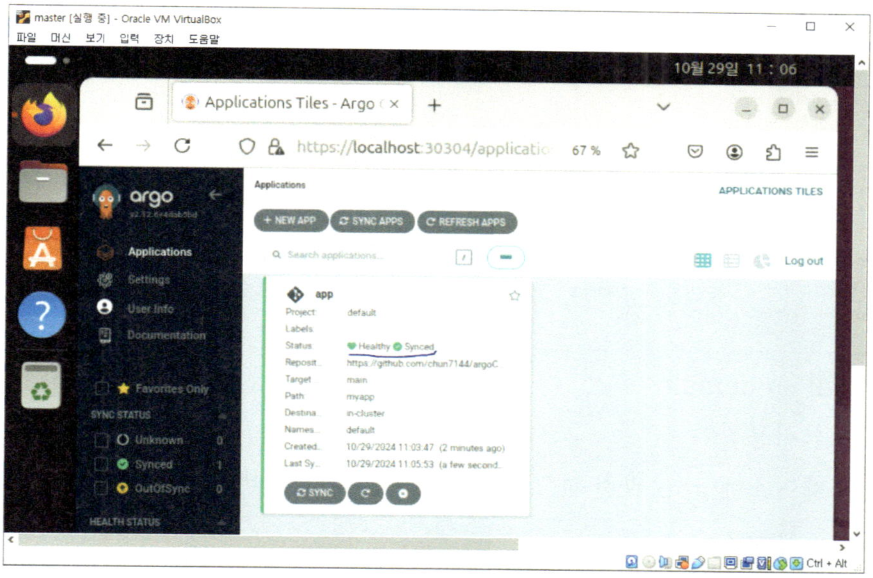

- Healthy Synced: app 배포 완료

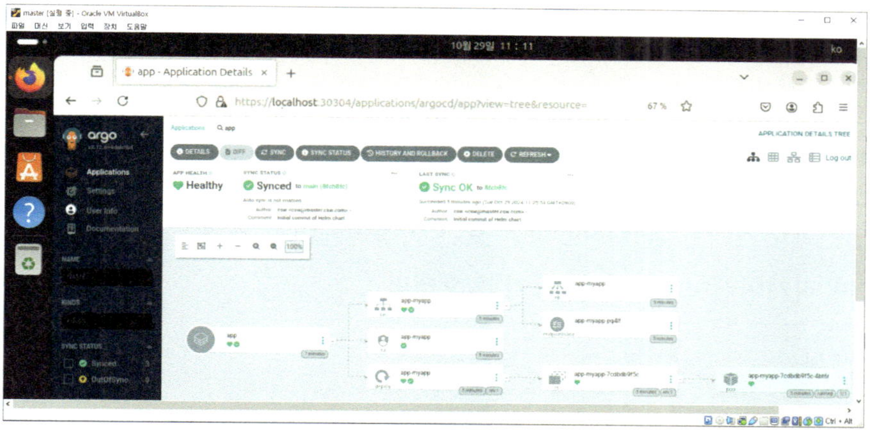

- app 클릭
- 쿠버네티스 클러스터에 배포된 서비스(svc), 서비스 어카운트(sa),
- 디플로이(deploy), 레플리카셋(rs), 파드(pod) 등 리소스 확인 가능

```
csw@master:~/argocd$ kubectl get all -n default
NAME                            READY   STATUS    RESTARTS   AGE
pod/app-myapp-7cdbdb9f5c-4bt6r  1/1     Running   0          6m52s

NAME                  TYPE        CLUSTER-IP       EXTERNAL-IP   PORT(S)   AGE
service/app-myapp     ClusterIP   10.101.112.196   <none>        80/TCP    6m53s
service/kubernetes    ClusterIP   10.96.0.1        <none>        443/TCP   60d

NAME                          READY   UP-TO-DATE   AVAILABLE   AGE
deployment.apps/app-myapp     1/1     1            1           6m53s

NAME                                    DESIRED   CURRENT   READY   AGE
replicaset.apps/app-myapp-7cdbdb9f5c    1         1         1       6m53s
csw@master:~/argocd$
```

- kubectl get all -n default
- kubectl 명령을 사용하여
- 디폴트 네임스페이스에 app 관련 파드, 서비스, 디플로이 등 배포 확인

```
csw@master:~/argocd$ kubectl get applications -n argocd
NAME   SYNC STATUS   HEALTH STATUS
app    Synced        Healthy
csw@master:~/argocd$
```

- kubectl get applications -n argocd
- argocd 네임스페이스에서 관리하고 있는 모든 어플리케이션 조회
- 현재 app 어플리케이션이 건강하게 동기화 상태임

```
csw@master:~/argocd$ kubectl get applications -n argocd app -oyaml
apiVersion: argoproj.io/v1alpha1
kind: Application
metadata:
  creationTimestamp: "2024-10-29T02:03:47Z"
  generation: 15
  name: app
  namespace: argocd
  resourceVersion: "154271"
  uid: bfbc4e7c-efbf-4ade-9b9d-bb8428dce81c
spec:
  destination:
    namespace: default
    server: https://kubernetes.default.svc
  project: default
  source:
    path: myapp
    repoURL: https://github.com/chun7144/argoCD.git
    targetRevision: main
status:
  controllerNamespace: argocd
  health:
    status: Healthy
  history:
```

```
  sourceType: Helm
  summary:
    images:
    - nginx:1.16.0
  sync:
    comparedTo:
      destination:
        namespace: default
        server: https://kubernetes.default.svc
      source:
        path: myapp
        repoURL: https://github.com/chun7144/argoCD.git
        targetRevision: main
    revision: 8fcb8fc2e788ed36beb0a7215bc207072e95d7ae
    status: Synced
csw@master:~/argocd$
```

- kubectl get applications -n argocd app -oyaml
- argocd 네임스페이스에서 app 어플리케이션 정보를 YAML 형식으로 출력
- 어플리케이션 상세 정보 확인 가능
- argo CD에서 app 생성 시 입력한 정보 확인됨
- 야물파일 수정 후 kubectl apply 명령으로 적용 가능

④. 리소스 삭제

- 아르고 CD 로그 아웃

```
csw@master:~/argocd$ kubectl get all -n default
NAME                              READY   STATUS    RESTARTS   AGE
pod/app-myapp-7cdbdb9f5c-4bt6r    1/1     Running   0          15m

NAME                  TYPE        CLUSTER-IP       EXTERNAL-IP   PORT(S)    AGE
service/app-myapp     ClusterIP   10.101.112.196   <none>        80/TCP     15m
service/kubernetes    ClusterIP   10.96.0.1        <none>        443/TCP    60d

NAME                        READY   UP-TO-DATE   AVAILABLE   AGE
deployment.apps/app-myapp   1/1     1            1           15m

NAME                                   DESIRED   CURRENT   READY   AGE
replicaset.apps/app-myapp-7cdbdb9f5c   1         1         1       15m
csw@master:~/argocd$ kubectl delete pod app-myapp-7cdbdb9f5c-4bt6r
pod "app-myapp-7cdbdb9f5c-4bt6r" deleted
csw@master:~/argocd$ kubectl delete svc app-myapp
service "app-myapp" deleted
csw@master:~/argocd$ kubectl delete deploy app-myapp
deployment.apps "app-myapp" deleted
csw@master:~/argocd$ kubectl delete rs app-myapp-7cdbdb9f5c
Error from server (NotFound): replicasets.apps "app-myapp-7cdbdb9f5c" not found
csw@master:~/argocd$ kubectl get all -n default
NAME                 TYPE        CLUSTER-IP   EXTERNAL-IP   PORT(S)   AGE
service/kubernetes   ClusterIP   10.96.0.1    <none>        443/TCP   60d
csw@master:~/argocd$
```

- 아르고 CD에 의해서 default 네임스페이스에 배포된 자원 모두 삭제
- kubectl get all -n default
- kubectl delete pod app-myapp-7cdbdb9f5c-4bt6r
- kubectl delete svc app-myapp

- kubectl delete deploy app-myapp
- kubectl delete rs app-myapp-7cdbdb9f5c
- kubectl get all -n default

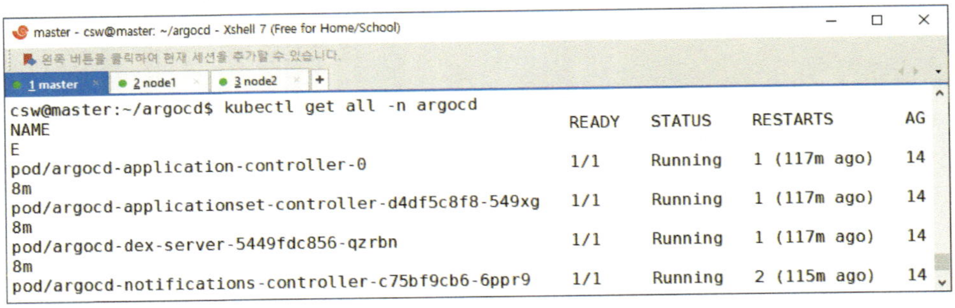

- 네임스페이스 argocd에 배포된 자원 확인
- kubectl get all -n argocd

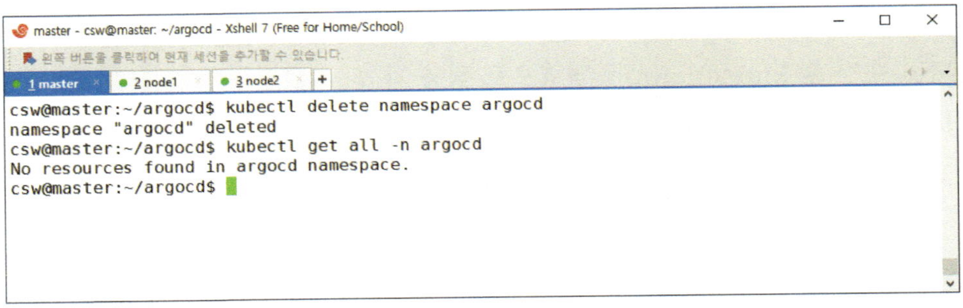

- 네임스페이스 argocd 삭제
- 네임스페이스 argocd에 배포된 자원 삭제

참고 자료

①. 유투부 [따배도] 도커 시리즈, 이성미 강사
②. 유투부 [따배쿠] 쿠버네티스 시리즈, 이성미 강사
③. 완벽한 IT 인프라 구축을 위한 Docker 2판, Asa Shiho 지음, 정보문화사
④. 완벽한 IT 인프라 구축을 위한 Kubernetes, Asa Shiho 지음, 정보문화사
⑤. 쿠버네티스 입문, 정원천, 공용준, 홍석용, 정경록 지음, 동양북스
⑥. 블로그 쿠버네티스 안내서, https://subicura.com/k8s/
⑦. https://docs.docker.com/
⑧. https://kubernetes.io/

온프레미스 환경에서

도커 & 쿠버네티스

기초편

1판 1쇄 2025년 3월 4일

저 자 천상훈
발행인 송광헌
발행처 도서출판 복두(더)
디자인 유민경
주 소 서울특별시 영등포구 경인로 82길 3-4
센터플러스 807호
(우) 07371
전 화 02-2164-2580
FAX 02-2164-2584
등 록 1993. 11. 22. 제 10-902 호

정가 : 35,000원
ISBN : 979-11-6675-574-3 93000

한국과학기술출판협회 회원사